U0938788

国家社会科学基金（项目编号：17CRK005）资助

中国经济可持续发展：环境、产业与人口

Sustainable Economic Development in China: Environment, Industry and Population

吴一超 著

社会科学文献出版社
SOCIAL SCIENCES ACADEMIC PRESS (CHINA)

前言

改革开放以来，中国经济一直保持高速发展，“中国奇迹”引起世界瞩目。尽管经济总量已跻身世界前列，但我国经济发展中存在的结构性问题却不容忽视，区域发展不平衡、产业结构失调以及日益严峻的环境问题和人口老龄化问题越来越成为阻碍中国经济可持续发展的桎梏。围绕这一话题，本书从环境、产业与人口三个方面来分析经济发展中的影响机制和制约因素，厘清产业结构调整、环境污染治理以及人口政策调节三方面的制衡关系，为制定可持续发展的经济战略和经济政策提供理论根据，以实现经济发展与生态环境和谐共进。本书的内容共分为三个部分。

第一部分的主题为环境，可持续发展的根本特点之一在于生态环境的可持续发展，而环境的可持续发展一方面要求控制环境污染，另一方面则强调有效配置自然资源。本部分的前三篇论文分别选取省级、区域级以及全国范围的统计数据，测算了水污染与大气污染的相关指标，并以新《环境保护法》及区域环境规制等作为政策背景，考察了环境污染与经济增长的联系，并探究法律法规对污染治理的作用路径。接下来的两篇论文聚焦碳排放问题，从宏观层面对我国省域碳排放进行测算与分解，并从调整产业结构、优化能源结构、降低碳排放强度三大途径驱动碳减排；从微观层面以对比网络购物与传统购物为切入点，建立相应的碳排放测算模型。之后的三篇论文探讨了水资源、土地资源等自然资源的优化配置问题，基于水足迹理论及土地特征模型量化水资源与土地资源的利用效率，测算各部门产业与不同区域之间的资源利用效率差异，探索资源利用、环境污染与经济发展三者的相互影响规律。最后一篇论文着眼于国内绿色金融投资背景下的绿色债券，对比分析绿色债券与普通债券在投资、回报等方面存在的差异，从这些差异出发，探寻绿色债券本身特有的投资特点，从而把握绿色债券投资的发展规律。

第二部分的主题为产业，为实现生态环境的可持续发展，产业结构调整和新能源利用成为两大推动因素。本部分的前三篇重点探讨了我国目前的能源消费现状与新能源产业的发展，通过测算能源消费弹性提出我国能源消费结构的调整方向，并强调产业结构与能源结构的相互作用机制，同时利用生命周期评价法对我国新能源产业的能耗及污染情况进行了统计分析，并从环境影响和经济效益的角度对新能源产业展开了绩效评价，最后进一步横向比较中、美、日及欧洲各国四大经济体在能源利用效率和能源创收率上的差异，对中国未来绿色经济发展战略提出对策建议。接下来的两篇论文关注产业结构调整和产业集聚的现状，以金融业和物流业为例，采用区位熵指数测算产业的集聚程度，并指出我国区域产业集聚间的差异，同时就环境规制对产业结构调整所产生的倒逼作用做出了实证分析，揭示技术创新和外商直接投资在其中扮演的中介传导机制。之后的五篇论文共同讨论了产业结构调整与产业集聚对环境污染的影响这一话题，基于环境库兹涅茨曲线假说，发现二者呈现非线性关系，随着产业结构调整的深化与产业集聚的加强，大气污染、水污染等现象均会以倒“U”形曲线为发展脉络，同时伴随着政府更加高效且有针对性的投资及产业结构优化，终会实现对环境污染的有效控制。

第三部分的主题为人口，结合当下中国人口结构的几大特点，包括人口老龄化、结婚生育年龄推迟、二孩政策、城镇化速度逐年加快、人民生活水平不断提高等，探寻中国人口可持续发展的道路。本部分的前两篇论文实证测算了我国老龄化程度的变化趋势与区域差异，并以养老金缺口为切入点探究中国老龄化现实的严重性。接下来一篇论文实证分析了目前我国的婚姻挤压现状，通过测算初婚概率，揭示出城乡男女“选择性”或“被迫性”婚姻推迟的特点。在此基础上，第四篇论文综合分析了人口老龄化、婚姻推迟及少子化、性别比例失调等人口结构变化特点与我国居民储蓄率间的关系。伴随着人口结构在年龄上的变化，我国城镇化的飞速发展也是人口地域迁移的必然结果，下一篇论文以江苏省为例对苏南、苏中、苏北的城镇化区域差异进行了测算，并分析了可能的影响因素。本部分的最后四篇论文则分别从住房、教育、医疗、食品消费等角度讨论了与人民生活密切相关的四大话题，定量测算了各类民生性指标的年代变化趋势与结构性调整特点，并以此探究提高人民生活水平的政策落脚点。

最后，特此鸣谢东南大学经济管理学院 2015 级经济学专业的钱嘉隆、马一迪、王梦楼、牛雨潺、刘岑岑、刘琛钰、李雯、田雨、闫洁、平安、耿敏、孙絮、张瑞婕、李雪娇、陈韵、贺斌、吴奇聪、李若晨等同学，以及东南大学经济管理学院2016级国际经济与贸易专业（全英文班）的向垚锜、董姗姗、陶薪同、印婷玉、刘宇啸、盛雪绒、高雅、郑焱、白杨、郭启萌等同学对本书的贡献。

吴一超

2018年6月3日于东南大学经济管理学院

目　录

第一部分　环境

第二部分　产业

第三部分 人口

第一部分
环境

经济增长、环境规制与水污染排放治理

——基于浙江省级面板数据的实证分析

一　背景

改革开放以来，我国粗放式的经济发展已经给环境带来了巨大的压力。据我国环保部门（2017）公布的调查数据，2016 年，全国地表水环境中，属于Ⅳ类及以下的水质，即不满足饮用水要求的水质占比达到 32.3%，严重影响人们的健康、生产和生活，总体水环境仍处于轻度污染的状态，个别河段污染严重。为了改善地表水环境，中国政府于 2015 年正式公布《水污染防治行动计划》，提出到 2020 年，长江、黄河等七大重点流域水质优良（达到或优于Ⅲ类）比例总体达到 70% 以上，地级及以上城市建成区黑臭水体均控制在 10% 以内，地级及以上城市集中式饮用水水源水质达到或优于Ⅲ类的比例总体高于 93% 等。然而截至 2018 年 3 月，全国黑臭水体整治监管平台（2018）上公示的信息中，仍有接近半数黑臭水体未完成整治，水环境治理形势较为严峻。

由于浙江省出台了“五水共治”战略，浙江境内黑臭水体整治的成果瞩目，境内黑臭水体全部完成治理。同时考虑到浙江经济和社会发展水平都处于全国较为领先的地位，浙江省环境规制对水污染的影响机制不仅具有代表性，还可以作为全国污染治理的参照对象，来建设更好的生态环境。在现有水污染的分析中，多将分析集中在工业废水的排放上，但相关数据显示，浙江省 2015 年城镇生活污水排放量远超工业废水排放量（浙江省统计局，2016），生活污水对环境的影响开始变得更为显著，需要将其纳入考察范围。除此之外，对环境规制的研究也相对集中在环境规制对其他经济变量的影响上，而对环境规制如何作用于环境保护的分析较少。

因此本文将主要试图解决以下三个问题：①水污染的经济驱动因素是

什么？②环境政策对驱动因素的作用机制是怎么样的？③提出怎样的政策建议来进一步促进全国的水污染治理？基于这样的问题，本文选取 2008 ~ 2015 年浙江省 11 个地级市的经济社会和水污染相关的面板数据，利用指数分解法来研究经济发展同水环境污染的作用关系，并在此基础上展开环境规制对水环境污染的作用路径的实证分析。众所周知，在环境问题上，市场机制往往失灵，要实现环境保护，政府的制度措施不可或缺，本文希望通过对环境规制作用路径的研究来助力水污染防治目标的实现。

二　文献综述

2.1　经济增长与环境污染

由于经济增长和环境污染之间具有显著的关联性，相关方面的研究也早早受到人们的重视。其中最为著名的是 Grossman 和 Krueger（1991）提出的环境库兹涅茨曲线（the Environmental Kuznets Curve，EKC）。他们在对 42 个国家的横截面数据的分析中得出了环境污染与经济增长之间存在倒“U”形曲线的关系，即环境污染在最初随着人均收入的提高而加剧，当到达某一拐点时，环境污染将转而随人均收入的增加而得到改善。该观点被提出后，在水环境污染与经济发展的关系研究中也得到了国内外学者的大量运用。Stern（1998）通过对马来西亚等发展中国家的废气以及废水排放量和经济增长指标的关系进行研究后认为，发展中国家经济增长与环境污染之间并未呈现明显的 EKC 关系。在国内，路宁和刘玉龙（2008）选取了 2003 年 59 个国家以及 1998 ~ 2005 年中国废水排放量和人均 GDP 的数据，得出中国正处于 EKC 上升期的结论。

除此之外，也有学者运用其他的研究方法来讨论环境污染的经济驱动因素。如张卫东、汪海（2007）在文中运用 Var 模型分析了我国经济增长和环境污染的动态关系；张蕾、陈雯等（2011）运用脱钩理论对长三角地区环境污染与经济增长进行了时空分析；程郁泰和张纳军（2017）分别对 IDA 模型不同算法进行比较并将之运用于我国碳排放研究之中。

2.2　环境规制

赵玉民等（2009：85 ~ 86）从规制的本质属性——约束性和将环保意

识纳入环境规制范畴的角度出发，定义“环境规制是以环境保护为目的、个体或组织为对象、有形制度或无形意识为存在形式的一种约束性力量”。

在现有对于环境规制的研究当中，学者从不同角度分析了环境规制作为一种重要的变量同其他经济变量之间的关系。如 Grossman 和 Krueger（1991）在分析美国和墨西哥两国的制造优势时发现，墨西哥的产品竞争力并没有因为国内较为宽松的环境规制而得到显著的提高；Walter 和 Ugelow（1979）提出的“污染天堂假说”（Pollution Heaven Hypothesis），即在开放条件下，跨国公司将高污染产业向环境规制较弱的发展中国家转移进而恶化发展中国家的环境质量；著名的“波特假说”（Porter，Linde，1995）——环境规制能够倒逼企业进行技术创新从而改善绩效，提高竞争力等。

而在研究过程中，由于环境规制具有一定的抽象性，如何度量环境规制成为相关研究的一大难点。在国内外学者的研究中，度量环境规制的方法主要包括以下四种：①构建环境规制指标体系，如刘洋等（2014）通过 Super-SBM 模型构建了中国环境规制绩效评价指标体系；②环境污染投资占总产值的比重，如 Gray、Shabegian（1995）在研究减排费用、环境规制水平和工厂生产力中以该标准来描述环境规制水平；③环境规制政策，如包群、彭水军（2006）引入政府环境标准颁布个数等指标来建立模型；④污染物排放量的变化，如傅京燕和李丽莎（2010）通过对污染物排放和产值比重之间的一系列处理从而描述环境规制强度。

2.3 评述

由于当前国内大部分对于经济增长和环境污染之间关系的研究多采用环境库兹涅茨曲线，虽然通过对 EKC 的拟合，大部分结果都证实了环境污染在一定时期内会随着经济发展而增加，但这种方法难以明确识别环境污染的经济驱动因素，从而对具体原因进行深入研究较为困难。而 LMDI 指数分解法具有“加总一致性”、分解形式选择上的灵活性及对指标完全分解的特征。由于 LMDI 指数分解法脱胎自 Kaya 恒等式，因此主要被应用于碳排放和能耗的相关研究。近年来，LMDI 指数分解法也开始被广泛应用于其他环境问题的研究，包括城镇土地生态效应（马贤磊等，2018）、农业面源污染（谢文宝等，2018）、产业用水驱动因素（常建军等，2017）

等方面的研究。但该方法在水污染上的应用仍然较少，故本文拟采用LMDI指数法对水污染排放增量进行分解来研究其经济驱动因素。具体分解为人口集聚效应、经济发展效应、结构效应、科技强度效应和科技污染效应，分别反映人口、经济发展水平、产业结构、科技投入对水污染的间接作用和直接作用。

与环境规制有关的研究中，我们可以发现相较于环境规制对其他经济变量的影响，关于环境规制是如何作用于污染治理和改善环境的研究是相对稀少的，故本文尝试通过环境规制对水污染的经济驱动因素的影响来描绘环境规制作用于水污染治理的路径。

出于定量化的视角和数据可获得性的考虑，本文拟采用环境污染治理投资占总产值的比重和污染物排放量变化两个方法来分别度量环境规制。其中前者代表环保投入力度，后者则代表环境规制强度，分别反映环境规制的两种治理思路，即加强治理投入的“末端治理”思路和提高环保标准的“源头控制”思路（刘伟明，2012）。

综上所述，本文希望建立水污染的五个经济驱动因素与环保投入力度和环境规制强度的模型，以此分析环境规制通过经济驱动因素影响水污染治理的作用路径。

三　方法与数据

3.1　研究方法

（1）LMDI指数分解法

考虑到分解结果解释的难易程度，使用LMDI指数分解法，将水污染排放量分解为人口集聚效应、经济发展效应、结构效应、科技强度效应和科技污染效应。

$$E^t = \sum_{i=1}^{2} E_i^t = \sum_{i=1}^{2} POP^t \cdot \frac{GDP^t}{POP^t} \cdot \frac{GDP_i^t}{GDP^t} \cdot \frac{RD^t}{GDP_i^t} \cdot \frac{E_i^t}{RD^t} \tag{1}$$

对（1）式进行简化修正，对上述各个分量进行假设，使其代表其中某个效应，即：

$$\begin{cases} P = POP^t \\ Y = \dfrac{GDP^t}{POP^t} \\ S = \dfrac{GDP_i^t}{GDP^t} \\ I = \dfrac{RD^t}{GDP_i^t} \\ K = \dfrac{E_i^t}{RD^t} \end{cases}$$

则各地区的水污染排放量可以表示为：

$$E^t = \sum_{i=1}^{2} P \cdot Y \cdot S_i \cdot I_i \cdot K_i$$

因此，水污染排放增量的分解形式如下。

$$E^t - E^0 = \Delta P + \Delta Y + \Delta S + \Delta I + \Delta K \tag{2}$$

$$\Delta P = \sum_i W_i^t \cdot \ln \frac{P^t}{P^0}$$

$$\Delta Y = \sum_i W_i^t \cdot \ln \frac{Y^t}{Y^0}$$

$$\Delta S = \sum_i W_i^t \cdot \ln \frac{S_i^t}{S_i^0}$$

$$\Delta I = \sum_i W_i^t \cdot \ln \frac{I_i^t}{I_i^0}$$

$$\Delta K = \sum_i W_i^t \cdot \ln \frac{K_i^t}{K_i^0}$$

$$W_i^t = \sum_i \frac{E_i^t - E_i^0}{\ln E_i^t - \ln E_i^0}$$

其中：E^t 为 t 年各地区的废水排放总量；POP^t 为各地区 t 年的人口总量；GDP^t 为各地区 t 年的生产总值；GDP_i^t 为各地区 t 年第 i 产业的生产总值；RD^t 为各地区 t 年的 R&D 经费支出；i 为第二和第三产业；t 为目标年，0 为基准年。ΔP 代表人口集聚效应，反映人口总量变化对水污染排放总量的影响；ΔY 为经济发展效应，通过人均 GDP 变化反映经济发展对水污染排放总量的影响；ΔS 为结构效应，反映产业结构变化对水污染排放总量的影响；ΔI 为科技强度效应，反映不同产业科技投入强度变化对水污染排放总量的影响；ΔK 为科技污染效应，反映科技水平发展对水污染排放总量的影响。

（2）环境规制

如前文所述，本文描述环境规制主要通过环境污染治理投资占生产总值的比重和污染物排放量变化两种方式来分别反映环境投入水平和环境规制强度。本文选择的污染物排放量包括：化学需氧量（COD）排放量、氨氮排放量、SO_2排放量和烟（粉）尘排放量。

具体计算方法和过程如下。

首先为了排除指标间无法共同度量的问题，对指标进行标准化处理。本文按0～1的取值范围对各类单项指标进行线性标准化。

$$UE_{ij}^{S} = [UE_{ij} - Min(UE_{ij})]/[Max(UE_{ij}) - Min(UE_{ij})]$$

其中UE_{ij}为i城市j污染物的排放初始值，Max（UE_{ij}）和Min（UE_{ij}）分别是i城市j污染物历年来排放量的最大值和最小值，UE_{ij}^{S}为标准化处理结果。

其次由于COD排放量和氨氮排放量属于废水排放指标，SO_2排放量和烟（粉）尘排放量属于废气排放指标，故需要对标准化后的数据进行权数调整。权数的计算方法如下。

$$W_{ij} = \frac{UE_{ij}}{\sum_i UE_{ij}} \Big/ \frac{GDP_i}{\sum_i GDP_i}$$

即权数W_{ij}为i城市污染物j的排放量（UE_{ij}）占全省污染物j排放总量（$\sum_i UE_{ij}$）的比重（$UE_{ij}/\sum_i UE_{ij}$）与i城市的总产值（GDP_i）占全省总产值（$\sum_i GDP_i$）的比重（$GDP_i/\sum_i GDP_i$）之比。

最后，通过各指标的标准化值和对应权重关系，计算出各地级市历年的环境规制强度。

$$ERS_i = \frac{1}{n}\sum_{j=1}^{n} W_{ij} \cdot UE_{ij}^{S}$$

（3）模型设定

为了考察环境规制对水污染经济驱动因素的影响，以各分解效应为因变量，环境投入水平（EI）、环境规制强度（ERS）为自变量，其他相关的影响因素为控制变量建立回归模型。模型设定如下。

$$ZEF_i = \alpha_0 + \sum_{j=1}^{n} \alpha_j ZX_{ij} + \alpha_{n+1} EI + \alpha_{n+2} ERS + \varepsilon \quad (3)$$

ZEF_i 分别为人口集聚效应、经济发展效应、结构效应、科技强度效应和科技污染效应的标准化值；ZX_{ij} 为各效应的其他影响因素，包括人口（POP）、地区生产总值（GDP）、第三产业产值占总产值比重（ST）、R&D经费支出（RD）的标准化值；ε 是随机变量（见表1）。

表1　模型具体设定

因变量	自变量		控制变量	
ZP	EI	ERS	ZPOP	ZGDP
ZY	EI	ERS	ZPOP	
ZS	EI	ERS	ZST	
ZI	EI	ERS	ZGDP	ZRD
ZK	EI	ERS	ZRD	

3.2　数据来源

本文选取的样本区间为2008～2015年浙江省11个地级市的相关数据。其中由于2011年前仅统计了工业废水排放量和生活污水排放量，而并未统计完整的废水排放总量，为了保证数据的连贯性，故将水污染排放总量定义为工业废水排放和生活污水排放量的加总，数据来源于历年《浙江自然资源与环境统计年鉴》；各地区 SO_2 和烟粉尘排放量数据以及环境污染治理投资总额数据同样来自历年《浙江自然资源与环境统计年鉴》；各地区人口总量、生产总值和三次产业产值均来自历年《浙江统计年鉴》；各地区R&D经费支出数据来自历年《浙江科技统计年鉴》。

四　实证分析

4.1　水污染的经济驱动因素

以2008年为基准年，利用LMDI指数分解法分别将浙江省11个地级市的水污染排放增量进行分解，由于篇幅有限，仅列出2010年、2015年两年的分解结果，结果如表2所示。

表 2　基于 LMDI 指数分解法的水污染排放因素分解

城市	人口集聚效应		经济发展效应		结构效应		科技强度效应		科技污染效应	
	2010	2015	2010	2015	2010	2015	2010	2015	2010	2015
杭州	2066.01	6803.38	24814.03	70298.53	-1185.09	-1104.71	8253.59	18333.60	-21065.75	-112859.01
宁波	456.87	1615.57	11053.21	33844.22	-70.96	2533.17	13010.70	31769.15	-15776.92	-44070.94
温州	3126.27	4695.94	3702.48	21276.98	149.60	4795.56	10832.89	20805.91	-10441.64	-33998.37
嘉兴	304.97	1140.80	6645.73	21596.90	122.35	1173.34	5769.84	14822.8	-8765.49	-23129.51
湖州	115.17	415.64	4512.70	14167.65	162.32	1441.43	5114.73	13599.21	-8123.12	-26019.52
绍兴	168.56	585.62	8972.47	29132.97	-858.70	-741.26	5594.38	14132.93	-10301.21	-32276.67
金华	267.35	914.35	5102.38	17226.57	55.32	2018.92	3637.47	12346.08	-3803.51	-21365.78
衢州	191.14	601.06	5092.99	13130.35	306.02	-681.85	12196.30	21650.09	-20613.46	-37097.08
舟山	0.00	30.3067	978.18	3966.57	22..10	82.15	1189.32	2337.15	-1644.71	-2392.57
台州	272.51	898.778	3387.96	12410.96	253.93	2323.17	-963.08	2146.73	1139.88	-1266.02
丽水	238.94	610.221	3717.19	10731.22	-113.76	582.26	23454.89	21459.70	-28432.65	-34478.11

由表 2 中数据可知，2008～2015 年，主要对水污染排放量起到加剧作用的有人口集聚效应、经济发展效应和科技强度效应，主要起抑制作用的是科技污染效应，结构效应的影响需要进一步讨论。

人口规模的扩大会加剧水污染的严重程度。2008～2015 年，浙江省各地级市人口持续增长，与此同时水污染程度也随着人口的增加而增长。主要原因在于，考虑到浙江的经济发展和城市化水平，人口多集聚于城市从而使生活污水的排放量持续增长。但总的来看，由于人口增长率较低，对于总的水污染的贡献程度较少，并非水污染变化的主要因素。

经济发展效应是浙江省各地级市水污染排放的主要加剧效应。随着社会经济的发展，水污染排放量有显著的增长，表明即便在经济发展水平较高的浙江地区，各地级市的发展模式仍然具有一定的粗放型发展特征。

科技强度效应是水污染排放量的次要促进效应。主要原因在于，该效应主要描述的是科技投入扩大产出从而导致水污染排放量变化。某些能够扩大生产、提高经济效益的新技术一方面可能会带来更大的污染排放量，另一方面可能由于产量的提高累积成较高的污染排放量。

科技污染效应是水污染最主要的抑制效应。总体来看，科技投入对于环境污染是具有显著的抑制作用的。随着科学研发力度的加强，生产模式和生产技术的革新能够减少生产带来的环境污染。

结构效应对水污染排放量的影响需要进一步分解，其对工业废水排放量和生活污水排放量的影响不同，如表3所示，除个别地区、个别年份外，结构效应都能够减少工业废水的排放量，但会增加生活污水的排放量。考虑到2008～2015年，浙江省产业结构转变以第三产业为主，产业结构调整能够减少原本工业生产造成的水污染，但第三产业的发展过程中，城市规模的扩大以及部分行业发展带来的污染日益成为水污染的重要来源。

表3　结构效应对工业废水和生活污水排放量的影响

城市	2009年		2011年		2013年		2015年	
	工业废水	生活污水	工业废水	生活污水	工业废水	生活污水	工业废水	生活污水
杭州	-3532.00	1914.93	-3271.54	2785.07	-7193.62	6328.63	-13015.41	11910.70
宁波	-670.87	1157.01	-45.28	101.96	-1001.87	2390.31	-1318.75	3851.92
温州	-377.07	1114.48	-278.41	1121.04	-472.66	2119.59	-1585.15	6380.71
嘉兴	-510.27	615.94	-771.98	1097.98	-1599.55	2211.77	-2423.06	3596.40
湖州	-333.78	422.71	-730.84	1039.18	-876.60	1483.06	-1516.85	2958.28
绍兴	-851.33	495.82	-2541.70	1864.47	-3359.40	2742.39	-4638.72	3897.46
金华	-311.82	462.21	-591.80	1131.12	-887.55	1960.57	-1456.45	3475.37
衢州	-50.53	161.65	200.36	242.66	-631.42	745.93	-2317.59	1635.75
舟山	15.47	1.02	-43.62	78.52	-64.87	145.05	-233.70	315.84
台州	-149.77	463.66	-124.98	453.26	-542.82	1816.18	-1036.68	3359.86
丽水	-78.16	123.23	272.39	20.51	272.39	20.51	-422.88	1005.14

4.2　环境规制的影响路径

根据上文所示的环境规制的度量方法我们可以得到各地区的环境规制强度和环境投入水平，计算结果如表4、表5所示。

表4　2008～2015年浙江省各地级市环境规制强度

城市	环境规制强度（*ERS*）							
	2008年	2009年	2010年	2011年	2012年	2013年	2014年	2015年
杭州	0.53	0.46	0.37	0.34	0.27	0.25	0.38	0.15
宁波	0.24	0.30	0.25	0.73	0.60	0.50	0.41	0.25

续表

城市	环境规制强度（*ERS*）							
	2008 年	2009 年	2010 年	2011 年	2012 年	2013 年	2014 年	2015 年
温州	0.51	0.21	0.21	1.19	1.07	0.88	0.70	0.51
嘉兴	0.51	0.60	0.24	0.81	0.76	0.66	0.72	0.75
湖州	0.22	0.57	0.36	0.97	0.90	0.84	0.85	0.85
绍兴	0.41	0.37	0.10	0.64	0.45	0.50	0.72	0.39
金华	0.05	0.31	0.27	0.93	0.88	0.86	0.86	0.92
衢州	0.93	0.60	0.40	2.20	1.28	2.37	2.80	2.66
舟山	1.43	1.13	1.46	0.63	0.53	0.50	0.44	0.39
台州	0.47	0.15	0.38	0.79	0.72	0.65	0.61	0.63
丽水	0.97	0.25	0.13	2.13	1.75	1.69	1.22	0.90

表 5　2008～2015 年浙江省各地级市环境投入水平

城市	环境投入水平（*EI*）							
	2008 年	2009 年	2010 年	2011 年	2012 年	2013 年	2014 年	2015 年
杭州	0.57	0.61	0.47	0.37	0.48	0.48	0.45	0.67
宁波	0.77	0.77	0.74	0.83	0.75	0.79	1.25	1.09
温州	0.53	0.48	0.45	0.73	1.86	1.23	1.34	1.24
嘉兴	1.92	1.87	1.37	0.66	0.86	1.05	1.45	1.25
湖州	1.49	1.42	1.44	1.57	1.25	1.42	1.60	0.83
绍兴	1.07	0.75	0.71	0.71	0.85	1.02	1.24	1.50
金华	0.56	0.78	0.56	0.44	0.53	0.64	1.25	0.98
衢州	1.63	1.25	1.12	1.11	1.63	0.96	1.39	1.19
舟山	1.20	1.87	0.77	1.47	0.62	0.89	1.89	1.31
台州	0.33	0.53	0.39	0.43	0.59	1.25	1.18	1.02
丽水	2.28	1.78	1.21	0.90	1.14	1.38	1.07	2.08

建立模型前，首先对除环境规制强度（*ERS*）和环境投入水平（*EI*）以外的各原始变量进行标准化处理。本文以方程（3）为基础，建立2008～2015 年浙江省 11 个地级市的面板数据，分别对各个经济驱动因素做固定效应回归和随机效应回归，并进行 Hausman 检验，结果显示除结构效应采用随机效应模型外，其他均采用固定效应模型（见表 6）。

对于人口集聚效应，无论是“末端治理”（系数为 -1.174）还是“源头控制”（系数为 -0.07），都有抑制作用，但环境规制强度的 t 值较小，作用效果不显著，这反映出，由于城市人口集聚，环保意识仍未完全普及，提高环保标准难以影响人们的日常生活，当前条件下加大污水处理对于减轻人口集聚效应带来的水污染更为有效。

对于经济发展效应，“末端治理”的思路有助于抑制经济发展带来的水污染效应，而“源头控制”却有一定的促进作用（系数分别为 -0.113 和 0.098）。这说明在当前浙江省的发展阶段，经济发展仍然不可避免地引起环境污染，提高污染物排放的标准难以约束经济增长带来的环境污染，甚至标准的提高使得投资从原先受到严厉环境规制的行业转向规制较弱的行业而引起污染加剧。而对污染物加强治理的“末端治理”手段能够带来更大的环境收益。

表 6　各效应回归结果

	ZP（FE）	ZY（FE）	ZS（RE）	ZI（FE）	ZK（FE）
EI	-1.174*** (2.59)	-0.113** (2.08)	0.348* (1.7)	0.084 (0.63)	0.124 (0.95)
ERS	-0.07 (1.48)	0.098** (2.45)	-0.111 (0.71)	0.375*** (3.62)	-0.083 (0.83)
ZPOP	13.914*** (19.54)	1.223 (1.11)			
ZGDP	1.741*** (17.87)		-1.442*** (2.80)		
ZST			0.578*** (5.11)		
ZRD				2.161*** (5.46)	-1.187*** (11.97)
R^2	0.8681	0.9585	0.3837	0.714	0.7084
F 值	138.26	358.4	36.58	38.7	51.02
Hausman Test	59.76*** (0.000)	20.78*** (0.001)	3.28 (0.512)	16.42*** (0.006)	11.2** (0.024)

注：*、**、*** 分别代表在 10%、5% 和 1% 的水平上显著。

而在结构效应上，产业结构的变化——主要表现为第三产业占比的变化，对结构效应具有促进作用，即当前第三产业发展带来的环境污染问题较产业结构优化的环保效应更为严重。由于第三产业的发展仍然处于上升期，环境规制尚未能得到及时调整，对于结构效应的影响较弱。

无论是科技强度效应还是科技污染效应，“末端治理”思路的环境规制影响都较弱，但“源头控制”的环境规制手段对科技强度效应具有显著的促进作用（系数为0.375）。这说明，环境规制强度的变化，一方面，使得科研投入转向环境规制较弱的行业，从而一定程度上使得监管稍弱行业的污染水平上升，而对于通过科技进步减少环境污染的作用不够明显。另一方面，环境规制对于企业自身的科技创新影响较弱，无法倒逼企业进行彻底的生产方式转变，使其在提高效率的同时减少污染。

五　结论与建议

本文通过 LMDI 指数分解法对浙江省水污染的经济驱动因素进行分解，认为：人口集聚效应、经济发展效应和科技进步导致产业规模扩大，即科技强度效应对水环境污染具有促进作用；科技进步带来的生产工艺的改进即科技污染效应能显著地减轻水污染程度；结构效应主要体现为产业结构的优化升级，一方面，能减少工业废水排放，另一方面，又会增长城镇生活污水的排放。

环境规制分为提高环保标准的“源头控制”政策和加强环保治理的“末端治理”政策。其中，“末端治理”的环境规制对人口集聚效应和经济发展效应都有显著的抑制作用，能有效治理环境污染。而提高环保标准的政策手段，即“源头控制”，由于民众环保意识仍较弱，对于人口集聚效应影响微弱，而对于经济发展效应甚至具有一定的加剧作用。环境规制总体来说对科技强度效应和科技污染效应的影响较弱，其中“源头控制”的环境规制手段对科技强度效应具有加剧作用。

据此笔者提出针对性的政策建议：①进一步加大环境治理投资，完善污染物“末端治理”的制度建设，把好污染物排放的最后一道关。事实上在“五水共治”战略提出初期，明确提出了“五水共治、治污先行”的路线图，截至2016年底，浙江累计投入2300亿元，加快建设城镇污水处理厂以及配套管网，进一步提高城市污水处理率；对于农村地区，提高农村生活污水治理的村庄覆盖率，建立农村生活垃圾收集处理体系。但由表5可知，当前浙江省各地级市环境治理投入占 GDP 的比重大部分都在0.5%～2%，环境治理投入仍有一定的提高空间。②加强环境教育，树立群众环保意识，及时更新环保标准，加大对新兴产业的环保监察力度，鼓励和支持环保方向的科技投入，对企业相关的研发活动予以支持从而降低企业科研成本。以浙江省现有政策为例，浙江在“五水共治”期间推广“科学治水”，联合浙江省科技厅等有关部门，加大科技投入，因地制宜治理水污染。在浙江省“水十条”中也提出了加强环保宣传的工作建议。除此之外，浙江省首创河长制，在“五水共治”期间，河长制一方面能将河道治理的工作落实到细处，另一方面也在民间推广，宣传了环保意识。③产业转型更要注意环保问题，避免盲目发展第三产业，造成新的环境污染点。浙江省“水十条”中提出发展环保市场、吸引生态环保等有关领域的投资等举措，引导节能、环保的环保产业发展。这些现有的政策措施总体上与本文结论保持高度一致，也说明了相关政策建议的可行性。总的来说，环境规制手段能够减轻水污染程度，可以综合利用多种环境规制手段，完成环境保护的制度建设，提升水污染治理效果。

环境政策工具对水污染治理的作用

——以工业水污染和新《环境保护法》为例

一　背景介绍

1.1　现实背景

即使我国现阶段强调国家发展不能重走发达国家“先污染后治理”的老路，但实际上，我国在经济恢复和高速发展的初始阶段确实没有给予环境保护工作足够的重视。可以说，我国正处于接近环境库兹涅茨曲线峰值的阶段，随着人均收入不断增长，污染程度也在不断加深。水污染问题的严重程度关乎全社会的生活与生产，而我国水资源人均占有量不到世界平均水平的1/4。国家统计局的年度数据（2017）显示，除了2016年以外，我国的废水排放总量逐年增加，增加百分比从1.56%到6.79%不等。而2016年，我国废水排放总量也达到了711亿吨，其中工业废水排放量199亿吨，而直接排入环境的工业废水排放量为144亿吨，水污染问题仍亟待解决。

我国现行的水污染政策工具主要包括：排污收费制度、排放总量控制、排污许可证制度等。但是，收费标准不合理、缺少激励等制度缺陷，以及获取信息成本高、监督处罚执行难等行政困难也制约着水污染治理的进步。

我国近年在有关环境问题的立法上，出现了一些重大的变化：2015年1月1日开始实行的《环境保护法》明文规定规制惩罚机制的变化，受到罚款处罚后拒不改正的排污企业应当以原罚数额按日连续被处罚罚金；2016年6月开始起草、2017年10月1日开始实行的《民法总则》将“绿色原则”中加入了民事主体从事民事法律活动时应当遵循的原则。2016年，我国废水排放总量打破了以往逐年增加的情况，相比2015年减少了

3.29%（中华人民共和国国家统计局，2018a）。所以，这一改变的成果是值得研究的，本文也将检验这一立法对水污染治理的作用机制。

1.2 理论背景

大量中外学者通过定性、定量等方法对水污染成因进行了解释。其中，一部分学者强调并着重研究了环境政策工具对污染治理的相对作用，另一部分学者则具体研究分析了不同类型环境工具对水污染治理的不同效果，还有一些学者从制度上研究了环境政策的适用问题。

至今，虽然一些学者已经研究了环境规制、经济激励等政策工具对水污染治理的相对作用，但以政策工具作为影响因素进行因子分析的研究较少。另外，2015 年环保法按日计罚的相关规定出台之后，实际情况和相关数据显然应当会与先前的研究中得到的模型、结论有所差异。在这一方面，仍然存在理论上的空白区域与不足之处。

1.3 本文研究的内容与意义

本文研究的问题主要包括：①我国工业水污染及其治理工作的现状是怎样的？②环境政策工具对我国的工业水污染治理水平有怎样的作用？③2015年出台的《环境保护法》对工业水污染治理水平的影响符合上一个问题的结果吗？环境政策工具还存在哪些不足？

一方面，本文意在研究我国水污染及其治理工作，结合近年的水污染状况和环境政策工具，产生新的结论和政策建议，对当下我国环境政策立法和水污染治理工作的改善有一定的现实意义。另一方面，对这些问题的研究可以丰富有关环境政策工具对水污染作用的理论内容，并且结合具体的环境法律，拓展这方面研究的视角，具有一定的学术价值。因此，有必要研究这些问题。

本文的研究脉络大体是：总体上，先进行描述性数据统计分析，描述我国水污染及其治理工作的发展历程和现状概貌。进一步，对近 15 年的数据进行定量研究，通过多元回归和建立工业水污染治理的影响因素模型等计量经济学方法分析环境政策工具对工业水污染治理的作用。特别地，对该模型是否适用于 2015 年新《环境保护法》出台之前、之后进行检验，用制度经济学中的产权理论、外部性理论等进行理论分析，得出新的结论和政策建议。以此，实现实证分析与规范分析相结合、定性分析与定量分析相结合的研究技术路线。

二 文献综述

2.1 具体研究情况

大量中外学者通过定性、定量等方法对水污染成因进行了解释。Panavotou（1997）以30国的面板数据为依托进行回归分析，认为经济规模和水平、产业结构、技术进步、环境政策及环境保护投资等因素都是经济增长与环境污染水平关系的基本决定因素。建立VAR模型进行检验与分析后，贾广印（2013）发现工业废水排放增速随着GDP增长而减缓，生活废水排放增速变大。李亚亚（2013）通过对沿海水污染排放的灰色关联分析，认为加强结构调整、促进技术进步是降低排放强度的有效方法。黄施、冷建飞（2017）对江苏省经济与水污染数据运用全局Moran's I指数、LMDI指数及LISA集聚图等工具，证实经济规模、科技水平与水污染空间聚集有正向关系，而经济结构没有显著地影响污染的空间聚集。

其中，一些学者强调并着重研究了环境政策工具对污染治理的相对作用。孟雪靖（2007）用外部性理论和供需理论建模，解释政策失衡，即环境政策难以协调经济发展与环境保护，对水环境存在负面效应。赵联宁、李彩虹（2010）从博弈论的角度对水污染行为的行政处罚责任进行经济分析，通过建立管理者和加害者间的博弈模型，求解混合策略的纳什均衡，认为降低维权成本、加大污染处罚的力度、降低加害者收益三种方式，能够在一定程度上减少污染行为的发生。李胜（2010）建立了府际博弈模型，分析说明上下游政府、中央地方政府政策博弈对跨流域水污染的影响。郭志仪、姚慧玲（2011）通过理论剖析和GMM方法对政府、厂商、消费者的博弈进行模型检验，提出了工业水污染的重要成因是厂商与地方政府合谋。陈侃（2013）通过对Logistic模型参数含义的解析，表明环境管理等因素与突发水污染事件的发生发展规律相互联系，环境管理的强度和机制影响着突发污染事件的控制强度。王学兵（2015）基于制度的理论分析提出，解决污染行为频发的出路在于通过提高处罚额度来提高违法成本。

另一些学者则具体研究了不同类型环境工具对水污染治理的不同效果。Helfand（1991）认为命令控制型的环境管制手段使用统一标准进行处罚，没有考虑到不同厂商的成本差异。陈艳（2012）根据淮河流域的水污染问题指出了现行水污染治理政策工具中管制和激励手段各自存在的缺陷。刘立娟（2014）比较了征收排污税和排污权交易两种水污染治理经济手段，分析了其应用中存在的障碍。郭庆（2014）以工业污染治理投资总额、水污染信访人次和环境监测、监察人员数四个变量作为环境政策工具的指标进行因子分析，认为我国环境规制中命令与控制政策的作用大于经济激励政策和公众参与政策的作用，目前应当加强命令与控制政策在环境保护方面的作用。张翼飞等（2017）基于太湖流域的数据研究制度设计和效率等内容，主张市场主导的排污权交易是优于其他政策工具的高效治理手段。

另外，还有一些学者从制度层面研究了环境政策的适用问题，他们普遍认为当下的环境政策工具仍然存在缺陷，需要继续完善。潘济民（2012）进行了实地调查，用 Logit 模型研究岷江流域水污染补偿的居民支付意愿，提出建立公众参与型政策法规。赵川（2014）认为我国环境保护激励措施适用范围较窄，缺乏配套规定和实施环境。王兰（2014）提出“按日计罚”应当在解决处罚额度、法规衔接等问题之后被推广适用到全国。秦勤（2014）在分析跨界水污染现状数据的基础上，说明了我国在跨界水污染方面缺乏完善的法律体系和行政体制。洪姗姗（2006）表明“按日计罚”存在缺乏程序、复查形式模糊、难以执行等问题。

2.2　综合评价与研究方向

总体上，对于环境政策工具与水污染问题的研究体现出以下特征。①宏观层面的研究多，具体细化到环境政策工具层面的研究少。②以环境政策工具为主题的研究中，理论分析多，定量实证少。③因子分析的相关研究大多比较久远，结合新近数据、新近政策情况的少。

综上所述，环境保护与环境政策，尤其是水污染问题与政策工具，已经成为国内外研究者的关注点之一。至今，虽然一些学者已经研究了环境规制、经济激励、公众参与等政策工具对水污染治理的相对作用，但以政策工具作为影响因素进行因子分析的研究极少，对具体政策进行模型实证和检验的也几乎没有。对于不同类型环境工具的效果分析非常有利于指导、启发水污染治理的实践，但大多是从定性或者制度设计等理论的角度出发阐述分析、解释建议，缺乏具体的定量分析的支撑。除此之外，2015 年《环境保护法》按日计罚的相关规定出台之后，实际情况和相关数据显然应当会与先前的研究中得到的模型、结论有所差异。在这一方面，仍然存在理论上的空白区域与不足之处。因此，本文将依据近年的水污染和环境政策运用情况进行定量研究，结合具体的环境法规进行分析和检验，以此在上述研究的基础上继续拓展这方面研究的视角、丰富其理论内容。

三 方法与数据

3.1 理论基础

Panavotou（1997）将库兹涅茨曲线扩展到环境领域，以此描述人均收入和环境水平的关系。Grossman 和 Krueger（1991）在深入研究后，提出经济增长通过规模效应、技术效应与结构效应影响着环境的质量。

但环境库兹涅茨曲线的适用性存在一定缺陷：它将收入作为外生变量，忽视了环境与经济的相互作用，同时也将两者的关系局限于倒 U 形一种形态之中。于是，对 30 国的面板数据进行回归分析后，Panavotou（1997）认为经济规模和水平、产业结构、技术进步、环境政策及环境保护投资等因素都是经济增长与环境污染水平关系的基本决定因素。

3.2 回归模型

$$\log(D) = b_0\log(Y) + b_1 y_1 + b_2 y_2 + b_3 y_3 + a_1\log(T) + a_2\log(I) + a_3\log(G) + c$$

其中，D 表示工业废水排放量；Y 表示地区生产总值；y_1 表示第一产业生产值占总值的比例，y_2 表示第二产业生产值占总值的比例，y_3 表示第三产业生产值占总值的比例；T 表示专利批准数量（包括发明、实用新型、外观设计）；I 表示治理废水项目完成投资额；G 表示排污费征收额；c 表示常数项，代表其他因素。

由于相关实证研究的文献较多地采用地区生产总值、工业废水排放量、治理废水项目完成投资额、产业增加额等数据，所以本文设定了这样的线性回归模型。构建的回归模型能够从地区经济规模、经济结构状况、科学技术水平、政府污染治理程度、政策规制程度等方面对地区水污染治理水平进行因子分析，研究其影响程度。

文献综述中所提到的郭庆的因子分析，以专利申请数作为代表科技因素的变量，但本文认为专利批准或授权数更能准确地代表地区的科学技术水平，故采用了专利批准数量。而且，惩罚规制型政策的存量这一数据不能针对水污染问题进行全面而准确的描述，故本文使用了排污费征收额代表政策规制的程度。另外，采用对数模型是因为取对数之后不会改变数据的性质和相关关系，但缩小了数据的绝对数值，数据更加平稳，也方便计算，同时在一定程度上可以使所得到的数据更易消除异方差、共线性等问题。

3.3 数据

Y 即地区生产总值、y_1 即第一产业生产值占总值的比例、y_2 即第二产业生产值占总值的比例、y_3 即第三产业生产值占总值的比例、I 即治理废水项目完成投资额，数据来源于国家统计局数据库 2000 ~ 2017 年的数据；T 即专利批准数量、D 即工业废水排放量，数据来源于 2000 ~ 2017 年《中国统计年鉴》；G 即排污费征收额，数据来源于中国环境保护数据库 2000 ~ 2016 年的数据。选用数据来源较为权威、准确：国家统计局数据库是由我国政府建设的，充分借鉴了国际统计准则、建立了能够满足经济社会发展需要的现代统计体系，包括比较完整配套的统计法律制度和调查体系；《中国统计年鉴》是国家统计局编印的资料性年刊，全面反映我国经济和社会发展情况；中国环境保护数据库则是国家信息中心中经网为满足社会各界对环保领域的信息需求而建设的数据库群。

本文研究所用数据包含 1999 ~ 2016 年、全国 30 个省份关于上述内容的面板数据。由于更早期的环境相关数据缺失较多，故采用的数据时间从 1999 年开始。

四 实证结果

4.1 2004 ~ 2016 年全国水污染总体情况的描述性统计分析

如图 1 所示，从 2004 年到 2015 年，我国的废水排放总量总体上呈逐年增加的趋势。但 2016 年，我国废水排放总量明显下降，甚至低于 2014

年的废水排放总量，仅711.1亿吨。相比之下，我国工业废水排放总量和占全国废水排放总量的比例自2007年以后呈现出下降的趋势。

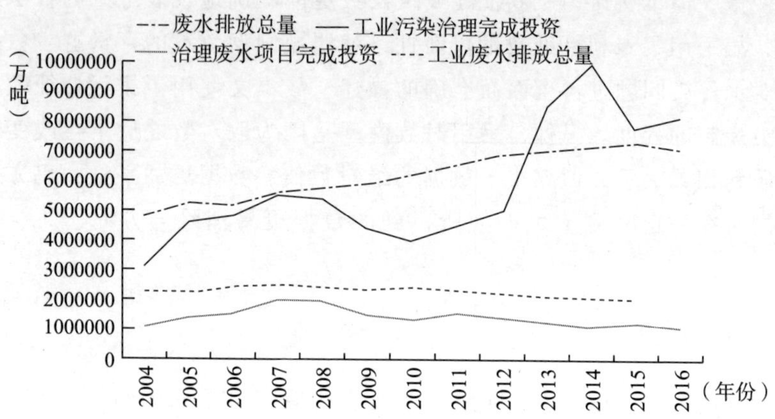

图1　2004~2016年全国废水排放总量及工业废水排放总量

资料来源：2004年至2016年国家统计局数据库。

我国2004年至2016年的水污染情况数据描述性统计值如表1所示。我国水污染及其治理工作的基本情况显示：自2011年始，工业废水排放总量也逐年减少；而工业污染治理完成投资和治理废水项目完成投资呈现上升趋势，表明我国工业水污染受到重视的程度逐渐上升。

表1　2004年至2016年全国水污染情况数据描述性统计值

变量	均值	标准差	最小值	最大值
废水排放总量（万吨）	6198663	859936.5	4824094	7353227
相比上一年的变化率	0.0334417	0.0360742	-0.0329	0.0873
化学需氧量排放量（万吨）	1710.836	545.1141	1046.53	2499.86
氨氮排放量（万吨）	176.6338	57.72549	120.29	260.44
工业废水排放总量（万吨）	1403827	292975.1	1055868	1960722
工业污染治理完成投资（万元）	5822842	2079589	3081060	9976511
治理废水项目完成投资（万元）	1403827	292975.1	1055868	1960722

资料来源：根据2004年至2016年国家统计局数据库的数据计算而来。

4.2　1999~2014年分省份计量回归过程与结果

各变量的描述性统计值如表2所示。各变量的总体均值描述了随机变量取值平均状况，反映了数据的一般水平，各变量均值均小于11，表明数据适于进行后续定量分析。各变量的最小值和最大值则表明了数据的分布区间。各变量的标准差均小于1.6，表明数据非常稳定，且不存在极端异常值，具有研究价值和计量的可能性。

表2　分省份数据变量的描述性统计值

变量	均值	标准差	最小值	最大值
lnY（地区生产总值的对数）	8.717033	1.106797	5.478052	11.12446
lnT（专利批准数量的对数）	8.377252	1.590562	4.248495	12.50597
lnI（治理废水项目完成投资额对数）	10.09969	1.236124	4.49981	12.59656
lnG（排污费征收额的对数）	1.0851	1.061404	-2.154165	4.59512
lnD（工业废水排放量的对数）	10.80364	0.9929647	8.146998	13.92457
y_1（第一产业生产值占总值的比例）	0.1313708	0.0686526	0.0052725	0.3644508
y_2（第二产业生产值占总值的比例）	0.4590438	0.0778076	0.1973539	0.5904543
y_3（第三产业生产值占总值的比例）	0.4095854	0.0761104	0.2830286	0.7794839

资料来源：根据1999年至2014年国家统计局年鉴、国家统计局数据库、中国环境保护数据库的数据计算而来。

通过对各变量之间线性相关性的考察，得到相关系数矩阵表（见表3）。

表3　分省份数据各变量的相关系数

	lnD	lnY	y_1	y_2	y_3	lnT	lnI	lnG
lnD	1.0000							
lnY	0.6530	1.0000						
y_1	-0.1429	-0.5019	1.0000					
y_2	0.4479	0.4251	-0.4656	1.0000				
y_3	-0.3290	0.0181	-0.4260	-0.6023	1.0000			
lnT	0.5974	0.9133	-0.5533	0.3004	0.1920	1.0000		
lnI	0.6791	0.6331	-0.2548	0.5552	-0.3378	0.5382	1.0000	
lnG	0.6786	0.7718	-0.3823	0.6491	-0.3187	0.6309	0.6956	1.0000

资料来源：根据1999年至2014年国家统计局年鉴、国家统计局数据库、中国环境保护数据库的数据计算而来。

由表3可见，各经济变量之间均存在一定的相关性，尤其是lnY与lnT的相关系数达0.9133，两者高度相关，不适宜同时在模型中作为解释变量使用。再者，经过有效性检验发现代表科学技术水平的 lnT 对水污染治理情况 lnD 的影响不显著，说明其他因素保持不变时，科学技术的发展并不一定导致水污染情况改善，即工业废水排放量减少。故经尝试与检验后删去了 lnT 这一变量。另外，从实际经济意义来看，由于此次计量回归模型的被解释变量是工业废水排放量的对数，而非全国废水排放总量的对数，因而地区生产总值这一变量的解释能力有限。而且，由图 2 可见工业废水排放量占废水排放总量的比例呈现逐年下降的趋势，影响工业废水排放程度更高的因素应当是经济结构而非单纯的产业产值增加额，故本文使用了各类产业生产值占生产总值的比例，即 y_1、y_2、y_3 是代表经济结构的变量。

根据上述分析，得出了经修正后的计量模型如下。

$$\log(D) = b_0\log(Y) + b_1 y_1 + b_2 y_2 + b_3 y_3 + a_1\log(I) + a_2\log(G) + c$$

经 Hausman 检验可见，Prob = 0.5008 > 0.05 结果接受适用随机效应模型的原假设。另外，从实际经济意义来看，之所以既有的文献适用固定效应模型较多，是因为经济社会发展初期各省经济发展和水污染问题都呈现出比较单一的模式，治理工业水污染的方法也大同小异。但各地区在经济发展过程中都逐渐形成了各自独特的发展模式和治理机制，显现出多元化的特征，回归结果如表 4 所示。

表 4　1999 ~ 2014 年分省份数据随机效应模型回归结果

lnD	Coef.	Std. Err.	z	P > | z |
lnY	0.0900819**	0.0446089	2.02	0.043
y_1	3.302561***	0.9592016	3.44	0.001
y_2	2.13877***	0.5955792	3.59	0.000
y_3	0 (omitted because of collinearity)			
lnG	0.079914*	0.0409627	1.95	0.051
lnI	0.0751744***	0.0283831	2.65	0.008
c	7.756791***	0.5850445	13.26	0.000

资料来源：根据 1999 年至 2014 年国家统计局年鉴、国家统计局数据库、中国环境保护数据库的数据计算而来。

根据回归结果，lnG 在 10% 的显著性水平下显著，其他各变量的 P 值均小于 0.05，在 5% 的显著性水平下显著，因此结果显著。

lnY 的回归系数 $b_0=0.0900819$ 表明其他条件不变时，地区生产总值每增加 1%，工业废水排放量就会提高 0.09%，说明工业水污染情况并不与经济规模呈负相关关系，经济规模增长并不一定意味着污染水平下降。y_1 的回归系数 $b_1=3.302561$ 表明其他条件不变时，相较于第三产业，第一产业增加值占地区生产总值之比每增加 1%，工业废水排放量就会提高；y_2 的回归系数 $b_2=2.13877$ 表明其他条件不变时，相较于第三产业，第二产业增加值占地区生产总值之比每增加 1%，工业废水排放量也会提高；第三产业增加值占地区生产总值之比在回归过程中因多重共线性被省略。产业产值比例对工业水污染的影响，说明了产业结构的改善能在一定程度上减缓工业水污染程度。但其他因素不变时，工业化进程的发展不会必然改善工业水污染情况。上述这几个回归系数共同说明了：现阶段我国还需要从其他方面进行水污染治理才能有所成效，不能单纯地认为随着经济增长和工业化进程的推进，污染问题就会自然得到解决。

lnG 的回归系数 $a_2=0.079914$ 表明其他条件不变时，排污费征收额每增加 1%，工业废水排放量就会提高 0.08%。代表惩罚规制政策程度的排污费征收额与工业废水排放量呈正相关的关系，证实了排污费征收政策无法有效减缓污染程度反而在某种程度上激励了企业排污，这是因为我国排污费征收制度仍存在监管难、标准低、一次性等问题。

lnI 的回归系数 $a_1=0.0751744$ 表明其他条件不变时，治理废水项目完成投资额每增加 1%，工业废水排放量就会提高 0.08%。考虑到两者间的相互作用——治理投资往往会随着工业废水排放量的减少而变少，结合近年我国工业废水排放量和治理投资额都逐渐减少的现实情况来看，本文认为这一结果也较为合理。

4.3 1999～2014 年与 1999～2015 年的回归结果对比

运用这一模型对 1999～2015 年的数据进行回归并进行 Hausman 检验发现，仍是适用随机效应模型的效率更高，回归结果如表 5 所示。

表 5 1999～2015 年分省份数据随机效应模型回归结果

lnD	Coef.	Std. Err.	z	P > |z|
lnY	0.0929218**	0.0420022	2.21	0.027

续表

lnD	Coef.	Std. Err.	z	P > |z|
y_1	3.322445***	0.9179795	3.62	0.000
y_2	2.064745***	0.5260503	3.92	0.000
y_3	0 (omitted)			
lnG	0.0801312**	0.0392401	2.04	0.041
lnI	0.0765265***	0.0264681	2.89	0.004
c	7.749132***	0.562777	13.77	0.000

资料来源：根据1999年至2015年国家统计局年鉴、国家统计局数据库、中国环境保护数据库的数据计算而来。

根据回归结果，可见回归模型的拟合优度整体上都有所提高，且各变量包括代表政策规制程度的lnG的P值均下降到小于0.05，具有统计意义上的显著性。另外，各变量的回归系数没有明显的巨大变化。因此，本文认为这一模型仍然适用于2015年以及之后的情况。代表惩罚规制政策程度的排污费征收额仍然与工业废水排放量呈正相关关系，新行《环境保护法》按日计罚的制度目前仍没有显现出其具有显著的水污染规制效果，这和王学兵（2015）的研究比较相符：按日计罚适用范围窄、监督复查困难、起止情形简单、地方实施存在阻力等立法技术和行政执行方面的问题限制了按日计罚这一制度发挥其对水污染治理的积极作用。此外，出现这一结果也可能是因为有内生性问题，或有其他的第三方变量在同时影响二者，这两种情况应属本文研究的局限性。

五　结论与建议

5.1　结论

本文对近10年的全国数据进行了描述性统计分析，通过对近15年的分省份数据进行多元回归分析揭示了环境政策工具对工业水污染治理的作用，结合最新数据分析2015年《环境保护法》的出现是否导致了环境政策工具作用的变化。

根据描述性统计分析的结果，我国的废水排放总量从2004年到2015年在总体上呈逐年增加的趋势，但2016年我国废水排放总量明显下降。自

2011 年，工业废水治理情况逐年改善，工业水污染受到重视的程度逐渐上升。

根据多元回归的结果，工业水污染情况并不与经济规模呈负相关关系，经济规模增长并不一定意味着污染水平下降。第一产业产值比例对工业水污染的影响大于第二产业，说明了产业结构的改善能在一定程度上减缓工业水污染问题的恶化。惩罚规制政策程度的排污费征收额与工业废水排放量呈正相关的关系，证实了排污费征收的政策难以有效减缓污染程度，这是因为我国排污费征收制度仍存在问题，惩罚规制政策在我国水污染问题的解决上并没有达到应有的效果。另外，结合近年我国工业废水排放量和治理投资额都逐渐减少的现实情况来看，治理投资往往会随着工业废水排放量的减少而变少。

用 1999～2015 年的数据与 1999～2014 年的数据对比，发现回归模型和各系数都未发生显著的结构性变化，这一模型仍然符合 2015 年的情况。惩罚规制政策程度的排污费征收额仍然与工业废水排放量呈正相关关系，表明新行《环境保护法》按日计罚的制度目前仍没有显现出其具有显著的水污染规制效果，存在收费标准不合理、缺少激励等制度缺陷，以及获取信息成本高、监督处罚执行难等行政困难。

5.2 建议

本文的实证研究表明：现阶段，我国还需要采取积极的态度和多样的方法进行水污染治理才能有所成效，不能单纯地认为随着经济增长和工业化进程的发展，污染问题就会自然得到解决。

在环境惩罚规制政策的构建方面，需要进一步提高违法成本，加强处罚的执行与监督力度。相比缺乏激励的总量控制政策和制度环境的排污权制度，改变现行排污收费制度的处罚模式、提高处罚额度是目前行之有效的方法。美国的《清洁水法》、加拿大的《水法》等主要是直接规定违法的每日罚款数额，而印度的《水污染防治法》、法国刑法等规定了违法警告后的一次性罚款数额以及复查后违法的按日计罚数额。我国新环境保护法主要借鉴了第二种模式，相对而言易于操作、行政成本较低，符合我国国情和现实需要，但也易于产生漏罚、少罚、多罚的情况，不太符合罪刑相适应的法律原则和公平的价值观念。所以我国环境保护法，尤其是按日计罚的相关规定，还要向发达国家的完全按日计罚发展，这样才能继续解决水污染等环境问题。

在新环境保护法的适用方面，仍然存在种种困难需要解决，政策应用的时滞不可避免。新法出台之后，执法、司法人员对其中规定的违法情形要准确把握，对其法律内涵要深入理解，对其实际应用程序要熟练掌控，而这些工作都需要一定时间才能完成。普通公民也要基本了解新法的内容和重要修改之处，这又需要环保、执法部门和社会各方面的积极宣传。

对水污染进行彻底而有效的治理，对我国经济可持续发展有着重要意义。我国应该吸取水污染问题的教训，进一步完善环境保护政策工具的构建和应用，只有这样才能保证公民生活健康、生产安全、经济发展。

京津冀地区工业废气污染的实证研究

一　背景介绍

近年来，随着京津冀地区经济的不断发展，三省市，尤其以河北省主要工业城市为主，如石家庄、保定等，其大气污染现象日趋严重，这不仅制约了京津冀经济的继续发展，也对人们的生活产生了不良影响。京津冀地区的工业污染问题与其经济总量和所处发展阶段密切相关。可以说伴随京津冀地区工业经济的高速发展，出现了严重的环境污染问题。目前，河北省许多城市还处在工业化中期阶段，钢铁等重工业行业密集；天津的工业结构正在转型，但重化工业等行业对生态环境影响的压力依然很大；而北京随着重工业的转移迁出，工业发展对环境影响渐小，但总体来说环境污染压力依然存在。

天津市2016年空气质量达标天数226天，占全年天数的61.9%；2016年中度以上污染共53天，较2015年有所下降。针对污染问题，天津市2016年继续贯彻《大气污染防治行动计划》和《京津冀大气污染防治强化措施》的要求，扎实推进清新空气行动，狠抓“五控”治理，取得了较好的成效。而北京市2017年空气质量达标天数226天，占全年天数的61.9%；空气重污染天数为23天，比上一年减少16天。全市空气质量持续改善，污染物年平均浓度全面下降。2017年，北京市持续推动能源结构清洁化，聚焦扬尘污染问题、“散乱污”企业等，推动全市产业结构优化升级，极大地改善了环境质量。与此同时，在我国空气质量较差的城市中，衡水、石家庄、邢台、邯郸等河北省中南部城市纷纷在榜。根据《环境空气质量标准》评价，2016年全年河北省低于Ⅱ级的空气标准的天数为158天，约占全年天数的43.3%，其中重度污染以上天数平均为33天，占全年总天数的9.0%。根据河北省历年废气排放情况，可以看出河北省工业废气的排放量除了个别年份有所下降外，其余年份呈现出逐年上升的趋势。可以说，河北省的大气污染问题已经十分严重。因此，河北省也积极采取行动来防治大气污染。推动出台《生态环境保护责任追究暂行办法》《河北省大气污染防治条例》等文件，并且争取中央环保专项资金60.14亿元，环境保护投入不断增加，对石家庄、邢台、保定等城市进行重点防治。

现今，学术界对于城市大气污染的研究主要集中于城市大气污染源和治理措施、环境污染与经济增长、环保投入与经济增长等方面。而具体针对城市大气污染的文献范围过于笼统，其研究对象范围较广，缺乏针对性。因此，本文进一步细化研究，仅以京津冀三省市工业废气的排放为主要对象收集数据，分析影响工业废气排放的因素及治理措施。具体从以下几方面入手：①收集数据，对数据进行描述性统计分析，揭示三省市大气污染现状；并着重分析工业废气排放在三省市的大气污染问题中的占比；②运用计量回归模型分析三省市工业废气排放量居高不下的原因和影响因素；③得出结论，分析存在的问题，为其大气污染改善提出合理建议。

京津冀地区作为大气污染的重灾区，且在工业废气排放是污染源的主要来源之一的情况下，有必要对工业废气所造成的污染进行研究。研究工业废气排放的影响因素不仅有利于京津冀地区实现污染减排，促进协同发展，也可以为其他地区大气环境治理提供参考价值。

二 文献综述

2.1 关于经济增长与环境污染关系的文献

随着经济的发展，经济增长与环境污染之间的问题越来越突出，因此，国内外学者对经济与环境间的关系进行了探讨与分析。而环境库兹涅茨曲线就是众多学者智慧的结晶。美国经济学家 Grossman 和 Krueger（1991）首次证实了环境质量与经济增长之间的关系，指出了经济增长通过规模效应、技术效应与结构效应三种途径影响环境质量，发现一国的污染程度在人均收入较低的水平上随人均 GDP 的增加而上升，在人均收入较高的水平上随 GDP 的增长而下降，两者呈倒 U 形曲线。而国内对于环境库兹涅茨曲线的研究在近几年内得到较大的发展。施平（2010）发现我国主要环境指标与经济增长间呈倒 N 形关系，符合环境库兹涅茨曲线的基本规律。李鹏涛（2017）采用我国 31 个省份的数据，运用环境库兹涅茨曲线对环境污染与经济增长的关系进行了分析，发现废气污染与经济增长间的关系呈现倒 U 形关系，且废气污染与经济增长目前仍存在正相关关系，解释了近年来雾霾问题严重的原因，废气治理形势依然严峻。另外，聂巧平、王梦颖（2015）的研究以环境库兹涅茨曲线为基础，证实了我国目前仍处在工业化的中期阶段，可以通过优化产业、促进创新等措施推动经济与环境的和谐发展。

2.2 关于工业废气污染问题的文献

在环境污染话题中，工业“三废”问题一直是诸多学者研究的重点。工业废气污染治理更是重中之重。其中一些研究（柏立森、刘伟，2016）发现工业生产会产生大量工业废气，对环境产生了极大危害，是雾霾问题产生的直接原因。落实监管制度、完善工业废气治理技术等是改善工业废气污染的主要措施。在我国工业废气的治理方面，向书坚、吴淑丽（2012）的研究运用 DEA 方法对工业废气治理技术效率进行了分析。研究结果显示，工业废气治理技术效率存在地区性差异，且自西部向东部治理效率递减。彭熠等（2013）通过建立动态面板模型，采用差分广义矩估计方法分析了环保投资对工业废气排放的影响，并得到了正面性的结论，认为环保投资的增加有利于解决工业废气污染问题。王梓慕、高明（2017）分析研究了环境政策、环保投资和公众参与对工业废气排放的影响，得出三者对工业废气减排存在正面影响和累积效应的结论。另外一些研究（徐庆嫦，2012；张灿，2017）则提出了关于工业废气治理技术的具体方法，如对工业废气进行分类处理，分挥发性有机废气、粉尘废气等；或者采用催化燃烧法、光分解法等，以期促进我国工业废气问题的解决。

2.3 关于京津冀地区工业废气污染问题的文献

目前，大部分的文献研究内容范围较广，而将研究视角聚焦到某一地区的研究相对较少，但也不是无迹可寻。例如，江静、郭伟（2016）采用定性与定量相结合的分析方法，从京津冀工业污染特征、污染治理现状方面分析了京津冀工业污染及其治理现状，对比分析了京津冀三地工业污染中存在的问题。刘德智、蔡海标（2008）运用动态计量模型对河北省工业废气的排放与治理做出了分析。其研究结论认为，河北省对于工业废气排放的控制技术并不十分完善，技术水平没有得到根本性提高，经济效益低下。王欢（2017）在硕士学位论文中探讨了河北省环保投资对工业废气排放的影响，运用多元回归模型考察了相关变量间的联系，将河北省的工业废气排放效应分解为规模、结构和技术三种效应，并承认了规模效应的主要促进作用。

综合上述文献可知，对于环境问题的研究已经由主要集中于探索环境与经济增长间的宏观关系转变到探索更为具体、更为微观的层面。而对于城市工业废气，目前研究主要集中于治理技术与措施、环保投资与污染减排效率等方面，而对造成工业废气大规模排放的因素则缺少研究。因此，本文将研究视角聚焦到京津冀的工业废气影响因素与治理措施上，运用计量经济模型对影响工业废气排放的因素进行探究，并在此基础上分析治理京津冀尤其是河北省工业污染问题的有效措施。

三　方法与数据

3.1　关于工业废气排放的理论概述

工业废气指企业燃料燃烧和生产过程中产生的各种排入空气的含有污染物气体的总称。主要包括：二氧化碳、二硫化碳、氮氧化物、烟尘及生产性粉尘等，排入大气，会污染空气。工业废气的不断排放会对环境造成极大的污染。目前，在现有的研究中，分析环境规制、经济发展等因素对工业废气排放的影响占据了主流地位。据此本文将着重分析上述影响因素所涉及的理论概念。

（1）环境库兹涅茨曲线（EKC）

EKC 认为人均收入的增长可以引起环境质量的改善。Grossman 和 Krueger（1991）针对北美自由贸易区谈判中，美国人担心自由贸易恶化墨西哥环境并影响美国本土环境的问题，首次实证研究了环境质量与人均收入之间的关系，指出了污染与人均收入间的关系为“污染在低收入水平上随人均 GDP 的增加而上升，在高收入水平上随 GDP 的增长而下降”。EKC 揭示了环境质量开始随着收入增加而退化，收入水平上升到一定程度后随收入的增加而改善，即环境质量与收入为倒 U 形关系。

（2）市场失灵理论

所谓市场失灵，指市场经济自身固有的缺陷以及外部环境的某些制约，导致仅仅依靠市场机制不能实现资源有效配置的情况。市场失灵的原因主要有：①市场垄断的存在，垄断会导致资源配置的低效率或无效率。②外部效应的存在，企业只追求私人利益而忽略社会利益，使得环境污染加重，负外部性产生。③信息不充分的存在。

3.2 关于影响京津冀三省市工业废气排放的数据来源

（1）建立模型

本文对影响京津冀三省市工业废气排放的因素进行回归分析，并探讨了其中的关系。由于数据选取的约束性，本文在进行多方收集后选用以下四组数据作为回归分析的自变量和因变量：三省市工业废气排放总量、主要能源产品消费量、工业污染治理投资完成情况及人均国民生产总值。为了验证以上因素对工业废气排放的影响，本文通过构建关于以上变量的时间序列模型进行回归分析。同时，为了消除变量间可能存在的多重共线性和异方差问题，模型采用对数形式，从而使时间序列数据具有平稳性，模型如下。

$$\ln GAS = C + \alpha_1 \ln RGDP + \alpha_2 \ln EC + \alpha_3 \ln EI + \mu$$

其中，GAS 为京津冀三省市 2007 ~ 2016 年工业废气排放总量，为回归模型的因变量；RGDP 为人均国民生产总值；EC 为主要能源产品消费量；EI 为工业污染治理投资完成情况；α_1、α_2、α_3为各变量回归的系数；μ 为随机误差项。

（2）变量选取和数据来源

本文研究的样本区间为 2007 ~ 2016 年，在所使用的样本数据中，京津冀三省市工业废气排放总量、主要能源产品消费量、工业污染治理投资完成情况、人均国民生产总值摘自国家统计局网站分省年度数据；其他未做特别说明的数据均摘自相应年份的环境状况公报。模型中各变量的设定如下。

工业废气排放总量（GAS）

GAS 为三省市 2007 ~ 2016 年工业废气排放总量，是回归模型的因变量。为简化模型，将其设定为二氧化硫、氮氧化物、工业烟（粉）尘三项排放量的加总。

人均国民生产总值（RGDP）

以 RGDP 作为自变量之一，指在以 RGDP 为基础，分析经济增长对工业废气排放量的影响。

主要能源产品消费量（EC）

从可能产生废气的能源产品入手，在经济产业层面分析其对工业废气排放量的影响。

工业污染治理投资完成情况（EI）

政府政策影响工业污染治理投资，在自变量中加入 EI 项可以从政府政策层面分析其对工业废气排放量的影响。

在模型设定中，本文吸收了现今学术界关于环保投资、环境规制等因素对工业废气排放的影响观点，在此基础上，又通过选用人均收入、主要能源产品消费量两项指标从经济增长和产业结构方面对工业废气排放的影响进行了分析，从更加多元的角度对工业废气污染这一问题进行了实证研究。

四　实证结果

4.1　京津冀地区工业废气排放的现状分析

目前京津冀地区环境质量稳中向好，环境安全得到有效保证，但总体上环境质量形势依然严峻，尤其以河北省为重污染区。2016 年全年河北省低于Ⅱ级的空气标准的天数为 158 天，约占全年天数的 43.3%，其中重度污染以上天数平均为 33 天，占全年总天数的 9.0%。京津冀地区工业废气排放总量的变化可以从宏观上反映三省市现今工业废气的排放现状，数据来源于相关年限的《中国环境统计年鉴》。

通过数据分析可以得出在 2007 至 2016 年度，京津地区工业废气排放量呈现先上升后下降的趋势，2012 年为转折点。与此同时，河北省工业废气排放总量在 2010 年后增长迅速，近几年来又呈现下降趋势，但现今的工业废气排放量与 2007 年相比仍处于较高程度。从排放总量上看，京津地区工业废气的排放量远低于河北省工业废气的排放量，两者差距极大。从中也可以发现，河北省工业废气污染在京津冀地区的污染问题中占据了较大的比重（见图 1）。京津冀地区，尤其是河北省的工业废气治理仍任重道远。

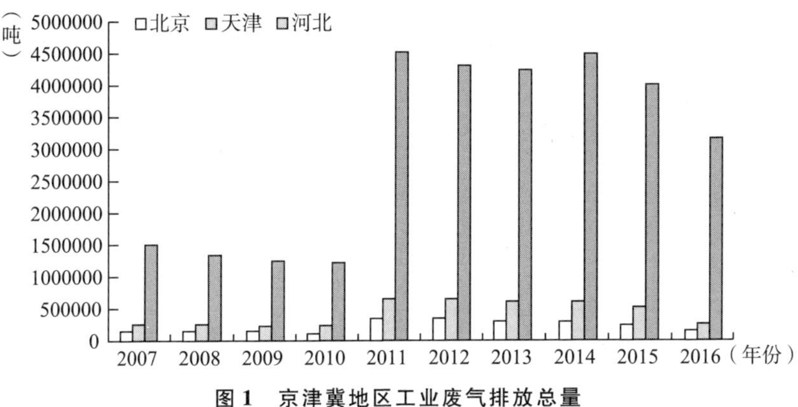

图 1　京津冀地区工业废气排放总量

4.2　关于工业废气排放的回归结果分析

本节在上节所述模型中新加入了环保投资滞后两期的结果进行回归分析。另考虑到人均国民生产总值（RGDP）与工业废气排放总量之间可能存在二次关系，在回归时加入了 RGDP 的二次项。在对各变量进行分析时，可得到因变量和自变量间的散点图，如图 2、图 3、图 4 所示。

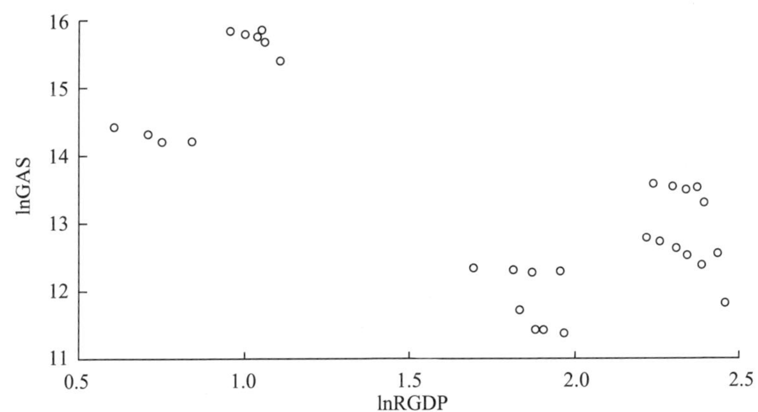

图 2　人均国民生产总值与工业废气排放总量的相关性

由图 2、图 3、图 4 三组散点图可知，因变量 GAS 与自变量 RGDP 间呈现负相关关系；而 GAS 与另外的自变量 EI 和 EC 呈现正相关关系。经过回归后，可得到表 1。

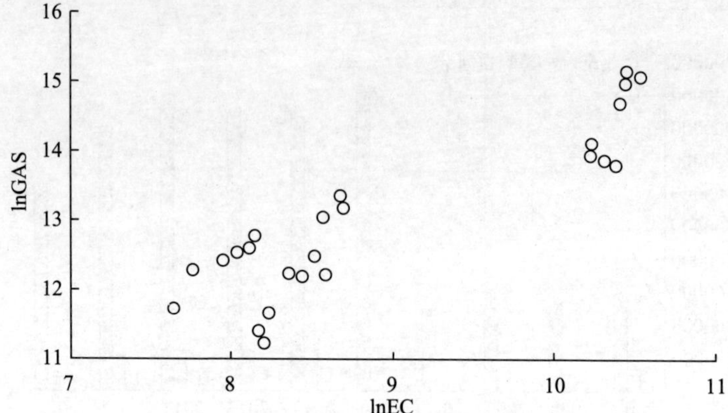

图 3　主要能源产品消费量与工业废气排放总量的相关性

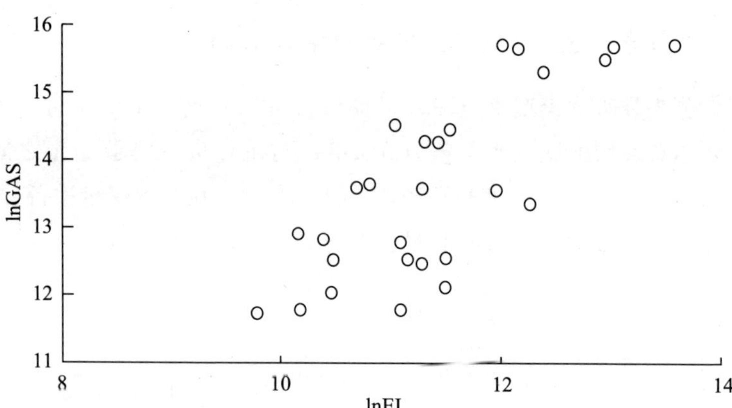

图 4　工业污染治理投资完成情况与工业废气排放总量的相关性

表 1　京津冀地区回归分析表

变量	模型 OLS 估计
	S. E.
lnRGDP	8. 8752 (0. 5003)
$lnRGDP^2$	-3. 6879 (-0. 4154)
lnEC	1. 7080 (9. 1674)***

续表

变量	模型 OLS 估计
	S. E.
lnEI	0.0401 (0.3811)
lnEI（-1）	0.0780 (1.1800)
lnEI（-2）	-0.2018 (-2.2521)**
Adj-R^2	0.9298
F	60.6657
D. W.	1.6420

注：***、**、*分别表示结果在1%、5%、10%的水平上显著；括号内为t检验值。

因此，从回归结果可以看出，$R^2=0.9454$、$\overline{R}^2=0.9298$，表明模型整体上拟合程度较好；其中主要能源产品消费量（EC）项的t值高于5%显著性水平下的临界值 $t_{0.025}=2.048$，并且主要能源产品消费量（EC）值为正，说明能源消费的增加会加剧工业废气排放量的增加，符合常识；此外，京津冀地区工业污染治理投资完成情况（EI）的系数为正，说明治理工业废气投资在当期并没有对工业废气排放量的减少起到促进作用。EI（-1）的系数为正，说明滞后一期的治理投资额同样未对工业废气排放量的减少起到作用。而EI（-2）的系数为负，说明滞后两期的治理投资额可以起到减排效果，其系数相较于EI和EI（-1）而言较大，而且显著，说明治理减排效果要至少2年后才起作用。所以从总体上来看，京津冀地区工业污染治理投资完成情况对工业废气排放总量的减排效果并不十分明显。

而在对京津冀地区的工业废气污染现象的现状进行分析时，可以发现，河北省的工业废气排放量远超于京津两地，因此，本文将对河北省和京津两地的数据分布进行回归，以探索京津冀地区工业废气污染的源头。回归结果如表2所示。

表2　分省回归分析结果

变量	京津地区	河北省
lnRGDP	82.8341 (1.2112)	41.9336 (0.4539)

续表

变量	京津地区	河北省
$lnRGDP^2$	-40.5812 (-1.032)	-23.1817 (-0.4417)
lnEC	0.9198 (2.4153)*	16.7283 (0.5926)
lnEI	0.1334 (1.2230)	-0.3887 (-0.3641)
lnEI (-1)	-0.2561 (-1.9523)***	0.4094 (0.5143)
lnEI (-2)	-0.1724 (-1.4884)**	0.7452 (0.3575)
$Adj-R^2$	0.8378	0.9346
F	9.8735	2.3835

注：***、**、*分别表示结果在1%、5%、10%的水平上显著；括号内为t检验值。

通过回归分析可知：京津地区RGDP的二次项值小于河北省，EKC曲线表明京津地区经济发展水平高于河北省，且其人均GDP对工业废气排放的影响较河北省显著；而河北省EC的回归结果高于京津地区，说明在主要能源产品消费量对工业废气排放的影响上，河北省高于京津地区。以上两项数据生动地说明了河北省与京津地区经济发展方式的差异，即河北省还处在工业化中期阶段，重化工业的特征明显；京津地区第三产业快速发展、工业结构正在转型，工业发展对环境影响渐小。此外，通过对EI及其滞后项的分析，也可以发现，京津地区工业污染治理投资完成情况对排放量的影响由不显著到显著，说明京津地区的环保治理投资是有效用的，至少要等到治理投资额下发的一年后才起作用；而河北省则正好相反，其工业污染治理投资完成情况对排放量的影响十分不显著，但这主要是由于数据样本的限制，目前可收集的数据样本量较小。通过以上分析可知，京津冀地区的工业废气污染问题依然严峻，而河北省存在的问题尤为严重。

五 结论与建议

本文从京津冀地区空气质量及环境污染的现状入手，分析得出目前京津冀地区空气质量问题的主要因素在于其工业废气污染严重，并据此通过收集三省市数据，用建立计量回归模型的方法对影响工业废气排放量的因素进行了探究；并根据回归结果进行分析，得出了现今京津冀地区工业污染废气排放与治理两者间存在的问题。

首先，经济发展水平是工业废气排放的根源性因素。京津冀地区经济发展水平的差异导致了其产业结构的不同变化；而产业结构的不同又促进了以重化工业为主的地区，如河北省的能源消费总量增加，使得京津冀地区中，河北省的工业废气排放量“独占鳌头”。

其次，投资不足，导致产业结构不合理。京津冀地区工业污染治理投资占工业 GDP 的比重持续变化，但这种变化只是趋从于国家整体状况的一种变化。投资方式单一，治理投资供给满足不了日益增长的需求。在产业结构上，天津、河北的产业结构主要以能耗高的工业为主，北京以第三产业为主，所以京津冀地区的产业结构不利于污染治理。

最后，治理机制不合理导致治理效果不佳。政府及环境部门在污染治理研究中的深度和力度不够。京津冀地区污染现状中治理投资增长率与工业 GDP 增长率比值普遍较小，即没有达到与经济增长相协同的内生增长机制。缺乏与治理相配套的监管机制，治污企业得不到专业的污染治理服务。从京津冀整体的治理情况来看，“三废”的排放量还会增加，治理效果短期内得不到改善，污染在近期不能得到又好又快的防治。

因此，本文提出完善京津冀地区工业废气污染治理的对策如下。

第一，加强机构协调，促进联防联治。京津冀地区污染治理需政府部门等机构联动，一起开展预防工作；各机构注重加强工作人员专业知识培训，定期组织专业培训；不同地区的防治机构制定联防政策，随时把握环保变化动向，高效审查其运作过程。

第二，加大立法保障，强化协同监管。落实法律法规，明确各部门的权责，并实时监察执行情况；严格监管企业环保标准；建立环境审计和终身追责制度，加大京津冀地区对环境污染行为的制裁力度。通过这些方法，有效促进企业实施环保措施。

第三，运用经济手段，促进市场化。建立跨区域环保基金会，对处理污染事件提供资金帮助；将环境经济市场化，吸纳社会资本，拓宽融资渠道，促进地区资源共享，提高治理效率；针对中小型企业的污染治理，政府应大力扶持，允许通过环保证券等方式吸引社会闲散资金，动员社会力量形成多维合力。

第四，加强投入，增大宣传。加强政府环保资金的投入、环保思想的宣传以及环保工作的监管。政府若想做好环保工作，首先就得建立健全环保资金保障机制，加强环境保护知识的宣传与教育，不断更新、丰富环境保护的内容与知识，提高公众的环保意识，发动群众的力量来保护环境、改善环境质量。

第五，发挥地区优势，调整产业结构。按京津冀协同发展的要求，发挥北京科技优势，联合天津，带动河北，研发和推广使用治污技术。促进产业升级，优化工业内部结构，提升区域高技术制造业的份额。

第六，积极提倡公众参与。加强社会监督，引入公众参与，构建全民行动格局。公众可以直接向环保机构索取相关项目的数据如环境影响评价报告。通过调动各方积极性，形成政府、企业和公众多元互动的环境治理参与主体，充分发挥多元主体的作用，增进公共利益，强化治理成效，提高环境质量。

综上所述，京津冀地区应加强污染防治以及管理力度，降低废气的排放量以及危害性。从提升社会大众观念入手，通过环保理念的普及，提高大众对环保问题的重视，以此增强社会监督作用，多方面加强工业废气污染治理，实现京津冀地区可持续化的工业发展。

中国省域碳排放驱动因素分解分析

一　背景介绍

二氧化碳等温室气体大量排放引起的全球气候变暖，已经成为21世纪人类面临的重大挑战之一。2011～2015年平均气温达到历史上有记录以来最高的5年，相比1961～1990年标准参照期的平均温度大约高出0.57℃。世界气候变化主要受到人类活动影响，由此引发的极端天气气候事件频发，极端高温、极端降水、冰雪融化、海平面上升等风险，逐渐开始威胁地球环境。全球变暖带来的危害已经引起各国的广泛关注，为了应对日益严峻的气候变化形势，2015年通过的巴黎协定设定了这样的目标：将全球平均气温较工业化前水平升高控制在2℃之内，由此，推进节能减排措施以此减缓升温已经成为各国共识。据全球碳项目（Global Carbon Project，GCP）统计，2015年全球化石燃料及工业二氧化碳排放总量约为363亿吨，中国经济高速发展，碳排量达到104亿吨，占全球29%。中国作为全球第二大经济体，也是全球碳排放最多的国家，积极推进减排措施责无旁贷。《中国气候变化蓝皮书》（2016）指出，“十二五”以来，中国高度重视气候变化问题，积极采取一系列政策与行动，为应对全球气候变化做出了重要贡献。中国政府提出到2020年单位国内生产总值二氧化碳排放量比2005年下降40%～45%的目标，各部门综合运用多种控制措施，主要包括：大力发展服务业和战略性新兴产业、加强节能能力和节能工程建设、调整能源结构、努力增加碳汇等。“十二五”期间，单位国内生产总值二氧化碳排放量比2005年下降38.6%，“十三五”时期累计减少11亿吨二氧化碳当量以上。尽管已经取得较为显著的成效，但未来发展形势依旧严峻。

除各国政府以外，越来越多的专家学者也开始关注这一领域，从科学分析、实践检验的角度为政府节能减碳措施提出合理化政策建议。近年来，众多学者从中国碳排放现状出发，对碳排放影响因素、节能减排效率、相关政策分析等问题进行研究，为减排政策提供理论依据。同时也有越来越多的学者意识到中国碳排放的地区差异，有针对性地提出差异化策略。但是，对于不同影响因素对不同地区节能减排效率的影响程度的研究还较为空缺，多数仅仅针对单一区域或者对于区域划分过于笼统，无法体现省域特征。节能减排措施实施到一定程度，各地区纷纷响应全国政策号召，更需要选择有地区针对性的高效率举措。

现行政策是否合理？不同省域采取何种措施最为有效？针对以上两大问题，本文从政策现状角度出发，以节能减排政策的几项核心措施，即调整产业结构、调整能源结构、降低能源强度为关键因素构建恒等式，利用LMDI指数分解法得到各因素对2000～2015年中国碳排放量的相对驱动程度，验证当下政策是否合理。又由于中国碳排放地区差异化明显，不同政策措施作用于不同省域的减排效果各有不同，本文分别测算30个省域的碳排放总量，通过分析政策实施的三大关键因素对不同省域的影响程度，总结归纳各省域节能减排效率的表现特征。由此，帮助找到各地区有针对性的高效减排措施，以更有效地促进全国节能减排效率的提高。

二　文献综述

为了更好地控制碳排放量，实现减排目标，首先要对影响碳排放的驱动力因素进行分析，分析不同因素对碳排放的驱动程度，针对不同驱动力因素采取合理有效的减缓行动。分解分析得到的各分解指标对目标变量变化的影响程度，被广泛应用于能源经济学领域。Ang等（1998）首次提出运用LMDI指数分解法对一段时期内碳排放变化的影响因素进行分解，研究中国第二产业的碳排放问题。研究表明，工业产出对碳排放有很强的正向驱动效应，与此相反能源强度对碳排放具有负向驱动效应。郭朝先（2010）基于LMDI指数分解法，分别从产业和地区层面对1995～2007年中国碳排放进行分解，结果表明经济增长是碳排放增加的主要因素，而提高能源利用效率有效地抑制了碳排放增长。徐国泉等（2006）采用对数平均权重Divisia分解法，定量分析了能源结构、能源效率和经济发展三个因素对人均碳排放的影响。另外很多研究（朱勤等，2009；田立新、张蓓蓓，2011；王永哲等，2015）分析经济增长、产业结构、能源结构、能源强度等因素对碳排放的影响，认为经济增长促进碳排放，而产业结构、能源结构、能源强度对碳排放有不同程度的抑制作用。众多学者基本对产业结构、能源结构、能源效率对于碳排放驱动作用较强的结论达成共识，我国目前的节能减排政策措施也是基于此结论制定实施的。

此外，随着研究逐步深入细化，更多研究开始关注碳排放的区域差异，但对于区域的划分标准各有不同。李国志、李宗植（2010）根据碳排放量将我国 30 个省域划分为低排放、中排放、高排放三个不同区域，基于 STIPPAT 模型分析人口、经济和技术对碳排放的影响，研究表明三个区域存在显著差异，并且差异存在逐渐扩大趋势。谭丹和黄贤金（2008）从东中西三大区域对 30 个省域进行划分，对区域内及区域间的特征进行分析比较。胡渊等（2016）采用 IPCC 计算方法测算中国八大区域碳排放强度，进而分析区域差异和演变特征。杨骞和刘华军（2012）分别采用三区域划分标准和八区域划分标准，对 1995 ~2009 年区域差异进行结构性分解。另外一些研究（郗伟东等，2012；吴振信等，2014）对单一省市或特殊区域减排影响因素进行分析，有针对性地提出政策建议。以上研究均表明，驱动因素显著的区域差异要求有与之相对应的差异化减排政策，这有利于各区域达到更好的减排效果。但是随着国家各项减排举措的确立实施，仅凭单一要素划分区域或者过于笼统的划分标准，已经无法为各地区提供更加有效的差异化策略，需要重新考量划分标准。

以上研究对我国有针对性地实施减排措施有重要意义。近年来，中国减排工作取得较大进展，自“十二五”以来就始终坚持减缓行动，切实履行大国责任。由于驱动因素中产业结构、能源效率、能源结构对碳排放影响较大，在具体减缓行动中也将调整产业结构、提高能效、优化能源结构作为三大重点举措。但是，以往关于碳排放的研究多集中于 1990 ~2010 年，已经不能适应“十二五”期间现实情况的巨大变化，无法对“十二五”规划效果做出合理评价，应在数据更新基础上对实证问题进行重新分析。另外，在此之前若以省域为研究单位，基于省域的减排政策会大大增加政策制定成本，但是就目前现实情况而言，国家已经确定 2020 年之前的基本举措，“十三五”期间仍会继续坚持以上举措。在此前提下，对省域进行分析研究就可能使基本举措更有针对性地在各省域推行，提升整体减排效果。

总结而言，以上研究主要存在三方面局限：①数据统计较为久远，与现实情况存在脱节。②区域划分标准太过笼统，在国家政策实施前提下与各省域差异较大，无法提供最有效的政策建议。③区域划分标准仅反映碳排放量、地理区位、经济发展特征，衡量指标过少可能忽略其他特征的影响关系。基于以上几点，本文做出以下改进：利用 IPCC 参考方法测算 2000～2015 年中国 30 个省域的碳排放量，以产业结构、能源效率、能源结构为驱动因素构建 LMDI 模型，分析三个驱动因素对各省域碳排放量的不同影响，并提供多样化区域划分标准，为各省域差异化减排措施提供参考。

三　模型与数据

3.1　碳排放量计算

为了使碳排放量统计更为精准，划分更为精细，本文基于 IPCC《国家温室气体排放清单指南》（2006）部门法计算，并利用参考方法进行校核。借鉴 Shan 等（2017）构建的碳排放核算清单，对中国 30 个省域的碳排放量、人均碳排放量进行核算。碳排放量主要由两大部分组成：一是化石燃料燃烧形成的碳排放；二是工业生产过程中产生的碳排放。具体估算方法如下。

（1）化石燃料燃烧产生的碳排放：

$$A_{ij} = AC'_{ij} \times NCV_j \times CEF_j \times O_{ij}, i \in [1,47], j \in [1,20] \tag{1}$$

i 表示 47 个不同社会经济部门，j 表示 20 种不同能源类型；A_{ij}表示 i 部门 j 能源的二氧化碳排放量；AC'_{ij}表示被调整后的能源消费量；NCV_j 表示 j 能源净热值；CEF_j 表示 j 能源排放因子；O_{ij}表示 i 部门 j 能源的氧化作用系数。

（2）工业化生产产生的碳排放：

$$A_k = CO_{zk} \times CEF_k, k \in [1,14] \tag{2}$$

k 表示 14 种工业产品；CO_{zk}表示 k 产品的二氧化碳排放量；CEF_k 表示 k 产品的排放因子。工业化生产产生的碳排放被计入相关生产部门的最终排放清单。

3.2 LMDI 分解模型

能源经济学领域常用的分解方法主要有指数分解分析法（Index Decomposition Analysis，IDA）和结构分解分析法（Structural Decomposition Analysis，SDA）。其中，SDA 利用投入产出表对各因素进行详细分析，但由于统计难度等问题难以获取数据。IDA 利用各部门总和的数据，对时间序列模型和较少分解因素的分析更加适用。Ang 等（1998）对分解方法进行归纳总结，并首次提出对数均值迪氏（Logarithmic Mean Division Index，LMDI）指数分解法，LMDI 指数分解法具有无残差项、可解决零值和负值数据的优点，被广泛用于碳排放领域。因此，本文选用 LMDI 指数分解法对影响中国 30 个省域的碳排放驱动因素进行分解，分析产业结构、能源结构和能源强度对不同省域的影响程度。LMDI 指数分解法模型如下。

$$\Delta A_{tot} = A_{ij}^{t} - A_{ij}^{0} = \Delta A_{Sij} + \Delta A_{Iij} + \Delta A_{Fij} \tag{3}$$

$$\Delta A_{Sij} = \sum \frac{A_{ij}^{t} - A_{ij}^{0}}{\ln(A_{ij}^{t}/A_{ij}^{0})} \ln \frac{S_{ij}^{t}}{S_{ij}^{0}} \tag{4}$$

$$\Delta A_{Iij} = \sum \frac{A_{ij}^{t} - A_{ij}^{0}}{\ln(A_{ij}^{t}/A_{ij}^{0})} \ln \frac{I_{ij}^{t}}{I_{ij}^{0}} \tag{5}$$

$$\Delta A_{Fij} = \sum \frac{A_{ij}^{t} - A_{ij}^{0}}{\ln(A_{ij}^{t}/A_{ij}^{0})} \ln \frac{F_{ij}^{t}}{F_{ij}^{0}} \tag{6}$$

其中，A_{ij}^{t}表示 t 时期 i 行业部门 j 类能源碳排放量。ΔA_{Sij}表示产业结构效应，变量用三个行业占 GDP 比重表示；ΔA_{Iij}表示能源结构效应，变量用清洁能源占能源消费总量比重表示；ΔA_{Fij}表示能源强度效应，变量用单位 GDP 所需消耗的能源表示。ΔA_{tot}表示总效应，为三种效应的加总。

3.3 数据来源

本文包含 2000～2015 年全国 30 个省域能源消费、碳排放量及相关影响因素数据（西藏由于统计数据缺失未计算在内）。能源消费数据主要来源于《中国统计年鉴》和《中国能源统计年鉴》（2001～2016 年），工业产品生产数据主要来源于各地方统计年鉴，全国及各省域 GDP 数据来源于《中国统计年鉴》。另外，IPCC 给出的不同能源碳排放因子和工业产品碳排放因子如表 1、表 2 所示。

表 1　20 种能源碳排放因子

NO. (j)	能源类型	净热值 NCV_j ($PJ/10^4 t$, $10^8 m^3$, etc.)	排放因子 CEF_j ($Mt\ CO_2/PJ$)	氧化作用系数 O_{ij} (%)
1	原煤	0. 20908	0. 087464	88. 535
2	精煤	0. 26344	0. 087464	88. 535
3	其他洗精煤	0. 15393	0. 087464	88. 535
4	煤砖	0. 17796	0. 087464	88. 535
5	焦炭	0. 28435	0. 104292	97. 000
6	焦炉煤气	1. 63080	0. 071414	99. 000
7	其他气体	0. 84290	0. 071414	99. 000
8	其他焦化产品	0. 28435	0. 091212	97. 000
9	原油	0. 41816	0. 073284	98. 000
10	汽油	0. 43124	0. 069253	98. 000
11	煤油	0. 43124	0. 071818	98. 000
12	柴油	0. 42652	0. 074017	98. 000
13	燃油	0. 41816	0. 077314	98. 000
14	液化石油气	0. 50179	0. 063024	99. 000
15	炼厂气	0. 46055	0. 073284	99. 000
16	其他石油产品	0. 41816	0. 074017	98. 000
17	天然气	3. 89310	0. 056062	99. 000
18	非矿物加热	0. 10000	0	0
19	非矿物发电	0. 36000	0	0
20	其他能源	0. 29308	0	0

资料来源：中国碳排放数据库（CEADs）。

表 2　14 种工业产品碳排放因子

NO. (k)	工业产品	CEF_k (t/t)	NO. (k)	工业产品	CEF_k(t/t)
1	氨	1. 5000	6	石灰	0. 6830
2	碳化物	0	7	沥青	0
3	石油化工产品	0	8	铁	0
4	碳酸钠	0. 4150	9	铁铬合金	1. 3000
5	水泥	0. 4985	10	铬铁硅	0

续表

NO. (k)	工业产品	CEF_k (t/t)	NO. (k)	工业产品	CEF_k (t/t)
11	金属硅	4.3000	13	焦炭作还原剂（黑色金属）	3.1000
12	未分类铁合金	4	14	焦炭作还原剂（有色金属）	3.1000

资料来源：联合国政府间气候变化专门委员会（IPCC）。

四　实证分析

4.1　全国碳排放总量及因素分解

根据公式（1）和公式（2）计算得到全国2000～2015年碳排放总量数据，由2000年的3003.4百万吨增长至2015年的9265.1百万吨，整体呈增长趋势。其中，在2013年以前碳排放量逐年增长，2013～2015年碳排放加剧问题得到重视，减排措施相继实施，碳排放量得到控制，略有减少（见图1），说明“十二五”计划中减排政策已经初见成效。

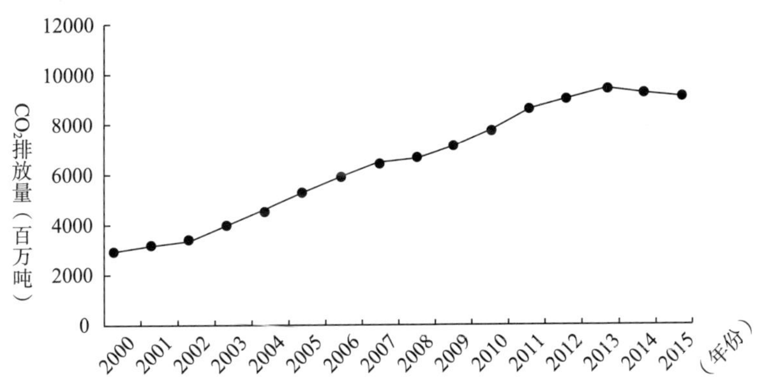

图1　2000～2015年全国碳排放总量

根据LMDI指数分解法对全国能源消费碳排放量进行分解，表3反映了产业结构效应ΔA_{Sij}、能源结构效应ΔA_{Iij}和能源强度效应ΔA_{Fij}对碳排放量的影响及其贡献率。从表3中可以看出，除个别年份以外，能源结构对碳排放量的增长起到正效应，能源强度对碳排放量的增长表现为负效应，而产业结构对碳排放量的增长所起到的效应并不固定，在2011年之后以负效应为主。综合来看，总效应始终维持在负效应或较低正效应范围内，说明产业结构、能源结构和能源强度三种因素对碳排放量的增长起到负效应，可以证明目前减排政策所采取的主要路径的合理性。

影响效应的贡献率反映出不同影响因素对碳减排的贡献程度，这一贡献程度随影响效应波动而波动，表3中由于逐年计算贡献率波动较大，不易得到贡献率总体变化趋势，因此，以五年为一期计算影响效应及其贡献率，其贡献率呈现较明显的变化趋势。从图2中可以看出，产业结构贡献率由2000~2005年的834%下降至2010~2015年的112.72%，与此相反，能源结构由2000~2005年的-635.29%上升至2010~2015年的-82.55%。三种影响效应贡献率总体呈收敛趋势。结合对碳排放量的不同影响效应及贡献率变动趋势，“十二五”期间三因素减排效果发生变化，要根据当前情况对具体措施进行调整，以期达到最好的减排效果。

表3　2000~2015年全国碳排放量分解结果

年份	影响效应（百万吨）				贡献率		
	ΔA_{Sij}	ΔA_{Iij}	ΔA_{Fij}	ΔA_{tot}	S	I	F
2001	-24.13	183.45	-189.79	-30.47	0.79	-6.02	6.23
2002	-8.19	154.74	-89.87	56.68	-0.14	2.73	-1.59
2003	69.83	4.94	7.20	81.97	0.85	0.06	0.09
2004	14.42	-33.89	-80.34	-99.82	-0.14	0.34	0.80
2005	94.46	153.38	-331.02	-83.17	-1.14	-1.84	3.98
2006	63.78	327.02	-469.80	-78.99	-0.81	-4.14	5.95
2007	-59.33	434.87	-738.21	-362.66	0.16	-1.20	2.04
2008	-2.06	160.59	-855.10	-696.57	0.00	-0.23	1.23
2009	-103.62	132.75	-163.26	-134.12	0.77	-0.99	1.22
2010	64.76	597.95	-879.37	-216.66	-0.30	-2.76	4.06
2011	1.46	580.52	-874.53	-292.55	-0.01	-1.98	2.99
2012	-157.97	280.23	-425.91	-303.65	0.52	-0.92	1.40
2013	-198.74	-327.58	568.35	42.03	-4.73	-7.79	13.52
2014	-141.57	299.69	-424.02	-265.91	0.53	-1.13	1.59
2015	-355.92	291.66	-360.95	-425.21	0.84	-0.69	0.85

注：S表示产业结构，I表示能源结构，F表示能源强度。

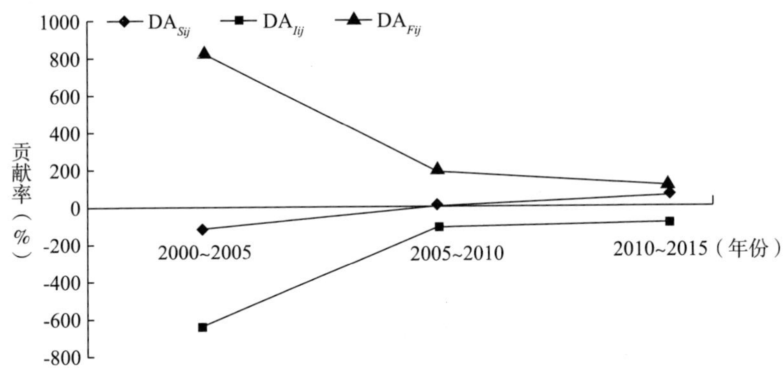

图 2　五年度全国碳排放量影响效应贡献率

4.2　各省域碳排放量及因素分解

在计算全国碳排放量的基础上，分别计算 30 个省域 2000 ~ 2015 年碳排放量。由于地区发展差异较大，碳排放量也呈现明显的地区差异。利用 GIS 将 2015 年 30 个省域碳排放量进行对比，各个省域碳排放量差异较大且地区分布不均。地区差异对减排措施的实施有直接影响，各个省域需结合当地实际情况选择最有效的减排策略组合。

在对 30 个省域三个影响效应逐一进行分解后，结合“十二五”期间碳排放现实情况的调整，选取 2010 ~ 2015 年各省域影响效应分解结果作为各个省域差异化减排措施的依据。

由表 4 可知，2010 ~ 2015 年各省碳排放量总效应呈现负效应，这与全国趋势相符。但各省不同影响效应的贡献率不尽相同。从城市化阶段来看，经济较发达地区能源强度效应贡献率更加突出，如北京、上海等地，这是因为城市化进程快的城市在经济水平允许的条件下逐步淘汰落后产能，更换高效设备和生产方式，同时可以利用技术等手段提高生产效率，通过发展服务业等高附加值、低能耗的方式发展经济，进而降低能源强度；单从经济发展水平来看，能源强度效应同样起主要作用，如河北、山东等，但原因并不完全相同，还处于蓬勃发展期的地区 GDP 较高，虽然降低了能源强度基数，但能源利用效率还处于较低水平；从地理位置来看，相互邻近地区影响效应的贡献率较为接近，邻近地区在各方面的特征有一定的相似之处，同时地区间往来较为频繁，相互影响；从能源储备情况来看，清洁能源储量较多的地区在能源结构效应方面具有突出优势，如内蒙古、甘肃等，在开采技术越来越成熟的情况下，这些地区可以更好地利用清洁能源。

表4　2010~2015年各省碳排放量分解结果

省域	影响效应（百万吨）				贡献率		
	ΔA_{Sij}	ΔA_{Iij}	A_{Fij}	A_{tot}	S	I	F
北京	-7.12	9.02	-47.65	-45.76	0.16	-0.20	1.04
天津	-7.27	-1.97	-22.11	-31.36	0.23	0.06	0.71
河北	-43.83	153.29	-194.55	-85.09	0.52	-1.80	2.29
山西	-109.16	36.04	28.28	-44.83	2.43	-0.80	-0.63
内蒙古	-27.57	-962.23	953.44	-36.36	0.76	26.46	-26.22
辽宁	-55.62	128.81	-79.65	-6.46	8.61	-19.93	12.32
吉林	-5.15	3.27	-81.52	-83.41	0.06	-0.04	0.98
黑龙江	-64.12	44.06	-31.16	-51.23	1.25	-0.86	0.61
上海	-22.48	14.98	-38.29	-45.79	0.49	-0.33	0.84
江苏	-73.22	68.54	-176.53	-181.21	0.40	-0.38	0.97
浙江	-28.88	45.44	-110.67	-94.10	0.31	-0.48	1.18
安徽	-8.79	66.64	-111.89	-54.04	0.16	-1.23	2.07
福建	-1.77	37.28	-72.06	-36.56	0.05	-1.02	1.97
江西	-8.52	28.26	-48.37	-28.63	0.30	-0.99	1.69
山东	-82.05	306.41	-234.94	-10.58	7.75	-28.95	22.20
河南	-61.72	134.63	-171.18	-98.27	0.63	-1.37	1.74
湖北	-8.35	82.80	-167.63	-93.17	0.09	-0.89	1.80
湖南	-2.42	51.77	-155.22	-105.87	0.02	-0.49	1.47
广东	-30.55	82.06	-149.95	-98.44	0.31	-0.83	1.52
广西	-1.91	18.51	-65.96	-49.37	0.04	-0.37	1.34
海南	-2.80	2.38	-4.34	-4.77	0.59	-0.50	0.91
重庆	-17.47	41.00	-70.94	-47.41	0.37	-0.86	1.50
四川	-22.72	-9.03	-122.82	-154.57	0.15	0.06	0.79
贵州	-0.81	50.70	-144.83	-94.95	0.01	-0.53	1.53
云南	-12.77	41.32	-83.95	-55.40	0.23	-0.75	1.52
陕西	29.89	29.81	-44.62	15.08	1.98	1.98	-2.96

续表

省域	影响效应（百万吨）				贡献率		
	ΔA_{Sij}	ΔA_{Iij}	A_{Fij}	A_{tot}	S	I	F
甘肃	-2.54	17.01	-10.52	3.95	-0.64	4.31	-2.67
青海	-7.27	-2.71	-2.10	-12.08	0.60	0.22	0.17
宁夏	-10.40	4.31	-16.37	-22.45	0.46	-0.19	0.73
新疆	1.05	73.31	95.18	169.54	0.01	0.43	0.56

注：S 表示产业结构，I 表示能源结构，F 表示能源强度。

除上述四种分类以外，还有很多因素造成了各省域影响效应的差异，但更多的是这些因素综合作用的结果。因此，在了解不同影响效应驱动程度的基础上，结合自身实际情况进行分析，找到最佳策略组合，通过最有效的方式发展自身的同时减少碳排放，是在统一政策号召下各省域应当探索的目标。

五　结论与建议

本文为验证现行减排政策是否合理，利用 IPCC 参考方法测算了 2000～2015 年中国碳排放总量，从政策现状角度出发，以节能减排政策的三项核心措施，即调整产业结构、调整能源结构、降低能源强度作为驱动因素构建恒等式，利用 LMDI 指数分解法得到各因素的影响效应，以及同五年计划实行时间相同的五年期的碳排放量影响效应。结果表明，2000～2012 年中国碳排放总量不断增长至 9534.2 百万吨，2013～2015 年总量略有减少，说明“十二五”计划中节能减排措施已经初见成效，但是全国碳排放总量仍然较大，节能减排仍需高度重视。另外，分解结果表明，三大影响因素对碳排放量的总效应始终维持在负效应或较低正效应范围内，三大影响因素在不同年份对减排效果各有不同，可以表明目前减排政策所采取的主要路径的合理性；从五年期分解结果来看，三大因素在现实背景下对碳排放总量的贡献率发生了较大波动，经过前期集中治理、淘汰落后产能、实施节能工程等措施能源强度已经维持到一定水平内，因此能源强度影响效应不断减小，与此同时随着技术进步，新能源、清洁能源应用更加普遍，能源结构贡献率不断上升，应根据现实情况有侧重地执行后续减排措施。

针对省域碳排放量存在差异的问题，本文进一步对 2000～2015 年中国

30 个省域碳排放量及其影响效应进行分析。结果显示，各个省域碳排放量差异较大且地区分布不均，2015 年省域碳排放量最高值达到 8.25 亿万吨，与排放量最低的省份海南 4200 万吨相差巨大。同时，三大驱动因素在各个省域内影响效应各不相同，减排措施作用于各个省域的效果不尽相同，因此实行差异化的减排策略组合很有必要。虽然大部分省域总效应为负，但若考虑各个省域的碳排放量，则多数省域减排工作仍需进一步加强。本文结合各个省域发展特征，就碳排放量及其影响效应分析结果从多个角度对 30 个省域进行划分，就城市化阶段来说，北京、上海等经济较发达地区能源强度效应贡献率较高；就经济发展水平来说，河北、山东等工业化大省能源强度效应同样起主要贡献；就地理位置而言，相邻省域影响效应贡献率较为接近；而就能源储备情况来看，内蒙古、甘肃等省域利用清洁能源储量较多的优势，在调整能源结构方面表现得更为突出。

根据全国 30 个省域碳排放量与影响效应的关系，结合目前国家减排政策措施提出以下几点优化建议。

（1）继续贯彻实施节能减排策略，做好从地方到全国的碳排放统计工作。目前碳排放统计仍存在部分空缺，统计路径也因地而异，不利于地方依据统计结果转变减排措施和国家统一决策。各个省域应遵照国家统一统计标准对各行业部门以及各种能源碳排放量进行详细统计，以准确体现碳排放特征。

（2）各个省域根据碳排放量影响效应结合自身特征进行深入分析。各地方碳排放影响效应背后的形成原因各有不同，各个省域应从不同角度对形成原因进行综合分析，找到最核心原因以及与之相对应的驱动因素，结合实际情况对全国性减排政策进行调整，有的放矢、对症下药。同时可与特征相类似的省域进行对比分析，相互借鉴，加强合作。

（3）各个省域实行最佳策略组合，实现最有效减排措施。结合碳排放现状分析与原因分析，选取合适的实施次序及投入比例、发展的不同阶段及时调整策略内部组合，在不断发展的同时，力争达到当下最优化的节能减排效果。排碳大省及发展水平领先的地区承担更多的减排责任，为其他地区减排工作提供帮扶，为全国碳减排做出贡献。

从全球来看，欧美等发达国家对于碳排放统计工作实施较早，体系较为完善，完整的统计数据为研究学者、政策制定者提供了很好的研究基础。就减排行动而言，途径较为多样化，不仅依靠政府强制实行，而且根据不同利益主体采取不同的激励措施，从而使各主体自觉参与到减排行动中，相对而言政府层面并未树立足够的大国责任意识，一定程度上可以借鉴其他国家的减排路径，但由于国情差异较大，还应立足于本国现实。

本文主要就当前碳排放现状趋势以及减排政策中的调整产业结构、优化能源结构、降低碳排放强度三大措施的影响效应进行分析，为各个省域提供有针对性的参考依据。但是没有对不同地区碳排放差异的形成原因进行详细分析，有待学者及政策制定者进行进一步探究。

网络购物与传统购物碳排放差异性分析

——以图书类商品为例

一　背景介绍

自工业革命以后，越来越多化石燃料的使用导致温室气体在空气中的浓度日渐升高，人们可以深刻地感受到由此引发的一系列环境问题，如气候极端化、海平面上升、大面积冰川融化等。在当今应对气候变暖、缓解能源危机和发展低碳经济的背景下，世界各大城市都在积极谋求低碳转型、建设低碳城市，纷纷提出节能减排目标并制定了相关规划和发展路线图。在这种情况下，信息通信技术产业对环境的影响越来越受到重视，一般认为，信息通信技术应用所提供的去实体化操作使得有害物质的产生和能源消耗大量减少，同时，信息通信技术的发展也可以使得生产和物流等环节的效率有所提高，从而在一定程度上减少它们的碳排放量，但是，信息通信技术的应用也会给环境造成不利影响，比如，繁杂庞大的数据存储及管理工作使得设备的使用成为必要，而设备的使用又会造成另外的能源消耗。

近年来，随着信息通信技术的迅猛发展，网络购物作为由此衍生的一种新兴的购物方式，日益成为人们生活中必不可少的一部分，甚至在某些行业已经有了逐渐取代传统购物的势头。中国电子商务研究中心监测数据显示，2017 年上半年中国电子商务交易额 13.35 万亿元，同比增长 27.1%，如图 1 所示，说明我国电子商务发展仍保持较快增长，并且随着中国经济转型发展正跨入“消费升级”全新时代，体系更为完备，电商不断创造着新的消费需求，引发了新一轮的投资热潮，开辟了就业增收新渠道，为大众创业、万众创新提供了空间与舞台。

一直以来，大家普遍认为网络购物通过电脑设备的使用代替了到实体店购物的传统过程，人们只需在家动动手指、点击鼠标就能够避免原本出

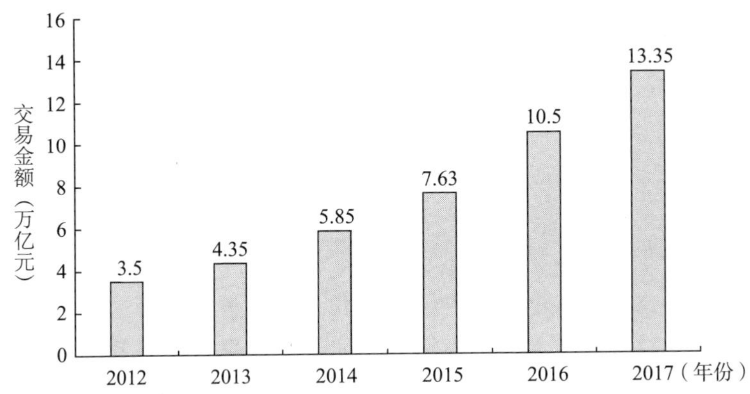

图 1　2012～2017 年中国电子商务市场交易规模

资料来源：中国电子商务研究中心。

行中所受的风吹日晒之苦，且不需要建设大面积的门店，降低了能源消耗，符合低碳经济发展理念。但是电商的运行和发展显然是离不开强大的物流系统的，而物流业一直被冠以碳排放和能源消耗大户之名，加上网络购物中一直存在的高退换货率、低配送效率、过度包装等现象，网络购物到底是否符合人们的低碳期望，其与传统购物方式相比，碳排放有没有大幅度降低等问题就引起了人们的关注，而这也是本文所要研究的主要问题。

本文就将在此背景下，以碳排放为衡量指标，以消费者分别在网上和在实体店购买 100 本图书所产生的碳排放为主要研究内容，在分析比较得出网络购物和传统购物方式各自产生的碳排放的主要环节后，建立相应的碳排放测算模型，最后通过计算得出两种购物方式下的碳排放量的大小。

迄今为止，国内外对于网络购物和传统购物对环境影响的比较研究都偏少，特别是国内，对这两种购物方式中各环节碳排放的量化研究更是屈指可数。而网络购物作为当今购物方式的主要发展趋势，其给环境带来的影响是值得深究的问题。因此，本文的研究具有一定意义。

首先，通过比较网络购物与传统购物两种方式下碳排放的不同，能够揭示网络购物存在的过度包装、低配送效率、高退换货率等问题，从而一定程度上解答网络购物是否能有效减少碳排放的问题。

其次，分别得出网络购物和传统购物方式下碳排放高的环节，从而对购物方式朝着符合低碳理念的方向发展提出针对性的意见，为网络购物现存主要环境问题的解决以及后续发展和改善提供理论依据和建议。

最后，本文将分别建立传统购物和网络购物的碳排放测算模型，可在方法和模型适用性层面推动、促进网络购物和传统购物碳排放的定量研究，从而进一步拓展、深化网络购物和传统购物碳排放测算的有关理论与实践。

二 文献综述

目前，关于网络购物各个环节的碳排放的研究在国内还没有达到比较具体的层面，主要是从电子商务层面出发，相对整体地对这种商务模式的环境影响、碳排放以及和传统购物方式的差异性进行比较和分析。在刘夙伟和成宇（2011）看来，电子商务比传统商业模式消耗的自然资源更少，产生的污染更小，符合低碳发展理念，是一种更加绿色环保的商务模式，同时指出电子商务主要包括在线宣传、在线沟通、线上支付等表现形式。陈成立（2010）认为，电子商务只需要电脑和网线便能随时随地开展，不仅成本低廉，而且效率极高，对于发展低碳经济来说，是必不可少的环节。陈联刚（2010）通过对电子商务的定性分析，认为从本质上来说，它是一种符合低碳经济特征的低能耗、高效率的商务模式。刘强和王红（2012）将电子商务划分为广告营销、物流配送、商品库、销售数据库、电子商务平台以及消费者行为这六个主要环节，进行了初步的定性和定量分析，并以此为依据，比较了传统商务和电子商务能源消耗的差异性，最后得出了网络购物这一新兴的购物方式在很大程度上缩减了传统购物方式的能源消耗的结论。

国外的研究相比国内，层次更加深入，内容更加具体。Romm（2002）认为信息技术使得能源消耗没有随着经济的迅速发展而快速增加。Thomas和Lan（2007）在电子商务和信息技术应用日益广泛的背景下，对它们给环境造成的影响进行了整合性的研究分析。Matthews等（2002）通过对美国图书在线上销售和在实体店销售的比较分析，得出的结论是，因为物流配送及过度包装等问题，在实体店销售图书反而比在网上销售图书能耗更少。Williams和Tagami（2003）分析了日本的图书销售模式，发现在经济发达、人口集中的中心地区，因为包装问题，网络购物的能耗比传统购物方式更多，而在较偏远、人口较稀疏的郊区，物流配送的效率高于个人出行的效率，使得图书在网上销售的能耗少于传统销售方式。Reijnders和Hoogeveen（2001）对荷兰电脑的网络销售进行了研究分析，发现由于网络购物具有减少个人出行、缩小店面、减少纸张的使用等特点，极大地减少了能源消耗，不过，网络购物同时也增加了电脑等设备的使用、物流配送的频率以及包装的使用成本，这无疑会造成能源消耗的增加。Matthews 等(2001) 指出包装和物流是对电子商务的能源消耗影响最大的环节，并在对图书的网上销售流程进行仔细分析和定量研究后，发现由于高退货率和过度包装等问题的存在，网络购物在减少能耗方面的作用十分有限。

对国内外文献检索的分析表明：对网络购物和传统购物的碳排放差异研究虽有迹可循，但仍不够具体，还处于探索阶段；相关研究虽日渐丰富，却还未形成一套系统而完善的理论体系，也尚无一个公认而成熟的研究范式。国内的大多数研究由于科研方法欠成熟，还没能从定量的角度全面系统、深入完善地对某个行业或区域的网络购物和传统购物方式开展实证分析，因此得出了电子商务比传统商务模式的碳排放更少的一致结论，这显然缺乏说服力；而国外的研究大多结合了各区域和各行业的发展实情，加上研究方法较为成熟，研究成果也就更加丰富，大多数研究在肯定网络购物对环境产生有利影响的同时，也指出了对某些地区和某些产品来说，网络购物会比传统购物方式产生更多碳排放的事实。

三 方法与数据

本文在测算图书类商品的网络购物和传统购物方式的碳排放时，综合运用了碳排放系数法和碳足迹计算法这两种测量方法。其中，碳排放系数法主要源于 IPCC（联合国政府间气候变化专门委员会）的温室气体排放指南，便于操作，有着直观的计算原理并且其运用也较为广泛；而碳足迹计算法则是对碳排放进行量化的关键，目前已经开发出了主要对交通出行产生的直接碳排放进行计算的碳足迹计算器。

通过对网络购物和传统购物各环节的特点以及能源消耗的对比，可以发现网络购物与传统购物碳排放的区别主要在于交通运输、包装和数据传输。于是，本文据此将碳排放的测量模型大体上分为以下两个部分。

3.1 传统购物碳排放测算模型

由于以传统购物方式购书产生碳排放的环节主要在交通出行上，因此本文将传统购物碳排放的测算模型设定为：

$$T_1 = \sum K_i * L_i * P_i$$

其中，T_1表示购书者以传统购物方式购书产生的碳排放量；i表示不同的出行方式；K_i为相应出行方式的碳排放系数；L_i表示出行距离；P_i表示出行次数。为了简化模型，本文选取自行车和私家车这两种具有代表性的出行方式进行分析，即 $i=1$，2。

3.2 网络购物碳排放测算模型

与传统购物方式不同，以网络购物方式购书产生的碳排放主要来自包装、物流运输和数据传输环节。就包装来说，可以采用我国邮政行业标准《快递业温室气体排放测量方法》中快递封装用品的温室气体排放因子。就物流运输来说，国内各大物流公司目前将快递从物流配送中心运送到消费者手中所使用的交通工具主要为电动三轮车。而在数据传输环节，主要考虑购书者在网上进行购物时使用的设备所消耗的电能。

据此，本文将网络购物碳排放的测量模型设定为：

$$T_2 = W * E_1 + M * E_2 + Q * E_3$$

其中，T_2表示购书者在网上购书产生的碳排放；W表示包装物的重量；E_1表示快递封装用品碳排放因子；M表示包裹数；E_2表示单位包裹碳排放；Q表示消费者终端所耗电能；E_3表示单位电能碳排放。本文将购书者的一次订单当成一次网络购物行为并从以下三个部分进行测量：包裹的包装产生的碳排放、包裹的配送产生的碳排放、购书者使用设备终端网购时产生的碳排放。

本文数据多来自对相关个体的调研数据和各类统计年鉴及相关文献，其中最重要的数据为 IPCC 发布的各种燃料的二氧化碳排放系数，它是本文研究的基础数据。其余数据的引用在正文中会有相关标注与说明。本文选取 100 本图书作为研究对象，分别计算购书者通过网络和实体店购书所产生的碳排放。

四 实证结果

4.1 传统购物碳排放测算

柴彦威（2002）的研究表明，居民购物出行的距离根据商品等级的上升而增加，因此本文根据文献中的数据，取北京市居民购物的平均出行距离为 5km，于是往返就为 10km。又通过对多家书店收银员的调研访谈可知，一般每位消费者每次购书数量在 2 ~ 3 本，则 100 本书大约需要进行 40 次的购买。由于骑自行车出行几乎不产生额外的温室气体，因此将这种出行方式的碳排放量确定为 0；而私家车以汽油为主要燃料，以中国比较具有代表性的城市北京为例，汽车排量的主要型号为 8.8L 到 12.2L，因此本文选取 10.5L 这个中间值作为私家车每百公里的能耗来进行计算，而根据 IPCC 给出的各种燃料的二氧化碳排放系数，可知车用汽油的建议排放系数为 2.26kgCO_2/L。于是，私家车每公里的碳排放系数为：私家车每公里能耗 * 汽油建议排放系数，即（10.5/100）* 2.26 = 0.2373kgCO_2/km。再根据冯健等（2007）对北京市消费者购物行为的研究，得出北京市居民出行方式中，自行车约占 8.1%，私家车约占 10.8%。将以上数据代入传统购物碳排放测算模型中，可得传统购物碳排放：

$$T_1 = K_1 * L_1 * P_1 + K_2 * L_2 * P_2 = 0 + 0.2373 * 10 * 40 * 10.8\% = 10.25136\text{kgCO}_2$$

4.2 网络购物碳排放测算

（1）包装产生的碳排放

通过对快递物流公司的调研发现，对图书类产品的快递包装目前主要使用纸盒和塑料袋两种材质的包装，且每个纸箱通常装1 ~ 2 本书，每个塑料袋包装大多只装 1 本书。其中纸盒包装所占比例大概为 30%，塑料袋包装约占比 70%，而根据国家标准邮政纸箱规格，书籍最常用 5 号三层优质纸箱，即 290 * 170 * 190mm 的纸箱，其单个重量为 0.115kg，以及 26 * 20 * 9mm 的塑料袋包装，其重量为 0.008kg。对每个纸箱所装图书的数量取加权平均，即 1 * 0.5 + 2 * 0.5 = 1.5 本，故 100 本图书所使用的纸箱包装的重量为：（100 * 30%/1.5） * 0.115 = 2.3kg；所使用塑料袋包装的重量为：（100 * 70%/1） * 0.008 = 0.56kg。根据中国邮政行业标准《快递业温室气体排放测量方法》中的数据得出快递包装的碳排放因子如表 1 所示。

表 1 快递包装的碳排放因子

名称	生产过程排放因子（kgCO_2/kg）	原材料排放因子（kgCO_2/kg）	总排放因子（kgCO_2/kg）
纸箱包装	0.257	0.88	1.137

续表

名称	生产过程排放因子（$kgCO_2/kg$）	原材料排放因子（$kgCO_2/kg$）	总排放因子（$kgCO_2/kg$）
塑料袋包装	0.560	2.68	3.240

资料来源：中国邮政行业标准《快递业温室气体排放测量方法》。

将以上数据代入网络购物碳排放测算模型中可得：

$$W*E_1=2.3*1.137+0.56*3.240=4.4295kgCO_2$$

（2）配送产生的碳排放

通过对快递物流公司的调研发现，目前用来进行“最后一公里”配送的车辆是电动三轮车，再根据白洁（2015）在其《网络购物和实体店购物方式的物流碳足迹对比分析》中的研究测算结果，北京市区每个包裹的平均配送距离为4km，而快递员使用的货运电动三轮车每百公里耗电约为5kW·h，故每个包裹的配送耗电约为（5/100）*4=0.2kW·h。最后根据IPCC给出的各种燃料的二氧化碳排放系数，可知电力的建议排放系数为0.8667$kgCO_2$/kW·h，于是单位包裹的碳排放系数为：0.2*0.8667=0.17334$kgCO_2$。最后使用上文计算所得100本图书的包裹数量为90个。将以上数据代入网络购物碳排放测算模型中可得：

$$M*E_2=90*0.17334=15.6006kgCO_2$$

（3）消费者终端产生的碳排放

根据中国互联网络中心2013年中国网络购物市场研究报告，网购用户购物行为的目的分为两种：第一种是购物目的性强，上网只为购物，这类用户占到网购用户总数的64.8%，其中包括浏览了多次购物网站，最终未购买的用户，订单转化率为40.3%；第二种是在用电脑做其他事情的同时进行购物。前者计入网上购物消费者终端产生的能耗，后者不计。而消费者完成一次交易的平均时间为1.5小时，本文取该平均值进行计算。一般来说，家用电脑的功率在250~400W，本文取其中间值325W进行计算。要特别说明的是，本文在计算网络购物消费者终端产生的碳排放时，只考虑计算机终端，因为使用移动手机进行购物时间的测量较为困难。通过以上分析，在网上销售的100本图书中，按照64.8%的消费者上网单纯购书计算，购买这100本图书所耗费的消费者时间为：100*64.8%*1.5=97.2h，于是消费者终端所耗电能为：97.2*0.325=31.590kW·h。将以上数据代入网络购物碳排放测算模型中可得：

$$Q * E_3 = 31.590 * 0.8667 = 27.379 \text{kgCO}_2$$

通过以上各环节的分析以及计算，最终可以得出购书者在网上购书产生的碳排放为：

$$T_2 = W * E_1 + M * E_2 + Q * E_3 = 4.4295 + 15.6006 + 27.379 = 47.4091 \text{kgCO}_2$$

本文将从纵向比较和横向比较两个角度分别阐述结果。首先是纵向比较。根据上文的计算结果，消费者在网上购买 100 本图书时在各个环节所产生的碳排放占比如图 2 所示。

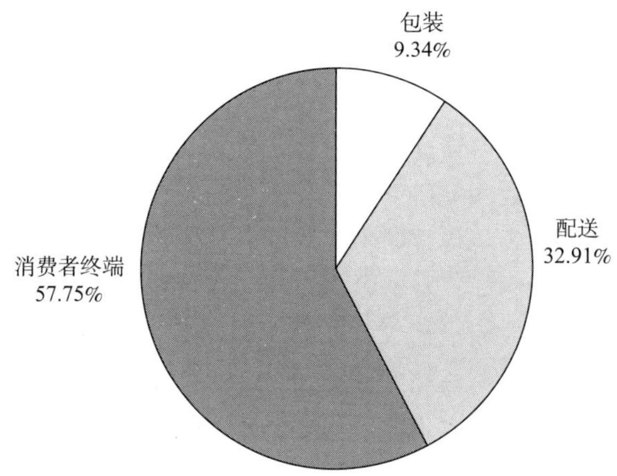

图 2　网络购物各环节碳排放占比

从图 2 可以很清楚地看到，在网络购物各个环节中，消费者终端产生的碳排放最多，占总量的 57.75%，其次是快递公司“最后一公里”的配送所产生的碳排放，占比为 32.91%，而物流包装环节产生的碳排放相对最低，仅占总量的 9.34%。由此可见，若想减少网络购物的碳排放，最主要应从消费者终端入手。

其次是横向比较。从总体上说，网购 100 本图书的碳排放要高于以传统方式到实体店购书的碳排放，网购排放了 47.4091kgCO_2，而传统购物方式只排放了 10.25136kgCO_2。

由此可见，认为电子商务模式下网络购物是低碳化的购物趋势的认识是不完全正确的，它仍然存在许多不容忽视和亟待解决的问题，如过度包装、退换率高、无效投递等。如果这些问题得不到解决，网购给环境带来的压力甚至会远远超过传统购物。

五 结论及建议

本文综合碳足迹测算法，在简介了电子商务的涌现和发展给经济和环境带来的巨大影响之后，提出了本文研究的主要问题：与到实体店购物的传统方式相比，网络购物产生的碳排放是否更低？而后围绕着这个问题，从网络购物和传统购物两种购物方式的不同流程入手，分析了两种方式下产生碳排放的主要环节，以图书类商品为例，分别计算了网络购书和在书店购书的碳排放，比较了两种购物方式下的碳排放大小。通过对前文的研究，得出的主要结论如下。

首先，通过对国内外相关文献的总结分析发现，此前的研究主要从交通运输和消费者的购物习惯这两个方面入手，运用生命周期评价法、投入产出法以及碳排放系数法等研究方法，把二氧化碳的排放作为主要衡量指标，以此开展网络购物与传统购物方式的环境影响研究。而不同学者得出的研究结论并不完全相同，甚至差异显著，既有网络购物显著减少了碳排放的结论，也有网络购物增加了碳排放的结论。

其次，基于对传统购物和网络购物方式各环节的研究比较，发现二者产生碳排放的主要环节有所不同：传统购物方式产生的碳排放主要出现在消费者到实体店购物的交通出行环节上；而网络购物产生的碳排放主要出现在产品快递包装、产品物流配送以及消费者使用设备终端网购这三个环节上。

最后，通过分别构建网络购物和传统购物的碳排放测算模型，并经过仔细测算，发现从总体上看，网购100本图书的碳排放要高于以传统方式到实体店购书的碳排放。而对于网络购物的各个环节来说，消费者终端产生的碳排放最多，占总量的57.75%，其次是快递公司“最后一公里”的配送所产生的碳排放，占比为32.91%，物流包装环节产生的碳排放相对最低，仅占总量的9.34%。

由此可见，网络购物虽然可以使人们足不出户便购买到心仪的产品，极大地方便了人们的生活，但是过度包装、退换率高、无效投递等问题的长期存在，使得网络购物与传统购物相比，反而会对环境产生更多的不利影响。于是，针对以上结论，本文将从三个不同的角度提出建议。

对于消费者来说，可通过向有过购买相关产品经验的亲朋好友咨询的方式或者使用比价软件来减少网页浏览时间，从而达到降低退换货率的目的；尽量将多种商品合并下单，减少快递包裹的数量，并将快递纸箱和包装袋进行垃圾分类；尽可能采用自提的方式签收包裹，从而减少无效投递；前往实体店购物时，选择骑自行车或步行这样的低碳交通出行方式，并尽可能列好购物清单，减少不必要的购物出行次数。

对于物流公司来说，采用无公害、可回收利用的绿色包装，并在包装上设计环保标语和图片等鼓励消费者进行垃圾分类；优化物流配送路径，通过一定的优惠活动鼓励广大消费者更多地以自提的方式签收包裹。

对于政府来说，要加强环保教育，宣扬环保理念，鼓励消费者以低碳方式出行，推动消费者养成垃圾分类的好习惯；增加环保包装的研发经费，促进绿色包装的普及化。

基于水足迹理论的江苏省水资源利用效率分析

一 背景介绍

水是人类赖以生存的重要资源，也是工农业和经济发展的重要因素。中国是一个水资源总量丰富的国家，2016 年国家统计局发布的数据显示，我国水资源总量约有 32466 亿立方米，但水资源量仅有约 2354 立方米/人，约为世界人均水资源的 1/4。数据显示，我国的水资源利用现状实际上相当紧张，如何利用好稀缺的水资源一直是值得深究的问题。目前中国虽然处在经济转型和产业结构升级的阶段，但长期的粗放型经济带来严重的水污染和水资源浪费，进一步加剧了水资源利用的矛盾。因此，如何有效率地利用稀缺的水资源创造更大的经济价值，实现资源的有效保护和经济的可持续健康发展就成为紧迫的值得关注的问题。中国地表水资源多集中于长三角一带，本文以江苏省为例，探讨水资源的利用效率问题。

《中国可持续发展水资源战略研究》指出："水资源如果要走可持续利用的道路，其核心在于如何提高水资源的利用效率，建设节水型社会。"我们应该致力于寻找高效利用水资源的方法，建设健康可持续发展的社会。

国内外的学者就水资源利用的话题做了很多研究。例如研究三次产业中工业、农业的用水情况，南水北调的受水区资源配置情况，水资源的时间空间分布和城市群效应，分区域水资源的优化统筹配置使用，以及从要素的角度，研究各领域用水的效率。另有些学者采用逐步完善的水足迹强度理论和数据包络分析（DEA）来研究水资源利用现状与效率。但总的来说，使用水足迹强度和 DEA 研究的文献数量尚显稀少，还有待更深入的研究。

水资源利用是亟待解决的问题，而水足迹强度是可以量化水资源利用效率的指标，从而为制定高效的水资源利用政策提供依据。目前国外对水足迹的研究方法日益完善，但缺少对地市不同部门的水足迹强度测算的研究，这对于将水资源利用问题量化、实际化是必要的。因此，本文的研究问题是使用水足迹理论来研究江苏省的水资源行业分布及利用效率。具体包括：江苏省水足迹及水足迹强度的计算测度，分析比较苏南苏中苏北地区工业部门、农业部门、生活生态等水足迹强度特征，进而得出相应的政策建议。本文计划以水足迹强度理论为依托，利用从《中国统计年鉴》《江苏水质量公报》《江苏统计年鉴》中收集到的数据，进行计算分析。

二　文献综述

针对省际水资源利用效率，卢曦和许长新（2017）使用了三阶段 DEA 和 Malmquist 指数的研究方法，分别从静态和动态的角度，对长江经济带 11 省市的水资源利用效率做了分析。研究结果表明，技术是制约长江经济带水资源利用的主要因素。从综合技术效率角度，具体表现为东部最高，中西部次之；但如果从纯技术效率的角度，西部要高于中部。张振龙等（2017）的研究则是更为关注投入要素，采用规模报酬不变假设下基于投入法的 DEA 模型，同时利用 tobit 模型分析西北地区水资源利用的主要影响因素。

对于第一产业、第二产业和生活服务业等不同部门间的用水效率研究，王莹（2014）运用 DEA 中的 BC^2模型，选取了数个工业用水指标，对江苏省的工业用水效率做出了分析评价。研究结果表明，虽然江苏省工业用水效率总体较高，但仍然存在可节约的点，其中关键是工业耗水量和废水中 COD 排放量的控制。与之类似，赵晨等（2013）在 DEA 模型的基础上，加入了水足迹理论，选取相应的投入产出指标，对江苏省的水资源利用效率做了分析评价。研究结果表明，2000 ~ 2010 年 10 年间江苏省的水资源利用一直处于一个较高的水准上，但在工农业用水及 COD 排放等方面存在冗余，应当依靠升级技术，调整用水结构和规模来进行优化配置。操信春等（2017）为了对江苏省农业水资源利用效率进行评价，使用了农业生产水资源压力指标 BWSI 和 GWSI。研究结果表明，不同区域的水资源压力都有增大迹象，且在时间上呈现苏南减低、苏中稳定、苏北增大的整体态势。尹上岗等（2017）的研究是利用重心分析模型，对水资源的利用结构进行探究。研究结果表明，生态用水和工业用水空间差异较大，而农业用水和生活用水空间差异较小，关于水资源东西部利用效率比较则是和其他学者的研究结果一致。

关于东西部的用水效率比较，朱兆珍和梁中（2015）用因子分析法和突变级数法对中国的31个省区域水资源利用效率进行研究。研究结果表明，近年来我国各省水资源利用效率不断提高，在空间上，东部省份比中西部省份的综合用水效率更优。相似研究中，邓光耀等（2017）则利用Malmquist指数测算31个省的全要素水资源利用效率，以及技术进步等原因引起的水资源回弹。研究结果也是类似的。

而从水资源开发利用的时空特征的角度，鲍超和贺东梅（2017）的研究以京津冀城市群的水资源和用水变化为研究对象，采用泰尔系数、变异系数、曲线分析和空间分级分类分析等方法，而研究结果显示，水资源总量的情势越来越严峻，京津冀城市群以至于全国水资源总量越来越匮乏，相应的是水资源利用率一直在上升，用水结构以工农业用水比重下降为主要特征，各类用水的空间不均衡性保持相对稳定。陈午等（2015）则通过Moran's I指数对我国水资源的空间分布进行了相关分析，得出的结论是区域的梯度发展模式深刻影响着水资源的利用效率。

尹庆民等（2016）则从要素市场的角度，使用SFA模型，论述了在要素市场扭曲的现实下，如何配置才能节约水资源和经济成本。谷学明等（2012）也从经济增长、水资源消耗和水环境压力的角度，对经济发展与水资源利用的关系进行了评估。

从文献数量上看，有很多学者利用DEA的方法来研究用水效率，这样虽然提高了数据的利用率和精度，但在数据的选取上有所局限，因为DEA的方法更适用于截面数据。Malmquist指数则更适合研究时间序列数据，所以两者结合对研究更有利。从各文献用到的水资源数据来看，大多使用的是实体水统计量，而忽略了虚拟水即近些年来越来越完善的水足迹理论。在研究指标方面，国内外学者甚少筛选出完整全面的综合效率评价指标来作为研究使用。我国东中西部呈现梯度发展的模式，区域发展的不平衡和经济格局分布的影响，应该作为考虑全国性水资源利用研究的背景基础。而且在当下注重发展绿色可持续经济的条件下，应当在研究水资源利用的维度里加入社会维度，才显得更为与时俱进。

三 方法与数据

3.1 水足迹的概念

水足迹（water footprint），是指在日常生活中公众消费产品及服务过程中所耗费的那些看不见的水，具体指一个国家、一个地区或一个人，在一定时间内消费的所有产品和服务所需要的水资源数量，形象地说，就是水在生产和消费过程中踏过的脚印。此概念最早由荷兰学者阿尔杰恩·胡克斯特拉于2002年提出，其完整概念包括“国家水足迹”“个人水足迹”两部分。

2009年7月，英国两家健康与食品游说组织建议，在食品和饮料产品上附上一种新的标签，以便让消费者了解更多有关产品水足迹的信息，这一举动的目的在于以直观的数字来说明当今水资源的严峻，给人以更直观的刺激。但很遗憾的是，在中国，大众对水足迹理论仍然尚显陌生，此方面的数据统计和研究结果尤显不足。

3.2 水足迹的计算方法

文章采用自下而上的计算方法（将该国家居民所消费的商品服务数量与各自的单位产品虚拟水含量相乘求和得到）。计算方法参照杨凡、张玲玲（2017）文中的方法。将水足迹总量简化为农业水足迹、工业水足迹、生活与生态水足迹，即：

$$WF = wf_{agri} + wf_{ind} + wf_{eco}$$

其中，WF 是水足迹总量，wf_{agri}是农业水足迹，wf_{ind}是工业水足迹，wf_{eco}是生活生态水足迹。

计算农业水足迹时，以农畜产品为主，通过每单位农畜产品的虚拟含水量和经统计的农畜产品的产量相乘后求和，计算农业水足迹。计算工业水足迹时，工业用水与农业用水相比相对较少，因而直接用工业用水总量代替。生活生态水足迹则主要包括城镇和农村居民的生活用水量和为建设生态环境的耗水量。

3.3 水足迹强度的计算方法

水足迹强度是指单位 GDP 所需的用水量的多少，反映了经济发展与用水量之间的关系和水资源的经济利用效率。水足迹总量等于水足迹强度乘以 GDP。若要计算农业水足迹、工业水足迹和生活生态水足迹强度，只需要将相应的水足迹量除以相应的行业产值即可。农业水足迹强度等于农业水足迹除以农业产值，工业水足迹强度等于工业水足迹除以工业产值，生态水足迹强度等于生态水足迹除以生态效益，生活水足迹强度等于生活水足迹除以居民消费产值。

3.4 数据来源

文章数据主要有江苏 13 市的农畜产量产值、工业产值、万元工业产值用水量、生活生态用水量等，数据为 2007～2016 年数据，选自《江苏省水资源公报》、《江苏统计年鉴》、13 个城市的统计年鉴、国家统计局发布的官方数据等。每单位农畜产品的虚拟含水量的数据来源于马静等（2005）的文献中所计算的南方农产品。

四 实证结果

4.1 水足迹计算结果

如表 1 中所示，江苏省的水足迹总量从 2007 年的 913.4 亿立方米增长到 2016 年的 1045.19 亿立方米，年均增长 13 亿立方米，虽然在某些年份出现轻微下降的情况，但总体趋势是逐渐上升的。这说明随着经济的不断发展和人口的不断增加，对水资源的需求将会进一步扩大。据 2016 年国家统计局最新数据，江苏省的水资源总量为 741 亿立方米，属于水资源总量较为丰富的省份，但江苏人口稠密，工农业发达，经济繁荣，人均水资源量并不占优。在未来的经济发展和社会建设中，如何高效地利用有限的水资源将持续性地成为重中之重的资源问题。从表 1 中可以看出，农业（第一产业）是用水量最大的产业，10 年间稳步增加，年均增加量为 11.5 亿立方米，年水足迹总量平均增长率约为 2%。工业用水量相对于农业较少，为第二大用水源。2007～2016 年工业用水量呈现一种 U 形趋势，2009～

2012 年四年间相对较少，在 190 亿立方米左右，2012 年后稳步增加，2012 ~ 2016 年 5 年间年增幅平均在 10 亿立方米左右，说明在现代工业生产中，潜在的水资源需求量也在不断增加，相比于现代社会普遍较低的工业水资源利用率，在未来如何推动工业用水的技术进步和配置调整是提高水资源利用效率的一个明显增长点。生活水足迹占水足迹总量的 5% ~6%，有稳定增幅，但考虑人口的不断增长，可判断生活水足迹处于一个相对稳定的区间内。生态用水量所占比重较小，占水足迹总量的千分之二到千分之三且无明显变化。

表 1　江苏省 2007 ~ 2016 年水足迹总量

单位：亿立方米

年份	农业水足迹	工业水足迹	生活水足迹	生态水足迹	水足迹总量
2007	623.57	225.25	48.42	16.16	913.40
2008	645.94	209.40	49.48	12.10	916.92
2009	672.81	194.55	51.39	3.18	921.93
2010	693.92	191.85	52.91	3.21	941.89
2011	713.44	192.89	52.39	3.28	962.00
2012	739.50	193.10	50.46	3.33	986.39
2013	740.48	220.06	51.41	3.24	1015.19
2014	748.75	237.97	52.83	2.72	1042.27
2015	755.93	239.00	54.40	2.00	1051.33
2016	738.59	248.50	56.10	2.00	1045.19

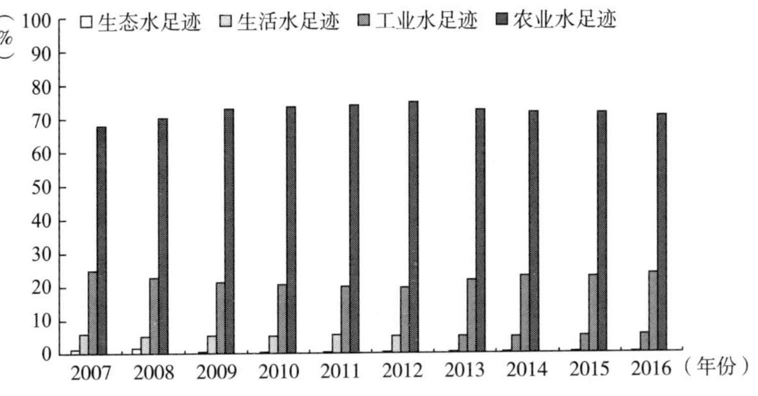

图 1　2007 ~ 2016 年江苏省各部门水足迹

4.2 水足迹强度计算结果

从图2、图3可得，2007～2016年间农业水足迹强度有一个很明显的下降趋势，这说明农业单位产值的增加所需的用水量在逐渐减少；而工业和生活水足迹强度呈现一种稳定的缓慢下降的趋势，但并不明显，这则说明10年间在居民用水和工业用水效率上并没有显著提升。图2一定程度上说明了在水资源最紧张的农业生产上，提高养殖、灌溉等技术能显著提高水资源的利用效率，让有限的水资源最大限度地服务于经济发展程度的提高。在农业方面，江苏省这10年已致力于利用技术进步提高能源的利用效率，但仍有空间。另外，工业的水足迹强度在2010年后维持在一个大致稳定的状态后就止步不前，这表明在工业水资源利用上并没有显著的突破，相关部门也没有予以足够的重视。

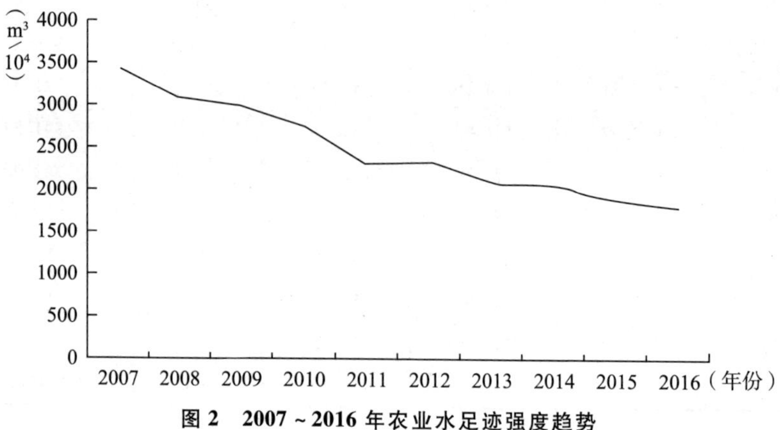

图2　2007～2016年农业水足迹强度趋势

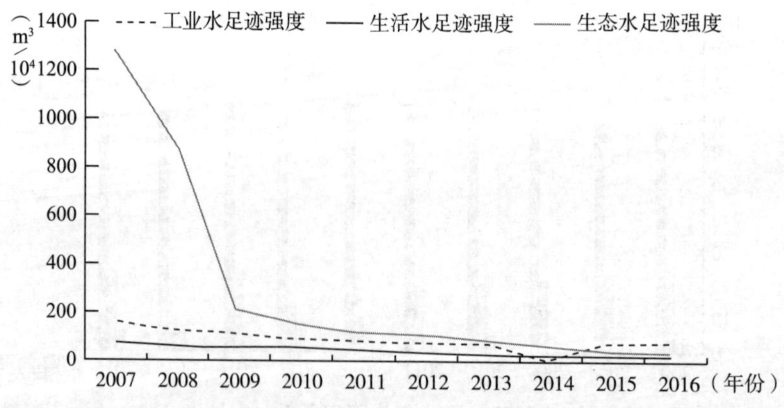

图3　2007～2016年工业水足迹强度、生活水足迹强度、生态水足迹强度趋势

表 2　江苏省 2007 ~ 2016 年水足迹强度

单位：$m^3/10^4$

年份	农业水足迹强度	工业水足迹强度	生活水足迹强度	生态水足迹强度
2007	3433.17	155.65	66.07	1278.89
2008	3075.75	123.22	58.73	899.09
2009	2974.60	104.78	55.64	205.84
2010	2731.88	88.19	48.35	149.06
2011	2327.87	76.53	38.71	116.83
2012	2348.92	71.20	32.80	103.42
2013	2134.05	75.66	27.49	84.62
2014	2060.22	77.16	23.47	63.51
2015	1896.45	74.58	21.55	40.27
2016	1811.54	74.06	19.58	36.23

历来水与经济发展息息相关，在经济繁华的地区一般水足迹总量都会高于经济不发达的地区。图 4 选取了 2016 年江苏 13 市的工农业产值，经对比可发现，经济较为发达的苏南地区（苏锡常、南京）的工农业比值要远远高于经济不发达的苏北地区（淮安、宿迁、连云港、盐城），即从比重上来看，苏南地区的工业产值相对较高，而相对苏南地区，苏北地区的农业产值相对较高。结合前文对江苏省各产业的水足迹和水足迹强度的分析，从统计数据可得出，苏南地区的经济发展水平较高，但因其工业发

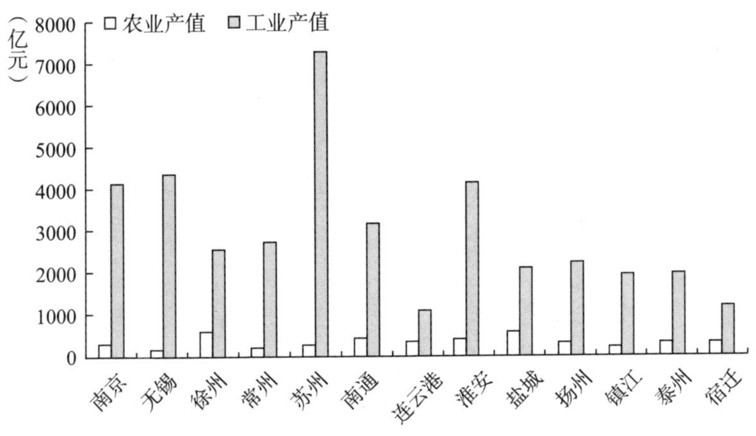

图 4　江苏 13 市 2016 年农业工业产值

达，工业产值较高，工业水足迹强度偏高，说明苏南地区的工业水资源利用效率偏低；苏北地区经济发展水平较低，工业发展水平相对落后，工业产值低，农业相对发达，工业水足迹强度偏低，说明苏北地区工业水资源利用效率偏高。但结合江苏各市的生产总值和经济发展情况，江苏各地市的水足迹强度主要显示出苏南偏低、苏北偏高的特征。这可说明一个普遍的特征，在经济发达而资源稀缺的地区，对水资源的需求越大，水资源的利用效率会通过技术进步、资源配置、政策调整等方式相应地提高，资源最终服务于经济发展。

五　结论与建议

本文从当今的经济发展时代背景和水资源的紧缺现状出发，以水足迹理论和水足迹强度理论为支撑，选取江苏省为主要研究省份，以江苏省统计年鉴和江苏 13 市统计年鉴的数据为主要数据来源，探讨了江苏省的水资源利用的现状。

经全文论证，结论如下。

首先，江苏省水资源总量在全国范围内较为丰富，但人均水资源较少，且随着年份的增加用水压力不断增大。其次，近 10 年来的数据显示，农业部门是用水量和水资源需求量最大的部门，工业紧随其后，且有增加的趋势。随着人口增长，居民生活用水量也有轻微增加的趋势。再次，从近 10 年来的各行业水足迹强度看，农业部门的单位产值的增加所需的用水量在逐渐减少，这说明因为灌溉养殖等技术的提高而大大提高了水资源的利用效率；而工业部门和居民的生活用水水足迹强度呈现一种稳定的缓慢下降的趋势，但并不明显，这则说明 10 年间江苏省在居民用水和工业用水的效率上并没有显著提升。最后，结合江苏 13 市的生产总值和用水情况，江苏各地市的水足迹强度总体上显示出了一种苏南偏低、苏北偏高的特征。

就我国的经济发展现状来看，水资源短缺是未来长久都绕不过的严峻现实。工业农业生活用水近年来的情况都各有其问题。归根到底，我国还处在一种从粗放型向集约型经济发展的过渡阶段，现阶段国家最重视的事情仍旧是发展经济，增加各行业产值，而治理环境、促进可持续发展、提高节能技术水平仍然处于一种次要的位置。

国内外的许多学者都对于水资源利用的问题从很多角度做出自己的阐述，如从空间集聚的角度、要素市场的角度、时空和省际测算的角度等。而国外学者对于数据包络理论和以水足迹理论为载体的研究要更加深入和全面。

所以结合我国的现实情况，建议如下：首先，江苏省水足迹计算结果显示，农业部门是耗水最多的部门，应该合理规划水资源使用量，减少农业用水比例，进一步提高农业用水技术，提高农业用水效率。其次，工业部门用水的比例在逐年上升，各产业的用水量都在逐步提高。对于工业，一方面，要积极进行产业结构调整，逐步淘汰落后的、耗水量大的产业；另一方面，要着重进行工业用水相关的技术创新和设备研发，提高工业用水效率。再次，对于居民用水，要进一步鼓励节约用水，并适当进行奖惩机制的建立。最后，鼓励废水再利用，出台环境保护法规，提高污染治理的力度。从宏观上来看，要推进经济结构的不断升级优化，推动经济发展方式从粗放型到集约型增长，推进建设绿色经济，全面建设可持续发展的和谐社会。

我国环境污染对房价影响的实证分析

一 背景及意义

随着我国经济发展，环境问题逐步暴露出来，主要体现为环境污染和自然生态环境的破坏。水污染、大气污染、固体废弃物污染是主要的环境污染问题。根据《中国环境统计年报》最新发布的 2015 年数据来看，全国废水排放总量为 735.3 亿吨，其中，工业废水排放量约 199.5 亿吨。全国废气中二氧化硫排放量为 1859.1 万吨，其中，工业二氧化硫排放量为 1556.7 万吨。从数据中可以得出，工业污染占据了总环境污染较高比例，尤其是工业二氧化硫的排放。我国十大城市癌症死亡的调查结果显示，肺癌死亡人数居于首位。这些数据无一不在警醒我们享受经济发展带来的便利的同时，更应该思考经济发展带来的环境污染问题。而影响人类健康的重要因素之一的居住环境也开始引起大家重视。

国内关于环境对房价影响的研究文献数目尚不多见，并且不同研究者选取的环境指标以及得出的结论也并非完全相同。国内大部分文章以具体地区或城市为例研究，代表性不足，结论不适用于全国。而以全国城市为研究对象的文章通常受制于某一理论框架之下。本章折中选取省份层面数据进行分析，弥补前者存在的问题。同时由于环境污染问题近年来才被重视，很多污染指标统计年份较短，数据样本较小，容易造成分析误差。因此，选取适宜的环境污染指标和获取样本量充足的数据成为研究的一个难题。本文主要目的是探究我国 31 个省份环境污染对商品房价格的影响。首先对房价产生影响的相关因素进行统计性描述和实证分析，检验环境污染对于房价的影响，最终提出相关政策建议。

由于近些年雾霾等环境污染现象已引起我国居民的普遍重视，民众的环保意识已大大增强。居民选择住房时不仅考虑房屋价格，对周边环境质量也越来越重视，二者与居民生活密切相关。因此，环境质量对房价的影响会越来越大。基于此，希望采用现有的污染物排放数据来分析环境污染对房价的影响，警醒人们减少污染，从而有利于促进政府与开发商积极参与环境保护，寻求经济与环境保护共同发展。

二 文献综述

从国内外的研究现状可以看出，国内关于房价的研究主要围绕房价上涨展开，一般考虑的因素比较多，同时更侧重于国家政策、利率等外部因素对房价的影响；并且主要基于供需关系和地价来实行房地产价格的评估，或者讨论某一区域商品房价格上涨的原因及影响，还有少部分研究是基于商品房的价格评估方法以及评估体系。大多数文献是定性而非系统的实证分析，其中关于环境和房价问题的研究也比较少，大多数是把环境因素和其他因素结合在一起，很少有研究单独考虑环境因素对房价的影响。

而关于环境与房价的研究多是以某个城市为主，比如刘畅（2012）以苏州市为例，用享乐价格模型，分析了苏州城区内景观对于房屋价格的影响，研究结果表明城区景观对住宅房地产的影响大于商业房地产，住宅房价与景观的相关性比住宅地价更为显著。同时房地产价格与容积率、土地等级表现出较为显著的负相关性，房地产的景观享乐价值同房地产交易年份也显现出较为显著的正相关性。夏少辉（2010）以西安市为例，从消费者支付意愿的角度，量化分析了影响商品房价格的环境因素，以及各因素对商品房价格的影响程度，结果表明拟购房人群对住宅小区周围环境质量的支付意愿为基准房价格的17.5%，且他们对各环境因素的支付意愿都低于已入住人群的支付意愿。王祺（2017）以河北省为例，进行了商品房价格与环境质量的一元回归分析，结果表明环境质量对房价有一定影响。

也有部分研究是基于全国范围的，但环境因素仅为众多影响房价的原因之一。吴杨等（2014）研究了商品房中环境的经济价值，并且建立了一系列从各方面衡量住宅价值的评估指标体系。应用该体系对市场调研的结果显示，商品房的价值与“非环境因素”关系较大，而“环境因素”在房屋价格增加时所占比例增大。何鸣等（2009）从城市环境特征的角度分析了中国房地产价格的区间差异，且在 Roback 理论模型基础上，提出了可以衡量中国城市消费者和厂商环境特征品质价值的方法，并选取了国内全部地级及以上城市，做了截面数据分析。按照该方法分析的结果表明，我国居民效用水平受自然环境的影响类似于美国居民受自然环境的影响，居民的福利水平受到了工业污染的严重影响，但是公共服务水平对我国居民效用水平的影响并不明显。结构方程的拟和度表明我国城市环境特征品质对房价和工业地价的联合解释力达 60%。杨君伟、胡燕京（2007）分析了自然环境级差与房地产价格的相关性，分别以东、西、中部 20 个典型大中城市为数据样本，从平均房价、人均可支配收入、金融参与程度和自然环境级差因素等指标入手，用计量分析方法做单方程线形回归分析，结果表明房地产价格变化受到自然环境级差因素的影响极大，不同级差的自然环境与房价变动间呈现相关关系。那柏珠（1997）采用回归方法建立环境污染对居民造成的损害费用函数，使用定量回归技术，说明房屋的若干变量和各种污染对房屋价格的回归关系式，得到损害费用函数，使房屋价格乃至人们的生活环境质量等问题在环境经济系统里寻找到理论模式框架。王艳聪（2017）在公共服务资本化理论的框架下，用双向固定效应模型对 283 个城市进行实证分析，结果表明工业废水排放量对房价有负效应，而工业二氧化硫和工业烟尘排放量对房价的影响不明显。

三　方法与数据

3.1　理论基础

特征价格法延续了享乐主义、效率、边际效用递减、资源配置等观点，其核心认为商品价格是由组成商品的各种属性特征带给人们的效用决定的。特征价格理论认为，产品的需求并不是基于产品本身，而是因为产品所内含的特征。国外学者运用特征价格法评估外部环境对住宅价格影响的研究较为丰富，主要有以下两种。一种是以距离为主导因素研究开放空间的影响范围，Anderson 和 West（2006）研究了五种不同类型开放空间的靠近程度差异对住宅价格的影响；另一种则是以开放空间的规模及其质量为主导因素，研究开放空间对临近住宅价格的影响，如质量迥异的海景和水域以及规模不等的城市森林对住宅价格的不同影响。

现阶段我国商品房价格评估体系还不够完善，暂时还没有特别明确的技术规定和操作流程对商品房的环境经济价值进行评估。在研究房价问题时，最常用的依然是特征价格模型。本文中用各省份房屋销售均价代替住房的单价，用省份层面的宏观变量代替住房的微观特征，以此为基础研究各污染指标对房屋价格的影响。

3.2 模型构建

本文选取废水、废气、垃圾三方面环境污染指标为自变量，各地区房价为因变量，以及各地区 GDP、人口、工资、房地产竣工面积、造价等为控制变量，做平衡面板数据回归分析来探讨环境污染对房价的影响。基于特征价格法建立如下回归模型。

$$\ln Y_{it} = \alpha + \beta \ln SO_{2\,it} + \gamma X_{it} + \theta year_t + \mu_i + \epsilon_{it}$$

$$\ln Y_{it} = \alpha + \beta \ln effluent_{it} + \gamma X_{it} + \theta year_t + \mu_i + \epsilon_{it}$$

$$\ln Y_{it} = \alpha + \beta \ln rubbish_{it} + \gamma X_{it} + \theta year_t + \mu_i + \epsilon_{it}$$

分别对二氧化硫、废水、垃圾三个解释变量用双向固定效应模型进行回归分析。所有变量均取对数，X_{it}为各控制变量。α 为截距项，β 为各污染指标的估计系数，γ 为各控制变量回归系数，θ 为年份虚拟变量的估计系数，捕捉房价的时间趋势。μ_i为不随时间变化的固定效应误差项，ϵ_{it}为随时间变化的误差项。

3.3 数据处理

基于回归模型，从国家统计局网站收集了被解释变量房屋价格（Y，商品房平均销售价格），解释变量二氧化硫（SO_2，各地区二氧化硫排放量）、废水（effluent，各地区废水排放量）、垃圾（rubbish，各地区城市生活垃圾清运量），控制变量各省份地区生产总值（GDP）、总人口（population）、城镇单位就业人员平均工资（wage）、房地产竣工房屋面积（area）、房地产竣工房屋造价（cost），共计 31 个省份 13 年 9 个变量的数据。涉及价格变量的数据均剔除了以 2004 年为基年的 CPI 影响。最终将以上数据整理合并为面板数据，对每个变量取对数后做回归分析。

四　实证结果

4.1　统计性描述

从表1的统计性描述中可以看出，各变量的样本数据标准差都远小于均值，表明样本数据中不存在极端异常值，无须做进一步处理。

表1　统计性描述

变量名	含义	均值	标准差	最小值	最大值
lnprice	商品房平均销售价格对数	8.104547	0.5141009	7.154764	9.938911
$lnSO_2$	空气中二氧化硫排放量对数	13.03177	1.284756	6.907755	14.50966
lneffluent	废水排放量对数	11.80685	1.04291	7.895436	13.75178
lnrubbish	城市生活垃圾清运量对数	5.977535	0.8821592	2.791165	7.779467
lnGDP	生产总值对数	8.903264	1.077662	5.36853	10.96787
lnpopulation	总人口对数	8.087629	0.8567011	5.620401	9.30556
lnarea	房地产竣工房屋面积对数	7.446382	1.132023	2.218116	9.239604
lncost	房地产竣工房屋造价对数	7.591546	0.398806	6.641665	8.660774
lnwage	城镇单位就业人员平均工资对数	10.42623	0.5122785	9.380505	11.69471

4.2　回归结果

根据前文的理论分析，人们倾向于购买周边环境质量较好的房产，而环境污染通常会对当地房价有负影响，但由于环境污染的外部性，本文预计的实证结果是选取的三个环境污染指标的回归系数不能显著为正。

表2为空气中二氧化硫排放量对房价影响的回归结果。第1列中只加入了空气中二氧化硫排放量，无其他控制变量，结果表明空气中二氧化硫排放量对房价有显著负影响。第2列则在第1列的基础上，加入了房地产市场中影响房价的控制变量，当地商品房竣工面积和影响房价的成本因素——竣工商品房造价，解释变量回归系数无较大变化并且依然显著。第3列在第2列的基础上加入与城市特征相关的影响房价的控制变量，反映当地经济发展水平的GDP，以及当地人口总数和当地城镇单位就业人员平均工资，解释变量回归系数绝对值略微减小但依然显著。

表 2　空气中二氧化硫排放量的回归结果

变量	lnprice	lnprice	lnprice
$lnSO_2$	-0.111*** (0.0230)	-0.103*** (0.0233)	-0.0901*** (0.0226)
lnarea		-0.0304* (0.0178)	-0.0441** (0.0184)
lncost		0.124*** (0.0431)	0.141*** (0.0463)
lnGDP			-0.0327 (0.0712)
lnpopulation			0.395*** (0.133)
lnwage			0.443*** (0.0908)
Constant	9.043*** (0.300)	8.270*** (0.422)	0.898 (1.598)
Observations	403	403	403
R - squared	0.906	0.908	0.916

从表 2 的第 1 列到第 3 列的回归结果表明，空气中二氧化硫排放量对房价具有显著的负向影响，回归系数为 0.1 左右，并且在 1% 的水平下显著，依次加入控制变量后，对空气中二氧化硫排放量的回归系数及显著性都没有较大影响，回归结果是稳健的。根据回归系数可以得出，空气中二氧化硫排放量每增加 1%，房价会降低 0.1% 左右。由此推测出我国居民对空气中二氧化硫排放的反应较为敏感，空气中二氧化硫污染对房价具有显著的负向效应。

控制变量方面，在给定其他条件不变的情况下，当地 GDP 对房价的影响并不显著，且出现负的回归系数，与预期不符，这可能是由于多重共线性影响。房屋造价对房价影响比较明显，且在 1% 的水平下显著具有正向效应，房屋造价增加使得成本上升，引起价格增长。而当地总人口数和城镇职工工资也在 1% 的水平下有显著正向效应，人口数增加使得人们对住房的需求增加从而推动价格上升，同时房价也随着当地居民收入增加而升高。第 3 列的房屋竣工面积在 5% 的水平下有显著负向效应，房屋竣工面积增加使得房屋的供给增加，促使房屋售价下降。

表3给出的是废水排放量对房价影响的回归结果。从表3中发现，废水排放量对房价并没有显著影响，但回归系数却为正，与空气中二氧化硫排放量对房价的负向影响完全不同，对于这个结果可以从两方面加以解释。一方面是近年来我国逐步公开城市的空气质量指标，且媒体对空气质量相关话题报道较多，居民较为容易获取相关信息，使得民众对空气污染较为敏感。而废水排放等相关信息通常被披露得较少，并非热点话题，不易引起居民重视。另一方面，二氧化硫排放主要来自工厂，气体通过烟囱直接排放到大气中，扩散面积广，有浓烈气味，污染表现较为直观明显，易被附近居民察觉，从而居民回避购买此处房屋。而废水则集中通过管道运输到距离住宅较远的江河等区域被排放，居民对污染的直观感受不太明显。因此，废水排放对房价影响并不显著。

表3　废水排放量回归结果

变量	lnprice	lnprice	lnprice
lneffluent	0.0516 (0.0424)	0.0879** (0.0426)	0.0621 (0.0423)
lnarea		-0.0515*** (0.0179)	-0.0589*** (0.0184)
lncost		0.145*** (0.0450)	0.167*** (0.0487)
lnGDP			-0.0730 (0.0733)
lnpopulation			0.447*** (0.135)
lnwage			0.460*** (0.0928)
Constant	7.005*** (0.491)	5.903*** (0.632)	-1.332 (1.623)
Observations	403	403	403
R-squared	0.900	0.904	0.912

表4为垃圾清运量对房价影响的回归结果。从表4中可以看出，垃圾清运量在5%的显著水平下，对房价具有显著正向影响，这不太符合本文

之前的预期。由于没有垃圾产生量，本文用清运垃圾量替代，而这部分垃圾通常被转移至垃圾场进行焚烧、填满等处理，对当地的空气、土地和水资源造成影响。但是近年来，随着经济与科技发展，人们环保意识增强，垃圾处理方式也逐渐增加，处理过程也更加环保。尤其是在经济发达地区，通常垃圾回收比率、无害化处理率都较高，使得垃圾对当地环境的破坏减轻，影响减小。因此，垃圾清运量的回归结果无法准确反映环境污染与房价的关系，反而垃圾处理越频繁的区域，环境质量越高从而正向影响当地房价。

表 4　垃圾清运量回归结果

变量	lnprice	lnprice	lnprice
lnrubbish	0.0577** (0.0279)	0.0584** (0.0278)	0.0584** (0.0287)
lnarea		-0.0514*** (0.0179)	-0.0626*** (0.0185)
lncost		0.117*** (0.0443)	0.135*** (0.0475)
lnGDP			-0.105 (0.0760)
lnpopulation			0.384*** (0.138)
lnwage			0.497*** (0.0924)
Constant	7.261*** (0.166)	6.776*** (0.342)	-0.317 (1.583)
Observations	403	403	403
R-squared	0.901	0.904	0.913

五　结论及建议

5.1　结论

由于环境因素对房屋价格的影响是一个复杂的动态关系，很难量化，因此很难对其建立精确的模型进行分析，进而得出其对房屋价值的具体影响。本文采用全国31个省份从2004年到2016年的平衡面板数据，构建了一个对数特征价格模型来估计环境污染因素对房屋价格的影响。实证结果表明，一个地区空气中二氧化硫排放量的增加对房价有显著负影响，而废水排放量和垃圾清运量的增加却不会造成房价的显著下降。

由于很多污染指标统计年份较短，数据样本较小，以及模型的单一和自身的局限性等，结论存在一定误差，有待进一步检验。但是随着社会的发展和进步，人们对自我生活质量更加重视，环境因素对房价的影响程度将会进一步加大。研究环境污染对住宅价格的影响规律，是为了维护房地产市场的健康发展，也是为了维护我国经济的健康发展。

5.2 建议

基于以上结论，本文提出以下政策建议。

地方政府应当鼓励高污染企业技术创新与生产转型，一方面，努力降低污染物排放量；另一方面，要提高各种污染物的无害化处理效率。对于成功转型或治污减排有效的企业予以税负减免或适当补贴，鼓励企业加大在污染防治方面的投资，促进未来可持续发展。

政府应当加强城市规划，尽可能把工业区建立在对居民生活环境影响最小的地方，避免污染影响居民生活。创造良好的居住环境，利于提高城市的吸引力，引进更多高新技术人才，为城市发展提供动力的同时也为房地产市场创造更多需求，避免因环境污染造成房地产行业受挫和阻碍经济的可持续发展。

提高环保投资占GDP的比重，可以采用立法的形式明确规定政府环保投资占该地区GDP的比重下限。这样将环境保护与经济发展联系在一起考核地方政府工作，尤其是针对环境污染较为严重的地区，可以有效规制经济不健康发展带来的环境问题。

制定完善的污染评估体系，量化由环境污染因素造成的房屋价格差异。同时将引起这些价格差异的污染因素与产生这些污染的源头部门联系起来，由污染源头部门承担房地产商的这部分损失。理论上这个方法可行，但进一步实施还需要具体的评估。因为房屋价格的变动受一系列因素的影响，并且对环境污染造成的损失进行量化是十分困难的。

制定环境价值评估政策，确定环境因素在商品房中所占价值。避免出现目前因为没有统一的环境价值评估方法，房地产开发商过度渲染、抬高房价而使消费者利益受损问题。正是由于没有明确的住宅环境经济价格评估方法，房地产商时常以优美的居住环境为噱头，随意定价，导致房屋价格虚高。而消费者本身因信息不对称，以及对相关标准不了解，无法正确感知房屋价值。

我国经济发展水平与城市建设用地利用效率关系的实证分析

一　背景介绍

土地是人类赖以生存和发展的物质基础。土地资源的重要性、有限性与其供给上的稀缺性客观上要求人们经济地使用土地，努力提高土地资源的利用效率与其创造的效益。其中城市土地作为城市经济、社会和环境的空间载体，其利用效率状况直接影响到城市的社会经济发展和人居环境建设，一直是国内外学术界研究的热点。国内外学者也提出了很多测评土地利用效率的研究方法和指标。在现代社会，人类活动以追求经济利益为目的，不断改变土地利用方式、土地利用结构以及土地利用的空间分布类型等。土地利用方式能反映人们的经济活动，它与一个国家或地区的经济活动存在密切的关系。因此，区域土地利用与区域经济发展构成了一个有机整体，两者相互促进、相互影响、相互制约。

近些年，伴随着我国城市化的迅速发展，城市人口的日益增加，对城市土地的需求也越来越大，人地矛盾日益突出。同时，随着城市规模的扩大，城市土地利用也出现了一些问题，主要表现为：土地利用结构和布局不合理、土地市场秩序混乱、城市规模盲目无序扩张以及长期粗放型增长等。这些问题的直接后果就是城市土地利用效率低下、资源浪费、经济可持续发展和土地利用矛盾日益突出。以长三角地区为例，人均耕地只有 0.047hm^2（0.7 亩），由于城市扩张、占用耕地现象严重，其以年均 4% ~ 5% 的速度递减（夏永祥、段进军，2005）。

经济的发展是一个资源优化配置的过程，是资源使用效率不断提高的过程。经济发展水平越高，用地效率也应该越高。如何提高土地利用效率以更好地促进经济的协调健康发展是一个值得研究的课题。国内外对于土地利用效率的研究由来已久。最初主要来自生态学派直观辨认城市土地利用空间，主要有轴向模式、同心圆模式、扇形模式及多核模式等一般性的城市土地利用模式。农业区位论、工业区位论、中心地理论等经典理论从某种程度上更加丰富了对城市土地利用的空间结构研究（刘盛和，2002）。20 世纪 60 年代，阿隆索在对城市土地的空间结构和地价的探讨中提出不同用途的土地支付能力不同，致使地价各异（Yeh，Wu，1996）。Edwins 与 Richard 在对城市土地的空间结构的研究中丰富了阿隆索的地租理论，强调对人的研究，提倡把人的价值观、意识和能动性等社会动力因素纳入城市土地利用研究范畴（Su，1998）。

我国对城市土地利用效率的研究起步相对较晚，研究方面主要有城市土地利用效率的基本理论、模型构建与应用、评价指标体系、城市土地利用效率影响因素等。研究内容主要包括如下方面。①城市土地利用效率的理论综述。②城市土地利用效率评价指标体系、模型构建与应用。较多的文献利用协调度模型、主成分分析和加权法、模糊综合评价法、回归分析法、数据包络分析法（DEA）及系统分析和层次分析法对单个城市、特大城市和省会城市进行实证研究。从研究方法来看，利用数据包络分析法计量城市土地利用效率的研究较多，其原因是可以确定各投入要素的权重，避免投入产出关系的具体表达和确定各指标权重所带来的主观性。③提高城市土地利用效率的途径及政策研究等。

从已有文献来看，系统地对经济发展水平和土地利用效率之间的回归关系进行分析的文献较少。本文拟在相关理论的研究基础上，进一步通过影响机制回归分析法，以我国 31 个省份为例，结合具体的经济数据选择其中合理的指标来分析城市经济发展水平与城市建设土地利用效率的关系，最后提出关于改进土地利用效果、提高用地效率方面的政策建议与展望。

二　文献综述

国外对于城市土地利用效率的研究最初起源于 20 世纪 20 年代兴起的生态学派直观辨认城市土地利用空间的研究。生态学派（Chapin，Kaiser，1967）主张运用直接观察法，总结归纳出城市类型不同，其土地利用方式也不同的结论，其土地利用模式主要包括轴向模式、扇形模式、多核心模式以及同心圆模式等。随后出现了融入空间经济学、行为分析学以及政治经济学等学科理念形成的经济区位学派、社会行为学派和政治经济学派，不同学派提出的相关理论和实践进一步深入阐述了土地利用的驱动力、空间布局和变化规律（许学强等，1997），这些早期关于土地利用的研究为国内外关于城市土地利用的空间功能、土地利用效率以及社会经济结构等的研究奠定了十分重要的理论基础。进入21世纪以后，城市土地利用的研究手段更加丰富，同时在研究内容的深度和广度方面都有了一定程度的发展。

国内学者在借鉴国外相关研究的基础上，对中国城市土地利用效率进行了广泛深入的研究。研究内容主要包括城市土地利用效率的基本理论、评价指标体系和模型的构建与应用、土地利用效率的影响因素以及土地利用效率与其他系统之间的耦合协调关系等。

一些学者对于城市土地利用的基本理论进行了研究与探讨，认为我国地域辽阔，各地区土地利用的效率和方式时空差异较大，且在利用过程中存在较多亟须解决的问题。陈荣（1995）对我国城市土地利用效率较低这一现状进行了解与探讨；石成球（2000）对于我国土地利用过程中存在的问题及其原因进行了分析，并对此提出了解决方法；刘盛和（2002）对城市土地利用效率的相关理论进行了研究。

还有一些学者对于城市土地利用效率进行了评价与研究。杨海泉等（2015）利用DEA模型对中国三大城市群土地利用效率进行了评价和研究，选取了2001～2012年作为研究时间段，旨在揭示发达区域土地利用效率的内在规律，得出的结论为：三大城市群土地利用效率总体上呈下降趋势，长三角城市群土地利用效率差异较大，京津冀城市群、珠三角城市群“中心－外围”现象明显。该论文创新性地开展了城市群之间的比较研究，且选择了连续的研究时间段，使得论证非常充分全面，且有说服力；但同时，DEA模型主要被运用于传统模型，模型产出一般为价值指标等期望产出，缺少对于城市土地利用过程中产生的环境负外部性这类非期望产出的考虑，因此对于土地利用效率的评价存在不足之处。

杨清可等（2014）基于SBM-Undesirable模型对长三角地区16城市的土地利用效率进行了评价，得出的结论为：长三角地区的土地利用效率水平偏低，平均效率呈“凹”字形波动趋势，环境污染等非期望产出对城市土地利用效率的提高也产生了一定程度的负面影响，且各城市之间的土地利用效率差异较大并有不断扩大的趋势，总体上呈“大集中－小分散”的分异特征。该研究采用SBM-Undesirable模型对其进行效率评价，能够避免传统 DEA 模型所带来的缺陷，提高效率评价的准确性，比传统模型更具有清晰的刻画功能；同时，弥补了已有的对城市土地利用的投入产出分析忽视使用过程中产生的环境外部负效应这一不足。

有学者对于土地利用效率的影响因素进行了探究并提出了政策建议。王晓川（2003）通过比较土地制度、政府行为、城市规划对于土地利用效率的影响，得出城市规划是提高土地利用效率的重要手段这一结论，并提出相关建议，城市土地利用要合理布局，考虑经济分析，严格控制外延无序扩张，同时要合理规划和利用城市地下空间。

此外，还有部分学者致力于土地利用效率与其他系统间相互关系的研究，主要内容为区域经济、生态环境以及城市化等方面的协调发展研究。华敏（2015）对于长江中游城市的土地利用效率和经济发展的时空耦合关系进行了研究，选取 2002、2006、2010 和 2014 年四个时间截面，运用 DEA 模型和熵值法，以及耦合协调度模型，对于长江中游城市的土地利用效率和经济发展水平之间的耦合协调度进行测度和评价，对其时空演变特征和变化趋势进行了研究与分析，并得出结论，城市土地利用效率和经济发展水平的耦合度整体上呈上升趋势，说明相互作用程度越来越高。但是城市土地利用效率和经济发展水平的协调度总体偏低，从时间序列上呈现出显著提升的趋势，协调度总体状况趋于良性发展；从空间变化格局来看，表现出协调程度高的“中心”逐渐向“外围”扩散的趋势。

三　实证分析

3.1　模型设定与变量取值、数据说明

经济发展水平越高，土地使用效率也就越高，体现在用地效率指标上，地均 GDP、地均增值税总额、地均地方财政收入这三个指标在理论上和人均 GDP 都应该呈正相关的关系。为分析城市建设用地经济效率对于经济发展水平的影响，本文选择面板数据模型进行计量，对用地效率指标进行逐一探究，由于仅对各城市个体本身差异的原因进行分析，且时序较短，参数随时间变动较小，因此适合选用变截距的固定效应模型，模型形式设定如下：

$$\mathrm{GDP}P_{it} = C + \beta_1 \mathrm{GDP}L_{it} + \beta_2 ZZSL_{it} + \beta_3 GOVI_{it} + \mu_{it}$$

式中：$GDPP_{it}$表示城市 i 在时期 t 的经济发展水平，经济发展水平 $GDPP_{it}$以城市 i 地区生产总值（当年价）与户籍人口的比值表示（元/人）；C 为公共截距项；$GDPL_{it}$是衡量土地利用效率的指标之一，由城市地区生产总值与城市建成区面积的比值表示（万元/平方公里）；$ZZSL_{it}$表示城市 i 当年的地方财政土地增值税与城市建成区面积的比值，将土地利用效率的衡量更加细化（万元/平方公里）；$GOVI_{it}$指城市 i 的地方财政收入与城市建成区面积的比值，主要从财政收入这个方面衡量土地的盈利能力（万元/平方公里）。μ_{it}为随机误差项。为了减少误差项中存在的异方差和序列相关性，使用广义最小二乘法（GLS）对模型进行估计（陈伟、吴群，2014）。以上数据主要来源于中国统计局官方网站。

3.2 计量结果与分析

如表 1、表 2 所示，三个模型的估计结果较好，并且拟合优度检验较高，F 统计值显著，模型能够很好地解释城市建设土地利用效率对于经济发展水平的影响。从表 2 中可得知，各因素对于经济发展水平的影响存在较大差异。

表 1　模型各主要变量的描述性统计结果

变量	观测值	平均值	标准差	最小值	最大值
GDP*P*	310	40069.58	22453.85	7878	118198
GDP*L*	310	111331.5	40868.57	0	282068.6
ZZSL	310	0.0458459	0.051074	0	0.3345846
GOVI	310	12046.74	7564.747	0	64125.43

注：0 值表示该年该城市相关数据的缺失。

表 2　城市建设用地利用效率与经济发展水平关系 GLS 模型估计结果

	GDP*P*	GDP*P*	GDP*P*
GDP*L*	0.0994585 *** (7.47)	0.061267 *** (3.72)	0.05158 ** (2.07)
ZZSL		45695.55 *** (3.78)	41483.65 *** (2.84)
GOVI			0.0781009 (0.52)

续表

	GDP*P*	GDP*P*	GDP*P*
R^2	0.8962	0.9015	0.9016
F	232.26***	222.88***	203.77***

注：括号中的值为t统计值，***、**、*分别表示变量系数通过了1%、5%、10%的显著性检验。

首先，地均GDP（GDP*L*）变量的估计系数在三个模型中显著为正，表明研究时段内地均GDP的提高对于全国31个省、自治区、市的城市建设用地经济效率的提升产生显著的正向作用。地均GDP每增长1%，经济发展水平将提升0.0994585%。从理论上讲，单位建成区土地上产生的生产总值的提高，即用地效率的提高，是会对人均GDP即经济发展水平的提高产生积极的正向作用的。用地效率的提高、土地利用结构的转变和完善，有利于促进各种高质量的生产要素向城市聚集，进一步改善城市劳动力结构和产业结构，从而推进高附加值和高产出行业的发展，进而推动地区经济的整体发展。

其次，在第二个模型中，逐步引入地均增值税（*ZZSL*）这个变量。可以看出，地均增值税的变量估计系数显著为正，且对于因变量经济发展水平产生较大影响。模型的拟合优度从0.8962增长到0.9015，F统计值显著。由表2中可看出，变量地均增值税的提升对于因变量的影响作用是远大于变量地均GDP的。这也意味着我国各省、自治区、市的地方财政土地增值税等利税总额较低，提高利税总额的边际收益较大，因此这方面的发展前景较为理想。要提高地方财政土地增值税，就要提高各地方的土地盈利能力。从另一个方面讲，目前我国各省、自治区、市的创造产出总量大，但盈利能力却普遍偏低。如果还继续使用粗放型经济增长方式，过分强调GDP的增长，对于经济发展水平的提高作用很有限。因此，用集约型经济增长方式代替粗放型经济增长方式，以提高国民经济的整体水平，势在必行。

最后，在第三个模型中，引入地均地方财政收入（*GOVI*）这个变量。由表2中的数据可以得出，该变量系数的t统计值较小，且未通过10%的显著性检验，同时，模型的拟合优度提高幅度较小，因此结论是该变量是不显著的。从理论上讲，地均地方财政收入也是衡量土地利用效率的指标之一，地均地方财政收入越高，代表用地效率越高，从而越能促进经济发展水平的提升。但因为财政收入在衡量土地盈利能力方面不如土地增值税细化，因此它对于因变量的解释能力也就稍逊于其他两个变量，从而不显著。

四　结论与政策建议

本文着眼于土地利用效率对于经济发展水平的影响关系，选择了我国31个省、自治区、市的城市建设用地使用效率和经济发展水平作为研究对象，截取2007～2016年的相关数据，作为面板数据模型进行计量分析，得到如下结论。①单位建成区土地上产生的生产总值的提高，即用地效率的提高，是会对人均GDP即经济发展水平的提高产生积极的正向作用的。②我国各省、自治区、市的地方财政土地增值税等利税总额较低，提高利税总额的边际收益较大，对经济发展水平的提高影响较大，用集约型经济增长方式代替粗放型经济增长方式，以提高国民经济的整体水平，势在必行。

在转变经济发展方式的这个时代大背景下，土地资源成为制约城市发展的重要禀赋条件，受制于城市建设用地拓展空间的不断缩小，只有不断提升现有土地资源的效率水平，集约利用城市土地，才能推进和加快经济发展方式转变和产业转型升级，从而提升经济的整体运行水平。因此，由粗放的经营管理模式向集约化的方向转化，不仅是我国企业发展的方向，同时也是我国土地利用的发展方向。

“集约”和“粗放”是两个相对的概念，我们可以将城市土地集约利用的内涵界定为：以合理布局、优化用地结构和可持续发展的思想为依据，通过增加存量土地投入、改善经营管理等途径，不断提高土地的使用效率和经济效益。土地集约利用必须建立在布局合理的基础之上。在此基础上，不断增加存量土地的投入，提高土地的经营管理水平，在现有技术经济水平许可的条件下，尽可能提高土地的使用强度和效率，从而实现提高土地产出效率的最终目标，这也成为土地集约化利用的核心。换句话讲，城市土地集约利用的重点应放在建成区现有土地的再开发和挖潜改造上，走内涵发展的道路。以现实生活为例，逐步改善老城基础设施条件，适当提高土地的使用强度和容积率；一地多用，将商业、居住、写字楼分别布置在不同的高度和楼层，均可达到土地高效利用的效果。

同时，也要明确另外两个问题：首先，城市土地集约利用是一个动态过程，而不是一个静态的终极目标。随着经济发展水平的提高和科学技术的进步，城市用地的效率将会不断提高，因此，土地集约利用应是我们不断追求的一个长远的目标。其次，在不同的空间层次，评价城市土地集约利用的方法和指标体系是不完全相同的。对于以整个城市为空间尺度的宏观层次，主要强调城市综合效益及用地功能、结构的合理性；而中观、微观层次的土地集约化程度，则偏重于土地投入产出的效果。另外，鉴于我国幅员辽阔，城市所在地区的自然、经济条件相差很大，而城市的性质、规模也不完全相同，因此，要因地制宜，建立符合本城市具体实际的指标和标准去衡量、评价具体的城市土地集约利用程度。

基于普通债券对比分析下的绿色债券自身性质对投资回报的影响

一 背景介绍

2016 年是我国放开绿色债券管制的第一年，开始试水绿色债券之后，绿色债券迎来飞速发展。“2017 年中国大陆境内贴标绿色债券发行规模达 2083.8 亿元，较 2016 年同比增加 1.5%，包括 76 个发行主体发行的金融债、企业债、公司债、中期票据、短期融资券和资产支持证券等各类债券 113 只。”①

在我国经济发展的转型时期，绿色债券无疑将会扮演一个关键的角色。绿色债券之所以被叫作绿色债券，是因为其涉及的融资项目都是有利于环境保护或者有助于可持续发展的绿色环保类型的项目，主要涉及新能源开发、节能减排、污染治理等领域，在其余方面，绿色债券与其他债券并没有本质上的区别。但也正是这一点特别之处，给绿色债券赋予了不一样的色彩，需要特殊的认证与监管，但我国在这些政策方面还存在一定的不足，并且对于绿色金融的回报机制探究也还主要局限在常规债券的方法上，专门处理绿色债券的方法尚且没有形成一个很好的标准。

在我国绿色债券发展的开局之年，绿色债券的回报效果显现得尚不明显，还没到还款期限，研究大部分都集中在发行机制及监管规范等方面。如王遥和曹畅（2016）的研究主要集中于绿色债券的第三方认证机制上，分析探究我国绿色债券在第三方认证机制上的不足；张浩良、安然（2016）的研究主要利用中外绿色债券进行对比，在项目口径认定、绿色

① 《中国绿色债券市场 2017 年度总结》，http://bond.hexun.com/2018 - 01 - 04/192159343.html，2018 年 4 月 6 日检索。

认证体系、信息披露、激励措施、发行主体等方面进行对比研究等。而关于绿色债券的回报机制的问题，目前还没有成为学界研究的重点问题，普通债券在回报机制方面，除了项目本身的绿色性之外，还没有进行过足够的定量实证研究。这一方面源于，此前在国内未开放绿色债券发行时，缺少发行中的绿色债券的数据，而现在刚刚发行的绿色债券的各种回报效果显现不明显；另一方面，对于绿色债券的衡量，缺乏足够的定量研究基础，只有定性的划分，实证研究存在困难。

时间步入现在，距离国内第一批绿色债券发行已经过了两年时间，在认购、筹资方面的能力已经开始初步显现，而更多的绿色债券也已经蓄势待发，走在申请公开发行的路上。对于绿色债券回报机制的探究，在我国政策制定的过程中也应该被提上日程了。研究绿色债券的回报机制能够为我国在绿色债券市场上采取何种政策，该以什么样的方式对于投资者进行认购的鼓励，或者用什么样的方式规范市场准入门槛、披露机制等，在哪些方面应该着重提请投资者注意都有一定的借鉴作用。

本文着重通过绿色债券与普通债券在利率、违约率等方面的债券收益机制上的对比，寻找区别。同时研究绿色债券独有的对于环境的保护作用，对于可持续发展的促进作用，研究其对债券本身收益的影响以及对投资者的激励作用。在此基础上，对于政府应该采取何种手段激励投资者认购绿色债券提出一些政策建议。

二　文献综述

在目前的研究中，绿色债券因为其新颖的形式以及对于环保领域的促进作用，得到了各类学者的关注，也成为研究的一大热点问题。目前对于绿色债券的研究主要集中在研究绿色债券有关的法律法规和行政监管方面以及其自身的性质特点上，同时还集中于对国外已经发展一段时间的绿色债券发展经验进行对比分析、借鉴及应用上。

在绿色债券本身的发展上，关于绿色债券的环境披露机制、第三方监管机制等与制度设计方面相关的问题是目前学界研究的热点。王遥、曹畅（2016）在分析国外第三方认证机构在评估标准、体系和方法上已经成熟的经验基础上，为我国本土第三方认证机构在相关方面的发展提出了建议。洪艳蓉（2016）从法律的层面分析了目前绿色债券在制度设计上的问题，主要包括绿色项目的分类与认证、专项资金管理和信息披露机制三方面，同时为绿色债券在目前中国现行的发展之路做出了规划。郑颖昊（2016）在我国目前经济转型时期的大背景下，对我国绿色债券在发展的配套政策支持、激励及约束机制、规范项目实施及第三方认证标准上依托国际发展经验、国际化标准进行了相关的设计研究以及相关衍生品的研究。关思齐（2017）则另辟蹊径，从发行人的角度展开对于绿色债券的研究，从目前发行人在我国绿色债券发行上缺乏界定标准、第三方认证体系上缺乏规范等目前我国绿色债券发展上遇到的问题开始研究，由此提出了我国绿色债券之后发展上的建议。

同时，绿色债券自身的融资性特点，以及其对于我国经济发展和环境保护的促进作用，也是不少人研究的重点。宋嘉嘉（2017）从绿色债券的市场和交易环节开始，抽丝剥茧地分析了绿色债券的发展全程，从国内、国外两个维度分析了绿色债券本身的投资性特点，从而在完善我国债券市场体系、建立更加高效的投资环境和投资模式等方面进行了方法建议，同时也对促进我国经济和环保发展提出了针对性的市场建议。李日强、王峰娟（2017）在国外绿色债券的发行经验基础上，分析了绿色债券发行发展的一般规律，同时也根据我国目前的发行实践，分析了我国在绿色债券发行方面的特点及存在的不足，为我国绿色债券的发行提出了有针对性的建议。

除此之外，也有很多人把研究的重点转向了已经发展到一定阶段的国外绿色债券市场上，希望总结国外绿色债券的发展经验及教训，对国内的绿色债券发展进行借鉴与建议。滕磊（2016）首先总结国外绿色债券市场发展的经验，同时分析国际上对于绿色债券在发行上的激励举措、信用评级、增级制度、信息披露机制的创新，为这些创新性的绿色债券方法在中国的实践与本土化进行了分析及应对。郭实、周林（2016）把研究的重点放在总结国外绿色债券的发展经验上，从发行机制、信息披露、第三方认证等方面全面地分析了国外的绿色债券市场发展过程，同时在这些经验的基础上，对我国绿色债券的发展做出了展望，也提出了相对应的发展建议。

这些围绕绿色债券各方面的研究，在研究的方式上多采取与国外发展经验的比较分析，同时根据中国自身独特的国情和经济发展情况对于绿色债券市场发展提出相关建议，对于绿色债券发展的研究比较全面，同时对未来的绿色债券发展规划也做出了合理的展望。但是对于绿色债券的回报机制问题，以及其与普通债券的对比研究上还存在不足，在绿色债券的认购需求上还没有形成全面合理的分析及结论。李珊珊（2017）通过实证的方法，在较低的波动性、较低的到期收益、较高的价格，这三个假设的基础上对于中国贴标绿色债券与普通债券进行了对比分析，寻找其中的显著差异，由此发现了绿色债券对于投资人的吸引力也许并不像原来研究中想象的那么明显。其利用实证数据发现了绿色债券在回报机制上存在的不足，并就此提出相关的建议分析。但是该研究的目光依然局限于传统债券的回报机制研究上，在绿色债券超越于传统债券的回报机制上没有投入过多的关注，并没有真正找出绿色债券独有的与普通债券不同的回报机制体系。在此基础上，本文的研究将主要着眼于绿色债券独有的回报机制体系，并由此探究其对于投资者的吸引力是否符合目前学界的想象。

三　方法与数据

3.1　回归模型的建立

本文所建立的回归模型主要研究债券回报机制的影响因素，根据前人的研究基础，选择久期（X_1）、净价（X_2）、剩余年限（X_3）作为研究债券收益率的解释变量，同时为了探究绿色债券与普通债券的区别，引入绿色债券虚拟变量（X_4）。各变量的详细介绍与解释如下。

到期收益率（Y）：在经济学理论中，债券的收益水平通常由实际到期收益率来衡量，而不是债券的名义收益率，所谓到期收益率就是指将债券持有到偿还期所获得的收益，包括到期的全部利息和偿还本金。该收益率是投资者以当前市场价格购买并且持有债券到约定期满时可以获得的年平均收益率。该收益率能够合理地反映一个债券的预期回报，并且由于目前绿色债券市场刚刚发展，缺乏足够的流动性，买卖差价在市场上带来的收益不明显，选择到期收益率作为代表债券回报机制的变量具有代表性。

久期（X_1）：久期是衡量债券利率风险的指标，久期的公式为 $D = (1 * PVx1 + \cdots n * PVxn) / PVx$，其中，PVxi 表示第 i 期现金流的现值，D 表示久期。总的来讲，久期就是支付债券各期现金流所需时间的加权平均值。

净价（X_2）：净价是用来衡量债券价格，进行债券交易的重要指标。其是指扣除按债券票面利率计算的应计利息后的债券价格，即扣除持有期限之外的应计利息的债券价格，是购买债券的重要成本因素。

剩余年限（X_3）：剩余年限是指债券距离最终还本付息的偿还日还有多少年限，以年为计量单位，计算公式为剩余年限 =（债券最终到期日 - 交割日）÷365，其能够反映一个债券从买入到变现的时间距离，能够衡量债券的时间成本，可以作为研究收益率的重要指标。

绿色债券虚拟变量（X_4）：除研究传统债券到期收益率的影响因素之外，引入新的虚拟变量用来代表绿色债券的独特属性，研究其是否与债券回报有显著影响，按是不是绿色债券建立虚拟变量，若是绿色债券，则 $X_4=1$，若不是绿色债券，则 $X_4=0$。

由上述解释变量与被解释变量、线性假设建立的回归模型如下。

$$Y = \beta_1 * X_1 + \beta_2 * X_2 + \beta_3 * X_3 + \beta_4 * X_4 + \delta$$

该模型主要总结了李珊珊（2017）针对绿色债券波动性、到期收益率及价格的三个研究模型，综合建立了一个主要探究债券回报的回归模型。同时与传统研究债券回报的回归模型相比，也引进了绿色债券虚拟变量来衡量绿色债券的独特属性。

3.2 样本的选取

众所周知，目前对于绿色债券的发行认定尚存在较多不明晰的地方，评判标准多样，为保证科学分析绿色债券性质，本文会选取发行债券名称中以明确标有绿色债券的债券来作为研究对象，并且目前的绿色债券发行数量较少，而三年期作为一个较为适中的中期年限，在市场上具有更高的认可度，因此选取三年期债券作为主要研究对象。同时具体选取变量标准参照李珊珊（2017）研究中的变量选取标准，以统一标准选取绿色债券与普通债券，具体选取标准如表 1 所示。

表 1　债券选取标准

发行时债项评级	AAA
发行时主体评级	AAA
债券期限（年）	3

续表

发行起始日期所在区间	2016 年 1 月 1 日到 2017 年 12 月 31 日
利率类型	固定利率
计息方式	单利
计息基准	ACT/ACT
息票品种	附息
每年付息次数	1
是否为次级债	否

通过如下标准在同花顺数据库中进行变量选取，依照市场的认知在同花顺数据库中的概念板块选择绿色债券，由此得到表 2 的变量列表，分别为 10 个绿色债券与 20 个普通债券。

表 2　债券列表

债券代码	债券名称
1702003. IB	17 国开绿债 03
170411xf11. IB	17 农发 11（增发 11）
101752018. IB	17 三峡 MTN001
1720015. IB	17 哈市银行绿色金融 01
1720016. IB	17 北京银行绿色金融 01
1720011. IB	17 南京银行绿色金融 01
1720066. IB	17 徽商银行绿色金融 01
1728019. IB	17 交通银行绿色金融债
1720085. IB	17 北京银行绿色金融债
1722019. IB	17 河北租赁绿色金融 02
1728001. IB	17 光大银行 01
112520. SZ	17 广发 01
143231. SH	17 海通 01
1728004. IB	17 民生银行 01
1728006. IB	17 中信银行债
1728010. IB	17 平安银行债
1728011. IB	17 光大银行 02
1720046. IB	17 江苏银行 01

续表

债券代码	债券名称
1728014. IB	17 华夏银行 01
143072. SH	17 北汽集
1620060. IB	16 南京银行 01
1620038. IB	16 徽商银行 01
1628003. IB	16 华夏银行 01
1620042. IB	16 盛京银行 01
1620003. IB	16 杭州银行债
1628017. IB	16 民生银行 01
1620015. IB	16 北京银行 01
136133. SH	16 国电 01
136177. SH	16 电气债
136198. SH	16 上药 01

四　实证研究

根据之前找到的 30 组样本，本文将利用线性回归模型对其展开分析。表 3 为对于 30 组样本的总体描述性分析。

表 3　样本描述

变量	样本量	均值	标准差	最小值	最大值
Y 到期收益率	30	4. 7986	0. 4713	4. 1118	6. 1181
X_1 修正久期	30	1. 6292	0. 5494	0. 6134	2. 3322
X_2 净价	30	98. 981	0. 9192	96. 6439	100. 3347
X_3 剩余年限	30	1. 7738	0. 6256	0. 6411	2. 5836

Y 代表债券的到期收益率，X_1 代表修正久期，X_2 代表净价，X_3 代表剩余年限，同时还有一个虚拟变量 X_4 来衡量债券是否为绿色债券，因为其是虚拟变量，所以不进行描述性统计分析。由表 3 可知，变量的分布较为均匀，能够合理反映总体的情况。

根据以上信息进行回归，可以得到如表 4 所示的结果。

表 4 回归模型结果

Variable	Coefficient	Std. Error	t - Statistic	Prob.
C	53.95489	7.80035	6.916982	0.0000
X_1	-6.406655	1.809287	-3.540983	0.0000
X_2	-0.496069	0.079147	-6.267654	0.0000
X_3	5.801614	1.607335	3.609463	0.0013
X_4	0.275399	0.149695	1.839733	0.0777
R - squared	0.627264	F - statistic	10.51788	
Adjusted R - squared	0.567626	Prob (F - statistic)	0.000039	
Durbin - Watson stat	1.858393			

可以得到回归方程为：

$$Y = 53.95489 - 6.406655X_1 - 0.496069X_2 + 5.801614X_3 + 0.275399X_4$$

$R^2 = 0.627264$，调整后的 R^2 为 0.567626，拟合优度较好，同时方程的 F 检验中的 P 值很小，可以看出方程的显著性明显。在 X_1、X_2、X_3、X_4 四个解释变量的 t 检验中，可以看出 P 值均小于 0.1，可见在 10% 的置信度水平下，四个解释变量的作用都是显著的。同时前三个解释变量的参数值也符合其本身的经济意义。X_1 代表修正久期，表示债券回报回收的时间价值，其值越大，代表债券回收的周期越长，到期收益率越低；X_2 代表债券的净价，净价即为购买债券时所需要付出的成本，购买时花费的成本越高，在固定利率的约束下，债券的到期收益率就会越低；X_3 代表的是债券的剩余年限，债券的剩余年限越长，意味着债券产生利息的天数越多，获得的利息也会越多，因此到期收益率上升。由此可见该回归方程的解释效果较为明显，同时解释变量与被解释变量之间的关系也符合经济理论。在此基础上，便可以进一步分析新引入的虚拟变量 X_4 在方程之中所起到的作用。

X_4 是一个虚拟变量，代表债券本身是否为绿色债券，主要用来研究绿色债券对于债券到期收益率的影响。回归方程中，X_4 的参数值为正，并且其 t 检验的 P 值虽然偏大，较其他解释变量来讲不太显著，但是也可以看出其对债券的到期收益率也是有一定的影响作用的。同时由回归方程可以得到其正相关的解释作用，即其本身绿色债券的性质，会使得债券的到期收益率上升。由此可以看出，绿色债券的到期收益率普遍要高于普通债券。这一结论与目前日常生活中人们普遍认为的绿色债券应该是那种收益率比较低一点，但是能够通过其他方面的社会效益来弥补经济收益的直观印象相左。

通过观察回归方程中的 D－W 值，可以发现回归方程中存在较强的序列相关性，由此，本文需要对回归方程进行序列相关性的进一步检验，并通过检验结果进行相关的优化处理。

表 5 分别进行了 1～4 阶的序列相关性的检验，可以发现，回归方程中存在较强的序列相关性，由此可能导致对于解释变量显著性检验的失效。这有可能引发本文之前得出的回归结果中关于解释变量的分析错误，因此需要对于回归方程中存在的序列相关性进行克服与修正。利用广义差分法修正过后的回归模型结果如表 6 所示。

表 5　序列相关性检验结果

一阶拉格朗日乘数检验结果			
Obs * R－squared	0.052414	Prob. Chi－Square（1）	0.8189
二阶拉格朗日乘数检验结果			
Obs * R－squared	2.671054	Prob. Chi－Square（2）	0.2630
三阶拉格朗日乘数检验结果			
Obs * R－squared	2.671391	Prob. Chi－Square（3）	0.4451
四阶拉格朗日乘数检验结果			
Obs * R－squared	4.928915	Prob. Chi－Square（4）	0.2947

表 6　广义差分法修正下的回归结果

Variable	Coefficient	Std. Error	t－Statistic	Prob.
C	61.99689	9.986142	6.208293	0.0000
X_1	－8.879677	2.25557	－3.936777	0.0008
X_2	－0.577552	0.101746	－5.676398	0.0000
X_3	8.095258	2.004553	4.038436	0.0006
X_4	0.276703	0.072691	3.806584	0.0011
AR（1）	－0.296779	0.350314	－0.847181	0.4069
AR（2）	－0.533088	0.260833	－2.043789	0.0544
AR（3）	－0.413019	0.344704	－1.198185	0.2449

续表

Variable	Coefficient	Std. Error	t - Statistic	Prob.
AR (4)	-0.480608	0.315922	-1.521286	0.1438
SIGMASQ	0.054781	0.021085	2.59806	0.0172
R - squared	0.744912	F - statistic	6.489358	
Adjusted R - squared	0.630122	Prob (F - statistic)	0.000254	
Durbin - Watson stat	2.016191			

在引入四阶迭代的广义差分法修正回归方程存在的序列相关问题后，可以发现回归方程的解释效果得到了非常好的修正，拟合优度大大提高，并且方程和各解释变量的显著性检验中 P 值也变得更小，可以看出整个方程和各个解释变量在 1% 的置信度水平下都是显著的。同时在查表后，可以发现此时的 D - W 值已经处于无自相关的区间之内，回归方程的序列相关情况大大缓解。

同时根据以上的回归结果，也可以发现本文之前得出的有关绿色债券性质与债券的到期收益率之间的关系并没有错误。可见，虽然人们的主观认识会感觉绿色债券会存在更多的社会收益来吸引投资者购买，但是在市场面前，只有货真价实的到期收益率才能够吸引足够的投资者。绿色债券所投资的项目本身并不仅仅具有简单的环境效益，为了将这些环境效益变得更加吸引人，也需要政府和相关金融机构的努力。绿色债券本身更高标准的审批、监管机制使得能够发行绿色债券的项目都具有较高的回报以及足够的信用评级来支撑绿色债券的发行。市场上的投资者对于绿色债券的认识可能更多的是其项目背后代表的高回报率、高信用评级以及低违约压力，而非民众心中的绿色效益的认识，由此使得绿色债券的到期收益率较普通债券会偏高。

五 结论及建议

5.1 结论及分析

本文在收集目前国内绿色债券发行情况的基础上，总结并验证了影响债券到期收益率的理论模型，同时根据实证研究的结果，发现绿色债券的债券本身性质对于债券到期收益率的影响。可以看出，绿色债券对于到期收益率有显著的正向影响，这与传统意义上民众对于绿色债券本身收益的认知存在较大的差异。绿色债券为了保证自身的集资效果，会依靠较高的到期收益率来吸引广大投资者，虽然不是传统意义上民众认知中的更多地依靠认购绿色债券的投资者自身的社会责任感，但是也符合经济学原理。

由此，通过这种研究，可以发现过多地强调投资者的社会责任感是很难保证绿色债券的融资效果的，不能因为绿色债券融资的项目本身所具有的环保属性就简单地认为投资者会对这部分责任埋单，影响投资者投资的最主要因素还是债券本身所带来的到期收益率，这种债券能够带来实实在在的回报。而国内目前绿色债券投资火爆的情形，也有很大程度是因为绿色债券的到期回报率与普通债券相比存在优势。这种优势带动了绿色债券的火热，也使得绿色债券融资支持的项目能够顺利进展，为我国的环保事业发展做出更大的贡献。

绿色债券刚刚进入我国不久，而这个概念在国际上已经风靡了一段时间。目前国际上对于绿色债券的激励措施也都有一定的深入研究，而国内的研究才刚刚起步，更多的研究重点投放在了绿色债券本身的项目绿色性认证以及融资效果等方面。而对于投资者的激励举措，由于对于绿色债券本身的界定还不明晰，只是简单地通过绿色债券本身的收益率等来吸引投资者，而如果不采取一些激励措施的话，绿色债券的融资成本会因为其本身的到期收益率较高，成本高于普通债券，从而造成经济上的效率损失。

而国外在绿色债券发展上的经验，更多的是把激励的重点放在金融机构上，通过鼓励金融机构承担更多的社会责任，来降低绿色债券的融资成本，同时提高到期收益率，从而保障投资者的投资热情。政府可以通过对金融机构发行绿色债券做出一些政府补贴、税负减免等，通过这些优惠政策来减少绿色债券的融资成本，从而将更多的投资收益返还给投资者，由此保证绿色债券能够为项目提供足够低的融资成本，同时保证融资的规模。

5.2 政策建议

摆在当前绿色债券发展面前的一道难题就是对于绿色债券项目的认定问题，只有一个明确的认证标准才能让各项政策有针对性地对绿色债券发力，因此政府首先要倡导证监会等监管机构完善对于绿色债券项目的认证制度，同时也要积极引导第三方机构进入绿色债券鉴定服务，出台统一的国家标准。

而在拥有了认证标准之后，对于绿色债券本身也需要一定的激励举措来保证绿色债券的实施效果。除了在借鉴国外经验的基础上，对于各大发行绿色债券的金融机构进行政策支持之外，也需要有针对性地对于投资者进行激励，比如在债券交易的手续费、税费等方面进行一定的税率减免，同时也可以在债券交易方面进行一些手续简化等优惠政策，通过这些来鼓励投资者进行绿色债券的投资。

第二部分
产业

我国能源消费弹性系数和能源消费结构的实证研究

一　背景介绍

近年来，我国经济发展迅速，中华人民共和国国家统计局（2016）的数据表明，我国 GDP 从 2007 年的 270232.3 亿元上升至 2016 年的 742585.5 亿元，平均每年增长 11.98%。但与此同时，能源消费总量也逐年提高，由 2007 年的 311442.00 万吨标准煤上升至 2016 年的 436000.00 万吨标准煤。2011 年达到了 7.32% 的能源消费总量增长率。其中以煤炭、石油和天然气为主的化石能源仍然是我国的主要能源。《BP 世界能源统计年鉴》（2017）的数据表明，我国（包括港台地区）2016 年石油消费量占世界总计石油消费量的 14.3%，同年美国的比例是 20.3%；2016 年天然气消费量占世界总计天然气消费量的 6.5%，同年美国的比例为 22%；2016 年我国煤炭消费量占世界总计煤炭消费量的 51.8%，同年美国的比例为 9.6%。而众所周知，这三者中煤炭和石油对环境的污染影响是比较大的。我国近年来大量使用化石能源给生态环境带来了严重后果。谢梓翰（2017）的研究发现，我国全年 PM2.5 平均值是世界卫生组织标准的 4 倍，空气质量不容乐观。2015 年全年二氧化碳排放占全球二氧化碳排放总量的 27.32%，温室效应严重。出现酸雨的城市占城市总数的 40.24%，酸雨发生频率显著上升。因此，我国能源消费结构转型升级刻不容缓，而能源消费结构转型则离不开产业结构的转型升级。

郝宇等的研究发现，"《"十三五"及 2030 年能源经济展望》报告对新形势下的中国能源经济发展特征和趋势，提出了能源'新常态'的概念，在能源'新常态'的背景下，'十三五'期间中国煤炭消费量有可能达到峰值，石油需求占比下降，对外依存度基本稳定"（郝宇等，2016：3）。

报告中还提出了相关的政策建议，大致可以提炼为以下几点：首先提出能源消费长期计划，按照先煤炭后非化石能源的顺序调整能源消费比重。其次，降低能耗要加速产业升级，优化产业结构。再次，制订计划要结合实际情况，因地制宜。最后，加强财政支持和技术支持。

本文的研究内容可以概括为以下几个方面。首先，计算出近10年的能源消费量增长率以及GDP增长率，计算近10年能源消费弹性系数以进行逐年比较。其次，总结我国的能源消费结构，并探究能源消费结构的变化，并与其他国家相对比。最后，探究我国三次产业的能源消费量和能源消费结构，并延伸到各次产业能耗较大的行业。本文的目的在于通过指标的计算和分析探究如何才能使我国能源结构和能源消费更加合理健康，并如何通过改变产业结构改变能源消费结构。

我国目前环境问题非常严重，酸雨、PM2.5一类的污染现象在大多城市都存在。治理污染固然重要，但引起这些环境污染的过度碳排放、大量使用矿石能源的问题才是根源所在。改善和优化产业结构有助于经济和环境的共同发展，因此，积极思考和探讨怎样优化能源结构和产业结构是非常有意义的。

二 文献综述

我国能源储量相对充足，但能源消费总量也在不断增长。谢梓翰（2017）的研究发现，我国能源消费结构有“富煤贫油少气”的特点，煤炭消费占比在70%左右，远高于世界平均水平，造成污染较为严重。与此同时，虽然再生能源如风能、水电和天然气的消费比重有所上升，但总体比重相比煤炭、石油仍然较小。这说明我国目前的能源消费结构有待改进，应该减少煤炭的使用，提高天然气、可再生能源的使用。同时根据赵培培（2017）的研究可以得知，虽然我国目前产业结构在不断优化，但是高耗能行业占比高，同时居民用能也在不断增长，整体产业结果还有改进空间。本文所使用的指标为能源消费弹性系数即能源消费量增长率与GDP增长率的比值。根据苏璟等（2008）的研究，若能源消费弹性系数数值小于1，则说明本年度单位GDP能耗较上年较低。若大于1，则说明本年度单位GDP能耗较上一年高。

从研究方式来说，为了研究能源消费结构和经济增长之间的关系，孙大岩（2017）采用科布道格拉斯生产函数拟合得到模型，再进行实证研究，主要包括单位根检验、协整检验、误差修正模型。刘卫东等（2016）使用定基能源消费弹性系数作为指标，通过选定基期同时折算 GDP 实际增速和能源消费增速，两者相除后得到指标具体数值，然后再进行单位根检验、格兰杰因果检验和协整分析，发现影响能源消费弹性系数的因素有产业结构、能源结构、能源价格、技术进步和城镇化水平。而吴海瑾（2006）则将产业结构作为能源消费弹性系数上升的主要因素进行详细论证，认为第一、二产业发展拉动经济增长和第三产业相对滞缓是系数上升的主要动力，工业重型化发展趋势是动因，生活、交通、建筑等能源新增长是加速器。

刘卫东等人所提到的城镇化水平可以解释为城镇人口增加，带来的生活、交通、建筑等方面的能源消费。因此，关于影响能源消费弹性系数的因素主要是在技术水平、能源价格方面产生了观点分歧。本文认为，二者同样可以被列为因素之一，但需要区分直接影响因素与间接影响因素。比如产业结构、能源结构可以被列为直接影响因素，而能源价格通过影响能源需求改变能源消费结构，从而影响弹性系数的因素则可以被列为间接影响因素。同样，技术进步促进劳动生产率的提高，从而降低产品能耗、能源消费量，改变能源需求量，对能源消费结构和能源价格产生影响，使能源消费弹性系数降低。间接影响因素主要通过影响直接影响因素改变能源消费弹性系数，应该在分类时加以区分。

本文主要探究产业结构与能源消费弹性系数。不同产业对能源消费的需求是不同的，对经济增长的刺激程度也不同。根据刘卫东等（2016）的研究，从轻工业向以重工业为中心的转变阶段，其能源消费增长速度大于经济增长速度，因此能源消费弹性系数增大；越是以服务业为中心，能源消费弹性系数就越低。孙大岩（2017）的研究也同样认同这一观点，但是他认为当第一产业比重较大，其能源消费弹性系数数值会具体到小于 1；以第二产业为主导时，其能源消费弹性系数大于 1，第三产业的发展使系数逐渐减缓至 1 以下。孙大岩的结论是通过比较过去的数据、总结规律得到的，缺乏实际的计算和验证，缺乏一定的说服力。

根据上文可以发现，我国的能源消费结构与产业结构都可以通过调整得到优化。首先，在改善能源消费结构方面，根据孙大岩（2017）的研究，要大力发展科技创新，促进技术进步，推动重点人才工程建设。其次，赵培培（2017）提到，最重要的是鼓励使用清洁能源，如水电、风电、光热发电、地热能、生物质能、潮汐能等，减少化学能源使用，最终控制化学能源消费总量。再次，政府应完善政绩考核内容，建立节能降耗长效机制。鼓励低能耗、高附加值企业发展。最后，为了降低生活、交通的能源损耗，鼓励低碳生活、绿色交通等理念也是十分重要的。从产业层面看，顾海兵、张帅（2017）的研究提出提高第三产业比重是非常重要的，此外，要调整第二产业内部结构，需要通过降低能耗、能源强度大的行业来减少生产能源消费。

三 方法与数据

3.1 方法

本文所采用的指标为能源消费弹性系数，其计算公式如下：

能源消费弹性系数 = 能源消费量增长率/GDP 增长率。

该式反映能源消费增长速度与国民经济增长速度之间的比例关系。

本文主要探究的是能源消费结构和产业结构之间的关系，能源弹性消费系数是不脱离经济生产的情况下衡量能源使用情况的重要指标，相对客观，且适用于本文讨论的目的。对于产业结构的探究则需要在指标计算公式的基础上对分子“能源消费量增长率”做出创新和改变。本文通过文献调查，发现大多文献都主要探究为什么产业结构和能源消费结构能够影响能源消费弹性系数以及怎样实现产业结构转型升级。而本文的研究方式提出将能源消费量增长率按照产业区分为第一产业、第二产业以及第三产业能源消费增长率，通过对比来探究产业结构的科学性和改进方向。

此外，为了更好地分析我国现在的能源消费结构的不足，我们还应针对不同能源的使用情况做出具体区分，由于不同能源使用效率和污染情况差异较大，可以再一次区分为煤炭、石油、天然气的能源消费情况，将能源消费结构与其他国家进行对比。另外，本文还将计算结果与三次产业的煤炭、石油、天然气使用情况相结合，得到第一、二、三产业的能源消费结构，有利于从经济角度以及环境角度对产业结构的升级提出建议。

3.2 数据

首先，将计算能源消费弹性系数需要的外生变量作为能源消费量和

GDP。对于能源消费总量，本文从中华人民共和国国家统计局选取 2007～2016 年的数据。关于 GDP 选择了实际 GDP 而不是名义 GDP。将由此计算出的能源消费量增长率和 GDP 增长率作为内生变量。三大产业的能源消费总量均来自国家统计局“分行业能源消费总量”一栏。第一产业指农业、林业、畜牧业、渔业和农林牧渔服务业。第二产业指采矿业，制造业，电力、煤气及水的生产和供应业，建筑业的加总。第三产业指除第一、二产业以外的其他行业，主要包括交通运输、仓储邮政、批发零售、住宿餐饮业和其他。三大产业能源消费结构通过计算可得。

其次，中国以及其他国家的煤炭、石油、天然气能源消费总量情况主要从 2017 年《BP 世界能源统计年鉴》中获得。

本文主要的数据是中华人民共和国国家统计局统计数据以及《BP 世界能源统计年鉴》。前者是国务院直属机构，主要职责是公布一些概念性的标准制度，比如国民经济行业分类和生产统计指标数据。BP 是一家位于伦敦的石油天然气企业，为世界各地的客户提供光热能源和运输燃料。《BP 世界能源统计年鉴》是 BP 每一年都会发布的出版物和报告之一，中国网站的统计年鉴分为新闻稿、新闻稿中文版和中国专题三个部分。该公司发布的其他出版物和报告还有《BP 世界能源展望》。数据详细清晰，以客观的口吻描述世界能源生产和消费的情况。

各产业煤炭、石油、天然气使用单位分别是万吨、万吨和亿立方米，而能源总消费量的单位是万吨标准煤，因此需要进行单位换算。可知：吨标准煤 = 各能源消耗量 × 折标系数。煤炭、石油、天然气的折标系数分别为 0.7143、1.4286、13.3。

四　实证结果

4.1　如何调整能源消费弹性系数

本文总结了 2007～2016 年这 10 年的实际 GDP 与能源消费总量数据，以每年的数据与次年之差除以每年数据可得 2008～2016 年实际 GDP 增长率以及能源消费增长率，并根据公式：能源消费弹性系数 = 能源消费量增长率/GDP 增长率，计算出 2008～2016 年能源消费弹性系数如表 1 所示。

表 1　2007～2016 年中国能源消费弹性系数

年份	实际 GDP（亿元）	实际 GDP 增长率	能源消费总量（万吨标准煤）	能源消费总量增长率（%）	能源消费弹性系数
2007	241195.8		311442		
2008	264472.8	9.60%	320611	2.94	0.31
2009	289329.9	9.40%	336126	4.84	0.51
2010	320102.6/413030.3	10.64%	360648	7.30	0.69
2011	452429.9	9.54%	387043	7.32	0.77
2012	487976.2	7.86%	402138	3.90	0.5
2013	525835.4	7.76%	416913.11	3.67	0.47
2014	564294.4	7.31%	425806	2.13	0.29
2015	603124.9/689052.1	6.88%	429905.1	0.96	0.14
2016	735149	6.69%	436000	1.42	0.21

资料来源：中华人民共和国国家统计局。

从表 1 中可以看出，实际 GDP 逐年增长，全距为 493953.2 亿元。而实际 GDP 增长率在 2010 年达到顶峰后有所回落，保持相对平稳的下降趋势。随着经济的增长，我国每年消耗能源总量逐年上升，能源消费总量增长率在 2011 年达到顶峰后迅速下跌。能源消费弹性系数波动较大，2008～2011 年逐年上升，2011～2015 年逐年下降，2016 年有所回升但是幅度不大，整体呈下降趋势。另外，我国近 10 年的能源消费弹性系数一直保持小于 1 的数值，这说明本年单位 GDP 能耗较上一年降低。

由图 1 可推测，由于实际 GDP 增长率在一段时间内非常平稳，其变化幅度非常微小，所以能源消费弹性系数变化趋势与能源消费总量增长率保持一致。为了证明这一点，本文使用散点图计算能源消费弹性系数与能源消费总量增长率的线性相关性。

根据计算可得二者决定系数 $R^2=0.9634$，这意味着因变量能源消费弹性系数的变异有 96.34% 是由自变量能源消费总量增长率决定的。同时，实际 GDP 与能源消费弹性系数之间的相关性也可以同理计算出，即 $R^2=0.5703$，较能源消费弹性系数与能源消费总量增长率之间的决定系数低。因此，本文认为，相对实际 GDP 增长率而言，能源消费总量增长率对能源消费弹性系数的影响更大，我国目前想要改变能源消费弹性系数从改变能源消费总量增长率入手更为有效。

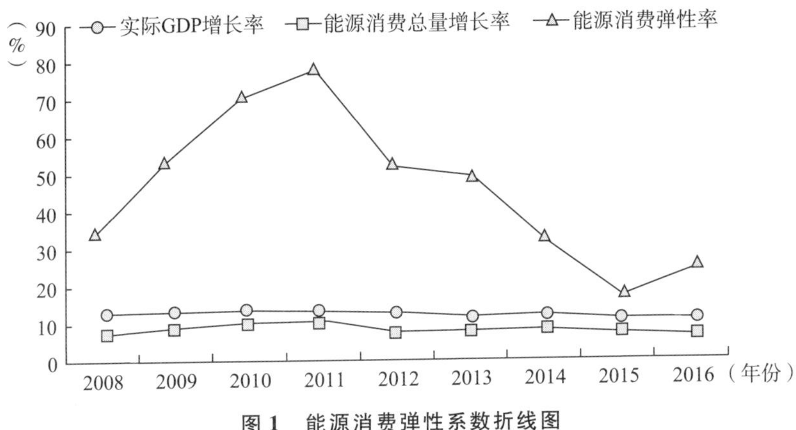

图 1　能源消费弹性系数折线图

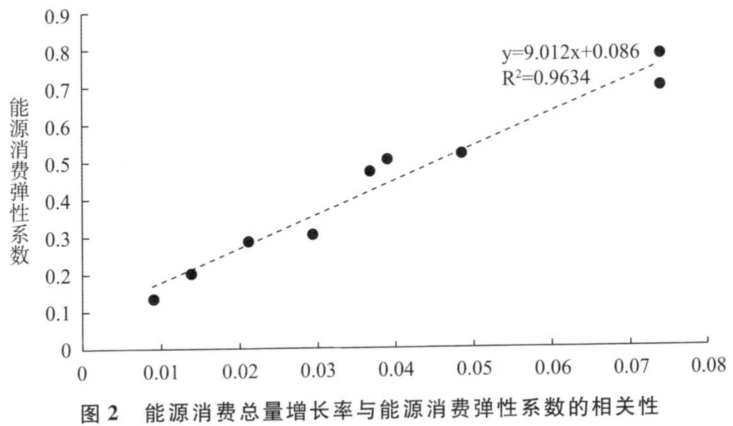

图 2　能源消费总量增长率与能源消费弹性系数的相关性

4.2　如何调整能源消费结构

根据国家统计局 2007～2016 年数据，我国能源消费主要是煤炭、石油和天然气的消费，三者共同占据我国能源消费总量的 90% 以上。根据表 2，计算出三种能源消费量占总消费量的比例，可得出我国能源消费结构如图 3 所示。

表 2　2007～2016 年中国能源消费量

年份	能源消费总量（万吨标准煤）	煤炭消费总量（万吨标准煤）	石油消费总量（万吨标准煤）	天然气消费总量（万吨标准煤）
2007	311442	225795.45	52945.14	9343.26

续表

年份	能源消费总量（万吨标准煤）	煤炭消费总量（万吨标准煤）	石油消费总量（万吨标准煤）	天然气消费总量（万吨标准煤）
2008	320611	229236. 87	53542. 04	10900. 77
2009	336126	240666. 22	55124. 66	11764. 41
2010	360648	249568. 42	62753. 75	14425. 92
2011	387043	271704. 19	65023. 22	17803. 98
2012	402138	275464. 53	68363. 46	19302. 62
2013	416913. 11	280999. 36	71292. 12	22096. 39
2014	425806	279328. 74	74090. 24	24270. 94
2015	429905. 1	273849. 49	78672. 62	25364. 4
2016	436000	270320	79788	27904

资料来源：中华人民共和国国家统计局。

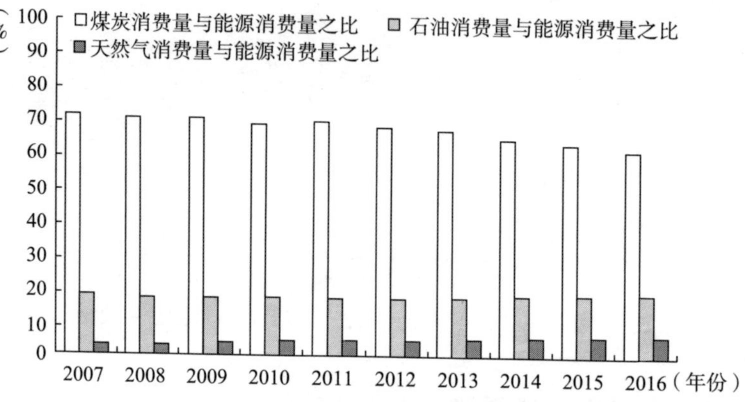

图 3　2007～2016 年我国能源消费结构

总体而言，我国长期以来一直以煤炭消费为主，其占比超过 60%。但其消费占比呈下降趋势，由 2007 年的 72. 5% 下降至 2016 年的 62%，全距为 12. 5%。消费量排在第二位的是石油消费，平均占比 17. 24%，远远小于煤炭消费量，但是石油总体消费量呈上升趋势，全距仅为 1. 9%，上升幅度较低。天然气消费占比最小，平均为 4. 66%，总体呈上升趋势，全距为 3. 4%。众所周知，煤炭、石油和天然气一类的化石燃料燃烧会产生大量温室气体和有毒物质，对环境破坏严重。从污染程度看，煤炭最为严重，石油次之，天然气相对污染较轻。总体而言，我国以煤炭为主导的能源消费结构是有待改进的。

为了进一步探究我国能源消费结构的合理性，本章从《BP 世界能源统计年鉴》查找了其他 5 个国家的能源消费数据。以 2012、2014、2016 年为例，如图 4、图 5、图 6 所示。

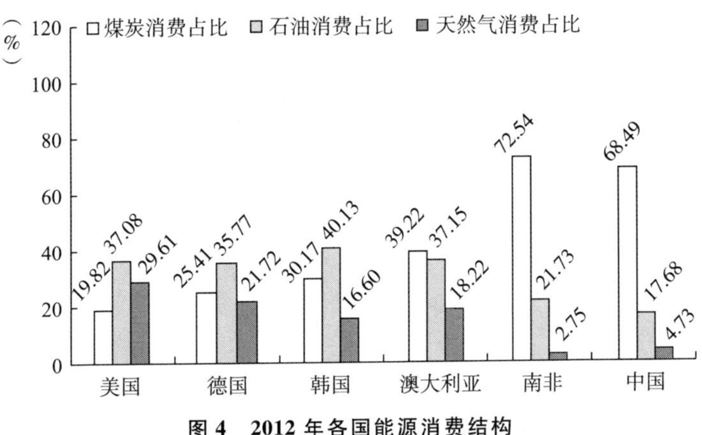

图 4　2012 年各国能源消费结构

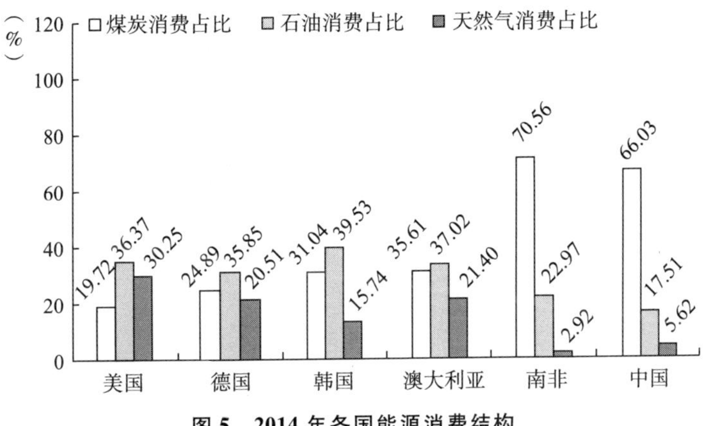

图 5　2014 年各国能源消费结构

本文从美洲、澳洲、欧洲、亚洲、非洲分别选取不同国家，包括发展中国家以及发达国家。从数据中可以看出，不同国家的能源消费结构是有很大不同的。2012 年德国、韩国均以石油消费为主，煤炭消费其次，天然气使用较少但占比远远高于南非与中国。2012 年南非和中国的能源消费结构类似，以煤炭消费为主，其占比是石油、天然气消费总和的 3 倍有余。美国的能源消费结构是很特殊的，是 6 个国家里唯一一个天然气消费超过煤炭消费的国家。天然气较煤炭、石油更为清洁，二氧化硫和粉尘排放较少，对环境较为友好。因此，减少煤炭消费，提升石油、天然气消费，改

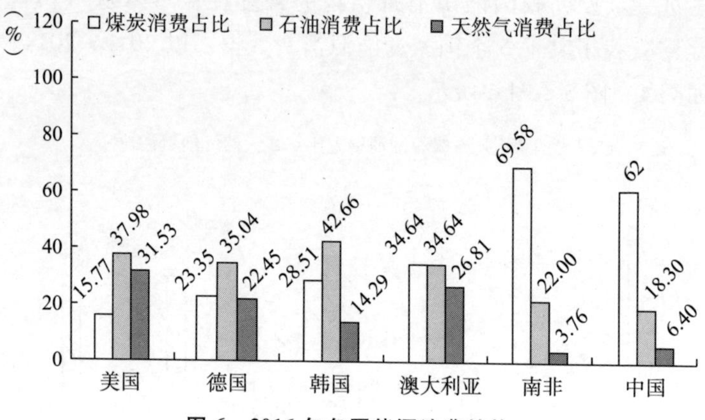

图6　2016年各国能源消费结构

善能源消费结构十分重要。

2014年，各国石油消费占比变动不大，煤炭消费除韩国小幅上升外其余5国均有所下降，其中，澳大利亚、南非、中国煤炭消费占比下降较为明显，可见三国在改善能源消费结构方面空间大且效果显著。天然气消费占比在美国、澳大利亚、南非、中国有所上升，但美国、南非及中国的上升幅度较小，不到1%。2012～2014年天然气消费占比增长量的6国平均值仅为0.47%，可见，要提升天然气消费占比是很困难的。

2016年，6个国家全部缩减了煤炭消费占比，除韩国以外的其余5国天然气消费占比均有提升。美国、韩国、中国加大了石油消费占比，德国、南非、澳大利亚减少了石油消费占比。

将各国2016年数据中煤炭、石油和天然气占比写成x∶y∶z的形式，再统一变化成$\frac{x}{z}$∶$\frac{y}{z}$，可以更清晰地比较$\frac{x}{z}$、$\frac{y}{z}$和1的大小从而推测能源消费结构的三种不同模型。

表3　各国三种能源消费比例

国家	煤炭∶石油∶天然气
美国	0.5∶1.20∶1
德国	1.04∶1.56∶1
韩国	2.00∶2.99∶1
澳大利亚	1.29∶1.29∶1

续表

国家	煤炭:石油:天然气
中国	9.69:2.86:1
南非	18.5:5.85:1

表 4　能源消费结构的三种类型

国家	煤炭	石油	天然气
美国	低	高	中
德国、澳大利亚、韩国	中	高	低
中国、南非	高	中	低

由此，本文将能源消费结构分为三个阶段，第一阶段以中国和南非为例，煤炭消费为主，石油其次，天然气最少。第二阶段以德国、澳大利亚、韩国为例，石油、煤炭、天然气依次减少。第三阶段以美国为例，石油为主，天然气其次，煤炭再次。

从能源消费变化来看，中国、南非以及美国的变化趋势更相似，都是煤炭消费减少，天然气消费增加，石油消费保持稳定。德国和澳大利亚的变化趋势类似，煤炭和石油消费减少，天然气消费增加。中国在短期内要想改善能源消费结构可以借鉴德国以及澳大利亚的变化趋势，向第二阶段转变，因此应尽可能降低煤炭的消费量占比，提高石油和天然气消费量占比。但是由于前文已经阐述过，短期内提高天然气消费占比是很困难的，所以降低的煤炭消费主要由提升的石油消费来弥补，天然气消费占比无法在短期内快速提升。长期来看可以参考美国的变化趋势，也就是达到第二阶段后为向第三阶段转变，应进一步降低煤炭消费占比，维持相对稳定的石油消费占比，并且继续提升天然气消费占比。

4.3　通过调整产业结构改善能源消费结构

要想探究如何降低煤炭使用占比，提升石油及天然气占比，就要先了解不同产业中这三类资源的使用情况。本文三次产业划分遵循了国家统计局的规定：第一产业为农业、林业、畜牧业、渔业和农林牧渔服务业。第二产业是指采矿业，制造业，电力、燃气及水的生产和供应业，建筑业，主要采集工业以及建筑业两栏数据。第三产业是指除第一、二产业以外的其他行业，主要采集交通运输、仓储邮政、批发零售、住宿餐饮以及其他这四栏数据。

表 5　2012～2015 年三次产业能源消费结构

单位：%

		2012	2013	2014	2015
第一产业	煤炭消费占比	18.59	21.73	22.76	22.78
	石油消费占比	—	—	—	—
	天然气消费占比	0.13	0.11	0.57	0.15
	产业总体消费占比	2.11	2.17	2.14	2.17
第二产业	煤炭消费占比	92.93	96.78	92.21	89.66
	石油消费占比	25.72	23.24	24.27	25.74
	天然气消费占比	4.88	5.05	5.37	5.48
	产业总体消费占比	80.30	80.28	80.09	78.98
第三产业	煤炭消费占比	6.63	9.55	8.89	8.49
	石油消费占比	0.30	0.33	0.10	0.07
	天然气消费占比	5.31	5.12	5.98	6.21
	产业总体消费占比	17.59	17.55	17.77	18.85

资料来源：中华人民共和国国家统计局。

第一产业石油消费在统计局中数据即为空白，本文理解为数据缺失。总体上第一产业能源消费量少，对整体结构影响不大。

第二产业能源消费总量自 2012 年至 2015 年一直占据 80% 左右的能源消费总量，是能源消费的主体。虽然第二产业能源消费占比逐年降低，但比例变化不明显。因此，适当降低第二产业份额是合理的。第一产业能源使用量最少，且占总消费量比例不稳定。对整体能源消费和能源结构影响不大。第三产业能源使用量占总消费量的比例呈上升趋势，且第三产业天然气的使用比例最高，可以进一步扩大天然气的使用比例，通过提高石油消费占比来降低煤炭消费比例。

不难看出，要改变能源消费结构，从第二产业与第三产业入手更加快速有效。第二产业 4 年来一直以煤炭消费为主，煤炭使用比例非常高，在 90% 左右。我国煤炭消费大部分是第二产业的消费结果。降低第二产业煤炭消费占比迫在眉睫。根据图 7 和图 8 可以发现，我国煤炭消费增长率变为负数表示我国第二产业的煤炭消费量正在逐步减少，取而代之的是石油以及天然气消费量的上升，这与上文提到的向第二阶段转变方式相契合。第三产业的能源消费结构在2014年出现改善，煤炭、石油消费增长率大幅下降，天然气的消费增长率大幅提升，而煤炭基本不变，石油消费继续减少，天然气使用比例继续上升。虽然到2015年我国第三产业仍然以煤炭消费为主，但天然气使用比例已经有显著上升。

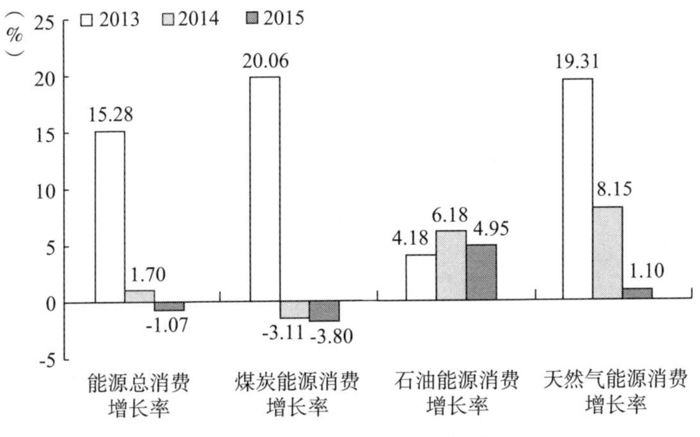

图7　第二产业能源消费增长率

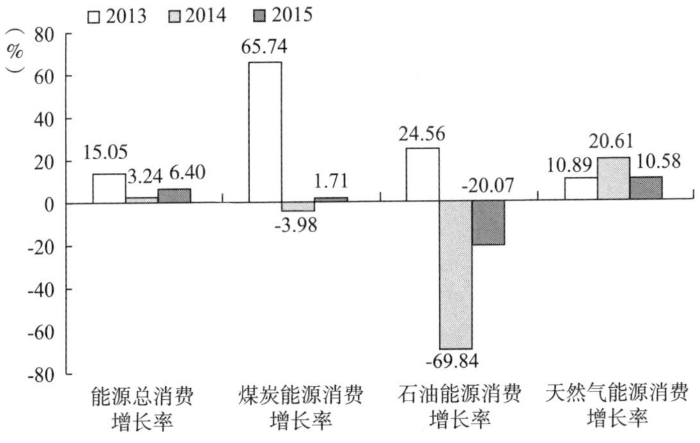

图8　第三产业能源消费增长率

为了更进一步说明如何调整煤炭使用量，本文调查了分行业能源消费量。第二产业煤炭消费主要由制造业和电力、煤气以及水生产和供应业完成。第三产业煤炭消费主要由批发零售业、住宿餐饮业完成（见表6）。因此，从这三个行业入手降低煤炭消费量最为理想。

总的来说，在短期内要进入第二阶段就要大幅度降低煤炭消费占能源总消费量的比例，提升石油消费占比和天然气消费占比。首先，我国应减少第二产业煤炭的消费比例，以制造业和电力煤气等供应业为首要对象；其次，要提高采掘业、电力煤气及水生产和供应业的石油消费比例；最后，应整体提升第二产业及第三产业的天然气消费比例。

表 6　分行业各能源消费量

单位：万吨

产业	行业	煤炭消费量	石油消费量	天然气消费量
第二产业	采掘业	30220.73	1024.18	163.15
	制造业	179475.65	53027.99	718.63
	电力、煤气以及水生产和供应业	165953.58	0.27	352.7
	建筑业	878.07	—	2.16
第三产业	交通运输、仓储邮政	491.6	35.85	237.62
	批发零售业、住宿餐饮业	3863.65	—	51.29

资料来源：中华人民共和国国家统计局。

五　结论与建议

5.1　总结

本文探讨了我国的能源消费弹性系数，得出相比实际经济增长，我国先从改变能源消费量和能源消费结构入手更为有效的结论。以此为目的，本文研究如何改变能源消费结构，结合其他国家数据得到三种能源消费结构模式，为我国短期和长期的能源结构发展提出建议。本文认为通过产业结构调整可以有效优化我国能源消费结构，以第二产业和第三产业为主要目标，并细化到各产业中能源消费较多的行业。最后，本文针对讨论的问题和结论提出了我国短期内能源结构和产业结构优化升级的建议以及具体措施。

能源的消费问题涉及方方面面，对经济和环境的发展都是至关重要的。不当的能源消费可以导致重大损失，但合理的、有规划的能源消费可以促使国家健康、可持续发展。因此，探讨能源的学科是值得人们学习和实践的，也是必须学习和实践的重要领域。

5.2 建议

本文在实证结果中提到，我国现在仍然处于能源消费的第一阶段，即以煤炭消费为主，石油和天然气消费占比低。因此，首要做法是提高石油和天然气消费占比，降低煤炭消费，向能源消费的第二阶段转变。这样的转变主要依靠我国产业结构的调整，而且围绕第二产业和第三产业展开。首先，第三产业的能源消费结构是优于第二产业的能源消费结构的，天然气消费占比是三次产业中的最大值，我国应大力发展第三产业。其次，在行业领域，我国应降低第二产业煤炭消费高的行业的能源耗费量，比如制造业和电力煤气等供应业，短期内以石油代替这些行业的煤炭消费。提高第二产业总体石油消费比例，其中可以大幅度提高采掘业、电力、煤气及水生产和供应业的石油消费量。整体上第二、三产业都应该上调天然气的消费占比。根据 2017 年《BP 世界能源统计年鉴》，在过去的几年里，中国大力去产能等的政策调整和经济的下降使得能源密集型行业有所疲软，其中钢铁和水泥产业尤为明显。这种现象表现出了中国经济和能源结构的转型。另外，除了本文研究的煤炭、石油和天然气三种能源外，我国应大力开发和利用清洁能源如太阳能、风能等。最重要的一点是，不论是第一、二、三产业或是任意某个行业，都应节约使用不可再生能源，煤炭、石油、天然气均在此列。

要进行产业结构升级、降低能耗必须要结合我国实际情况。前文提到我国是一个“富煤贫油少气”的国家，这对我国不断降低煤炭消费占比、提升石油及天然气消费占比形成不利条件。虽然能源可以依靠进口，但过高的能源对外依存度显然是不利于国家安全的。因此，国家应把握每个阶段我国能源对外依存度的合理区间，我国为了使能源自给能力保持在 85% 左右，既要不断加强自身资源开发利用力度，积极研究替代能源，也要加强与他国的合作，确保能源消费有所保障。

世界各国在推进能源消费结构优化和产业调整时有许多经验值得我国借鉴。本文主要选取英国和美国作为例子。根据王健康、王慧青（2007）的研究，首先，调整产业结构要充分发挥市场对资源的有效配置作用，避免过多的政府干预。其次，重视高新技术产业这一重要推动力。再次，重视教育和人才的引进培养。我国《能源发展战略行动计划（2014—2020年)》表示，我国坚持创新驱动战略，同样充分发挥市场在能源资源配置中的决定性作用。可见虽然各国国情是不一样的，但经验值得借鉴，也能达成共识。最后，本文认为要减少能源消费总量，降低能源消费增长率，生活消费一栏也不能忽略，政府可以通过宣传、教育、鼓励低碳生活和绿色出行，培养低碳生活观念，减少日常生活和交通中的能源损耗。

绿色创新还是污染转移：基于 LCA 的新能源产业污染转移实证研究

一 背景介绍

作为工业社会赖以生存和发展的基础，能源的合理开发和利用关系到人类的未来。进入 21 世纪以来，新能源凭借低碳、清洁、安全、稳定的优势逐步替代常规能源，成为各国未来重点发展的战略型资源。中国作为能源消耗大国，一直以来十分重视新能源的开发与利用，并出台了各项政策来扶持新能源产业的发展。从 2005 年起，我国先后颁布了《中华人民共和国节约能源法》《中国新能源中长期产业发展规划》《中国应对气候变化的政策与行动》《新能源产业振兴和发展规划》等一系列政策法规，明确了新能源在不同时期的战略定位（李淼，2018）。发展新能源产业，不仅有利于改善本国能源消费结构，还有利于促进国民经济持续稳定健康运行。

伴随着新能源的快速发展，由于生产技术不到位、全面投入使用成本过高、产业更新换代周期等客观因素的存在，中国新能源产业发展的过程中也暴露出一系列的问题。除存在自主创新能力不强、缺乏技术研发投入、盲目跟风、重复建设、过分依赖国际市场（袁见，2013）等问题外，新能源产业发展过程中所面临的环境问题同样不容忽视，新能源生产过程中的污染转移即是其中最引人关注的问题。从广义来看，污染转移指污染物的跨界移动，其中包含了污染物的自然转移和隐性转移（唐钊，2012）。在新能源产业中，污染转移具体表现在企业在生产和开发新能源的同时也会产生一定的能耗与碳排放，对周边环境造成一定的污染。新能源产业蓬勃发展的同时，有关其环保价值的讨论一直没有停止，高比重的市场占有率和华丽的产出数据背后，常常隐含着看不见的环境成本。因此，研究新能源发展过程中的污染转移问题对我国新能源产业的未来发展有着十分重要的现实意义。

一方面，对新能源产业污染转移的研究不仅有助于丰富该产业发展的理论体系，同时也能够带动和促进新能源本身的应用与发展；另一方面，有关新能源产业发展的前景预测能够帮助决策制定者更好地制定相关政策，对于指导国民经济健康发展也有着十分重要的现实意义。本文将从我国新能源产业的发展现状与前景，产业发展过程中所面临的环境污染问题以及新能源产业的投入产出绩效开展研究，用数据指标验证新能源的经济价值。同时，还将根据上述研究对我国新能源产业的未来发展进行简单预测，针对研究中发现的问题提出切实可行的解决方案。

二　文献综述

新能源的使用关乎人类的可持续发展，因而受到社会各界的长期关注，学术界关于新能源的研究也层出不穷。目前，国内外对于新能源产业的研究主要集中在新能源产业发展过程中遇到的问题、新能源产业的发展路径以及新能源产业的经济绩效和影响机制方面，而对新能源产业发展过程中的污染转移缺乏系统性研究。因此，本文将参考产业间污染转移的相关研究成果，对新能源产业所面临的污染转移问题展开深入研究。

2.1　对新能源产业发展问题的研究

新能源产业的发展一直是我国政府高度关注的问题。王云（2008）和贺明梅（2013）分别从我国可再生能源发展历史及国内外能源发展现状的角度，对新能源产业的发展前景进行了预测分析，就我国新能源产业发展过程中所面临的困境提出了相关对策建议。对于近年来受到广泛关注的新能源产业集聚发展问题，研究表明能源消费量、能源价格和能源安全指数等因素对新能源产业发展的影响作用显著。在此基础上，李倩（2016）综合运用区位熵法和 CES 测度法对中国新能源产业集聚程度进行了有效测度，对于判断新能源产业面临的困境并采取针对性的解决措施有着重要的借鉴意义。

2.2　对新能源产业发展路径的研究

当前，新能源产业在衡量一个国家和地区高新技术发展水平方面发挥着重要参考作用，许多学者已经对新能源产业发展路径进行了全面而系统的研究。卢晓彤（2011）指出了全球碳排放对世界各国能源发展的刚性约束，认为发展新能源产业对中国经济实现从“高碳时代”向“低碳时代”的转变具有重要意义。宁俊飞（2012）则就如何摆脱新能源产业发展过程中面临的“碳锁定困境”开展研究，以光伏产业为研究对象，提出了加强国际新能源产业分工、采取新能源网上定价策略、对新能源产业进行政策保护等产业发展路径。刘若霞、李宇飞（2015）对我国新能源产业发展现状及主要问题进行了概括总结，在借鉴国内外经验的基础上，提出了我国新能源产业创新驱动发展路径，要求以创新驱动为引领，以科技进步为支撑，加强产业创新布局。

2.3 对新能源产业经济绩效的研究

世界能源委员会将能源效率定义为：减少同等能源服务的能源投入，对能源效率的评价主要通过投入和产出指标进行经济测算，进一步衍生出了有关新能源产业的经济绩效的研究。Owen（2006）认为在技术成熟和规模经济存在的假设下，如果将电力生产存在的外部性内部化，新能源技术将具有一个显著的成本优势。陈莉（2012）学者运用 DEA 方法对我国新能源企业的经济绩效进行了评价分析，认为我国新能源产业前景可观。陈珊（2017）则运用 Malmquist 指数和基于时间序列的 DEA 模型等科学指标对我国新能源发电效率进行了测算与评价，认为通过新能源发展的优先序列排序可以减少对新能源盲目无序的投入，从而提高新能源的发电效率。

2.4 对产业发展中污染转移的研究

20 世纪 90 年代以来，产业发展中的污染转移问题得到各国的高度重视。“污染避难所”假说（Walter & Ugelow，1979）得到重新审视，并逐渐被应用到新能源领域。国内外学者提出环境规制、经济水平等都会对污染转移产生显著影响（唐钊，2010）。代迪尔（2013）对低碳背景下污染产业转移相关问题进行了系统性的分析，拓宽传统污染产业转移的发生机制的同时，还为合理的碳排放与引导产业转移提供了理论基础与实证依据。相比于传统研究，张晓华（2014）把重点放在了新能源产业生产过程中的污染转移上，分析了污染转移产生的原因以及如何采取有效措施来控制污染，保障新能源产业的健康发展。事实证明，新能源产业发展过程中也存在污染转移，但多数研究并未对该问题进行实证研究，在对相关内容进行阐述时也主要采取定性而非定量的方法，整体缺乏严谨性。本文将重点关注新能源产业的污染转移问题，综合考虑各项投入产出指标，论证新能源产业发展的可行性。

三　方法与数据

考虑到研究价值和数据的可获得性，本文将利用生命周期评价法（LCA）进行有关新能源产业的污染转移研究，主要包括新能源在发电领域和汽车领域的研究。1997 年，国家标准化组织 ISO 正式颁布了“生命周期评价 - 原则与框架”，将生命周期评价定为系统边界、清单分析、影响评价和改善评价四个部分的有机组合（ISO，2006）。作为一种环境管理工具，生命周期评价不仅能对当前所面临的环境冲突进行量化考评，而且还能对产品生产的全过程及所涉及的环境问题进行评价，所以该方法也被看作“面向产品环境管理”的重要支持工具（万远程，2016）。本文对新能源发电产业和新能源汽车产业各环节的能耗及污染排放情况进行统计，并对产业整个生命周期内消耗的能源及产生的污染进行加总，通过量化的指标来考察新能源产业的污染转移情况。最后，将新能源发电的能耗及污染指数与传统火力发电进行比较，将新能源汽车的节能减排效应、污染转移效应与传统燃油汽车进行比较，根据各环节污染排放量的大小提出有针对性的节能减排措施，为我国新能源领域的健康、稳定发展提供理论支持。

依据生命周期评价理论，本文按照以下四个步骤展开研究。

（1）系统边界：将发电产业划分为设备制造、设备运输、设备使用、设备报废四个阶段（见图 1），完整地涵盖了该产业的整个生命周期。同样，将汽车产业也划分为车身原材料生产、汽车加工、汽车使用、汽车报废回收四个阶段（见图 2），构成一个完整的生命周期。

（2）清单分析：在研究能耗时，考虑到实际情况和数据的可获得性，选取汽油、柴油、煤、天然气作为水力发电和风力发电的能耗指标，而根据相关文献资料，将笼统的煤、油指标作为光伏发电、核能发电以及传统火力发电的能耗指标。在测算污染指标时，为方便产业间进行对比，本文从“碳排放”的角度评价传统产业与新能源产业的污染转移状况，将标准排放物和温室气体排放物作为评估污染排放的主要项目，涉及七项指标。其中，标准排放物指标包括氮氧化物（NO_x）、硫氧化物（SO_x）、一氧化碳（CO）、挥发性有机化合物（VOC）和固体颗粒排放物/粉尘（$PM_{2.5}$、PM_{10}），温室气体排放物指标包括二氧化碳（CO_2）和甲烷（CH_4）。为保障清单分析的全面有效，本文尽可能全面地收集了各类新能源产业生命周期内每一阶段的能源消耗和污染排放数据，建立统一标准，便于对污染转移进行量化考评。清单中的数据来源主要分为以下几种：①直接引用相关论文数据（张俊翔、朱庚富，2014；姜子英，2008；胡志锋等，2013；高玉冰等，2013）。②政府数据（国家统计局、国家能源局等）。③GREET数据库内置数据。④相似产品指标替代（新能源发电设备制造阶段、新能源汽车原材料生产阶段的能耗及污染数据由相关材料开采、加工过程的能耗、污染数据加总得出）。

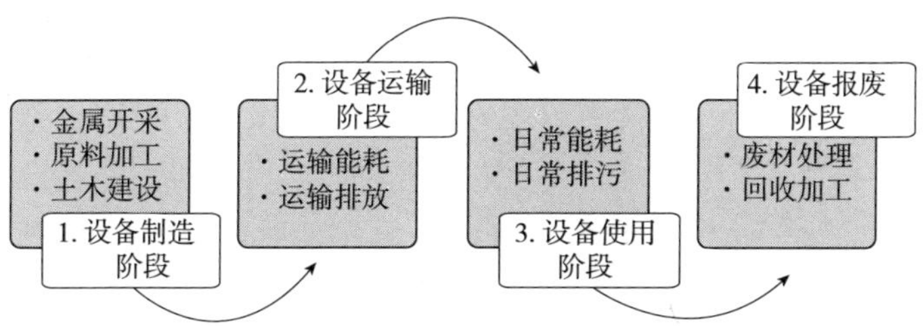

图 1　水电、核电、风电、光电、火电产业的生命周期划分

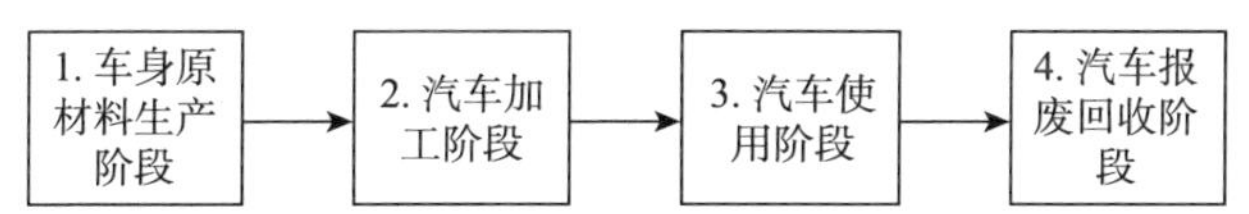

图 2　新能源电力汽车与传统燃油汽车的生命周期划分

（3）影响评价：首先，根据整合后的清单数据，对各类新能源产业生命周期内各环节的污染排放量进行统计加总，分析各产业的污染排放情况，对不同环节、不同产业的情况进行对比研究。然后，从排放成本的角度评价新能源产业的经济效益。

（4）改善评价：结合生命周期评价中得出的新能源产业的污染排放量对污染转移效应进行估计，针对各环节的排污量为减少新能源产业的污染转移提供合理建议。

四 实证结果

为了证实新能源产业发展过程中是否存在污染转移的情况，本文首先选取了水力发电、核能发电、风力发电、光伏发电这四类应用广泛的新能源电力产业和传统火力发电产业做对比。在研究各类发电的能源消耗与环境污染时，为了统一标准，以每生产 1kW · h 发电量所消耗的能源及污染排放量作为基准进行测算，单位设为 mg/kW · h。其中，在研究水力发电时，按水电站寿命 50 年计，并假设电站退役后不再产生能耗及污染排放（胡志锋等，2013）；在研究核能发电时，以秦山二期为例（姜子英，2008），由于数据缺失，暂不考虑核电站报废阶段的能耗及排污情况；在研究风力发电时，选取主流的 1.5MW 机组，按电场寿命 20 年计，报废阶段的能耗及污染主要产生在废料处理中的运输过程；在研究光伏发电时，选取多晶硅太阳能光伏发电站为研究对象，电站的使用周期按 25 年计（张俊翔、朱庚富，2014）。文中作为对比参照的火力发电则以常规燃煤电厂为例。根据 LCA，本文对五类发电厂生命周期内各阶段能耗及污染情况进行了清单汇总，并对整个生命周期内的各种能耗及污染指标进行了加总。最终统计结果见表 1、表 2、表 3、表 4、表 5。

综合来看，以上五份清单中，各类新能源发电在产业生命周期内的污染排放水平都远低于传统火电行业。具体到每个产业生命周期内的各环节可以看出，新能源发电产业的污染转移大多集中在设备制造阶段。对应火力发电在使用阶段的高排污状况可以发现，新能源发电领域存在污染转移，主要是将发电过程中的污染转移至原料开采及设备加工阶段。

水力发电的能耗及污染主要集中在设备制造阶段，即水电站建设过程中开挖土石、冶炼材料。而水电站使用运行的阶段，由于维持设备正常运行的需要，主要能耗为煤，因而该阶段的污染排放物有 CO_2 和 CH_4。

从核能发电已知数据中可知，该产业的污染排放指标主要有 CO_2、SO_x、NO_x 和粉尘，在电力生产过程中的污染排放主要是核电站运行中的材料消耗和燃料供能所带来的间接污染排放。

风力发电的情况与水力发电相似，能耗及污染集中在设备制造环节，其次是设备使用环节，这是由于设备制造环节不仅包括了原材料开采和冶炼，还包括了风机制造和风电场建设，所以这一过程能耗和污染较大。

表 1　水力发电全生命周期能耗及污染排放清单

单位：mg/kW·h

环节	各类能耗				污染排放						
	汽油	柴油	煤	天然气	CO_2	CO	SO_x	NO_x	粉尘	CH_4	VOC
①	0	44.3	0	0	131	0.275	0.04146	0.7	0.01877	0.003644	0.0762
②	0	14	0	0	42	0.088	0.0132	0.22	0.006	0.00116	0.0243
③	0	0	20000000	0	29	0	0	0	0	1.8	0
④	–	–	–	–	–	–	–	–	–	–	–
总计	0	58.3	20000000	0	202	0.363	0.05466	0.92	0.02477	1.804804	0.1005

注：①代表设备制造阶段；②代表设备运输阶段；③代表设备使用阶段；④代表设备报废阶段。
数据来源：胡志锋等，2013，由笔者整理后得出。

表 2　核能发电全生命周期能耗及污染排放清单

单位：mg/kW·h

环节	各类能耗		污染排放						
	油	煤	CO_2	CO	SO_x	NO_x	粉尘	CH_4	VOC
①	–	–	5020	–	17.6	16.9	89.5	–	–
②	–	–	–	–	–	–	–	–	–
③	–	–	5540	–	60.1	36.9	61.6	–	–
④	–	–	–	–	–	–	–	–	–
总计	–	–	10560	–	77.7	53.8	151.1	–	–

注：①代表设备制造阶段；②代表设备运输阶段；③代表设备使用阶段；④代表设备报废阶段。
数据来源：姜子英，2008。

表 3　风力发电全生命周期能耗及污染情况

单位：kg/kW · h

环节	各类能耗				污染排放						
	汽油	柴油	煤	天然气	CO_2	CO	SO_x	NO_x	粉尘	CH_4	VOC
①	196. 17722	174. 511628	8907. 9832	0. 004783677	23455. 333	4. 99155	280. 5633803	50. 27719298	392	12. 31128713	0. 69576
②	0	2918. 39535	0	0	8909. 92	28. 7364	2. 841483568	59. 22403509	0	0. 249956436	5. 4288
③	49. 511392	673. 116279	2193. 5714	0. 001107881	7300. 6667	6. 1889	46. 41765258	23. 09315789	98. 62222222	2. 964346535	1. 34316
④	0	2259. 30233	0	0	6896. 8	22. 2365	2. 197746479	45. 90526316	0	0. 194306931	4. 212
总计	245. 68861	6025. 32558	11101. 555	0. 005891558	46562. 72	62. 15335	332. 0202629	178. 4996491	490. 6222222	15. 71989703	11. 67972

注：①代表设备制造阶段；②代表设备运输阶段；③代表设备使用阶段；④代表设备报废阶段。

数据来源：李君龙等，2015，经笔者整理得出。

表 4　光伏发电全生命周期能耗及污染情况

单位：kg/kW · h

环节	各类能耗		污染排放						
	油	煤	CO_2	CO	SO_x	NO_x	粉尘	CH_4	VOC
①	11. 4	9869. 4	27892	56. 3762	97. 27	74. 91	65. 023	–	0. 119534
②	326	–	998	2. 1	0. 0316	0. 0537	–	0. 0278	0. 581
③	10. 1	202	921	0. 046	2. 56	2. 56	0. 417	–	0. 00117
④	–	–	–	–	–	–	–	–	–
总计	347. 5	10071. 4	29811	58. 5222	99. 8616	77. 5237	65. 44	0. 0278	0. 701704

注：①代表设备制造阶段；②代表设备运输阶段；③代表设备使用阶段；④代表设备报废阶段。

数据来源：本表格内设备制造阶段、使用阶段能耗、污染排放数据来自张俊翔、朱庚富，2014，经笔者整理得出；设备运输阶段能耗、污染排放数据来自谢泽琼等，2013。

表 5　火力发电全生命周期能耗及污染情况

单位：mg/kW·h

环节	各类能耗		污染排放						
	油	煤	CO_2	CO	SO_x	NO_x	粉尘	CH_4	VOC
①	251	3560	1010	0.131	9.24	2.4	–	5.15	–
②	–	–	40.3	–	0.128	0.489	0.953	–	–
③	–	381000	1180000	133	272	644	3180	–	–
④	–	–	–	–	–	–	–	–	–
总计	251	3560	1010	0.131	9.24	2.4	–	5.15	–

注：①代表设备制造阶段；②代表设备运输阶段；③代表设备使用阶段；④代表设备报废阶段。

数据来源：本表格内能耗及大部分污染排放数据来源于张俊翔、朱庚富，2014；运输阶段能耗及部分排污数据、粉尘、CH_4 排放数据来源于姜子英，2008。

就光伏而言，各项污染指标排放量最大的同样是设备制造环节，其次为设备运输环节。相比之下，设备使用环节的污染排放量较小。这与光伏产业的生产特性有着很强的关联。与其他产业不同，光伏产业的主要生产活动集中在设备制造环节，该环节包括工业硅生产、高纯多晶硅提取、多晶硅片生产、多晶硅电池片生产以及部分光伏组件生产。在涉及的各项污染指标中，依旧是 CO_2 排放量最大，其次为 SO_x、粉尘等。

将四类新能源发电与传统火力发电生命周期内总的污染排放状况按标准排放物（VOC、粉尘、SO_x、NO_x、CO）和温室气体排放物（CO_2、CH_4）进行对比，得到图3、图4。根据上述两幅堆积柱状图可知，无论是

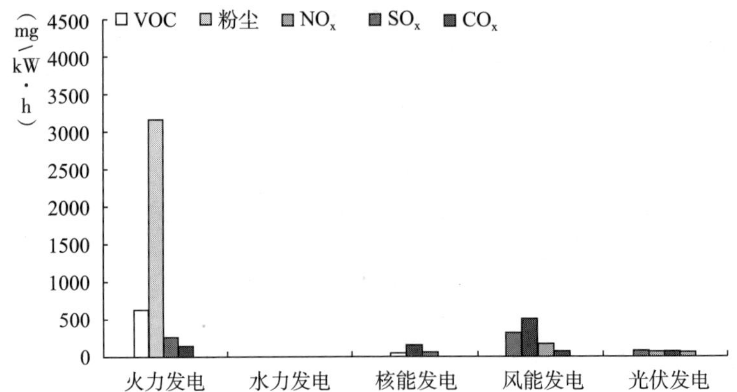

图3　新能源发电与传统发电的标准气体排放量对比

注：数据由表1、表2、表3、表4、表5综合得出。

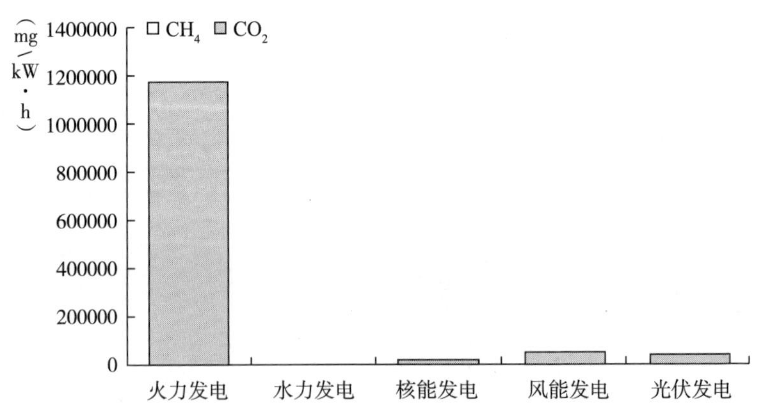

图4　新能源发电与传统发电的温室气体排放量对比

注：数据由表1、表2、表3、表4、表5综合得出。

标准气体排放物还是温室气体排放物，新能源发电都要远远小于火力发电。就新能源发电而言，在标准气体排放量和温室气体排放量上都为风能发电 > 光伏发电 > 核能发电 > 水力发电。

除电力行业外，新能源最具代表性的应用则是新能源汽车产业。为了更加全面地了解新能源产业的污染转移状况，按照同样的方法，本文对新能源汽车产业也进行了生命周期分析，通过与传统燃油汽车做对比，了解到新能源汽车的各阶段能耗及污染情况。详细情况见表6、表7。

由表6、表7对比可知，传统汽车主要的能源消耗及污染排放都集中在汽车使用阶段。由于技术附加的影响，新能源汽车在车身原材料生产阶段的能耗及污染排放量均大于传统汽车，此外各阶段的能耗及污染排放量则小于传统汽车。综观新能源汽车产业的整个生命周期，即使新能源汽车在汽车使用阶段带来了明显的节能减排效应，但每一辆新能源汽车在原料加工、生产制造阶段的碳排放也不容小觑。通过与传统汽车的对比研究，同样证实了新能源汽车产业存在污染转移，且污染主要转移到了原材料生产和汽车生产加工阶段。

五　结论与政策建议

根据本文所列清单可知，在传统火电行业，每生产1kW·h的电能，将会产生约1180g的CO_2排放、0.133g的CO排放、0.281g的SO_x排放、0.647g的NO_x排放、3.18g的固体颗粒排放以及0.00515g的CH_4排放。相比之下，每生产1kW·h的电能，水力发电能减少近99.98%的CO_2排放、99.73%的CO排放、99.98%的SO_x排放、99.86%的NO_x排放以及65.05%的CH_4排放。核能发电能减少近99.10%的CO_2排放、72.35%的SO_x排放、91.68%的NO_x排放、95.25%的固体颗粒排放。风力发电能减少近96.05%的CO_2排放、53.23%的CO排放、72.49%的NO_x排放以及84.56%的固体颗粒排放。光伏发电能减少近97.47%的CO_2排放、56.02%的CO排放、64.45%的SO_x排放、88.02%的NO_x排放、97.94%的固体颗粒排放、99.46的CH_4排放。综上所述，可以看出水力发电在减少CO_2、CO、SO_x、NO_x的排放量上贡献最大，光伏发电在减少固体颗粒、CH_4排放上有突出贡献。

按照污染物环境价值标准（冯亚娜，2009），每治理1kg粉尘的环境成

表 6　新能源汽车全生命周期的能耗及污染排放

新能源电动汽车	各类能耗（kJ）				总能耗	污染物排放（kg）						总排放	
	矿石燃料	原油	煤	天然气		CO_2	CO	SO_x	NO_x	粉尘	CH_4		
1. 车身原材料生产阶段	-	-	-	-	145766027.3	17431.404	260.12294	205.73575	43.419746	252.40268	35.179096	0.9278384	18229.192
2. 汽车加工阶段	2335329680	39673526	2519092006	3736572517	1547933640	213867.6	35.493355	504.8016	117.7196	47.965271	331.8372	20.553629	214925.97
3. 汽车的使用阶段	0	0	0	0	0	0	0	0	0	0	0	0	0
4. 汽车报废回收阶段	-	-	-	-	2277085	-	-	-	-	-	-	-	-

资料来源：车身原材料生产阶段、汽车报废回收阶段的能耗及污染排放数据来自高玉冰等，2013，经笔者整理测算得出；汽车加工及使用阶段的能耗及污染排放数据来自 GREET 数据库内置数据，经笔者根据相应指标整理测算得出。其中，由于 GREET 数据库源自美国，数据单位与我国有所不同，因此在数据整理阶段需进行简单的换算，换算标准如下：1 mile = 1.6093 km；1 Btu = 1053.864 J；1 mmBtu = 1 MBtu。

表 7　传统汽车全生命周期的能耗及污染排放

传统燃油汽车	各类能耗（kJ）				总能耗	污染物排放（kg）						总排放	
	矿石燃料	原油	煤	天然气		CO_2	CO	SO_x	NO_x	粉尘	CH_4		
1. 车身原材料生产阶段	-	-	-	-	72429788.2	8183.8181	132.07646	70.501794	20.059369	127.33712	17.360772	0.5084376	8551.6621
2. 汽车加工阶段	3259927420	2734915820	64342190.4	479757326.2	6538942757	45184.904	48.097304	60.22547	98.548	12669.201	438.731	33.675154	58533.382
3. 汽车的使用阶段	3233727420	2731625820	54922190.4	446957326.2	3533057220	231739.2	2693.9682	1.3228446	106.2138	10.206181	115.8696	86.197327	234752.98
4. 汽车报废回收阶段	-	-	-	-	1193896	-	-	-	-	-	-	-	-

资料来源：数据来源及换算标准同表 6。

本为 2. 2 元，每治理 1kg 二氧化碳的环境成本为 0. 23 元，每治理 1kg 的氮氧化物的环境成本为 8 元，每治理 1kg 硫氧化物的环境成本为 6 元。参照此标准对各类新能源发电进行污染成本测算，根据各类发电的减排情况可知，每生产 1000kW · h 的电能，水电所节约的环境成本约为 285. 23 元，核电所节约的环境成本约为 281. 59 元，风电所节约的环境成本为 270. 04 元，光电所节约的环境成本为 277. 04 元。从污染治理的经济效益角度看，水电的环境价值最大，随后依次是核电、光电、风电。

通过新能源电力汽车与传统燃油汽车的比较可以看出，从原料加工至报废回收，新能源汽车在 CO_2、CO、NO_x、粉尘、CH_4和 VOC 的排放量上小于传统燃油汽车。但由于汽车产业的总体运作流程相似而新能源汽车前期的技术研发、产品加工投入较大，所以新能源汽车在车身原材料生产和汽车加工阶段的总能耗及总污染排放量都要远远大于传统燃油汽车。这证实了新能源汽车产业同样存在污染转移。不过，使用阶段的零排放有效弥补了新能源汽车前期污染排放量过大的不足，使得新能源汽车在完整的生命周期内的污染排放量仍小于传统燃油汽车。因此，发展新能源汽车产业对于实现交通上的节能减排有着重要意义。

本文通过对新能源发电以及新能源汽车的生命周期评价，证实了新能源产业发展过程中存在污染转移现象，并且通过与传统产业的对比，得出了新能源产业尽管存在污染转移，但仍具有明显的节能减排效应。本文的主要结论可概括为以下三点：①无论是新能源发电还是新能源汽车，在产业发展过程中都存在一定程度的污染转移现象，每一个具体产业的转移情况有所不同；②新能源产业在节能减排方面有着明显优势，其中光伏发电最具节能效益，水力发电最具减排效益，同时水电在污染治理方面有着最大的环境价值；③新能源汽车领域的污染转移效应最为明显，但使用阶段的零排放使得其在汽车领域仍具有广阔的发展前景。

针对新能源产业发展过程中出现的污染转移问题，相关部门在认清现状的同时也应该积极寻找对策，有效治理新能源产业自身的污染问题。对新能源行业来说，一方面，要加快技术创新的脚步以减少生产过程中的污染排放，另一方面，也需要加大污染控制投入以减轻对生态环境的破坏。对政府部门来说，出台相关政策，制定统一的污染排放标准，对新能源产业的产业绩效进行全方位的绩效考评，从源头上对污染转移进行管理。

中美日欧绿色经济横向比较及中国绿色经济发展战略 2018 新破局

一 引言

近年来，随着中国经济的不断发展进步，经济增长幅度与环境保护程度之间的不匹配正愈发加剧，对“可持续发展”的战略目标的稳步实施造成了巨大压力，水污染、碳排放、大气污染等现象严重影响着人们的生理及心理健康。截至 2016 年，中国能源消费量占全球的 23%，其增速占全球能源消费增长的 27%，中国已连续 16 年成为全球范围内增速最快的能源市场；而继过去 10 年碳排放增长超过 75% 以后，2016 年，中国的二氧化碳排放量连续两年下降，降幅为 0.7%。在此背景下，如何继续顺利实现向绿色经济的转型，摆脱劳动密集型的发展中国家形象，成为中国目前面临的一个极为重要的课题。

2018 年正值中国政府大力向绿色经济政策倾斜的重要年份，对经济发展的监管力度加强（如限制对产能过剩的产业投资等政策出台）。而在以上政策利好下，仍然暴露出对绿色经济的能源基础重视程度不高、高能耗低能效能源大量使用、过度追求经济造成 GDP 增长对能源消耗可能存在负荷过重等的现实问题。本文将主要围绕绿色经济中的能源支柱部分，通过数据定量、指标分析与横向比较等研究手段，找到中国绿色经济发展中的能源利用隐患并对症下药，寻求解决能源浪费与分配不均等可能存在的问题的方法。

目前，美日欧等发达国家集群在绿色经济这一领域已经有了相当可观的成果，而中国相比较才刚刚起步，因此，合理地借鉴先进国家的发展经验是极有必要的。通过与美日欧在绿色金融（green finance）、节能减排等领域建立量化模型并进行横向比较，不仅较容易上手操作、获取一手资料，还可以有针对性地找到中国在某些指标上存在的不足，为寻找破局之法奠定基础。

在国际层面，绿色经济发展理念已经深入发达国家的意识形态和立法政策中。1992 年，联合国里约环境与发展大会通过的以可持续发展为核心的《里约环境与发展宣言》《21 世纪议程》，2008 年“绿色经济倡议”的提出，2011 年《迈向绿色增长》的发表，2012 年“里约 20 +”国际联合可持续发展会议的热烈召开，无不同时宣告绿色经济的落地正在世界各地稳步进行。在中国，对绿色经济的研究曾经陷入低潮。从 20 世纪 90 年代开始，绿色经济借助云南在西部大开发战略中提出的“建设绿色经济强省”得以普及，但 2004 ~ 2008 年的空当期内，学界相关研究并没有得到足够重视而陷入低潮。近年，绿色经济再次走进人们的视野，并由中国学者赋予了崭新的概念——以人与自然和谐为核心，以可持续发展为目的，包括经济效率、生态规模、社会公平的内涵，真正实现经济、社会、环境的可持续发展（杨宜勇，2017）。

关于绿色经济的深层含义解释，学界内部仍有各种不同的观点。绿色经济最早起源于英国，是由英国环境经济学者 Pearce 提出，但其真正的兴起还经历了三个历史阶段：环境主义（1960 ~ 1970 年）、弱可持续性（1980 ~ 1990 年）、强可持续性（2000 ~ 2010 年）。中国学界内部对这一概念也有着不同方向的理解。诸大建（2012）认为，对绿色经济的理解应归于三个方面——效率、规模和公平。但是，实际的实施中，其经常被理解为不同发展水平层次的国家地区用绿色方式（尽管是风格迥异的）来发展地方经济。本文认为，如果真正从实操层面来落实绿色经济的研究，必须借助与绿色经济密切相关的各方面数据，根据一定的规则定量分析，结合实际情况进行政策的制定与发展重心的分配工作。

综上所述，本文中的研究问题将以两个角度作为切入点：中美日欧的绿色经济横向比较与中国 2018 年绿色经济发展新思路。关于前者，本文将对 4 个研究对象在绿色经济的四大影响要素中的表现情况进行数据收集与横向比较，并得出对应结论：人口（各经济体内各年龄段人口数量、人口占比、人口增量减量、人口增减量占比）；GDP（各经济体 GDP 在全球 GDP 中占比，增长/下降率，各经济体内的一、二、三产业占比）；能源（煤炭、石油、天然气使用量及占比，电力使用量及占比）；碳排放（各经济体碳排放总量及占比、人均碳排放）。关于后者，本文将针对实证结论提出相应的解决措施，并指出国家未来发展绿色经济的重心导向。

目前学界关于绿色经济中某一个单独部分（如能源结构、碳排放）的学术研究成果较为丰富，而缺少对绿色经济这一整体概念下各个基础指标的综合整合和大方向问题解决的对应研究。因此，本文填补了相关整体性研究的缺失。

二　文献综述

在关于中国绿色经济的概念和发展演进方面，相关研究已经有了一定的进展。王海芹（2016）在《我国绿色发展萌芽、起步与政策演进》一文中系统地总结了中国绿色经济发展的道路是“一个由表及里、由浅入深、由自然自发到自觉自为的过程”。其通过对绿色发展理念的整体探索、我国绿色发展的萌芽起步、加速发展期的政策演进、国内绿色发展理念以及政策制定的特征等几个模块，将中国绿色经济分为环境污染末端治理、可持续发展、科学发展观、生态文明建设和绿色发展等不同阶段；并且结合了宏观经济背景、具体环境问题、相关指导政策、国内法律体系建设等相互影响的几大方面进行综合阐述，梳理出一条从新中国成立到当下中国绿色经济搭建和完善学习的过程、线索。其研究结论表明，中国绿色经济发展道路总体来说是平稳积极的（相对于同一发展水平国家），而党的十八大把生态文明建设纳入中国特色社会主义事业“五位一体”布局中更标志着其发展未来的无限可能性。但是，文章主要通过引用大量的国家政策法律和定量指标来进行分析，缺少相对成熟的影响机制分析，使得国家法律政策对绿色经济发展的具体影响效果无法清晰呈现，而只能了解其大致影响。

而在各国绿色经济横向发展的比较这一角度，学界则较少有相关研究。杨宜勇（2017）在《绿色发展的国际先进经验及其对中国的启示》一文中将美日欧三大经济体的绿色发展先进经验从包括金融贷、绿色保险、政府行为、绿色汽车、建筑节能、绿色农业、绿色就业等方面进行逐一阐述，并对比中国目前发展现状提出三点建议举措：一是立法先行、严格执法；二是综合利用包括环境税、绿色信贷、环境基金等绿色发展政策工具；三是创新绿色发展技术、强化企业作用。但是，文章仍然存在数据有限、影响机制分析不足等缺点，并且缺少较为清晰的分类手段——在列举各发展经济体的绿色经济先进成就时，只单独将举措提出，而并没有将其进行大类分类（如绿色金融、绿色建筑、绿色文化等模块）。

在关于中国绿色经济未来新布局这一方面，佟贺丰（2015）在《中国绿色经济发展展望——基于系统动力学模型分析》一文中则用定量分析和回归机制模型分析的方式从另一角度进行阐述。文中以系统动力学为基础，对中国可持续发展模型进行定量分析，运用道格拉斯（CD）生产函数提出经济、社会、环境三者之间的系统影响关系：$Y = AK^{a}L^{b}$，且从农业、森林、绿色建筑、可再生资源、城市生活垃圾、城市交通和水泥产业7个行业对绿色经济进行界定模拟。结论从人口、经济、能源、CO_2排放、绿色投资就业5个方面出发提出建议，包括绿色发展道路使经济增长更有质量、改造传统产业、政府主导公众绿色消费等。

此外，仍然有一些优异的文献值得参考学习。如吴婷婷（2018）从供给侧改革的视角对中国绿色金融体系进行构建，提出绿色产品存在收益率低、风险高、认证标准和相关市场不统一、信息不对称等缺点，并需要以“效率性、系统性”原则来推动中国金融体系建设；王兵（2015）则基于全要素生产率视角，将重点放在节能减排与中国绿色经济增长关系上，提出发展绿色经济可以通过强化节能减排技术管制、挖掘COD减排潜力、实现区域差异化等手段来进一步实现。叶仁道（2017）则基于偏正态面板数据模型对中国绿色经济效率进行了测算，结果表明经济发展水平、外资利用水平和教育投入水平对绿色经济效率有正向影响；产业结构、城市化水平和污染治理投入则对绿色经济效率有负向影响。

三 研究方法与数据

本文中的研究问题将从两个角度切入：中、美、日、欧的绿色经济横向比较及中国2018年绿色经济发展新思路。为清晰地呈现比较结果，本部分将主要围绕“人均”这一概念进行论述，将四大影响要素分别整合为“人均GDP、人均石油消费、人均天然气消费、人均煤炭消费、人均电力消费、人均碳排放”等指标。在此基础上，引入“热值”［热值“表示燃料质量的一种重要指标，即单位质量（或体积）的燃料完全燃烧时所放出的热量”］这一概念。计算可得各经济体每创造10000美元GDP所需要的热值（单位：千卡/10000美元）这一指标。该方法可将繁复的比较指标简化为统一的“每10000美元GDP所需热值”一式，由此可以观察得出不同经济体对能源的利用效率，并且可将其与碳排放量的指标结合，得出能源利用效率和能源环保度之间的串联关系，从而进行引申和分领域分析。

以2016年为例，假设当年人均GDP为A，人均石油消费（吨/人）为B，石油热值（千卡/吨）为b，人均天然气消费（千立方米/人）为C，天然气热值（千卡/千立方米）为c，人均煤炭消费（吨/人）为D，煤炭热值（千卡/吨）为d，人均电力消费（百万瓦/时）为E，电热值（千卡/百万瓦时）为e，人均碳排放量（吨/人）为F，“每10000美元GDP所需热值”这一指标为M，则

人均消费石油热值 $M1 = Bb$；

人均消费天然气热值 $M2 = Cc$；

人均消费煤炭热值 $M3 = Dd$；

人均消费电热值 $M4 = Ee$；

每10000美元GDP所需热值

$$M = \frac{10000}{A}(M1 + M2 + M3 + M4)$$

该方法的适用性在于巧妙地将人均能源消费、人均GDP和各类能源热值结合在一起，大大简化了计算过程，更加直观地呈现人均GDP和能源利用效率间的利用效率，同时量化了不同国家经济体之间的横向比较，避免出现大量定性描述。而该式的创新性在于其新颖的形式与原创的内涵，不过该指标将重点主要放在了“石油、天然气、煤、电”这四种能源方式的效率和清洁度比较上，从而欠缺对其他较为重要的影响指标（如核能、可再生能源等）的考虑，而类似创新型能源的影响在近年来正逐渐加大。

四　实证结果

4.1　人口

根据图1的呈现结果，可以较为清晰地观察到各个经济体从过去10年到未来20余年间的人口总量变化趋势。其中，以中、美、欧三大经济体的变化尤为明显。如无外部环境影响，中国人口2006～2016年呈上升趋势，

2016～2030年总体维持平稳，2030年往后则呈下降趋势，其总体将呈现一条倒U形趋势线，并且以2020年为顶点。根据人口数量与环境压力为正相关的原理，中国发展的环境压力也将在最近10年达到最高峰。但由于近一年计划生育政策放开，未来20年内人口可能会有新一轮的增长，“二胎政策”下增长的新生人口将覆盖部分因人口老龄化带来的2030年后的人口下降份额，因此，假定忽略科技发展和政策变化等因素，未来20～30年中国人口将可能一直维持在高值，持续给中国环境施加压力。

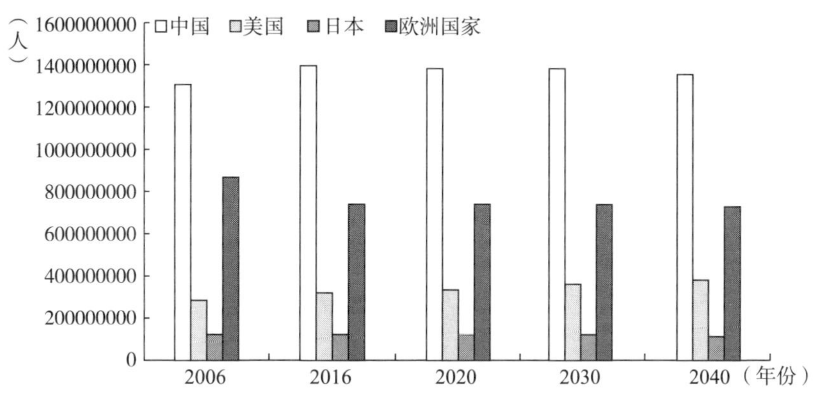

图1　2006～2040年各经济体人口总量变化

资料来源：联合国《世界人口展望》2010年修订版。

而美国由于面积广阔、资源丰富的地理环境，即使其人口从2006年的2.984亿人持续增加到2040年的3.835亿人，仍然难以对其居住环境施加大量压力。未来美国人口呈现出来的是人口由少部分密集区域向大部分未开发的环境资源丰富区域扩散，即所谓“稀释”现象。而欧盟呈现出来的则是相对缓和的人口下降趋势，其环境压力也将相对减少。

综上，中国将会承担以上四个经济体中最沉重的人口压力和环境压力。但同时考虑到经济发展和人口老龄化、人口结构变化等外部因素，出台政策减少人口环境压力目前并不现实。中国需要考虑从人口之外的其他方面入手来解决环境问题。

4.2　GDP（国内生产总值）

图2与图3的结果显示，从2006年到2016年的10年间，四大经济体的GDP份额和增长趋势均有极大变化。其中，中国GDP总量由2006年第

四位的27129.51亿美元增长到2016年第三位的111991.45亿美元，超越日本的49393.84亿美元成为世界第二大经济体；占世界总GDP的份额也从5.49%上升到14.81%，惊人的经济发展速度使其有更多资本投入经济转型对环境改善的要求上。受中国经济发展的影响，其他三大经济体的GDP份额均有不同程度的下降，但总体经济仍有不同程度的增长。其中美国增长较为强劲，由2006年的133362亿美元增长到2016年的185691亿美元，增长幅度约为39.24%。综上，由于中国是唯一的发展中国家，其前10年的经济快速成长势必对以往一直忽略的环境问题提出更高要求，否则可能落入经济发展停滞、经济结构改善受挫这一“发展陷阱”中，而中国近几年在里约G20峰会等环境相关国际峰会上的承诺及出台的政策均证明中国正将更多的资源向环境方向倾斜。

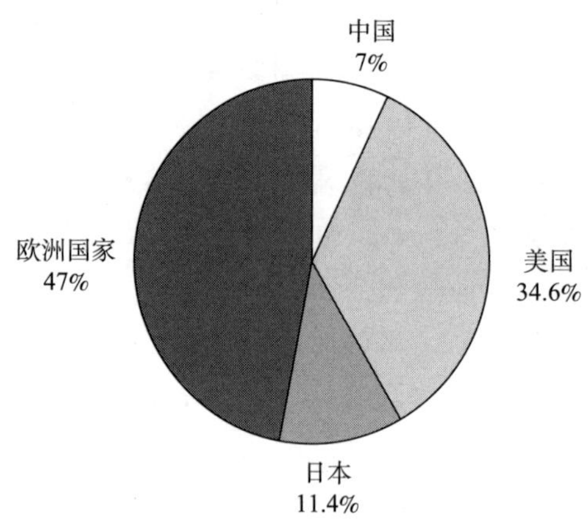

图2　2006年GDP份额

根据图4的呈现结果，2006～2016年10年间，四大经济体人均GDP均有不同程度增长，其中以中国增长幅度最为明显，以美国增长总量最为显著（增长12836.8美元/人）。而总体上，尽管中国该10年间经济总量增长相当可观，但在人均GDP上，四大经济体仍旧呈现“美、日、欧、中”的局面，且中国人均GDP仍未达到世界平均水平（10414.65美元/人），发达国家与发展中国家间差距仍然很大，这同时也直接反映在发展中国家与发达国家间的环境质量差距上。综上，站在中国的角度来看，尽管对环境的投入增大，但实际结果距离世界平均水平仍有一定距离，达到发达国家平均水平的目标依旧任重而道远。

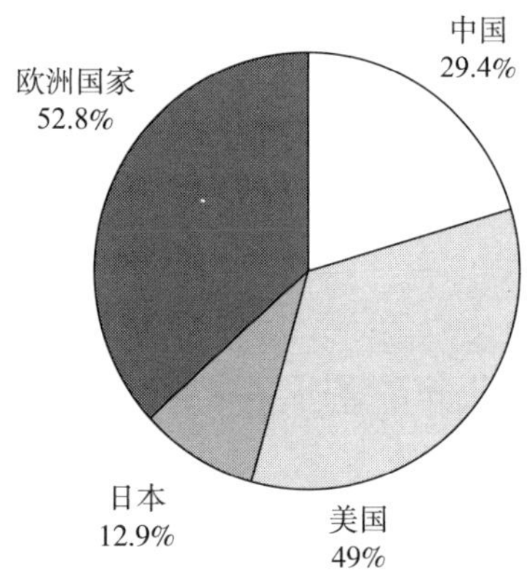

图3　2016年GDP份额

资料来源：2006/2016世界银行GDP统计年鉴。

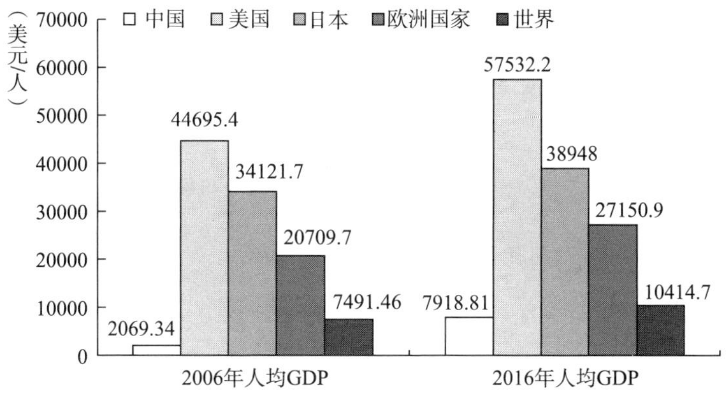

图4　2006～2016年人均GDP

资料来源：2006/2016世界银行GDP统计年鉴。

4.3　能源

图5和图6的结果表明，在2016年一年中，中、美、日、欧在石油、天然气、煤炭三种主要矿藏能源和电力能源上的消耗呈现出较为明显的差异，人均能源消费和总能源消费之间的关系在各个经济体之间也相互独立。

总体来看，美国和欧洲各国石油消费量较高，分别为863.1百万吨和884.6百万吨，日本以184.3百万吨居底。天然气消费方面，美欧仍领先，处在前列，分别为716.3（十亿立方米）和926.9（十亿立方米），而中国、日本两国天然气消费均在 200（十亿立方米）以下。煤炭方面，中国以 1887.6 百万吨的煤炭消费量独占鳌头，而其余三大经济体煤炭消费量均未超过 500 百万吨，日本更是以 119.9 百万吨占据底部。电力消耗方面，中、美、欧相差较小，均在 500（十兆兆瓦时）上下，日本则以 99.16（十兆兆瓦时）居底。

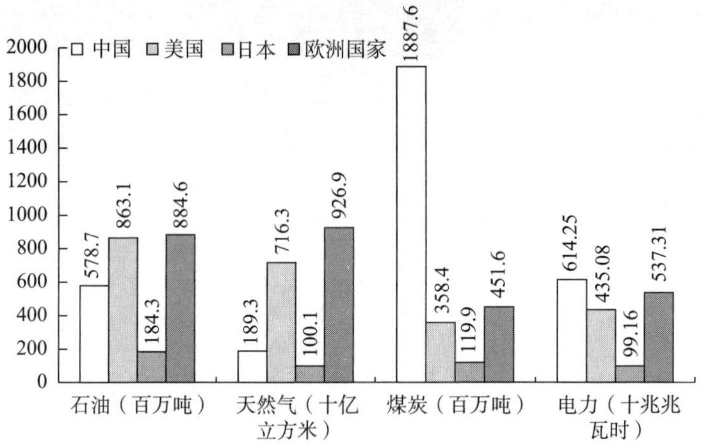

图 5　2016 年各经济体能源消费明细

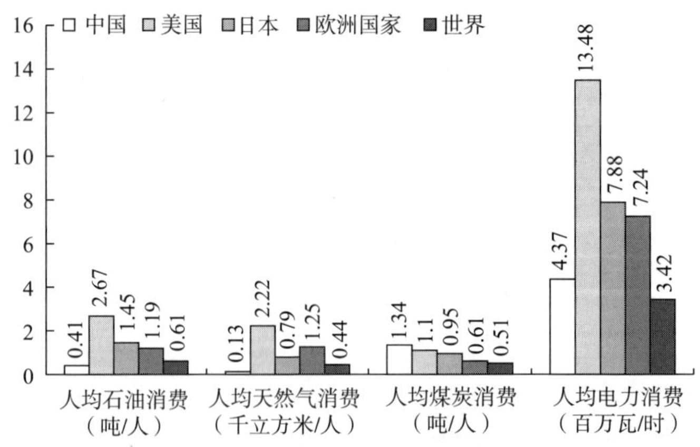

图 6　2016 年各经济体人均能源消费明细

资料来源：2006/2016《BP 世界能源统计年鉴》。

从人均能源消费角度分析，美、日、欧人均石油消费均远超世界平均水平（0.61 吨/人），而中国 0.41 吨/人的石油消费则居于底部。同样趋势也表现在人均天然气消费上，中国 0.13 千立方米/人仍远低于世界平均水平0.44千立方米/人。而得益于中国庞大的煤炭总消费量，中国人均煤炭消费1.34吨/人，远高于发达经济体首位美国1.10吨/人，更是与世界平均水平0.51吨/人拉开了差距。在人均电力消费方面，美国以13.48百万瓦/时居首，日、欧、中则分别为7.88、7.24、4.37，均高于世界平均水平3.42百万瓦/时。

综合来看，中国相对来说更偏向于煤炭消费，欧美更偏向于石油和天然气消费，而日本各方面总体消费都较低。而从燃烧效率的角度看，效率由高到低的能源依次为电力（90%）>石油/天然气（80%~85%）>煤炭（70%）。因此，中国目前主要消费以低端能源为主；欧美主要以高端能源为主。而在人均消费上，中国对低端能源的依赖同样明显。由于低端能源存在效率低、污染高等缺点，中国在迈向环境导向的转型路上，必须解决对低端能源的依赖问题。

根据上文构建的每10000美元GDP所需热值 $M=\frac{10000}{A}(M1+M2+M3+M4)$ 这一指标，并已知石油、天然气、煤炭、电力的热值分别为25000Kcal/t、8000000Kcal/km^3、6000Kcal/t、860000千卡/百万瓦时，结合图6所提供的数据可得出表1中的人均能源消费及所对应的热值信息。

表1　2016年各经济体人均能源消费及热值

	中国	美国	日本	欧洲
人均石油消费（吨/人）B	0.41	2.67	1.45	1.19
人均天然气消费（千立方米/人）C	0.13	2.22	0.79	1.25
人均煤炭消费（吨/人）D	1.34	1.10	0.95	0.61
人均电力消费（百万瓦/时）E	4.37	13.48	7.88	7.24
人均GDP（美元/人）A	7918.81	57532.22	38947.99	27150.87
每10000美元GDP所需热值M（千卡/10000美元）	6080597.97	5114735.71	3373409	5988695.01

结合表1可以得出，每10000美元GDP所需热值M由大到小分别为中国（6080597.97千卡/10000美元）、欧洲（5988695.01千卡/10000美元）、美国（5114735.71千卡/10000美元）和日本（3373409千卡/10000美元）。每10000美元GDP所需热值M越大，则说明产出相同GDP对能源

的消耗越高，对环境的压力越大，进而说明其能源消耗浪费现象越严重。公式结果基本符合预期，中国M值最高，其能源利用效率相对较低，而环保措施最为完善的日本能源利用效率最高，其M值也为最低，即3373409（千卡/10000美元）。

不过上述结果仍然存在一些问题，例如欧洲各国的每10000美元GDP所需热值M与中国较接近，而这与现实情况并不契合。经研究后发现，由于本文所定义的“欧洲各国”包括欧洲和欧亚大陆所有国家，其中包含东欧、中亚部分发展中国家，因此呈现出结论数据接近中国的现象。

五　结论与建议

本文以中国、美国、日本、欧洲各国（非欧盟）四个经济主体为研究对象，通过对人口、国民生产总值、石油消费、煤炭消费、天然气消费、电力消费6个绿色经济相关因素进行指标性分析和横向比较，并在此基础上引入“热值”这一物理学概念，创新性地提出“每10000美元GDP所需热值M”的综合性指标，最终得出的结论表明：中国对能源消费的总体利用效益不高，能源消费的经济回报相较于发达国家总体偏低。而资源较为贫乏的岛国日本则由于其较高的社会发展水平、政策制定和相对清洁的能源利用技术等原因，能源利用性价比最高，单位GDP消耗各类基础能源最少。经济发展的总体水平与绿色经济的能源利用效率在大方向上成正比（发达国家能源创收率普遍高于发展中国家），而在局部领域受多重外部性因素影响而呈分散分布（日本国民生产总值低于美国而能源创收率高于美国），且对高热值能源（高效能源）的大规模利用是提高能源利用效率、改善自然环境、进一步发展绿色经济的必经之路。

因此，针对中国绿色经济2018年及未来发展战略的新思路与新破局，本文提出以下建议。

（1）逐步减少对煤炭能源这一低热值能源的依赖程度，降低因煤炭燃烧释放出来的大量温室气体和有毒物质对环境的影响；针对目前仍需要大量使用煤炭的发展现状，有针对性地研发提高煤炭燃烧效率的技术，避免其相对其他资源较大量的热值浪费和燃烧效能损失。

（2）继续大力推进清洁电力设施的推广建设工作，环境政策向水力发电、风力发电进行偏移。真正将中国建成“电力大国”“电力强国”，让高能效的清洁电力能源继续为中国 GDP 发展做出更重要的贡献。

（3）中国对天然气这一高热值、高清洁度资源利用的力度目前尚显薄弱，今后应适当加强。通过对海域天然气开采行业加大支持力度以及适当向俄罗斯等天然气资源大国购买天然气额度等方式，逐步将能源投入经费转移到天然气这一流行能源领域上来。

（4）与其他基础能源相比，中国对石油资源的利用较为理性。未来应继续维持石油产业的总体平衡，平稳石油产业结构，对石油资源利用优化升级。

（5）宏观层面上，实现经济发展与基础能源利用的有机协调、相互作用。使经济发展背后的能源支撑更为合理有序，优化整体能源产业结构，实现能源利用由原本的“大量低热值能源”利用模式向更为科学的“以较清洁能源（电力、天然气）与高热值能源为主，以低热值能源为辅”的利用模式逐步转型推进。

物流业与金融业产业集聚趋势及其关联

——基于我国省级面板数据的实证分析

一　背景介绍

随着经济全球化的发展，资金、技术、人才和知识等要素交织，为产业进步提供了巨大支持，产业之间的集群现象越来越普遍，这种现象的发展引出了产业集聚这一热点话题。“产业集聚是指同一产业在某个特定的地理区域内高度集中，产业资本要素在空间范围内不断汇聚的一个过程。”（邓琳，2017）在这一过程中，生产力在空间布局上得到了优化，各种生产要素在一定地域范围内有效地集中，从而增强了这些具有共性、相互联系的企业竞争力。目前，在国家政策的大力支持下，我国正在形成珠三角、长三角、环渤海和中西部四大产业集聚区，对集聚生产要素、优化资源配置、加快制度创新、营造优良产业环境等方面产生重要的积极影响。

国内外学者都对产业集聚这一现象颇有兴趣，并对此有了多方位、多层次的研究。19 世纪末，英国著名经济学家马歇尔创新性地对产业集聚的现象进行了较为全面的阐述，首次提出了内部聚集和空间外部经济的概念，在其著作《经济学原理》中，他指出企业的外部经济性主要表现在三个方面，即专业化劳动的集中、基础设施的共享和信息技术的交流；德国经济学家杜能于 1826 年首先提出了农业区位理论，排除其他可变因素的影响，只考虑城市距离这一个要素，来研究农业生产方式的配置与交通运输距离的关系，以追求地租利益最大、成本最低；随后，经济学家韦伯于 1909 年提出工业区位论，他认为运输成本和工资是决定工业区位的主要因素；1991 年，克鲁格曼提出了以收益递增、不完全竞争和运输成本为理论基石的新经济地理学理论，将经济地理分析纳入主流经济学范畴，拓展分析了经济中的空间集聚现象。在国外学者研究的基础上，我国经济学专家们也对集聚现象进行了深入的讨论分析。梁琦于 2004 年在《产业集聚论》中对产业集聚进行了纯理论分析，表明了产业集聚的均衡性与稳定性；罗勇于 2007 年以江苏省的纺织业等为样本，论证了产业集聚与区域经济增长和差距扩大之间明显的正相关性，产业集聚在带动区域经济增长的同时也扩大了区域经济发展的差距。陈建军、胡晨光（2008）在研究集聚经济圈产业集聚规律的基础上，认为集聚经济圈的形成与合理演化对于拓展区域经济学和发展经济学意义重大。

综合已有研究可以表明，对产业集聚理论的探讨已有很多，充分体现了产业集聚对于国家经济发展的重要意义，但其中也存在一些问题，如部分产业集聚发展不足、企业缺乏自主研发创新能力、受行政与地域限制严重等。并且关于服务业的产业集聚参考文献较为少见，而服务业对于国民经济增长有着非常大的贡献。因此本文将从服务业细分行业的视角对特定产业的集聚现象进行分析，有助于进一步把握和了解该产业的集聚状况，也有助于提出针对性的政策建议。基于此，本文以服务行业中较为热门的金融和物流产业为研究对象，采用区位熵指标来评价金融与物流行业的集聚程度及发展趋势，为该产业的经济进步提出相关参考意见。

二　文献综述

2.1　产业集聚的形成机制

诸如地理位置、社会环境等因素将会影响产业集聚的形成与发展。韦伯于 1909 年从产业集聚带来的成本节约角度出发，讨论了产业集群形成的动因。他认为，费用最小的区位就是最好的区位，并且集聚能使企业达到成本最小的目的。他把集聚的好处归于成本的节省和收益的增加，如基础设施的共享、信息的有效传递、资源的最大化利用都促进了企业集聚。还有一些研究表明社会环境也是产业集聚的一大成因。新产业区理论认为文化环境将产业的空间集聚现象与创新活动联系在一起。物资资本的数量和质量并不是决定一个产业发展的最主要因素，发挥相关经济组织结构和文化传统等社会环境因素才能有效促进产业集聚的发展。正如长期研究硅谷特征的美国经济学家萨克森宁所说："硅谷成功的真正奥秘，是因为硅谷有了一个良好的有利于创新、有利于人才成长的文化生态环境。"另外，经济学家熊彼特于1912年在《经济发展理论》中提出了技术创新理论。他认为技术创新及其扩散促使具有产业关联性的各部门的众多企业形成集群。创新理论更多地强调企业间相互活动和非正式的学习、交流，强调以信任为基础的企业合作以及区域的一种氛围。

2.2 产业集聚度的测算指标及测算结果

由于产业集聚的日益发展，相关集聚度的测算成为学者们研究的新话题。行业集中度是决定市场结构最基本、最重要的因素，它集中体现了市场的竞争和垄断程度。行业集中率即CRn指数是利用该行业相关市场内前n家最大的企业所占市场份额的总和来测算产业集聚。这种方法计算简单，但不能反映地区经济发展水平的差异性，且研究只选取最大的几个地区的情况，具有一定的片面性。随后，赫尔芬达尔教授提出赫希曼指数，他将地区企业数目和地区产业规模考虑进去，指数的值越大，集中度越高，反之越低。但是赫希曼忽略了其他产业的空间分布，产业之间没有可比性。1991年，克鲁格曼提出了空间基尼系数，在空间洛伦茨曲线的基础上，此系数将全部产业的地理分布要素纳入其中，洛伦茨曲线下凹程度越大，表明产业越有可能集中于某些区域。这是一个相对集聚度指数，使得不同产业间的集聚程度具有一定可比性。但在现实生活中，由于企业规模与区域大小具有差异，使用空间基尼系数时会造成产业比较上的误差。而E－G指数可以弥补这一不足，它从市场空间角度来度量产业的集聚程度，而非传统的地理集中度，充分考虑了企业规模与地区差异带来的影响，提高了数据的准确性，但因对数据要求较高，给收集工作带来一定压力。

2.3 产业集聚与经济增长的关系

刘修岩（2009）将经济增长和空间集聚放到统一的框架下，他认为空间产业集聚与经济增长之间存在相互影响的机制，它们构成了内生的过程。张晓燕（2012）运用模型假设、静态对比分析，以环渤海地区金融集聚度为例，使用区位熵方法以及混合回归模型验证了银行业集聚和保险业集聚对经济增长的显著促进作用。且保险行业集聚效应具有较强的杠杆作用，当集聚程度发生变化时，能较大程度地撬动经济增长。但同时，他也发现，若将银行业与保险业区位熵同时纳入模型，两者共同作用对经济增长的促进效果并不明显。产业集聚对城市经济增长具有正向作用，但具体来说，不同产业对城市经济的影响程度有所不同。樊长科、林国彬（2014）通过构建实证模型，利用广东省 2000～2012 年地级城市产业聚集测度数据，表明制造业产业外部性效应与产业增长之间呈正相关关系。产业集聚的外部性优化了制造业的空间规模配置，其在提高内生技术因素投入水平的同时，提高了人均资本存量的投入产出比。

综合上述文献，我们可以发现，首先，国外学者对于产业集聚的研究重在内在机理以及相关理论等，而国内学者多数跟从国外产业集聚研究方向，在国外理论相对成熟的基础上来探索中国产业集聚的特征与发展趋势，缺乏一定的创新性成果。其次，由于理论的成分过多，实证分析占比较少，部分研究仅仅具有一定参考价值，与实际生活应用有较大出入。如相关产业集聚度的测算，各个企业存在规模和地理区域等多方面因素的差异，且在实际生活中具有很多特殊的个别案例，这给产业集聚指数的准确性带来很大影响。每一个微小变量的变化，都将为集聚指数的测算带来巨大的结果差异，使得指数测算应用范围狭窄，很难产生基本的模型。最后，由于产业集聚研究范围越来越广，涉及内容越来越复杂，很难形成系统的理论体系，且针对不同国家、不同产业，集聚的效应具有多样化特征，这使得大多数专家学者的研究有片面化倾向，推广范围受限，专家学者需要迅速更新研究以适应多变的外部条件。

三　方法与数据

3.1　方法

本文将采用区位熵测算产业集聚程度。区位熵指数于 1965 年由哈盖特提出，所谓熵，就是比率的比率。区位熵反映某一产业部门的专业化程度，体现了某产业的集聚程度。公式如下：

$$LQ_{ij} = \frac{\frac{q_{ij}}{q_j}}{\frac{q_i}{q}}$$

在此式中，LQ_{ij}就是 j 地区的 i 产业在全国的区位熵，q_{ij}为 j 地区的 i 产业的相关指标（例如产值、就业人数等）；q_j 为 j 地区所有产业的相关指标；q_i指在全国范围内 i 产业的相关指标；q 为全国所有产业的相关指标。LQ_{ij}的值越高，地区产业集聚水平就越高，一般来说：当 $LQ_{ij}>1$ 时，我们认为 j 地区的 i 产业在全国具有优势，即 i 产业在全国范围内具有一定集聚能力；当 $LQ_{ij}<1$ 时，我们认为 j 地区的 i 产业在全国具有劣势，即 i 产业在全国范围内具有较弱的集聚能力；当 $LQ_{ij}=1$ 时，我们认为 j 地区的 i 产业在全国具有平均水平，即 i 产业在全国范围内产业集聚能力一般。由此可知，区位熵方法简便易行，可在一定程度上反映出地区层面的产业集聚水平。在本文中，将采用就业人数指标来衡量产业集聚水平，其中由于物流业就业人数无明确数据来源，将以物流业中的主要就业人群当作指标，即交通运输、仓储和邮政业就业人数。

3.2 数据

由于前人学者们在制造业产业集聚方面的研究较为普遍，忽略了服务业的产业集聚发展，且关于产业集聚的定量研究数据缺乏普遍性，所以本文将采用区位熵测算方法，从两个方面针对服务业中较为热门的物流业与金融业产业集聚进行定量分析研究，探索产业集聚的发展趋势及未来走向，以及对经济增长的影响，进而制定相关的政策建议以促进产业集聚发展。

首先，从省份部分来看，本文将根据 2008～2017 年《中国统计年鉴》数据，利用全国 31 个省份的金融业与物流业就业人数占该省份总就业人数的比重同全国金融业与物流业就业人数占全国总就业人数的比重之比来具体测算 31 个省份的金融业与物流业产业集聚程度，研究这两个产业在近 10 年的集聚趋势及未来走向，并从中探索不同省份之间的产业集聚程度的差异。

其次，从地区整体来看，由于各地区经济、文化、政治、地理环境的差异，我国的产业分布体现出不均衡、不同步的特点。因此，本文将全国 31 个省份划分为 3 个地区，即东部地区（包含北京、天津、河北、辽宁、上海、江苏、浙江、福建、山东、广东和海南 11 个省级行政区）、中部地区（包含山西、吉林、黑龙江、安徽、江西、河南、湖北、湖南 8 个省级行政区）和西部地区（包含四川、重庆、贵州、云南、西藏、陕西、甘肃、青海、宁夏、新疆、广西、内蒙古 12 个省级行政区）。通过对三个不同地区近 10 年的区位熵测算，找出三个地区之间物流业、金融业产业集聚程度的差距，分析两者之间的关联度，更加深入详细地探究服务业产业集聚背后的原因和对经济增长产生的影响，为之后的政策建议提供数据支持与帮助。

四　实证结果

由区位熵公式可以计算出2007～2016年我国31个省份金融业和物流业区位熵指数，结果如表1、表2所示。首先，从整体来看，我国31个省份中有20个省份的金融业区位熵指数呈上升趋势，且从2007年到2016年，我国金融业的区位熵指数平均值从1.00上升到了1.04。由此可见，我国金融业产业集聚水平在不断上升，并且从一定程度上来说，集聚效应越来越显著。这说明近10年来，我国金融业正以稳定速度发展，金融体制的改革起到了良好效果。由表2中我们得出，共有18个省份的物流业区位熵指数呈上升趋势，10年间的区位熵指数平均值由1.01上升到了1.04。由此说明我国物流业产业集聚水平也在不断提高，集聚效应也有一定加强。其次，从部分来看，例如北京、上海这两个地区的金融业区位熵指数在10年内均保持较高水平，并且北京的金融业区位熵指数在2014年达到最高1.84，说明该地区金融业产业集聚效应在全国具有明显优势。相反，福建、河南、湖北、贵州、云南、新疆地区的金融业区位熵指数一直在1以下，且福建金融业区位熵指数在2011年跌落到最低0.65，说明这些地区的金融业产业集聚水平较低，集聚效应不明显。由这两类地区对比，我们可以看出不同地区间的金融业集聚水平差异较大。

表1　2007～2016年我国金融业区位熵指数

年份	2007	2008	2009	2010	2011	2012	2013	2014	2015	2016	趋势
北京	1.18	1.16	1.15	1.17	1.37	1.51	1.77	1.84	1.81	1.75	
天津	0.85	0.90	0.93	0.94	0.82	0.78	0.90	0.97	1.22	1.50	
河北	1.21	1.29	1.30	1.29	1.22	1.15	1.32	1.36	1.38	1.35	
山西	1.05	1.08	1.02	0.97	1.04	1.05	1.13	1.11	1.14	1.12	
内蒙古	1.08	1.07	1.13	1.13	1.13	1.15	1.23	1.21	1.16	1.08	
辽宁	1.22	1.18	1.11	1.11	1.10	1.08	1.13	1.18	1.25	1.30	
吉林	1.07	1.04	1.04	1.06	1.08	1.10	1.09	1.11	1.08	1.01	

续表

年份	2007	2008	2009	2010	2011	2012	2013	2014	2015	2016	趋势
黑龙江	0.71	0.75	0.81	0.86	0.90	0.98	1.14	1.21	1.28	1.35	
上海	1.62	1.60	1.58	1.67	1.59	1.53	1.63	1.64	1.57	1.52	
江苏	1.03	1.03	1.03	0.98	1.02	1.02	0.69	0.67	0.67	0.68	
浙江	1.04	1.00	0.96	0.92	0.91	0.98	1.14	1.11	1.16	1.18	
安徽	1.08	1.11	1.13	1.09	1.11	1.11	1.11	1.10	1.11	1.16	
福建	0.68	0.70	0.72	0.71	0.65	0.67	0.79	0.81	0.80	0.79	
江西	0.91	0.90	0.97	0.98	0.90	0.79	0.85	0.85	0.78	0.74	
山东	0.90	0.95	1.00	0.96	0.94	0.85	0.91	0.99	1.00	1.00	
河南	0.96	0.88	0.84	0.83	0.81	0.76	0.75	0.70	0.65	0.70	
湖北	0.98	0.88	0.91	0.88	0.77	0.79	0.84	0.82	0.81	0.79	
湖南	1.06	1.05	1.01	1.02	1.06	1.05	1.19	1.21	1.23	1.20	
广东	1.00	1.03	1.00	1.02	1.06	1.05	0.74	0.71	0.70	0.71	
广西	0.91	0.88	0.87	0.86	0.92	0.94	0.97	0.95	0.98	0.96	
海南	0.76	0.72	0.71	0.72	0.80	0.90	0.95	1.08	1.22	1.14	
重庆	1.07	1.10	1.09	1.12	0.97	1.06	1.10	1.03	0.95	0.91	
四川	0.96	0.95	1.01	1.04	0.99	1.04	0.96	0.97	0.97	1.04	
贵州	0.76	0.79	0.76	0.79	0.85	0.79	0.91	0.89	0.83	0.78	
云南	0.78	0.81	0.79	0.77	0.79	0.72	0.78	0.78	0.71	0.67	
西藏	1.10	1.15	1.16	1.00	1.10	0.92	1.09	0.89	0.80	0.77	
陕西	0.91	0.90	1.03	1.07	1.01	1.02	1.00	1.01	1.05	1.07	
甘肃	1.00	1.02	0.96	0.97	0.99	0.98	0.94	0.88	0.85	0.78	
青海	1.02	0.99	1.00	1.06	0.94	1.03	1.15	1.12	1.09	1.02	
宁夏	1.38	1.33	1.30	1.26	1.31	1.28	1.45	1.50	1.55	1.52	
新疆	0.75	0.75	0.75	0.77	0.83	0.81	0.95	0.91	0.84	0.79	
平均值	1.00	1.00	1.00	1.00	1.00	1.00	1.05	1.05	1.05	1.04	

从物流业（见表2）来看，北京、上海地区的物流业区位熵指数仍然在全国处于领先位置，而一些地区尤其是四川，10年来的物流业区位熵指数保持在0.05左右，处于一个非常低的集聚水平，几乎不存在集聚效应，这是四川特殊的地理环境所导致的。四川位于中国大陆地势三大阶梯中的第一级和第二级之间的过渡带，高低悬殊，西高东低的特点明显，且地貌

复杂，以山地为主，所以物流运输成本高且发展不平衡，导致其物流业产业集聚水平很低。

表 2　2007～2016 年我国物流业区位熵指数

年份	2007	2008	2009	2010	2011	2012	2013	2014	2015	2016	趋势
北京	1.63	1.63	1.60	1.63	1.82	1.84	1.71	1.69	1.63	1.55	
天津	1.16	1.21	1.21	1.26	0.93	1.11	1.01	1.03	1.08	1.08	
河北	0.97	1.00	1.00	1.00	0.96	0.89	0.90	0.94	0.96	0.94	
山西	1.17	1.14	1.09	1.07	1.16	1.17	1.09	1.15	1.16	1.14	
内蒙古	1.24	1.26	1.31	1.35	1.36	1.42	1.53	1.50	1.46	1.64	
辽宁	1.32	1.29	1.24	1.21	1.23	1.25	1.17	1.20	1.23	1.32	
吉林	1.17	1.16	1.14	1.12	1.12	1.27	1.09	1.04	1.08	1.05	
黑龙江	1.05	1.06	1.10	1.13	1.19	1.24	1.29	1.30	1.34	1.34	
上海	1.74	1.75	1.83	1.91	1.79	1.56	1.70	1.68	1.71	1.71	
江苏	0.89	0.88	0.84	0.84	0.84	0.84	0.69	0.66	0.67	0.70	
浙江	0.59	0.58	0.58	0.59	0.60	0.63	0.63	0.63	0.62	0.63	
安徽	0.85	0.84	0.81	0.84	0.88	0.85	0.91	0.88	0.92	0.93	
福建	0.63	0.67	0.68	0.68	0.65	0.67	0.81	0.78	0.78	0.74	
江西	1.10	1.10	1.07	1.06	0.88	0.76	1.02	0.95	0.93	0.91	
山东	0.66	0.66	0.71	0.75	0.74	0.77	0.84	0.83	0.83	0.86	
河南	0.83	0.80	0.78	0.80	0.78	0.80	0.87	0.85	0.85	0.84	
湖北	1.27	1.33	1.29	1.03	0.95	0.93	1.02	1.03	1.02	1.02	
湖南	1.01	0.96	0.90	0.86	0.91	0.95	0.87	0.89	0.89	0.89	
广东	0.94	0.95	1.01	1.04	1.09	1.08	0.91	0.92	0.90	0.87	
广西	1.21	1.16	1.15	1.18	1.17	1.18	1.13	1.10	1.04	1.02	
海南	1.02	1.06	1.05	1.09	1.18	1.14	1.17	1.13	1.37	1.46	
重庆	1.07	1.11	1.08	1.11	0.97	1.02	1.39	1.40	1.37	1.35	
四川	0.05	0.05	0.05	0.05	0.05	0.04	0.05	0.05	0.05	0.05	
贵州	0.77	0.83	0.82	0.88	0.88	0.77	0.82	0.77	0.80	0.81	
云南	0.81	0.88	0.91	0.86	0.84	0.79	0.84	0.86	0.87	0.87	
西藏	0.78	0.77	0.66	0.65	0.56	0.54	0.48	0.59	0.57	0.60	
陕西	1.12	1.11	1.08	1.08	1.09	1.02	1.06	1.18	1.16	1.17	
甘肃	0.98	1.03	1.06	1.08	1.13	1.12	1.06	0.99	1.02	1.03	

续表

年份	2007	2008	2009	2010	2011	2012	2013	2014	2015	2016	趋势
青海	1.40	1.32	1.29	1.30	1.22	1.26	1.60	1.38	1.45	1.43	
宁夏	0.93	0.95	1.02	1.01	1.14	1.22	1.19	1.13	1.10	1.10	
新疆	0.86	0.85	0.87	0.90	0.96	1.00	1.21	1.17	1.11	1.09	
平均值	1.01	1.01	1.01	1.00	1.00	1.00	1.03	1.02	1.03	1.04	

为了进一步探究我国金融业与物流业产业集聚程度与地区经济发展的关系，本文依据国家相关规定将地区划分为东部、中部、西部三大块，进行分块式的研究。首先，由图1我们发现，2007～2016年我国东部地区的金融业区位熵指数始终远超于中部地区和西部地区，且系数大多都大于1，这说明东部地区的金融业产业集聚水平较高，产业集聚效应明显，而中部和西部地区金融业产业集聚系数一直小于1，处于一个较低的集聚水平。并且参照地区生产总值占全国比重可以得知，金融业的产业集聚发展与经济增长之间有着密切的关系。以2016年全国四大地区生产总值占全国比重（见图2）为例，我国东部地区在2016年生产总值占全国比重超过一半，而中部和西部地区占比较少，各约20%。这证实了金融业产业集聚发展与地区的经济增长呈正相关关系。东部地区有着良好的经济环境与地理区位优势，所以金融业产业集聚水平远高于中部与西部地区；而中西部地区由于地理环境影响以及经济发展迟缓与科学技术匮乏，因此金融业产业集聚效应低，集聚水平相对落后。但为了平衡东西部发展，其间国家也采取了

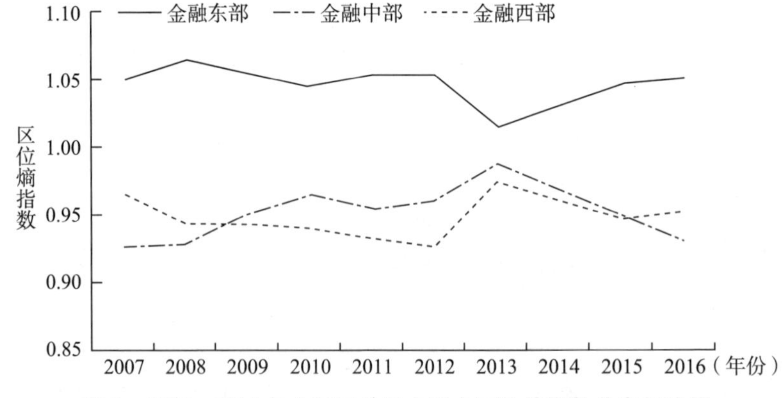

图1　2007～2016年全国三地区金融业区位熵指数分布折线图

一系列金融政策，并开展了相应的扶助项目，这些措施都对中西部地区的金融业产业集聚起到了一定的推动作用。

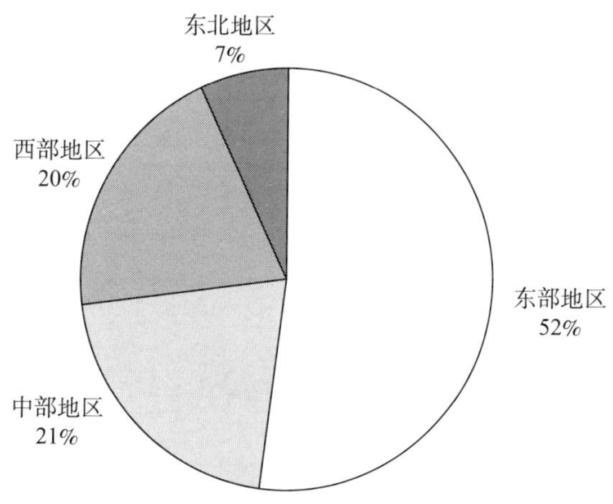

图 2　2016 年全国四大地区生产总值占全国比重

资料来源：《中国统计年鉴》2016 年数据。

从物流业角度来看，从图 3 中可以看出西部地区的物流业区位熵指数较高，中部地区区位熵指数接近 1，即集聚效应一般，并且西部地区区位熵指数在近几年远超于东部地区，说明中西部地区的物流业产业集聚水平较高，产业集聚效应较为显著，而东部地区物流业区位熵指数较低，产业集聚效应不显著，这与该地区的经济增长呈负相关关系，此结果与之前的预期并不相符。首先，由于东部地区经济增长迅速，人们购物需求持续增长，出现了网购狂潮，因此激发了很多第三方物流企业的产生，扩大了市场容量，但同时也减少了各企业的市场份额，导致物流业的产业集聚效应减弱。其次，物流业作为一种劳动密集型产业，需要大量的廉价劳动力来降低企业成本，这是物流企业选址的重要因素。《中国统计年鉴》中分地区年末总人口数显示，河南、河北、四川等中西部地区都属于人口大省，具有充足的劳动力，且根据我国各地区按行业分城镇单位就业人员平均工资的统计分析报告，河南与河北地区从事交通运输、仓储和邮政业的人员工资均处于全国较低水平，所以廉价的劳动力更加带动了中西部物流业的发展。最后，中西部地区大多数省份具有明显的区位优势，都是我国重要的交通枢纽。《全国城镇体系规划（2006—2020 年）》提出在全国范围内建设一级综合交通枢纽城市，其中武汉、重庆、成都、西安、兰州等中西部城市榜上有名，并且在19个二级综合交通枢纽城市中，有12个属于中西部城市，占比超过60%。特别是西部地区昆明、南宁、拉萨、乌鲁木齐这四个城市为国家边境地区交通枢纽城市，它们在国家发展中具有重要的战略地位。综合上述，这几个条件使得中西部地区物流业发展处于领先地位，产业集聚指数高于东部地区。

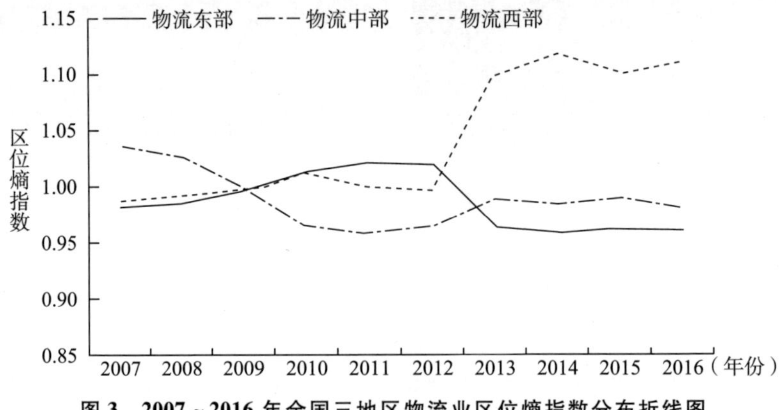

图3　2007～2016年全国三地区物流业区位熵指数分布折线图

为了进一步探究物流业与金融业产业集聚之间的关系，本文采用皮尔逊的相关系数指标来对此进行说明，皮尔逊相关系数是指数值越接近于1，则两者之间关联度越高。综合全国三个地区物流业与金融业产业集聚的相关系数表（见表3），我们发现东部地区的物流业与金融业产业集聚相关度最高，随后是中部地区，西部地区集聚相关度最低。这说明物流业与金融业产业集聚之间存在一定的相关性。首先，根据韦伯的工业区位理论，企业集聚在一起的根本目的是节约成本进而获得更高的利润。东部地区经济发展繁荣，交通条件优越，金融业与物流业产业集聚之间互利互惠，如共享市场、劳动力、交通运输等。具体来说，在东部地区，上海的金融业发展在全国处于绝对领先地位，金融业的发展带动了该地区经济的快速增长，并由此激发了下游产业的发展，其中就包括物流业的发展，金融产业资本的积累为物流业奠定了坚实的经济基础。但同时，上海优越的地理位置也促进了物流业的发展，给金融业的扩展提供了途径与通道。两者相互影响、相互促进，因此两个产业的集聚相关度较高。而相对于中西部地区，由本文之前的实证结果看出，中西部地区的经济水平较为落后，金融业集聚指数较低，然而其物流业集聚程度高，两者几乎呈相反的关系，因此皮尔逊相关系数也很低。

然而，由于皮尔逊相关系数接近于 1 的程度与数据组数 n 相关，容易给人一种假象。因为，当 n 较小时，相关系数的波动较大，有些样本相关系数的绝对值易接近于 1；当 n 较大时，相关系数的绝对值容易偏小。本文采用的是 2007 ~2016 年这 10 年的数据，样本量较少，因此仅凭相关系数判定物流业与金融业产业集聚之间的线性关系可能会有偏差。

表 3　东部、中部、西部地区物流业与金融业产业集聚相关系数

地区	物流业与金融业产业集聚相关系数
东部地区	0.52993**
中部地区	0.47717**
西部地区	0.32659**

注：**代表在 5% 的条件下差异显著。

五　结论与建议

5.1　研究结论

本文采用定量实证分析的方法，将区位熵指数作为计量指标，对服务业中较为热门的金融业与物流业产业集聚现象进行了深入探究。首先是计算得出 2007 ~2016 年全国 31 个省份的金融业与物流业区位熵指数，从而判断出该行业的产业集聚指数呈上升趋势，并且各个省份之间集聚程度差距显著。其次，将全国分成三大地区，即东部地区、中部地区和西部地区，更加直观地观察不同地区的产业集聚程度差异、产生差异的原因，以及金融业与物流业产业集聚之间的关系。从定量分析数据的结果来看，由于经济环境不同，金融业领域内产业集聚程度与经济增长成正比，东部地区的金融业产业集聚区位熵指数明显高于中、西部地区，证明东部地区的产业集聚现象显著，在全国处于领先位置。但相反，在物流业领域，西部地区的产业集聚区位熵指数更高，与其较为薄弱的经济增长形成了反比，东部地区的产业集聚区位熵指数较低，因此物流业的产业集聚程度与经济增长呈现负相关。同时，由于数据指标的局限性，物流业就业人数并不具有很强的覆盖性，所以计算得出的区位熵指数有可能与实际差距较大。最后，为了进一步了解服务业内部行业之间的产业集聚关系，本文计算得出物流业与金融业产业集聚的相关系数，发现东部地区的物流业与金融业相关系数较高，中西部次之，二者互利互惠、相互影响，共同促进了各地区的服务业繁荣发展。

从这些结论中可以看出，国内的产业集聚现象正在慢慢发展，并日益凸显出其重要作用，但也存在区域发展不平衡的问题。在国际上，产业集聚同样是个热点话题，许多学者都在进行产业集聚的理论研究，各个国家都在不断产生拥有高集聚程度的产业区，如美国硅谷的电子产业、德国的机械制造产业、新加坡的金融产业以及国内的中关村科技产业。然而，在这些行业集聚程度如此之高的条件下，更是暴露了地区之间行业集聚的不平衡、不稳定性。

5.2 政策建议

首先，国家应大力推进金融与物流行业的改革。作为服务业中的战略性和基础性行业，金融业与物流业这两种重要的现代产业对区域经济和社会发展具有重大意义。政府需要高度重视这两个产业的发展走势，不断发现问题，并且在改革过程中完善和加强产业集聚程度。政府应大力扶持落后地区的产业集聚，根据不同区域的特点规划产业布局，并通过减免税收、降低土地租金、增强政府补贴等政策措施来加强薄弱地区的产业集聚，以缩小区域、省份之间的产业集聚差异，促进经济平衡稳定发展。

其次，要加快金融产业与物流产业的产业集聚发展，需要各地区合理的统筹规划。目前，我国的产业集聚发展规模较小，各地区集聚程度具有一定差距，各行业之间集聚现象也有较大不同。针对此类问题，第一，各地区需要立足于传统产业或本地优势资源，梳理出主导产业链，促进产业要素集聚，在增强主导产业链的同时，建设配套产业链，从而形成具有综合优势的产业集群。第二，各地区可以通过建立或升级专业市场，促进市场信息、销售渠道、研发设计、机器制造、金融、物流等服务行业有机地结合，形成以市场为核心的大产业集群。最典型的如义乌的小商品产业集群，就是以中国小商品城为核心，带动相关产业大发展，从而成为全球最大的小商品集散地。

最后，创新研发是产业集聚的源泉动力。围绕研发中心，聚集创新要素，可以通过增强研发能力，实现研发、制造、销售等环节的集聚，最终形成产业集群。其中，主要是在实力较强的科研机构、大学的作用下，在某个区域产业上依托技术的领先优势和人才优势逐步发展进而形成集聚。同时，也可以开展创新创业培训班，组织相关企业人员参加培训，邀请专家围绕企业战略定位等方向来授课，为产业集聚提供更广阔的思路。

环境规制对产业结构调整影响机制的研究

一 引言

改革开放以来，立足于廉价劳动力与制造业贸易顺差，中国经济一直保持较高速度发展，“中国奇迹”引起世界瞩目。尽管经济总量已跻身世界前列，我国经济发展中存在的结构性问题却不容忽视，区域发展不平衡、产业结构失调和日益严峻的环境问题越来越成为经济进一步发展的主要制约因素。处于经济结构调整的关键时期，只有积极解决发展中存在的突出问题，我国才能在全球化格局中具备持久竞争力。

产业结构失调是目前我国存在的结构性问题之一，主要体现在我国过去依托高能耗、高污染、低附加值产业的粗放型发展模式，长此以往，造成高科技、高附加值、绿色低碳的产业发展相对滞后。不合理的产业结构往往导致环境问题，“十二五”以来空气质量问题备受关注，《2016中国环境状况公报》指出当年空气质量超标城市占比75.1%，可见我国环境问题仍不容乐观。政策层面就这两大问题已采取了一定措施，2015年中央经济工作会议明确提出注重提高发展的质量和效益，积极调整产业结构；政策上也不断强调环境保护与治理，使之从口号走向制度化，“十三五”规划突出强调绿色发展的理念并提出实行最严格的环境保护制度。

产业结构的优化升级强调以创新为驱动，以绿色高效为理念，必然有助于环境治理。反之，环境规制是否能对产业结构的升级调整产生倒逼效应及其作用机制如何？本文尝试回答上述问题。

二 文献综述

关于环境规制对产业结构的影响，相关研究主要分为三类观点。

第一类观点认为环境规制对产业结构调整有正向影响。李春米（2010）对陕西省数据进行计量检验得出环境规制强度与第二、三产业产值变动存在格兰杰因果关系。李眺（2013）、李强（2013）的研究分别表明环境规制对于服务业增长及其占比具有显著的正向影响，均肯定了环境规制对产业结构调整的积极影响。进一步地，虞淑媛（2016）通过实证分析江苏省数据得出环境规制与产业结构升级之间具有长期协整关系。针对环境规制对产业结构调整的作用路径，可分为直接影响和借由中间变量的传导作用而产生的间接影响，Copeland、Taylor（1994）从“污染避难所”角度研究得出结论：高强度环境规制通过促使污染产业向规制宽松的地区转移从而间接地作用于产业结构升级；Zhu 等（2014）认为技术创新、技术升级、区位布局在这一影响中具有中介作用；郭妍芳（2016）则认为消费结构、投资需求、技术进步、国际贸易具有中介作用。除此之外，产业结构调整本身存在一定的“惯性”，故而学者以环境规制影响产业结构调整的时间效应为出发点进行研究，Wang、Shen（2016）提出环境规制对污染密集产业的制约作用具有滞后效应；赵爽、李萍（2016）认为环境规制对产业结构调整的积极作用需要逐步释放。

第二类观点认为环境规制对产业结构调整具有负向影响。基于“遵循成本假说”，相关研究认为高强度环境规制直接造成企业用于减少污染和环境治理的成本提高，挤压了科研投入，最终制约企业创新、不利于产业结构升级。Wagner（2008）的研究发现环境规制强度与企业专利申请之间存在显著的负相关。Ramanathan 等（2010）明确提出环境规制对技术创新具有抑制作用。进一步地，将企业的研发投入分为用于环境的研发和非环境的研发支出，Kneller、Manderson（2012）认为严格的环境规制将直接减少企业用于非环境保护的创新支出，这对企业的整体研发支出具有负向影响，不利于企业绩效和竞争力的提高。

第三类观点则认为环境规制对产业结构调整的影响相对复杂，不同情况下影响方向不同。陈国发（2015）提出强度各异的环境规制对产业升级的影响方向不同，区分正式与非正式环境规制。原毅军、谢荣辉（2014）

认为工业污染排放强度在正式环境规制对产业结构调整的影响中具有显著的门槛效应，而非正式环境规制总体上促进产业结构调整。不仅如此，不同类型的环境规制和不同实施办法对产业结构调整的影响也是不同的，Zheng、Shi（2017）的研究表明通过污染产业转移促进产业升级这一路径的有效性与环境规制工具有关，市场型、高公众参与度的工具起促进作用，而命令控制型工具则起阻碍作用；更具体地，陈晓红（2011）认为不同环境规制实施办法对产业结构调整的影响不同，主要有正向、负向、U形、倒U形四类。另外，作为政策层面的工具，环境规制的有效性一定程度上还取决于政策制定的出发点，李眺（2013）认为地方政府制定环境规制政策时在经济激励和政治激励之间的权衡决定了其能否成为促进产业结构调整的有效工具。进一步地，环境规制对产业结构调整的影响是以一定条件为前提的，不同条件下环境规制发挥的作用有所区别。从人力资本视角出发，纪玉俊、刘金梦（2016）通过构建门槛回归模型得出人力资本处于不同水平时环境规制对产业升级的影响方向不同；从技术创新角度出发，谢婷婷、郭艳芳（2016）认为产业结构升级以技术创新为前提，若无法有效地激励企业进行技术创新，环境规制只会加重企业成本负担，阻碍产业结构调整；时乐乐（2017）的研究也证明了技术创新水平在环境规制对产业结构调整的影响中具有显著的门槛效用。

已有的研究多集中在环境规制的微观效应上，验证“波特假说”和“污染避难所假说”在中国是否成立。学界对环境规制与产业结构调整的关系及其影响机制的研究则相对较少，且由于指标选取的差异和研究方法的不一致，结果也存在较大差异。本文将采用2004年到2016年30个省份的面板数据，实证研究环境规制对产业结构调整的影响及其内在机制，说明在政策层面是否可以通过合理的环境规制实现环境治理与产业结构优化的双赢结果，并在此基础上为环境规制的实施和产业结构的调整提供政策建议。

三　方法与数据

3.1　理论基础

（1）技术创新传导机制

针对环境规制对技术创新的影响，现有研究结果仍有争议。一方面，高强度环境规制使得企业不得不购买新设备减少污染或维持现有污染水平，而事后缴纳排污税，这都增加了企业生产成本，间接减少了企业科研投入，不利于技术创新，即“创新挤出效应”。另一方面，实施高强度的环境规制时，长期来看，企业通常有两种应对措施，第一种是保持现有污染水平，通过技术创新提高产出从而降低环境规制带来的成本；第二种则是保持现有产量，通过技术创新改进生产流程，降低污染水平从而降低环境治理成本，两种情况下企业均会采取技术创新实现利润最大化，提高企业绩效和竞争力，即“创新补偿效应”。而环境规制对技术创新的具体影响方向则取决于这两种效应间的关系。

关于技术创新对产业结构升级的影响则是确定的。根据熊彼特的观点，创新的本质就是生产要素的新组合和新的生产条件投入生产体系，即通过引导生产要素的合理配置实现更高的经济效益。具体地，技术创新使生产要素流入高效的产业部门，这一过程中创新带来了新产品和新工具，从而引发了传统产业的变革和新产业的崛起。另外，技术创新带来的新产品往往更迎合市场需求，消费结构的高级化反过来将促进生产的进步，最终带来整个产业结构的升级。

据此提出本文的理论假设 H1：环境规制通过技术创新对产业结构调整产生作用。

（2）外商直接投资传导机制

就目前研究来看，环境规制对外商直接投资产生何种影响尚未达成一致。发展中国家在外商直接投资中常扮演东道国形象，一方面，实施高强度的环境规制对高污染外商直接投资形成进入壁垒，从发达国家转移而来的高污染产业将会受到抑制。另一方面，发达国家的环境规制水平本身可能远高于发展中国家，其企业已具备足够高水平的生产设备与技术来适应高强度环境规制，在面临发展中国家较低强度的环境规制时往往具有相对优势，故发展中国家实施环境规制相对而言可能更多地抑制本国高污染企业的发展，最终有利于外商直接投资的进入；也有理论认为高强度的环境规制使当地环境得到改善，从而吸引高技术外商投资。

现有的研究表明外商直接投资对产业结构调整有重要影响。一方面，高质量的外商直接投资带来充裕的资本，直接促进了相关产业的发展，随之带来的先进生产设备、研发技术和管理经验则通过技术外溢和示范效应间接促进东道国的产业升级。另一方面，外商企业通过与东道国企业竞争以及产业关联等途径间接促进该国产业升级。而“污染避难所假说”认为，发达国家产业转移的出发点多为规避国内高强度的环境规制，大多属于低技术高污染产业，故而在产业转移的同时带来了高污染。也有理论对外商直接投资的作用效果并没有第一种观点乐观，认为外商直接投资的技术外溢和示范效应并不能得到充分发挥，因而对东道国产业结构升级的影响是不确定的。

据此提出假设 H2：环境规制通过外商直接投资对产业结构调整产生作用。

3.2 研究框架

前文定性分析了环境规制通过作用于技术创新和外商直接投资对产业结构调整产生的影响。本文借鉴李光峰（2016）的计量模型，首先分析环境规制对中间变量的影响（见图 1），在此基础上再建立模型分别分析环境规制对产业结构以及环境规制、中间变量对产业结构的影响，从而有效验证直接影响与间接影响的存在性。

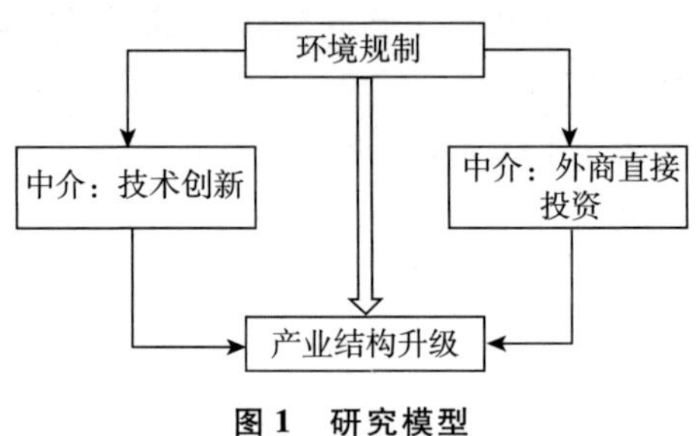

图 1　研究模型

3.3 计量模型

根据徐盈之等（2015）提出的中介效应的成立需要满足三个条件：第一，在没有纳入中介变量之前，核心解释变量对被解释变量的影响显著；第二，核心解释变量对中介变量的影响显著；第三，纳入中介变量后，中介变量对被解释变量的影响显著，但核心解释变量对被解释变量的影响程度降低甚至不再显著。故而本文采用下面两步回归对直接效应与中介效应进行验证，为避免面板数据的异方差和多重共线性问题，回归模型将采用双对数模型：

$$\ln TI_{it} = \beta_0 + \beta_1 \ln ER_{it} + \mu_{it} \tag{1}$$

$$\ln FDI_{it} = \beta_0 + \beta_1 \ln ER_{it} + \mu_{it} \tag{2}$$

模型 1 和模型 2 用于分析环境规制对中介变量技术创新和外商直接投资的影响。

$$\ln IS_{it} = \beta_0 + \beta_1 \ln ER_{it} + \beta_2 \ln FAI_{it} + \beta_3 \ln POP_{it} + \beta_4 \ln EDU_{it} + \beta_5 \ln ECO_{it} + \beta_6 \ln TRA_{it} + \mu_{it} \tag{3}$$

$$\ln IS_{it} = \beta_0 + \beta_1 \ln ER_{it} + \beta_2 \ln TI_{it} + \beta_3 \ln FDI_{it} + \beta_4 \ln FAI_{it} + \beta_5 \ln POP_{it} + \beta_6 \ln EDU_{it} + \beta_7 \ln ECO_{it} + \beta_8 \ln TRA_{it} + \mu_{it} \tag{4}$$

模型 3 用于分析环境规制对产业结构调整的直接影响，模型 4 用于分析环境规制、中介变量对产业结构调整的影响。

3.4 变量选取与说明

本文的被解释变量为产业结构（IS）：借鉴徐德云（2008）提出的产业结构升级指数，$IS = \sum_{i=1}^{3} y_i i = y_1 + 2y_2 + 3y_3$，其中 y_i 表示第 i 产业的收入比重，该指标的上下限分别为 3 和 1，数值越小，表明第一产业所占比重越大，产业结构层次越低；数值越大，表明第三产业所占比重越大，产业结构层次越高。

表 1 各变量列表

变量		说明	
被解释变量		产业结构	IS
解释变量	核心解释变量	环境规制强度	ER
	中介变量	技术创新	TI
		外商直接投资	FDI
	控制变量	经济发展水平	ECO
		人口密度	POP
		投资状况	FAI
		教育水平	EDU
		对外开放程度	TRA

核心解释变量为环境规制强度（ER）：借鉴张成等（2010）的方法以污染治理投资占工业增加值的比重衡量环境规制强度。

上文理论分析部分定性描述了技术创新和外商直接投资在环境规制对

产业结构调整的影响中具有重要作用，故本文选取以下这两个变量作为中介变量。

技术创新（TI）：以国内专利申请授权量衡量。

外商直接投资（FDI）：以外商直接投资占固定资产投资总额的比例衡量。

最后，控制变量包括以下五种。

经济发展水平（ECO）：较高的经济发展下，人们更注重高品质的生活和优美的环境，会更多地关注环境问题，从而对产业结构升级产生影响，故本文将其作为控制变量，用人均国内生产总值衡量。

人口密度（POP）：由于环境污染具有负外部性，某个地区人口越多就会有越多人关注并参与环保问题，从而对产业结构升级产生影响，故将其作为控制变量。

投资状况（FAI）：投资结构是决定产业结构的关键因素之一，合理的投资结构能促进社会资源流向高效率的产业部门，直接促进产业结构的升级，本文用固定资产投资总额占国内生产总值的比例作为衡量指标。

教育水平（EDU）：某一地区人口的受教育程度越高、其知识积累越丰富，对健康生活的需求越迫切，越会主动参与环境问题，从而对产业结构升级产生影响，故本文将其作为控制变量，用高等学校在校学生数占总人数的比例衡量教育水平。

对外开放程度（TRA）：对外开放程度是经济发展过程中的重要指标，对外开放程度较高的地区因其具有完善的基础设施和更好的投资环境往往能吸引相对优质的外商企业进入，从而作用于产业结构调整，故本文将其作为控制变量，用经过年均汇率折算的地区进出口总额占国内生产总值的比重衡量。

3.5 数据描述

选取 2006～2016 年中国 30 个省份的相关面板数据，为保证统计口径和数据来源的一致性，原始数据均来自《中国统计年鉴》、《中国环境年鉴》以及国家统计局网站的数据资料，其中涉及美元的数值均采用当年美元兑换人民币的平均汇率进行折算。

（1）环境规制与产业结构现状

由图 2 可知，从全国水平来看，以环境污染治理投资占 GDP 比重衡量的环境规制强度在2004～2016年始终保持在1%～2%，这也从整体上说明我国环境规制强度不高。从变化趋势来看，该指标在2010年达到峰值，后呈下降趋势，可能是我国GDP数值越来越大导致的，同时环境规制通常采取多种工具配合发力，这也说明环境规制仅由环境污染治理投资来衡量还不尽合理，后续研究应对这一指标做进一步改进。

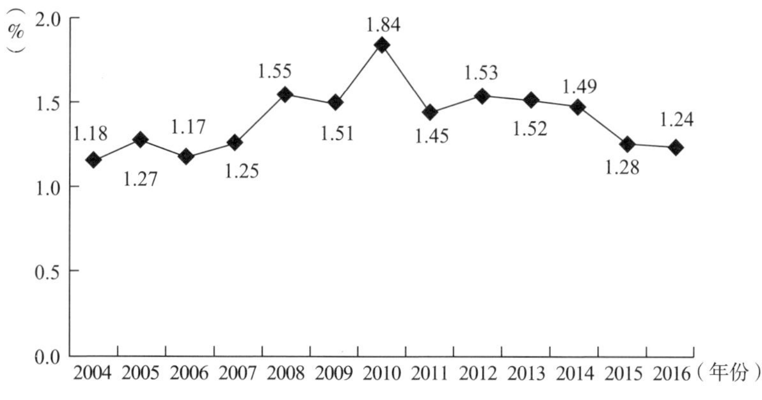

图2　2004～2016年环境污染治理投资总额占GDP的比重

由图3可知，从2004年到2016年，我国第三产业对GDP的贡献率呈上升趋势，在2015年首次超过第二产业贡献率并大于50%，但据世界银行统计，目前发达国家第三产业对GDP的贡献率已占到GDP的60%～80%，可见我国产业结构升级虽取得显著进步但相比发达国家仍有较大差距；同时，我国第三产业内部的各产业发展水平不平衡也会制约产业结构升级，这说明我国产业结构升级还需要不断探索与调整。

图3　2004～2016年第一、二、三产业对GDP的贡献率情况

(2) 变量的描述性分析

根据表2数据，2004～2016年，被解释变量产业结构调整系数均值为2.30557，根据前文对该指标的描述，理论上其最大值为3，代表产业结构高级化，由数据可知我国产业结构高级化程度仍然较低，一定程度上滞后于我国经济发展水平，说明我国经济发展仍没有实现主要由第三产业带动。另外，该指标最值之间差距较大，说明该时间段内我国各省份产业结构发展升级程度差异较大，同时也说明研究这一课题的必要性；核心解释变量环境规制强度是以污染治理投资占工业增加值的比重来衡量的，数据显示其平均值为0.43150%，表示就平均状况来看全国范围内的环境规制强度还不够高，这就在数据上显示出我国过去“以环境换发展”的发展模式，其最值之间同样存在较大差异，可见环境规制强度在地区之间存在较大差距。

表2 变量的描述性分析

变量	样本	均值	标准差	最小值	最大值
产业结构调整系数 IS	390	2.30557	0.12487	2.06900	2.79727
环境规制强度 ER（%）	390	0.43150	0.36824	0.03590	2.80389
技术创新 TI（个）	390	25443.57	45922.41	70	269944
外商直接投资 FDI（%）	390	1.78775	2.25577	0.00827	15.94753
对外开放程度 TRA（%）	390	32.45924	39.78915	3.21550	172.44700
经济发展水平 ECO（元）	390	35082.36	22868.66	4317	118198
教育水平 EDU（%）	390	0.40714	0.17363	0.07882	0.88284
投资状况 FAI（%）	390	65.54931	22.72371	23.97517	137.14530
人口密度 POP（人/平方千米）	390	0.04421	0.06424	0.00075	0.38508

其他中介变量和控制变量的数据也均存在较大的离散性，说明区域发展不平衡、不协调是我国目前存在的主要结构性问题之一。外商直接投资指标显示我国对外资的依赖程度相对较低，其最小值不足0.01%，表明我国部分地区招商引资成果不显著。一方面，有区位因素的原因；另一方面，也说明这些地区的招商引资政策还不足以对外商投资产生足够的吸引力。对外开放程度指标最值间则存在严重的差距，总体上表明我国各地区对外开放程度存在较大差异。经济发展水平指标以人均国内生产总值来表示，数据显示我国各地区发展仍有较严重的不平衡、不协调问

题。教育水平指标以高等学校在校学生数占总人数的比例衡量，其均值为0.40714%，可见我国高等教育虽已获得较大进步但数据上仍不够理想。投资状况以固定资产投资占国内生产总值的比重衡量，其均值为65.54931%，表明投资仍然是拉动我国经济发展的主要动力之一，其最大值甚至达到137.14530%，这在一定程度上也表明我国发展模式中存在的一大问题，值得深思。

四　实证结果

模型1中，环境规制在1%的显著性水平下对技术创新的影响为负，这表明我国2004～2016年数据显示环境规制的“波特效应”假说不成立。我国强度较高的环境规制使得企业用于防治污染的成本负担较高而相应的技术创新投入不足，导致环境规制对技术创新出现负效应。

表3　环境规制、中间变量与产业结构的实证分析

	模型（1）	模型（2）	模型（3）	模型（4）
变量	lnTI	lnFDI	lnIS	lnIS
lnER	-0.563*** (0.0787)	0.423*** (0.0943)	0.00650*** (0.00134)	0.00537*** (0.00119)
lnTI				0.0114*** (0.00247)
lnFDI				-0.00985*** (0.00114)
lnFAI			0.0119** (0.00488)	-0.00269 (0.00451)
lnPOP			0.111*** (0.0182)	0.0508*** (0.0171)
lnEDU			0.00526 (0.00508)	0.0126*** (0.00452)
lnECO			0.0168*** (0.00421)	-0.0129** (0.00537)
lnTRA			0.00274 (0.00297)	0.00532** (0.00267)

续表

	模型（1）	模型（2）	模型（3）	模型（4）
Constant	3.634*** (0.0421)	0.149*** (0.0504)	0.450*** (0.0409)	0.464*** (0.0359)
样本量	390	390	390	390
R - squared	0.125	0.053	0.579	0.678
省份数量	30	30	30	30

注：小括号中的数值表示对应系数的 t 值，*、**、*** 分别表示通过 10%、5%、1% 显著性水平的检验。

模型 2 中，环境规制在 1% 的显著性水平下对外商直接投资的影响为正，表明我国高强度的环境规制将有利于外商直接投资的进入。究其原因，我国企业的排污水平整体较高，故而我国实施的环境规制强度主要对本国企业形成制约，而对外资企业而言则不足以形成有效的进入壁垒，甚至因为对国内企业形成的制约而减小了外资企业面临的竞争。

模型 3 中，在 1% 的显著性水平下，环境规制强度每提高 1%，产业结构调整指标提高 0.65%，可见环境规制强度越高，产业结构优化程度越高，这就验证了环境规制对产业结构升级具有直接的正向影响。另外，控制变量中，投资状况对产业结构的影响在 5% 的水平下显著为正，这表明较高的投资水平不仅带来经济发展水平的提高，还将带来产业结构的升级，另外，合理的投资结构将促进新产业的发展，同时资本的流向也进一步引导劳动力等生产要素的流向，各生产要素的合理配置最终将促进产业结构升级；人口密度和经济发展水平对产业结构升级的影响均在 1% 的水平下显著为正。人口密度较高时，往往带来人才和知识的集聚从而有更多优质劳动力从事更高层次的产业，加上知识外溢和干中学效应，都对产业结构升级产生积极影响，另外，人口密度高时环境污染带来的负外部性将影响更多人，这会促使更多人参与环境问题，从而直接促进环境改善和产业结构升级，这其实也就验证了人口密度作为非正式环境规制的一种（虞淑媛，2016）对产业结构升级的倒逼作用；经济发展水平体现了地区经济实力，决定了发展新兴产业的潜力，经济发展水平较高的地区往往聚集了最优质的物质与人力资源和最高效的生产要素，故而经济越发达的地区发展新兴产业越具有比较优势，从而经济发展水平有利于产业结构升级。

模型 4 中，环境规制的系数相比模型 3 变小，且中间变量技术创新和外商直接投资对产业结构调整的影响均在1%的水平下显著。根据本文建立的四个模型，中介效应成立的三个条件均得到满足，故而技术创新和外商直接投资在环境规制对产业结构调整的影响中具有中介效应。其中技术创新表现为显著的正向影响，说明技术创新是产业结构调整的关键，外商直接投资表现为显著的负向影响，说明虽然环境规制的实施有利于外商直接投资的引入，但我国目前所吸引的外商直接投资质量较低，仍处于较低端的产业结构，致使其不利于我国产业结构优化升级。这也进一步说明政府要坚持高强度的环境规制，同时鼓励技术创新、提高外商直接投资的质量，从而发挥环境规制的直接效应及技术创新与外商直接投资的间接效应，实现环境改善和产业结构优化调整的双重效果。控制变量中，教育水平在1%的显著性水平下对产业结构调整产生正向影响，教育作为人力资本投资最重要的形式之一，高教育水平在一定程度上便代表了高水平的人力资本，人力资本是技术创新的原动力，故而教育水平较高时相应的技术创新能力也会增强，从而有利于产业结构升级。对外开放程度在5%的水平下对产业结构升级有正向影响，对外开放程度越高的地区往往具有越完备的基础设施和政策支持，这将吸引高技术、低污染水平的外商直接投资，从而有利于我国产业结构升级。

五　结论与建议

高能耗、高污染的粗放型发展方式已经越来越不能适应我国经济社会的发展要求，资源密集型产业面临着转型升级的难题。同时，环境问题越来越受到人们的重视，政策层面也更为重视生态环境保护与治理。值得注意的是，我国产业结构在很大程度上受国家政策的影响，政策层面的环境规制是否对产业结构调整具有倒逼机制，这一研究具有现实意义。本文以技术创新和外商直接投资作为传导机制，分析环境规制对产业结构的宏观影响，实证检验环境规制对产业结构的影响程度及其内在机制。由实证分析可以得到如下结论。

首先，高强度的环境规制有利于产业结构调整，控制变量中投资状况、对外开放程度对产业结构的调整均有显著的正向影响，中介变量中技术创新效应为正向、外商直接投资效应为负向。其次，环境问题具有很强的外部性，有两大解决途径，当界定产权成本过高时只有政府规制才是更为行之有效的方法。而基于我国经济体制，产业结构升级调整不仅取决于微观层面的企业和中观层面的市场选择，很大程度上还受到宏观层面政府干预的影响。基于上述结论，本文提出以下几点政策建议。

第一，坚持发展经济与因地制宜原则。基于我国仍处于社会主义初级阶段的基本国情，环境问题的解决仍要以经济发展为前提。此外，应坚持因地制宜，不同区域的发展程度有所差异，因而对于环境规制的强度以及具体实施工具都应有所区分以适应各地区的不同情况。针对经济较发达地区，要加大环境规制强度，同时关于环境规制的工具也可以更多地采用市场化手段，从而既有利于对企业产生一定的激励作用，使其努力提高竞争力从而促进产业结构升级，又能满足较发达地区人们对环境的高要求。对于经济相对落后的地区，政府则应以经济发展为首要目标，积极促进产业结构升级，同时兼顾环境问题，提供更多优惠政策，尽量减少企业环境规制成本，在优化环境的同时避免损害经济社会发展。

第二，完善环境规制体系，提高环境规制强度。实证分析显示环境规制强度对产业结构调整具有显著的正向影响。因而，在政策层面应该加强环境规制力度从而促进环境问题的解决和产业结构的优化升级。具体来说，首先，推进环境规制法制化进程，规范化的制度体系是科学高效执法的首要前提；其次，调整环境规制机构人员设置，提高执法水平；最后，采取多样化环境规制手段和工具，完善排污权等市场化运作办法，同时匹配更透明的信息公开平台，激励企业通过市场化办法进行污染防治。

第三，鼓励并支持技术创新。高强度的环境规制往往带来企业环境治理的高成本，实证分析也证明目前我国环境规制的“波特效应”暂未成立，即环境规制带来的创新效应难以弥补成本的增加。故而政策上应该尽量减少微观层面企业的环境规制成本，激励其进行技术创新。一方面，政府应增加 R&D 投入，对企业提供技术指导，帮助企业降低污染治理成本，鼓励企业进行技术创新；另一方面，向企业提供环境治理补贴，使其有更多的资本用于科研投入。

第四，吸引并筛选外商直接投资。目前我国对外开放程度平均水平较低且地区差异较大，实证分析表明我国吸引的外商直接投资质量较差，不能有效带动产业结构升级。故而首先在经济新常态下政府应扮演合格的裁判角色，从宏观上优化投资环境，提供优惠政策和优质公共服务，吸引外商直接投资的进入；另外，政府要对引入外商直接投资建立一定的标准和规范，引入高质量的外商直接投资，避免成为“污染避难所”，同时国内企业与外资企业应进行更多先进生产技术和管理经验的交流，进而充分发挥技术外溢效应，实现引资、引技、引智的有机结合。

城镇化与产业集聚互动作用对环境污染的影响

一 引言

时值改革开放 40 周年，中国的经济体量相较 1978 年增加了 32 倍，GDP 增长率实现平均每年 9.6% 的速度，经济总量占世界的比重由 2.3% 跃升为 14.9%，成为世界第二大经济体，创造了当之无愧的“中国奇迹”。城镇化与产业集聚现象伴随着中国发展奇迹的整个进程，共同驱动了中国经济的腾飞。改革开放初期，我国的城镇化率不足 20%，2011 年突破了 50%，到 2017 年年末达到 58.52%，增速为每年 1% 左右。一方面，城镇化进程中，农村人口涌入城市带来丰富的劳动力与资本，生产要素的集中自然而然地吸引着企业向城市转移，形成产业集聚；另一方面，产业集聚有利于企业生产效率的提高，更高的经济效益吸引着更多农村剩余劳动力向城市集中，推进城镇化进程。两者的相互促进不断推动着生产可能性边界的扩张，扩大产出，带来经济的快速发展。

但与此同时，城镇化与产业集聚也给环境造成巨大的压力。农村人口向城镇人口转变的过程中，除了生活地点的改变，消费观念也发生了巨大变化，由此导致的消费需求不断扩大，造成城市生活垃圾越来越多；前三十几年，中国一直通过工业驱动和粗放型增长的方式来实现经济发展，“高能耗、低资源利用率”带来大量的工业污染物排放，产业集聚现象使得污染物在空间上“集中排放”（王兵、聂欣，2016），冲击着生态环境的承受阈值。

近年来，环境污染表现出抑制城镇化和产业集聚的态势。触目惊心的污水河、恶臭熏天的垃圾场、十面“霾”伏的天气，让环境不但失去观赏的美感，还影响到人们的身心健康，城市居民开始追求农村地区原生态、无污染的生活环境，出现了部分“逆城镇化”的现象；环境污染也给经济造成重大的损失（孙克等，2017），污染治理提高了企业的生产成本，迫使企业转移，遏制了产业集聚。中国的城镇化水平与发达国家相比还有较大的差距，城镇化还将是未来一段时间的发展趋势，而且集聚的产业作为贴合中国实际情况的发展模式，也将继续发展下去，在这种情况下，厘清城镇化与产业集聚对环境污染的影响，对症下药地消除负外部性，实现经济发展与生态环境和谐共进具有重要的现实意义。

二　文献综述

2.1　城镇化与环境污染

1991 年，Grossman 和 Krueger 提出环境库兹涅茨曲线（Environmental Kuznets Curve，EKC）假说，表明环境状况与经济发展水平呈倒 U 形，即经济发展水平较低时，环境污染随着经济增长加重，环境不断恶化；当经济发展到一定水平后，环境污染水平随着经济的进一步增长降低，环境状况得到改善。这一理论后来被广泛应用于城镇化对环境污染影响的研究中，相关学者（张燕、高峰，2015；穆怀中、范洪敏，2016）认为环境污染水平随着城镇化进程表现出先上升后下降的趋势。有的学者向 EKC 的倒 U 形假说提出挑战，杜江和刘渝（2008）分别衡量了城镇化水平与 6 种环境污染指标之间的关系，其中 4 种符合 EKC 假说，另外 2 种呈正 U 形曲线关系；杜雯翠和冯科（2013）对 11 个新兴经济体国家的相关数据进行实证分析也得到正 U 形曲线关系的结论，并测算出拐点在 59% 的城镇化水平上；赵爱文和李东（2012）对碳排放进行研究，得到存在 N 形 EKC 的结论，但是曲线关系比较微弱，不存在明显的拐点；黄河东（2017）通过扩展 EKC 假说，引入人口城镇化的二次项和三次项，实证表明城镇化水平与环境污染之间呈反 N 形。

还有一部分学者认为城镇化水平与环境污染之间的非线性关系并不显著，而是存在明显的正相关关系，即城镇化进程持续造成环境污染（丁翠翠，2014；段博川、孙祥栋，2016；邓晓兰等，2017）；王会和王奇（2011）的测算明确表明城镇化率每提升 1 个百分点会造成工业污染物排放量 0.2% ~0.5% 的增加；张腾飞等（2016）的研究则表明城镇化过程中的人力资源积累和清洁生产技术推广能有效缓解城镇化和环境污染的正向相关关系。

2.2 产业集聚与环境污染

环境污染是产业集聚负外部性的一种表现形式，这种负外部性又可以通过产业集聚的正外部性减弱、消除甚至覆盖，所以产业集聚对环境污染的影响取决于正负外部性的相对大小。基于对制造业集聚和服务业集聚的对比研究，杨敏（2018）认为制造业集聚导致污染排放的显著增加，而由服务业细分的消费性服务业、生产性服务业、公共性服务业均对环境污染起到程度不一的改善作用；周锐波和石思文（2018）对产业集聚和环境污染的互动机制进行研究，表明产业集聚的正向外部性有利于提高企业的生产效率从而降低污染水平，而环境污染会提高企业的生产成本并造成企业的转移。

也有学者提出两者之间的非线性关系，李勇刚和张鹏（2013）表明产业集聚对环境污染的作用呈现正 U 形曲线关系，而且中国现在正处于曲线左侧的下降通道；刘习平和盛三化（2016）的实证进一步测算出产业集聚度对数 3.1161 为拐点的位置。门槛回归法也被频繁地应用于相关的研究，学者们以产业集聚度（杨仁发，2015；吴文洁等，2017）、市场化水平（李筱乐，2014）、外商直接投资水平（杨仁发，2015）等作为门槛变量得到产业集聚水平与环境污染之间表现出正 U 形或倒 U 形曲线关系的结论。

而闫逢柱等（2011）则提出短期之内环境污染水平随产业集聚度下降，但从长期来看两者之间不存在必然因果关系的观点。

2.3 城镇化、产业集聚与环境污染

改革开放以来，中国的城镇化进程加快，产业集聚现象也越来越明显，两者相伴发展。基于新经济地理理论，金煜等（2006）提出工业企业倾向于向城镇化水平高的地区集聚；赵昕（2007）的实证研究表明产业集聚通过劳动力吸引、经济支持以及空间扩展推动城镇化进程；纪玉俊和李志婷（2018）对制造业集聚和城镇化的交互影响进行研究，实证结果表明两者之间存在内生性，城市发展促进了第三产业的蓬勃发展从而抑制了制造业集聚，而制造业集聚通过吸引农村剩余劳动力和提供大量物资推动了

城镇化进程。

而最近的研究中，学者们已经将视线切换到城镇化和产业集聚的共同作用，王素凤等（2017）以工业集聚度为门槛变量，在工业集聚对环境污染影响的门槛回归模型中引入城镇化水平，门槛位置显著提前，证实两者相互作用有利于改善环境状况。梁伟等（2017）则是以城镇化水平作为门槛变量来研究工业集聚对环境污染的影响，实证表明随着城镇化水平的提高，产业集聚与环境污染呈倒U形曲线关系，拐点位于68.60%的城镇化率。

2.4 总结性评述

通过对上述文献的梳理可以看出，我国学界单独研究城镇化对环境污染的影响或者产业集聚对环境污染的影响已经取得较多的成果，但是因为环境污染指标、时间跨度以及实证模型等的选取各不相同，得出两者之间呈正相关、负相关、U形、倒U形、N形、倒N形等关系，而没有一个在同一维度下的确定的结论。除此之外，关于城镇化和产业集聚互动作用对环境污染的影响还鲜有学者研究，这部分的空白值得后人进行填补。

因此，本文将致力于实现以下几点目标。①构建一个综合的环境污染衡量指标，消除以单一指标代表不同发展特点的地区污染排放状况所造成的偏差；②在非线性假设下扩展EKC模型，考察样本期间城镇化与集聚水平各自与环境污染的具体关系，并测算“拐点”的具体位置；③在模型中引入城镇化与产业集聚的乘积项，通过实证研究说明两者的互动作用是否对环境污染产生影响。

三 理论模型

3.1 城镇化、产业集聚对环境污染的影响

EKC已经被学者们证实在中国客观存在（王立新、刘松柏，2017；刘明辉、刘灿，2017），而且在城镇化和产业集聚对环境污染影响的研究中也受到广泛应用。本章扩展了EKC模型的内容以及含义，分别用于考察城镇化和产业集聚对环境污染的影响。具体表现为在EKC模型的基础上引入相关指标的二次项和三次项，探究其与环境污染具体的曲线形状以及“拐

点”的位置。扩展后的 EKC 模型可以表示为：

$$Y = f(X_i, X_i^2, X_i^3, Z), i = 1,2$$

其中，Y 代表环境污染状况，X_1 代表城镇化水平，X_i^2 代表产业集聚度，Z 为一系列控制变量如经济状况、科技水平、环境保护等，构建如下模型：

$$poll = \alpha + \beta_1 urban + \beta_2 urban^2 + \beta_3 urban^3 + \gamma_k Z \quad (1)$$

$$poll = \alpha + \beta_1 aggl + \beta_2 aggl^2 + \beta_3 aggl^2 + \gamma_k Z \quad (2)$$

模型（1）探究城镇化对环境污染的影响，模型（2）探究产业集聚对环境污染的影响，Z 代表控制变量，$k = 1$、2、3，γ_1、γ_2、γ_3 分别为经济状况、科技水平和环境治理的系数。EKC 的形状由系数 β_1、β_2、β_3 决定，具体可以分为以下几种情况。

①当 $\beta_1 = \beta_2 = \beta_3$ 时，X_i 与环境污染之间没有关系。

②当 $\beta_1 < 0$ 且 $\beta_2 = \beta_3 = 0$ 时，污染程度随着 X_i 水平的提高逐渐减轻。

③当 $\beta_1 > 0$ 且 $\beta_2 = \beta_3 = 0$ 时，污染程度随着 X_i 水平的提高逐渐加重。

④当 $\beta_1 < 0$，$\beta_2 > 0$，$\beta_3 = 0$ 时，X_i 与环境污染之间呈现 U 形关系，即 $X_i < \frac{\beta_1}{-2\beta_2}$ 时，环境污染随着 X_i 的提高逐渐减轻，$X_i > \frac{\beta_1}{-2\beta_2}$ 时，环境污染随着 X_i 的提高逐渐加重。

⑤当 $\beta_1 > 0$，$\beta_2 < 0$，$\beta_3 = 0$ 时，X_i 与环境污染之间呈倒 U 形关系，即 $X_i < \frac{\beta_1}{-2\beta_2}$ 时，环境污染随着 X_i 的提高逐渐加重，$X_i > \frac{\beta_1}{-2\beta_2}$ 时，环境污染随着 X_i 的提高逐渐减轻。

⑥当 $\beta_1 < 0$，$\beta_2 > 0$，$\beta_3 < 0$ 时，X_i 与环境污染之间呈倒 N 形关系，即 $X_i < \frac{-\beta_2 - \sqrt{\beta_2^2 - 3\beta_1\beta_3}}{-3\beta_3}$ 或 $X_i > \frac{-\beta_2 - \sqrt{\beta_2^2 - 3\beta_1\beta_3}}{-3\beta_3}$ 时，环境污染随着 X_i 的提高逐渐减轻，$\frac{-\beta_2 - \sqrt{\beta_2^2 - 3\beta_1\beta_3}}{-3\beta_3} < X_i < \frac{-\beta_2 + \sqrt{\beta_2^2 - 3\beta_1\beta_3}}{-3\beta_3}$ 时，环境污染随着 X_i 的提高逐渐加重。

⑦当 $\beta_1 > 0$，$\beta_2 < 0$，$\beta_3 > 0$ 时，X_i 与环境污染之间呈现 N 形关系，即 $X_i < \frac{-\beta_2 - \sqrt{\beta_2^2 - 3\beta_1\beta_3}}{-3\beta_3}$ 或 $X_i > \frac{-\beta_2 - \sqrt{\beta_2^2 - 3\beta_1\beta_3}}{-3\beta_3}$ 时，环境污染随着 X_i 的

提高逐渐加重，$\frac{-\beta_2+\sqrt{\beta_2^2-3\beta_1\beta_3}}{-3\beta_3}<X_i<\frac{-\beta_2-\sqrt{\beta_2^2-3\beta_1\beta_3}}{-3\beta_3}$时，环境污染随着 X_i 的提高逐渐减轻。

3.2 城镇化和产业集聚互动作用对环境污染的影响

城镇化与产业集聚之间的互动机制对于经济发展的推动作用已经得到学者们的证实（陆根尧等，2011），但这种互动作用对于环境污染的影响还鲜有学者进行研究，本文在这部分将构建线性回归模型，探究城镇化和产业集聚的互动作用对环境状况改变的影响。在模型（1）的基础上，引入城镇化与产业集聚的一次项、二次项、三次项，以及城镇化与产业集聚乘积项 agur = aggl * urban 的一次项、二次项、三次项，构建如下模型：

$$\begin{aligned}poll=\alpha+\beta_1 urban+\beta_2 urban^2+\beta_3 urban^3+\gamma_k Z+\beta_4 aggl+\\ \beta_5 aggl^2+\beta_6 aggl^3+\beta_7 agur+\beta_8 agur^2+\beta_9 agur^3 \end{aligned} \tag{3}$$

在模型（3）中，若 β_7，β_8，β_9 显著，则城镇化和产业集聚存在显著的互动作用，且这种作用能对环境污染产生一定的影响。

3.3 指标选取

（1）被解释变量：环境污染综合指标（poll）

现有的文献在环境污染指标的选取上各有不同，有的学者以单一的污染物排放量来衡量环境污染，如工业废水排放总量（丁翠翠，2014）、二氧化碳排放量（张腾飞等，2016）、可吸入颗粒物排放量（杜雯翠、冯科，2013）；还有的学者分别研究了几个不同的指标，如王会和王奇（2011）分别测算了工业化学需氧量、二氧化硫、烟尘、粉尘、固体废弃物的排放量的变动情况；张晓青和毛克贞（2014）分别以废水排放量、工业废气排放量、二氧化硫排放量、烟尘排放量、工业粉尘排放量和工业固体废物产生量代表污染状况的变动；近年来，学者们倾向于通过建立环境污染的综合指标来表征污染状况，如黄河东（2017）建立了由人均工业固体废物产生量、人均废水排放总量、人均工业废气排放总量、人均二氧化硫排放量、人均烟尘排放量 5 项指标组成的指标体系来综合评价环境污染的水平；王素凤等（2017）选取工业“三废”排放量建立综合代理变量反映污染排放水平。

本文选取工业废水排放量、工业二氧化硫排放量、工业固体废物排放量和工业烟（粉）尘排放量4项工业污染物排放量，参考王素凤（2017）的做法构建如下综合衡量指标。

第1步：对各项污染物排放量原始数据进行无量纲化处理：

$$P_{ijt}^{s}=\frac{P_{ijt}-\mathrm{Min}(P_{jt})}{\mathrm{Max}(P_{jt})-\mathrm{Min}(P_{jt})} \tag{4}$$

其中，P_{ijt}和P_{ijt}^{s}分别表示t时期i地区j污染物排放量的原始值与处理后的值；Max（P_{jt}）和Min（P_{jt}）分别表示t时期j污染物在所有地区中的最大值和最小值。

第2步：确定单项污染物的权重系数W_{ijt}：

$$W_{ijt}=\frac{P_{ijt}}{\sum_{1}^{n}P_{ijt}}\bigg/\frac{I_{it}}{\sum_{1}^{n}I_{it}} \tag{5}$$

其中，I_{it}和$\sum_{1}^{n}I_{it}$分别为t时期i地区和全国的工业总产值。n表示地区数，本文考察了全国30个省（直辖市、自治区），故$n=30$。

第3步：计算t时期i地区的环境污染综合指标：

$$E_{it}=\frac{1}{\mathrm{n}}\sum_{1}^{m}W_{ijt}*P_{ijt}^{s} \tag{6}$$

其中，m代表污染物的种类数，此处$m=4$。

（2）解释变量

城镇化水平（urban）：城镇化水平可以从很多维度来衡量。人口城镇化，即非农业人口占总人口比重是当前大部分学者选取的指标，可以从户籍和常住人口两个口径表现（刘明辉、刘灿，2017）；除此之外，段博川和孙祥栋（2016）以城市建成区面积的对数表征土地城镇化率从而衡量城镇化水平；黄河东（2017）分别选取人口城镇化（城镇人口数量占总人口比重）、空间城镇化（人均建成面积）、经济城镇化（第二、三产业占GDP比重）和生活城镇化（城镇居民人均可支配收入）四个衡量角度。本文采取最常见的方法，以考察期间城镇常住人口占总人口比重来表征该地区社会城镇化水平。

工业集聚水平（aggl）：考虑到工业产业对环境污染的负面作用相较其他产业更加严重，本文以工业集聚代表环境污染中产业集聚扮演的角色。

参考赵增耀和夏斌（2012）的做法，工业集聚水平用工业区位熵来表征：

$$LQ_{it} = \frac{I_{it}}{G_{it}} \bigg/ \frac{\sum_{1}^{n} I_{it}}{\sum_{1}^{n} G_{it}} \tag{7}$$

其中，G_{it}和 $\sum_{1}^{n} G_{it}$ 分别为 t 时期 i 地区和全国的 GDP。

（3）控制变量

经济状况（econ）：中国经济在过去的三十几年都采取粗放型发展模式，经济增长以牺牲生态环境为代价，造成环境的迅速恶化。本文选取2006年不变价的人均 GDP 表征经济发展水平。

科技水平（tech）：科技水平的进步能够有效地提高资源利用效率，同时也可以改进环境污染物的处理能力，从而降低污染水平。本文选取 R&D 经费支出占 GDP 比重代表科学技术发展水平。

环境治理（prot）：加大环境治理力度能够有效遏制环境恶化。本文选取工业污染治理完成投资额占 GDP 的比重考察环境治理力度。

3.4 数据来源

本文数据选自《中国统计年鉴》（2006～2015年）、《中国环境年鉴》（2006～2015年）以及《全国科技经费投入统计公报》（2006～2015年）。考虑到数据的完整性以及可得性，构建了除港澳台和天津以外的30个省（直辖市、自治区）的面板数据，部分缺失值剔除，其中，人均 GDP 按2006年不变价处理。

四 实证结果

4.1 描述性统计

剔除缺失值后，样本容量稍有减少，对其进行的描述性统计如表1所示。

表1 各变量指标的描述性统计

变量	单位	均值	标准差	最小值	最大值	样本量
环境污染（poll）	—	0.1013	0.1724	8.48e-07	1.4000	252
城镇化（urban）	%	50.2510	13.3825	21.13	89.6	252

续表

变量	单位	均值	标准差	最小值	最大值	样本量
工业集聚（aggl）	—	0.9396	0.1842	0.1695	1.1946	252
经济状况（econ）	元	26284.7	18216.9	5750	121303.2	252
科技水平（tech）	%	1.2581	0.8796	0.1720	5.8228	252
环境保护（prot）	%	0.1577	0.1287	0.0044	0.7590	252

资料来源：《中国统计年鉴》（2006～2015年）、《中国环境年鉴》（2006～2015年）、《全国科技经费投入统计公报》（2006～2015年），部分变量经计算得到，人均GDP按2006年不变价处理。

2015年中国大陆地区绝大多数地区已经跨越50%的城镇化率，而且这些地区主要集中在华东、华北、东北地区，西南以及西北的大部分地区城镇化率处于30%～50%，只有西藏自治区城镇化水平还处于比较低的水平，低于30%。

2015年中国大陆的工业集聚情况如下：华东、华中、华北以及东北的大部分地区工业集聚度较高，处于≥1的水平；西南、西北的大部分地区则处于0.5～1.0的集聚水平；只有西藏、海南和北京三个地区依然处于低于0.5的工业集聚水平，但这也与这些地区的发展方式有紧密关系，比如海南地区第一产业和第三产业占据了地区生产总值主要部分，通过发展特色农业和旅游业来拉动经济增长。

另外，城镇化进程和工业集聚的水平有很大程度的重合，这也证实两者的发展具有紧密联系。

4.2 城镇化、产业集聚对环境污染的影响

在研究城镇化、产业集聚对环境影响的模型里，Hausman检验的结果都是选择随机效应，回归的结果见表2。

（1）城镇化对环境污染的影响

对于模型（1），估计结果显示城镇化水平的三次方系数 β_3 不显著，且解释变量城镇化水平的系数 $\beta_1>0$，$\beta_2<0$，符合第三部分中情况⑤的情形，说明在控制变量不变的情况下，城镇化水平和环境污染之间呈现倒U形曲线关系。在模型中求关于城镇化的导数，$poll'=\beta_1+2\beta_2 urban$，令 $poll'=0$，求得拐点位于城镇化水平为45.6271%的位置，也就是说，当城镇化水平低于45.6271%时，城镇化进程的推进是以牺牲生态环境为代价的；当城镇化率超过45.6271%后，人口向城市的集中有利于环境状况改善，

这个结论符合EKC原始的假设。

截至2015年底，中国整体的城镇化水平为56.10%，位于环境污染下行通道。除了贵州、云南、西藏和甘肃，其他考察地区均处于倒“U”形曲线的下降部分，这意味着我国的城镇化进程基本进入环境改善型阶段。

在表2所示的回归结果中，社会经济状况在5%的显著水平下加重了环境污染，这也证实了当前中国的经济发展还未与生态环境实现和谐并存，经济增长仍然会造成环境恶化。值得注意的是，环境治理的系数在1%的显著水平下为正，表明环保措施加剧了环境的污染，这好像与常理不符，但是本文以工业污染治理完成投资额占GDP的比重来衡量政府对于环境污染的应对措施，该系数显著为正说明各地区相对于经济发展造成的污染排放，对污染治理的投入力度远远不够，使得污染物处理速度远远落后于产生速度，从而整体的污染排放水平还处于增长状态。在该模型中，科技水平对于环境污染的影响并不显著，说明城镇化发展对于环境污染的影响机制中，科学技术并没有起到积极作用。

（2）产业集聚对环境污染的影响

在模型（2）中，解释变量工业集聚度的系数$\beta_1>0$，$\beta_2<0$，$\beta_3>0$，符合第三部分中⑦的情形，说明在控制变量不变的情况下，工业集聚水平和环境污染之间呈现正的N形曲线关系。在模型（2）中对工业集聚度求一阶导数：$poll'=\beta_1+2\beta_2 aggl+3\beta_2 aggl^2$，令$poll'=0$，解得两个拐点分别位于工业集聚度为0.5192和1.0536的位置，也就是说，在产业集聚度低于0.5192的阶段，工业化程度低、生产设备不健全，此时工业发展将造成环境状况的恶化；在产业集聚度介于0.5192和1.0536之间时，产业的集聚有利于改善环境污染，这是因为集聚造成的规模效应、范围效应以及知识溢出等有利于提高工业生产效率、集中污染物治理，从而减轻污染的排放；当集聚水平超过1.0536后，工业的发展又将因为产业结构与发展水平不相适应、未及时实现产业转型升级导致环境的恶化。

截至2015年，北京、海南、西藏自治区这三个地区的工业集聚水平还处于第一个拐点的左侧，也就是说这些地区工业的进一步发展将会以牺牲生态环境为代价；内蒙古自治区、辽宁、吉林、安徽、福建、江西、广东、陕西在这10年翻越第二个拐点，而河北、山西、山东、河南这四个地区在考察期间工业集聚水平一直位于第二个拐点右侧，工业化程度严重；上述两类地区的产业都亟待实现由工业向服务业的转型升级，否则其进一步生产发展将造成环境恶化；除此之外的其他地区在考察期间则一直处于环境污染的下行通道，工业集聚与生态环境友好互动，实现经济的良性发展。

在表2所示的回归结果中，科技水平在5%的显著性水平下改善了环境状况，这与预期中加大科技研发力度能够提高生产中要素的使用效率和污染物处理效率相一致，说明科学技术进步对于环境治理起到重要的作用。

表2 城镇化、产业集聚对环境污染的影响

	模型（1）	模型（2）
X_i	0.0499* (1.84)	3.1921** (2.25)
X_i^2	-0.0009* (-1.70)	-4.5889** (-2.22)
X_i^3	4.61e-06 (1.49)	1.9451** (2.11)
econ	3.46e-06** (2.21)	2.34e-06* (1.82)
tech	-0.0389 (-1.20)	-0.0636** (-2.23)
prot	0.3340*** (3.61)	0.3017*** (3.26)
常数项	-0.8390* (-1.85)	-0.5022* (-1.76)
R^2	0.1406	0.1618
Hausman 检验	随机效应	随机效应
Prob > chi2	0.0007	0.0003

注：括号内的值为z统计量，***、**、*分别表示在1%、5%、10%的水平上显著。

4.3 城镇化和产业集聚互动作用对环境污染的影响

在进行城镇化和产业集聚的交互作用对环境污染的影响的回归分析之前，对模型（3）进行Hausman检验，结果未能拒绝原假设，即仍然使用随机效应，回归结果见表3。

模型（3）的估计结果显示城镇化和产业集聚交叉项agur的一次项、二次项、三次项的系数分别在1%、5%和5%的水平下显著，说明两者的交互作用对于环境状况确实存在影响，但是这种影响究竟是积极的改善作用还是消极地加重污染还无法确定。

表3　城镇化与产业集聚交互作用对环境污染的影响

	模型（3）
urban	-0.0365 (-1.46)
$urban^2$	-7.33e-06 (-0.05)
econ	3.92e-06** (2.26)
tech	-0.0116 (-0.31)
prot	0.3535*** (3.77)
aggl	0.7151 (0.36)
$aggl^2$	-5.7627** (-2.19)
$aggl^3$	2.9265** (2.53)
agur	0.1342*** (2.65)
$agur^2$	-0.0017** (-2.56)
$agur^3$	9.17e-06** (2.53)
常数项	0.3009 (0.53)
R^2	0.2082
Prob > chi2	0.0000

注：括号内的值为z统计量，***、**、*分别表示在1%、5%、10%的水平上显著。

五　结论与政策建议

5.1　结论

本文构建环境污染综合指标来综合表征环境状况，在非线性假设下扩展 EKC 模型，以环境污染综合指标为被解释变量，分别引入城镇化和产业集聚以及其二次项、三次项，以经济状况、科技水平以及环境治理作为控制变量，考察在相同时期、相同环境污染指标的情况下城镇化和产业集聚分别对环境污染的影响以及其具体曲线形状；在此基础上，在模型中引入两者的乘积项，探究城镇化水平和产业集聚度之间的互动作用是否对环境污染产生影响，实证结论如下。

首先，在样本期间，城镇化与环境污染呈现倒 U 形曲线关系，拐点位于城镇化水平为 45.6271% 的位置，我国目前整体位于环境污染的下行通道，只有极少数地区城镇化水平还不够高，城镇化有待进一步发展。

其次，考察期内，产业集聚度与环境污染呈现正的 N 形曲线关系，两个“拐点”分别位于产业集聚度为 0.5192 和 1.0536 的位置，但是依然有相当一部分地区处于工业集聚与环境污染呈正相关的阶段，亟待进行产业的优化升级。

最后，城镇化和产业集聚的乘积项系数显著，互动作用假设成立，说明两者之间确实存在某种机制能够影响环境状况，但是这种机制在结果中没有体现出来，有待进一步研究。

5.2　政策建议

环境污染作为生产和生活中产生的负外部性，无法通过传统的市场机制进行治理，需要政府出台相应的政策进行规制，用“看得见的手”规范企业生产，引导社会发展，实现人与自然和谐相处。在研究内容的基础上，本文提出以下几点政策性建议。

第一，“质”“量”并举，积极推进城镇化进程。我国城镇化进程目前已经超越世界平均水平，但是距离发达国家的高城镇化率还有一定距离，进一步发展城镇化对于经济发展和环境改善都具有积极意义，所以应当继续保持城镇化的高速发展。与此同时，要实现与城镇化增速相适应的人口素质的提高，重视城镇居民的环保意识，鼓励绿色消费，减少城市生活污染物的排放。

第二，促进产业优化升级，推动向第二、三产业过渡。我国有一段时期依靠工业驱动经济增长，但是这种经济增长是以牺牲生态环境为代价的，工业发展造成的环境污染已经开始对社会进一步发展产生威胁，下面的工作应当扭转经济发展观念，减少工业排放，实现环境友好型产业优化升级，贯彻可持续发展战略。

第三，加大环保投入力度，提高科学技术水平。目前，我国经济发展过程中既要防范污染进一步加重，也要重视对已经遭到破坏的生态环境的恢复工作，环保投入力度还远远不够。科学技术作为第一生产力，为了能够在生产的每一个环节减轻环境负担，需要政府的大力鼓励与投入。

5.3 不足与展望

受到数据可得性的限制，本文在研究的过程中剔除了天津市，将这一经济发展具有独特风格的地区排出研究范围必然会造成整体的回归结果具有一定误差。此外，仅以人口城镇化和工业集聚分别表征城镇化水平和产业集聚度具有片面性，这会造成结果误差。在已经证实了城镇化与产业集聚的互动作用确实对环境状况有显著影响的基础上，下一步可以对这种互动作用的内部机制进行探讨，打开这种影响的“黑箱”，透彻梳理三者之间的关系。

地方政府干预下产业集聚对大气污染的影响分析

一 引言

20 世纪 80 年代以来，我国以广东、浙江等地区为代表出现了一大批以工业园区为载体的产业集群，随后全国许多地区开始结合自身资源优势，建立区域产业集群，比如山西煤炭产业集群、佛山铸造产业集群等；此外，某些地方政府以制定针对本地企业的融资扶持、财税优惠政策等干预手段，吸引区域外资金流大量入驻，带动了区域经济大幅增长，却也造成企业为获取“政策租”收益而疯狂入驻，缺乏关联性的企业“扎堆”集聚（师博、沈坤荣，2013），资源浪费频发、污染物滥排乱放。

环境污染可谓是我国工业化与城市化战略实施的必然结果，直接表现就是近年来 PM2.5 平均浓度大幅上升，雾霾现象严重。为此，我国在 2015 年修订通过了《中华人民共和国大气污染防治法》，并在 2016 年发布的“十三五”规划中明确指出“节能减排”的改革要求以及到 2020 年国内生产总值能耗比 2015 年下降 15% 等目标，随后颁布了一系列政策措施。美国芝加哥大学能源政策研究所（2018）的报告显示，2017 年我国细颗粒物水平相比前四年明显下降，充分说明上述政策已颇有成效，但这与我国治理进程的理想目标仍有一定距离——煤烟型污染问题仍然存在，尤其是 PM2.5、PM10 浓度严重超标，所以我国大气污染问题依然严峻。

在产业集聚程度提高阶段，全国工业二氧化硫排放量由 2003 年的 17915620 吨增长至 2013 年的 20439200 吨，广西壮族自治区工业二氧化硫排放量却由 2003 年的 830469 吨减少至 2013 年的 472000 吨。简单的数据分析表明，产业集聚与大气污染之间存在一定的关系，但具体作用机制是错综复杂的。本文将围绕以下三个问题展开研究：第一，产业集聚与大气污染的联系；第二，实证分析政策干预背景下的产业集聚对大气污染的作用机制；第三，根据研究结果探讨未来可行的政府适度干预下的大气污染防治方案与节能减排战略。

产业集聚是我国产业转型升级过程的必经之路，从不同角度分析研究我国产业集聚的大气污染外部性问题，将为我国大气污染防治规划、节能减排战略的贯彻实行开辟行之有效的新思路。此外，本文还将弥补理论研究中关于政府过度干预下的产业集聚与大气污染关系研究的空白。

基于现有研究成果和现实案例，本文将从政府干预下的产业集聚这一角度，利用 2005～2016 年我国 30 个省份的统计数据，选取区域大气污染程度为被解释变量，以政府干预下的产业集聚度为解释变量，控制对外开放度、技术进步水平、能源消费强度以及经济发展水平等变量，构建计量模型衡量分析政府干预下的产业集聚对区域大气污染的影响，最后结合分析结果与我国实际国情，提出合理有效的政策建议。

二 文献综述

2.1 产业集聚与大气污染

作为推动区域经济快速发展的重要模式，产业在空间层面上的集聚已经成为全球性经济发展浪潮。近年来，关于产业集聚对环境污染影响作用的研究已是产业经济以及资源、环境经济领域专家学者密切关注的热门论题。学术界偏重于从实证角度分析产业集聚与环境污染的关系，但由于切入角度、变量指标选取、模型构建等方面的差异，实证结果存在一定程度的分歧。归纳现有文献，可分为以下三类观点。

第一类观点是，产业集聚与区域环境污染存在线性关系，或恶化或改善环境污染。张可、豆建民（2013）通过建立 SEM 模型发现集聚的产出效应会加重环境污染，且大城市的产业集聚有污染临近城市的可能。基于两个国家两个部门的空间经济模型，Zeng、Zhao（2008）的研究验证了环境监管下制造业集聚对污染天堂效应的缓解作用。刘胜、顾乃华（2015）的研究则表明生产性服务业集聚对工业污染减排的促进作用是通过技术溢出效应实现的。

第二类观点是，产业集聚与区域环境污染存在非线性关系。杨仁发（2015）采用 Copeland-Taylor 模型及门槛面板回归方法证明二者的影响机制存在门槛特征；运用 EG 系数计算出中国 20 个制造业的集聚度，雷海等（2017）认为产业集聚与环境污染之间为正 U 形关系；原毅军、谢荣辉（2015）选取中国 1999～2012 年沿海和内陆省份样本数据进行分析，发现两者呈倒 U 形关系，且沿海省份更高的集聚度对应着更强的污染程度；李伟娜等（2010）则认为制造业集聚与大气污染之间存在 N 形关系，且现阶段随着集聚度的提高，我国大气污染排放总量会随之增长。

第三类观点是，产业集聚与区域环境污染之间的关系具有不确定性。闫逢柱等（2011）依据面板误差修正模型证明中国制造业集聚与环境污染的因果关系会随研究时间段长度的变化而变化。曹杰、武翠（2015）以响应面优化法和四大经济圈数据为基础的研究则表示二者关系会因选取区域而存在差异，即二者不存在明确关系。

2.2　政府干预下的产业集聚与大气污染

我国各地区产业与经济的发展往往离不开政府的扶持。通过颁布政策干预区域资源要素的使用方向，产业集聚形成集聚经济圈，提高区域经济绩效（胡晨光等，2011），这种政府干预行为在我国是很常见的。但由于“搭便车”等现象的存在，政府干预可能导致非市场主导的产业集聚无法提高资源利用效率（师博、沈坤荣，2013），限制资源自行优化配置，从而政府干预并不总是合理有效的（王战营，2013）。

于文超等（2015）基于中国城市数据对“GDP 晋升锦标赛”背景下官员政绩诉求的探讨表明政绩诉求会加重环境污染，且这一效应随政府干预程度的提高而增强。其他学者的研究还证明政府干预程度与集聚的企业技术创新效应之间存在反向作用关系（江炎骏、杨青龙，2015；刘海飞、贺晓宇，2017）。

综上，现有研究对于产业集聚与区域环境污染的关系存在显著差异，且视角较为单一。由此，本文在以下几个方面有所改进。第一，研究内容上，现有文献多聚焦于产业集聚与环境污染的关系研究，欠缺关于大气污染的研究，但事实上我国大气污染状况更为严峻；第二，研究方法上，不同于大多以简单线性回归模型分析对环境污染造成影响的文献，本文将在模型中引入调节变量展开研究；第三，研究视角上，当前文献中缺少对政府干预这一政策因素对环境污染影响机制所起作用的研究，本文将基于政府干预视角，着重研究政府干预下的产业集聚对大气污染的影响，从而根据研究结果探讨未来可行的政府适度干预下的大气污染防治方案。

三　模型、数据说明

3.1　模型构建

基于前文的理论经验与分析，设立基础线性模型：

$$\ln pol_{it} = \alpha + \beta_1 aggl_{it} + \beta_n Z_{it}^n + \mu_i + \varepsilon_{it} \tag{1}$$

上式中，pol_{it}表示大气污染程度，$aggl_{it}$表示产业集聚度，Z_{it}^n表示其他控制变量，包括对外开放度 op_{it}、技术进步 $tech_{it}$、经济发展水平 dev_{it}、国有化率 $nati_{it}$和能源消耗水平 $ener_{it}$，μ_i 表示未观测个体效应，ε_{it}表示随机扰动项。

由于产业集聚与大气污染之间可能存在非线性关系，因此在（1）式基础上加入产业集聚度的平方项，构建如下非线性模型：

$$\ln pol_{it} = \alpha + \beta_1 aggl_{it} + \beta_2 aggl_{it}^2 + \beta_n Z_{it}^n + \mu_i + \varepsilon_{it} \tag{2}$$

本文旨在通过实证分析检验政府干预对产业集聚的大气污染外部性效应，故在模型（1）的基础上加入政府干预 gov_{it}与产业集聚度 $aggl_{it}$的交叉项：

$$\ln pol_{it} = \alpha + \beta_1 aggl_{it} + \beta_2 (gov_{it} \times aggl_{it}) + \beta_n Z_{it}^n + \mu_i + \varepsilon_{it} \tag{3}$$

3.2　变量选取

（1）被解释变量

大气污染程度（pol）：大气污染物主要来源于工业废气排放物，且由于我国工业生产多使用煤炭、石油等含硫量高的燃料，废气中大量的 SO_2 引发了酸雨、雾霾等一系列大气污染问题。故本文在李伟娜等（2010）的方法上进一步创新，采用单位 GDP 工业 SO_2 排放量作为大气污染程度的衡量指标。

(2) 核心解释变量

产业集聚度（aggl）：对于集聚度的度量有 E－G 指数、行业集中度、空间基尼系数等多种方法，本文选取能够反映地区主导产业优势指数的区位熵来度量集聚度：

$$aggl_{it} = \frac{P_{ijt}}{\sum_j P_{ijt}} \Big/ \frac{\sum_i P_{ijt}}{\sum_i \sum_j P_{ijt}} \tag{4}$$

上式中 P_{ijt} 表示 t 时期 j 产业在 i 地区的产值。

鉴于工业为 SO_2 主要污染源，本文以工业集聚度作为产业集聚的衡量指标，因此上式 P_{ijt} 代指 t 时期工业在 i 地区的产值。表 1 显示了 2005～2016 年我国 30 个省份产业集聚度的描述性统计结果。

表 1　产业集聚度的描述性统计

省份	均值	最小值	最大值	标准差
北京	0.4693382	0.4249792	0.5956134	0.0560921
天津	1.059796	0.8311012	1.243944	0.1247951
河北	1.069257	0.957116	1.123027	0.0463704
山西	1.135195	0.7395097	1.381152	0.1970172
内蒙古	1.139987	0.9115441	1.278097	0.1274341
辽宁	1.045097	0.6222554	1.151219	0.1396037
吉林	1.023771	0.9052356	1.12766	0.0750319
黑龙江	0.8568715	0.4755163	1.175454	0.223362
上海	0.8061514	0.6199562	1.083896	0.1624986
江苏	1.08184	0.9873871	1.225242	0.0838194
浙江	1.046975	0.9735957	1.135426	0.0581556
安徽	1.016786	0.8128689	1.17348	0.1337629
福建	1.002085	0.9724888	1.039687	0.0226525
江西	1.056074	0.8620654	1.1489	0.0897541
山东	1.084217	0.9567514	1.245388	0.1163106
河南	1.127396	1.020322	1.2071	0.0662193
湖北	0.9269491	0.109599	1.101214	0.2714113
湖南	0.9554296	0.8080965	1.049417	0.0883422
广东	1.032238	0.9659516	1.12604	0.0633108

续表

省份	均值	最小值	最大值	标准差
广西	0.9334078	0.7456506	1.030714	0.0979883
海南	0.4405066	0.3551829	0.5117283	0.0468066
重庆	0.9137515	0.8007996	1.040467	0.0873921
四川	0.9667684	0.8221846	1.066515	0.0847745
贵州	0.8948742	0.8057372	1.009667	0.0704632
云南	0.8028304	0.7017147	0.8600004	0.0457437
陕西	1.13602	1.015573	1.238469	0.0696496
甘肃	0.8575874	0.6053276	0.9491675	0.1134799
青海	1.135315	0.901891	1.276753	0.1190366
宁夏	1.102258	0.9080949	1.231017	0.0855664
新疆	0.9052264	0.6962488	1.006693	0.0973301

资料来源：根据《中国工业统计年鉴》及《中国统计年鉴》相关数据整理计算得出。

政府干预（gov）：因政府干预程度无法用指标直接衡量，而本文着重探析政府因通过“政策租”招商引资造成的产业集聚对地区大气污染的影响，故借鉴路正南、朱新朗（2018）的方法，选取各地区年末金融机构本外币贷款余额与其地区生产总值的比值这一间接指标来衡量政府干预。

（3）控制变量

对外开放度（op）：“污染光环效应”“污染避难所效应”等假说的提出充分表明外商直接投资与环境污染具有很强的相关性。将进出口额依据各年美元兑人民币的年均汇率转换为人民币计量单位，按经营单位所在地货物进出口总额与地区生产总值的比值来表示地区对外开放度。

技术进步（tech）：已有研究表明，技术创新对于污染排放具有正外部性效应。本文选择各地区规模以上工业企业 R&D 支出来衡量技术进步。

经济发展水平（dev）：借鉴徐盈之、刘琦（2018）的方法，选取人均地区生产总值度量地区经济发展水平。

国有化率（nati）：政府有对国有企业节能减排、防污治理等监管不力的倾向，因此地区国有化率越高可能对环境保护工作产生越大的危害。本文选择国有及国有控股工业企业生产总值占规模以上工业企业生产总值的比例来表示国有化率。

能源消耗水平（ener）：我国工业以煤炭为主要能源，故选取各地区煤炭消耗总量作为能源消耗水平的衡量指标。

3.3 数据来源

本文选取我国2005～2016年30个省份的面板数据，各变量指标数据主要来源于《中国统计年鉴》、《中国工业统计年鉴》、《中国环境统计年鉴》、各省份国民经济和社会发展统计公报及各省份统计年鉴。文中与价值相关的变量分别根据以2005年为基期的GDP平减指数和居民消费价格指数进行调整。

四 实证检验

因各变量取值范围存在较大差异，为使模型回归结果更清晰地反映变量间关系，本文对部分指标做自然对数处理，表2是变量描述性统计结果。

表2 变量描述性统计

变量	符号	样本量	均值	最小值	最大值	标准差
大气污染程度	lnpol	354	3.936616	-0.6064972	6.22841	1.042783
产业集聚	aggl	354	0.9679064	0.109599	1.381152	0.2010493
政府干预	gov	354	1.13639	0.5372096	2.526008	0.3949284
对外开放度	op	354	0.3256511	0.0080092	1.799131	0.3995923
技术进步	lntech	354	13.30243	7.212294	16.44018	1.513389
经济发展水平	lndev	354	10.14849	8.593043	13.36216	0.615955
国有化率	nati	354	0.3887444	0.1010776	0.8336911	0.1858035
能源消耗水平	lnener	354	9.114437	5.805828	10.61984	0.9059396

图1显示了2005～2016年各地区工业SO_2排放强度平均值。可以看出上海、广东等沿海地区的工业SO_2排放强度明显低于山西、内蒙古等内陆地区，表明我国大气污染存在一定的空间异质性。

本文采用省级面板数据构建模型，并通过Hausman检验判断选择固定效应或随机效应模型进行回归。回归结果如表3所示。

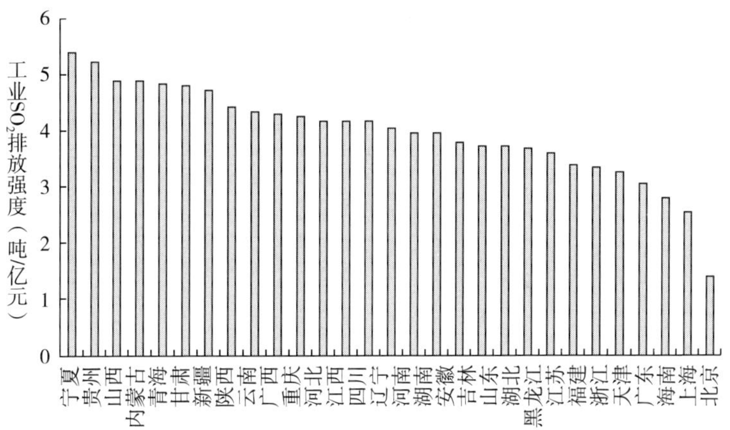

图 1　各地区 2005～2016 年平均工业 SO_2 排放强度

表 3　产业集聚对大气污染程度影响的回归结果

变量	模型（1）	模型（2）	模型（3）
aggl	0.602*** (2.92)	0.534*** (2.39)	0.612*** (3.02)
$aggl^2$		-0.405 (-1.29)	
aggl × gov			0.514* (1.25)
op	0.922*** (3.87)	0.928*** (3.93)	0.892 (3.60)
lntech	-0.314*** (-1.57)	-0.313*** (-1.56)	-0.279*** (-1.41)
lndev	-0.696*** (-1.45)	-0.701*** (-1.46)	-0.722*** (-1.48)
nati	1.920*** (2.50)	1.848*** (2.39)	1.998*** (2.65)
lnener	0.631*** (3.63)	0.625*** (3.70)	0.609*** (3.45)
常数项	7.797*** (2.49)	8.003*** (2.58)	7.777*** (2.47)
Hausman	56.58	61.28	41.11
模型类别	固定效应	固定效应	固定效应

续表

变量	模型（1）	模型（2）	模型（3）
R^2	0.7866	0.7873	0.7886
F统计量	195.31	167.67	168.89

注：①***、**、*分别表示在1%、5%、10%的水平上显著；②回归系数括号内数值为相应t值。

模型（1）的回归结果表明，在5%的显著性水平下工业集聚对大气污染具有正向效应，具体表现为产业集聚度每增加1个单位，工业SO_2排放强度将提高60.2%。这也正是我国的真实国情，各地盲目发展工业，污染排放量随产业集聚度的提高而增加，经济发展可谓是以破坏环境为代价的。考虑到产业集聚与大气污染间可能存在非线性关系，在模型（2）中加入了产业集聚度的平方项，结果显示该项回归系数未通过显著性检验，即二者不存在非线性关系。

本文着力探析政府干预下的产业集聚对大气污染的影响，因此在模型（3）中添加了政府干预与产业集聚的交叉项。回归结果中交叉项的回归系数在10%的统计水平下显著为正，表明工业SO_2排放强度会随着政府对产业集聚干预程度的增大而提高。这也验证了前文理论的预测，政府在财政上的优惠政策加大了工业企业扎堆的倾向，资源错配、能源过度利用以及污染物的超标排放等现象层出不穷。

各模型中控制变量的回归结果基本一致：①对外开放度对大气污染呈显著正向影响，这一结论表明“污染避难所假说”适用于我国：地方政府为拉动经济增长大量引入外资，但外资企业带来的环境负外部性远远超过技术溢出效应。②估计结果显示工业SO_2排放强度随着工业企业R&D支出的增加而降低，说明产业集聚区内技术溢出效应的存在有利于污染排放的有效减少。③经济发展水平对大气污染有负向影响，这与预期背道而驰，可能是因为随着地区经济的发展，企业、政府对大气污染治理的重视程度逐渐提高，开始通过增加环保支出或开发减排技术等方式治理盲目发展造成的环境污染。④国有化率与工业SO_2排放强度为显著正向关系，表明国有企业的集聚不利于节能减排工作的进行，因为相对于非国有企业来说，国有企业在环保支出上具有更大的“搭便车”倾向。⑤我国工业企业对煤炭等能源需求旺盛，这些高硫能源消耗总量的提高必然会提高工业SO_2的排放强度。

为确保回归结果的稳健性，本文按地理分布将样本划分为沿海和内陆两组，采用模型（1）~（3）对政府干预下产业集聚的环境外部性效应进行分组回归以探讨其差异。其中沿海地区包括北京、天津、河北、辽宁、上海、江苏、浙江、福建、山东、广东、海南，内陆地区包括山西、内蒙古自治区、吉林、黑龙江、安徽、江西、河南、湖北、湖南、广西壮族自治区、重庆、四川、贵州、云南、山西、甘肃、青海、宁夏回族自治区和新疆维吾尔自治区。表 4 为分组回归结果。

表 4　产业集聚对大气污染程度影响的分组回归结果

变量	模型（1）		模型（2）		模型（3）	
	内陆	沿海	内陆	沿海	内陆	沿海
aggl	0.572*** (2.84)	1.775*** (3.57)	0.567*** (2.51)	1.739*** (3.56)	0.594*** (3.04)	1.844*** (3.69)
$aggl^2$	—	—	-0.026 (-0.08)	-0.590 (-0.65)	—	—
aggl × gov	—	—	—	—	0.354* (0.84)	-0.313* (-0.75)
op	0.166 (0.27)	0.854*** (3.02)	0.158 (0.26)	0.883*** (3.45)	0.130 (0.21)	0.847*** (3.07)
lntech	0.105 (0.55)	-0.448*** (-3.74)	0.105 (0.55)	-0.432*** (-3.57)	0.116 (0.61)	-0.475*** (-4.11)
lndev	-1.702*** (-4.95)	-0.251*** (-1.15)	-1.702*** (-4.94)	-0.261*** (-1.15)	-1.705*** (-4.84)	-0.228** (-1.08)
nati	0.748 (1.20)	1.413*** (2.33)	0.743 (1.15)	1.491*** (2.22)	0.772 (1.25)	1.314* (1.94)
lnener	0.457*** (3.78)	1.125*** (7.19)	0.457*** (3.77)	1.089*** (7.65)	0.448*** (3.66)	1.158*** (7.90)
常数项	14.723*** (7.97)	-0.592 (-0.22)	14.735*** (7.85)	-0.360 (-0.13)	14.674*** (7.72)	-0.811 (-0.31)
样本量	225	129	225	129	225	129
Hausman	13.22 (0.0396)	82.97 (0.00)	43.57 (0.00)	58.93 (0.00)	32.89 (0.00)	69.41 (0.00)
模型类别	固定效应	固定效应	固定效应	固定效应	固定效应	固定效应
R^2	0.7903	0.9044	0.7903	0.9050	0.7909	0.9053
F 统计量	125.59	176.52	107.12	151.07	107.53	151.68

注：①***、**、*分别表示在 1%、5%、10% 的水平上显著；②回归系数括号内数值为相应 t 值；③Hausman 括号内数值为相应 p 值。

可以看出，模型（1）中沿海和内陆地区的产业集聚回归系数均在1%的显著性水平下为正，且沿海地区的数值大于内陆地区，表明工业集聚会提高工业 SO_2 排放强度，而沿海地区工业集聚对工业 SO_2 排放强度的提高效果比内陆地区更为显著。模型（2）中产业集聚度的平方项在沿海和内陆地区均不显著，即产业集聚度与大气污染程度不存在非线性关系，这也符合全国的估计结果。模型（3）中，政府干预与产业集聚交叉项的回归系数在内陆地区为正，沿海地区为负，说明沿海地区产业发展已较为成熟，政府对产业集聚的金融干预促使工业企业将更多的资金用于环保投资，从而减轻了集聚过程中的工业 SO_2 污染程度。

与沿海地区不同，对外开放度、技术进步、国有化率等控制变量在内陆地区均不显著，可能是因为内陆地区的对外开放程度、技术水平、国有化率相对沿海地区来说较低，对当地空气污染所产生的影响较小，从而不具有显著的相关关系。沿海、内陆地区的经济发展水平对大气污染均为负向影响，且内陆地区的影响程度大于沿海地区，说明内陆地区经济发展水平越高，政府对环保投资越重视，从而大气污染问题得以缓解，这也佐证了前文关于内陆地区技术水平过低而未对大气污染产生反向作用的论断。沿海地区能源消耗水平的回归系数大于内陆地区，说明沿海地区能源消耗水平对大气污染的正向加剧作用比内陆地区更为明显。总体来看，沿海地区的回归结果与全国估计结果基本一致，尽管内陆地区的少数控制变量与全国回归结果存在一定差异，但核心解释变量的回归结果仍保持一致，因此模型的稳健性水平较高，前文回归分析结果稳健可靠。

五　结论与建议

本文利用中国30个省份2005～2016年的面板数据，构建线性回归模型探析政府干预下的产业集聚对大气污染的影响，并按地理位置将数据划分为沿海与内陆两个子样本，进而探究区域差异，主要实证分析结论如下。第一，产业集聚与大气污染存在正向线性相关关系，即产业集聚程度的提高会加剧大气污染，且在沿海地区这一影响更为明显。第二，由于过度招商引资，资源要素市场出现扭曲，能源浪费现象频发，地方政府干预行为所引致的产业集聚恶化了大气质量，但沿海地区政府的金融干预可能会一定程度地减轻大气污染。这是因为沿海地区市场经济更发达，政府对金融机构信贷的干预使金融资源流向更注重研发支出与环保投资的企业。第三，对外开放程度的提高会污染大气环境，证明“污染避难所假说”在我国（特别是沿海地区）成立，地区国有企业的增多会威胁到大气环境质量，技术进步、经济发展将减轻工业废气污染。

虽然政府干预可能会导致资源浪费与环境恶化，但任何地区产业的转型升级甚至经济的增长与发展都离不开政府的宏观调控，节能减排等环保工作的开展实施也少不了政府的引导。因此，协调平衡政府干预和市场运行这“两只手”的关系，是政府亟须解决的问题。

综上所述，本文基于实证结果提出以下政策启示。

第一，减少地方政府干预，促进合理集聚。地方政府制定金融机构贷款优惠政策吸引外来投资以带动当地经济过度干预，这一行为会引发企业扎堆、资源配置机制紊乱、环境质量恶化等现象。因此，地方政府应适当降低对产业集聚的干预程度，引导产业自发地合理集聚，营造市场主导、政府引导的良好市场发展氛围。

第二，制定环保激励制度，强化环保政绩考核。于文超等（2015）的研究表明，GDP 考核模式下官员的政绩诉求会造成环境质量的恶化，且在政府干预越多的地区越明显。同时，GDP 考核模式还会导致政府减少对企业的研发（R&D）补贴，也就是说减少政府以拉升经济绩效为目标的过度干预将对企业研发活动产生激励效果（顾元媛、沈坤荣，2012）。因此，制定官员环保激励制度，完善官员考核机制，将环保减排纳入地方政府及官员的政绩考核项目，对于建立长久有效的环境保护机制、推进节能减排战略进程具有极大意义。

第三，加速产业升级，优化整体布局。中央政府应对全国产业布局进行合理规划，适当干预调整产业规模与结构，调节产业转型升级进程，协调产业转移与环境污染空间溢出效应的关系，避免高污染产业的过度集聚，从而构建一个环境友好的产业集聚发展模式。

第四，加大监管力度，提高产业准入标准。地方政府招商引资政策的实施伴随着潜在的对企业污染排放行为的纵容，国有企业在环境治理投资上的“搭便车”倾向较明显，而我国环境保护在法律方面较为单薄，由此企业的污染成本极低。国家要完善环保法律法规、建立健全环境污染惩罚制度，增强企业的环保意识；地方政府则有必要加强对各产业（尤其是工业）的环境监管，从根源上减轻大气污染排放，还应加强对拟引进产业的审核，提高外来投资的准入标准，限制科技创新能力低而污染排放强度高的产业的准入数量，避免以牺牲环境为代价的经济增长。

第五，加大技术创新投资，提高环境规制水平。企业 R&D 支出具有改善环境污染的作用，因此政府应加大对企业科技创新的财政补贴，激励企业增加清洁生产技术、治污技术等的研发支出以及对国外高新技术的引进，从而发挥产业集聚的技术溢出效应，达到集聚区环境质量和发展水平共同提高的目的。

江苏省产业结构与雾霾天气影响实证研究

一　背景介绍

近年来，随着经济的高速发展以及社会的进步，人们在物质需求不断被满足的同时，也在追求着精神需求的满足。习近平总书记在十九大上做出“我国社会主要矛盾已经转化为人民日益增长的美好生活需要和不平衡不充分的发展之间的矛盾”的重大政治论断，反映出我国社会发展新的阶段特征，即更加注重生活品质的提高，突出表现为注重空气质量。根据近几年的《中国环境统计年鉴》不难发现，雾霾天气频发，各地空气质量堪忧，多次出现空气重污染橙色、红色预警。国内外学者普遍认为，高频的雾霾天气会给人们正常的生产生活带来极大的威胁，因此，雾霾问题也成为国内外学者、社会公众和政府部门的关注热点。我国政府于 2013 年 9 月出台了《大气污染防治行动计划》，要求到 2017 年全国地级及以上城市可吸入颗粒物浓度比 2012 年下降 10% 以上，各级政府也相应出台防霾计划，体现出我国政府治霾的决心。一段时间内，我国几个严重的雾霾污染城市的污染天数有所下降，但都没有从根本上消除雾霾天气。关于雾霾的成因，学术界没有明确的定论，但人类活动依旧是首要考虑因素。郭俊华和刘奕玮（2014）、冷艳丽和杜思正（2015）、何枫和马栋栋（2015）通过不同的方法均得出中国的产业结构和雾霾污染呈正相关的关系；回莹和戴宏伟（2017）通过研究 2006 ~ 2014 年河北省产业结构等相关数据，也得出河北省产业结构与雾霾天气有正相关的关系。然而，Brajer 等（2011）认为产业结构与环境污染不一定呈现出倒 U 形的关系；张悦和赵晓丹（2014）通过研究发现，我国经济增长与环境污染之间呈现倒 N 形关系，否认了倒 U 形的环境库兹涅茨曲线。由于受制于模型设定和变量选取，国内外学者对于产业结构和雾霾天气没有明确的定论，因此这仍是一个具有研究价值的话题。

长期以来，长三角地区一直都是中国经济发展的核心地区和战略支撑点，同时也是中国参与国际市场竞争与合作的最前沿的区域。江苏作为长三角地区核心省份之一，其经济发展的质量与规模在全国也是首屈一指。经研究，1998～2012年来，江苏一直是雾霾天气的高发地区（邵帅等，2016）；自2001年中国加入WTO以来，江苏的第三产业比重与第二产业比重之间的差距在不断缩小，2015年第三产业的比重为45.7%，第二产业的比重为48.6%，江苏的第三产业比重首次超越第二产业比重，实现“三、二、一”的产业结构类型。[①] 江苏省作为我国较早实现产业结构升级的省份，同时也面临着雾霾治理的困境，如果能从中发现产业结构升级与雾霾治理的相关关系，那么对于其他地区乃至全国雾霾治理问题都有重要的借鉴意义。同时，关于江苏省产业结构与雾霾天气影响这一话题，学术界较少有研究涉及这部分，更多的视野聚焦在京津冀地区。由此，研究此问题也算是能填补一些空白。

二 文献综述

2.1 经济发展与环境污染

经济发展与环境污染之间的关系一直是当前学术界关注的重点，对此，国内外学者通常有以下几种看法：Panayotou（1994）将库兹涅茨曲线推广到环境领域，认为经济发展与环境质量呈现一种倒U形关系，Gossman、Krueger（1995）和Bhaskara等（2010）先后验证了这种关系的存在。包群和彭水军（2006）利用了1996～2000年的省际面板数据进行研究，发现大部分的污染指标符合倒U形关系，并且提出产业结构变化是影响环境的重要因素。但是，有些学者认为这种倒U形关系不一定成立，Selden和Song（1995）认为，经济发展与环境质量存在J形曲线关系，即环境问题会随着经济发展先恶化后改善；邵帅等（2016）基于1998～2012年中国省域PM2.5浓度数据，以稳定灯光亮度指标代替GDP衡量经济发

① 以上数据来源于2001～2015年《中国统计年鉴》。

展水平，得出环境污染与经济增长存在显著的正 U 形关系，也就是环境污染问题会随着经济发展先改善后恶化；张悦和赵晓丹（2014）的研究则表明了经济发展与环境质量之间存在倒 N 形关系，即环境污染问题先改善再恶化后改善。

2.2 产业结构与雾霾污染

随着雾霾天气的增多，经济发展与雾霾污染成为新的研究热点。冷艳丽和杜思正（2015）的研究表明，产业结构与雾霾污染呈正相关的关系，随着第二产业比重增加或是由于产业结构不合理，雾霾污染会更加严重。刁鹏斐（2016）运用 SDM 模型对我国雾霾污染与产业结构之间的关系进行了实证研究，结果表明二者之间确实存在较强的关系，并且有较强的地域性，中部地区受临近地区的影响最大，东部地区次之，西部地区最次。方时姣和周倩玲（2017）通过绘制 2001～2016 年我国的雾霾时空分布图，以及测算莫兰指数，使用空间计量方法得出工业的空间溢出效应明显，工业对 PM2.5 有着显著影响。刘晓红和江可申（2016）的研究得出，从全国来看，第二产业比重和城市化率对 PM2.5 有着正向影响，但分区域来看则有所不同，东部和中部地区的城市化率会加剧雾霾问题，加快西部地区城市化进程反而会减轻雾霾污染，同时，西部地区的产业结构对 PM2.5 影响最大，随后是中部和东部，并且通过格兰杰检验得出，产业结构到 PM2.5 的单向格兰杰原因，即环境规制等治理雾霾的措施不会影响到产业结构调整，但调整产业结构能达到治理雾霾的效果。

2.3 江苏省产业结构与雾霾污染

2013 年 1 月 12～17 日，江苏省出现了一次较强规模的雾霾天气，江苏省环保厅首次尝试发出“有色”预警，随后学术界对江苏省的雾霾污染给予了一定关注。邵帅等（2016）的研究表明，在 1998～2012 年，江苏一直处于高雾霾污染地区，就全国范围来看，这种高污染雾霾聚集地有东移的迹象。宋娟等（2012）的研究表明，江苏南部地区的快速城市化是导致年霾日数上升的重要原因。严文莲等（2014）则认为，江苏出现不同程度的雾霾天气是秸秆焚烧造成的，曹剑秋和郭品文（2016）把产业结构视为不可忽视的重要因素之一。金华（2017）要治理江苏地区的雾霾污染，需要联合长三角地区的政府，加强区域协作。戴佳静（2017）则认为需要通过财税补贴等政策来实现大气雾霾治理。

综上所述，国内外文献主要集中在：一是研究经济发展与环境污染的问题；二是研究产业结构与雾霾污染的问题；三是对江苏省雾霾天气成因的物理分析。尽管部分文献涉及分区域的研究，但是所分区域较大，没有具体到省；对江苏省雾霾天气成因的经济分析较少；同时，对于江苏省产业结构与雾霾污染之间的实证分析较少，大部分停留在描述性分析阶段。因此，针对这样的情况，本文将利用实证的分析方法研究江苏省产业结构对雾霾天气的影响。

三　方法与数据

3.1　模型设定

Panayotou（1994）将库兹涅茨曲线推广到环境领域，认为经济发展与环境质量呈现一种倒 U 形关系，Gossman、Krueger（1995）和 Bhaskara 等（2010）先后验证了这种关系的存在。郭俊华和刘奕玮（2014）、冷艳丽和杜思正（2015）、何枫和马栋栋（2015）通过不同地方法均得出中国的产业结构和雾霾污染呈正相关的关系。因此，本文基于此构建了如下的回归模型：

$$PM_{2.5it} = A_0 IND_{it}^{\alpha_{1i}} GDP_{it}^{\alpha_{2i}} X_{it}^{\alpha_{3i}} e^{\varepsilon_{it}} \tag{1}$$

对上式取自然对数，结果如式（2）所示：

$$\ln(PM_{2.5it}) = \alpha_0 + \alpha_{1i} ln(IND_{it}) + \alpha_{2i} ln(GDP_{it}) + \alpha_{3i} ln(X_{it}) + \varepsilon_{it} \tag{2}$$

其中，$\alpha_0 = \ln(A_0)$，下标 i 代表第 i 个市，t 代表年份，$PM_{2.5}$ 代表 PM2.5 年平均浓度；*IND* 代表产业结构；*GDP* 代表经济发展水平，以经济增长速度来表示；*X* 代表其他影响 *PM*2.5 的因素，在本文中采取人口密度、科技投入、能源消费、汽车拥有量以及扬尘作为其他因素进行计算，分别以每平方千米人口、科学事业费支出占地方财政收入比重、煤炭消费数量、人均拥有汽车量和房地产投资比重表示。因为所有的变量都取了自然对数，所以模型中的系数 α_1、α_2 和 α_3 分别代表产业结构、经济发展水平、其他因素对 PM2.5 的弹性系数，ε_{it} 为随机误差项。

该回归模型的创新性体现在增加控制变量上，一些学者认为雾霾的产生是多方面的原因，很难单独归结于一种因素，所以为了避免出现遗漏变量偏误等问题，在控制变量上引入了人口密度、科技投入、能源消费、汽车拥有量以及扬尘等因素，从而使得回归结果更具有说服力。

对模型（2）的变量设定与解释如下。

被解释变量：雾霾污染程度（PM2.5）。由于我国对 PM2.5 监控数据较晚，因此本文采取的数据来自哥伦比亚大学国际地球科学信息网络中心（CIESIN）所属的社会经济数据和应用中心（SEDAC）公布的有关数据，该数据以卫星搭载的中分辨率成像光谱仪和多角度成像光谱仪测算得到的气溶胶光学厚度为基础，被转化为栅格数据形式的全球 PM2.5 浓度的监测数据，同时运用 ArcGIS 软件将栅格数据进行解析得到江苏省 13 个地级市的 PM2.5 年均浓度，以此作为 2000～2013 年度数据，而 2014～2016 年数据来自《中国空气质量在线监测分析平台》。

核心解释变量：①产业结构（IND）。产业结构影响一个地区的生态情况，其中第二产业的污染排放物是形成雾霾污染的重要原因，而发展第三产业被视为能缓解雾霾污染的措施之一。以第二产业产值除以地区生产总值表示 IND2，以第三产业产值除以地区生产总值表示 IND3。②经济发展水平（GDP）。由于中国经济发展起步较晚，现阶段仍处于粗放式增长，因此较高的经济增速难免带来较大的环境问题。本文选择各地级市的 GDP 增速来衡量经济发展水平。

控制变量：①人口密度（POP），人口的大量聚集导致人类生产、生活活动的增多，污染排放物的增多引起雾霾污染。本文以每平方千米的人口数量来衡量。②科技投入（IV），科技的大量投入有利于促进高新技术产业的发展，从而使得经济绿色化、环保化发展，有利于解决雾霾污染问题。本文以科学事业费支出占地方财政收入来衡量。③汽车拥有量（CAR）。汽车在行驶时产生的尾气通常被视为造成雾霾污染的因素之一，本文以人均汽车拥有量来衡量。④扬尘（REAL）。房屋在进行建设的时候，往往会带来较多的可吸入颗粒物，从而使得空气质量变得糟糕，因此也被视为造成雾霾污染的影响因素之一，本文以房地产投资占比来衡量。

3.2 数据说明

考虑到数据的可得性与一致性，本文选取 2000～2016 年江苏省 13 个地级市作为研究对象。对于文中涉及的价值形态的数据，均以 2000 年为基期并采用相应的指数剔除了价格因素的影响。除 PM2.5 数据之外，其余的数据均来自《中国统计年鉴》、《中国城市统计年鉴》、《江苏省统计年鉴》以及各地级市的统计局。

四　数据统计与实证分析

4.1　雾霾天气

根据世界卫生组织标准，年均浓度达到每立方米 35 微克时，人患病的概率增加。从图 1 可知，江苏省年均浓度呈缓慢上升的趋势，说明江苏省雾霾污染较为严重，但在 2015 年前后有所改善，这一方面跟国家政策有关，《大气污染防治行动计划》要求长三角地区可吸入颗粒物浓度下降 20% 以上，另一方面，跟江苏省 2015 年第三产业产值首次超越第二产业产值，实现产业转型有关。

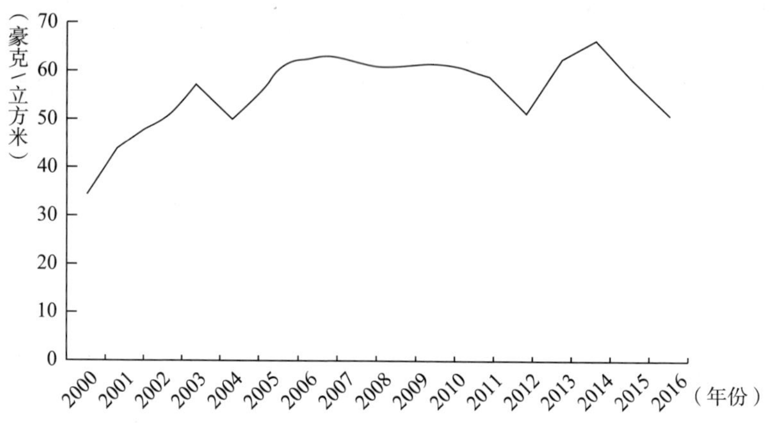

图 1　2000 ~ 2016 年江苏省年均 PM2.5 排放图

资料来源：根据 CIESIN 和 SEDAC 数据计算整理所得。

4.2　产业结构

江苏省是我国经济较发达的省份之一，通过观察其三大产业比重可知（见表 1），第一、第二产业比重逐步下降，第三产业比重逐步上升，并在 2015 年成功超越第二产业，成为江苏省的主导产业，由此可看出江苏省在逐步调整、优化其产业结构。

表 1　2005 ~ 2016 年江苏省三大产业比重

单位：%

年份	第一产业	第二产业	第三产业
2005	7.9	56.6	35.6
2006	7.1	56.5	36.4
2007	7	55.6	37.4
2008	6.8	54.8	38.4
2009	6.5	53.9	39.6
2010	6.1	52.5	41.4
2011	6.3	51.3	42.4
2012	6.3	50.2	43.5
2013	5.8	48.7	45.5
2014	5.6	47.4	47
2015	5.7	45.7	48.6
2016	5.4	44.1	50.5

资料来源：根据 2005 ~ 2016 年《江苏统计年鉴》整理所得。

根据区域经济学中的区位熵理论，判断一个产业是不是一个地区的主导产业，可借助区位熵来判断，区位熵越高则说明该产业优势越明显。尽管近些年江苏省的产业结构有所优化，但仍占 40% 以上，因此本文选取 2010 ~ 2016 年江苏省第二产业中的主要行业并运用区位熵公式计算各个行业的区位熵值（见表 2），可以看出江苏省占主导地位的行业主要是非金属矿采选业，纺织业，纺织服装、服饰业，木材加工制品业，文教、工美、体育和娱乐用品制造业，化学原料和化学制品制造业，化学纤维制造业，金属制品业，通用设备制造业，专用设备制造业，铁路、船舶、航空航天和其他运输设备制造业，电气机械和器材制造业，计算机、通信和其他电子设备制造业，仪器仪表制造业，燃气生产和供应业等（区位熵值 >1）。由此可以看出江苏的第二产业主要以轻工业和中高端制造业为主，但也不乏非金属矿采选业、燃气生产及供应等的高污染行业。

表 2　2010 ~ 2016 年江苏省主要工业行业的区位熵

按行业分	2010 年	2011 年	2012 年	2013 年	2014 年	2015 年	2016 年
煤炭开采和洗选业	0.99	1.14	0.78	0.72	0.66	0.62	0.58

续表

按行业分	2010 年	2011 年	2012 年	2013 年	2014 年	2015 年	2016 年
黑色金属矿采选业	0.80	1.07	1.24	1.04	1.15	0.86	0.64
有色金属矿采选业	0.14	0.20	0.29	0.27	0.27	0.20	0.24
非金属矿采选业	5.91	7.75	8.77	9.99	9.41	11.39	12.68
纺织业	1.45	1.25	1.49	1.51	1.51	1.59	1.63
纺织服装、服饰业	1.48	1.62	1.73	1.74	1.79	1.83	1.85
木材加工制品业	1.03	1.04	1.84	1.95	1.88	1.93	2.21
造纸和纸制品业	0.74	0.71	0.54	0.52	0.58	0.60	0.64
文教、工美、体育和娱乐用品制造业	1.16	1.73	1.16	1.38	1.25	1.31	1.44
化学原料和化学制品制造业	1.33	1.39	1.26	1.26	1.27	1.26	1.29
医药制造业	0.84	0.87	0.74	0.75	0.77	0.77	0.75
化学纤维制造业	2.36	2.37	2.17	2.22	2.11	2.15	2.19
橡胶和塑料制品业	0.77	0.66	0.71	0.71	0.72	0.76	0.78
非金属矿物制品业	0.56	0.56	0.51	0.53	0.53	0.53	0.56
黑色金属冶炼加工业	0.95	1.02	0.83	0.85	0.84	0.78	0.78
有色金属冶炼加工业	0.72	0.59	0.61	0.59	0.56	0.59	0.56
金属制品业	1.22	1.27	1.25	1.29	1.21	1.30	1.33
通用设备制造业	1.22	0.99	1.06	1.07	1.11	1.14	1.17
专用设备制造业	1.07	1.05	0.86	0.87	0.88	0.91	0.97
汽车制造业	0.63	0.60	0.58	0.61	0.65	0.63	0.63
铁路、船舶、航空航天和其他运输设备制造业	1.34	1.52	1.02	0.90	0.95	0.95	0.88
电气机械和器材制造业	1.40	1.63	1.53	1.57	1.60	1.54	1.52
计算机、通信和其他电子设备制造业	1.63	1.64	1.78	1.71	1.56	1.53	1.34
仪器仪表制造业	1.87	2.02	2.26	2.36	2.47	2.32	2.32
燃气生产和供应业	1.02	1.01	1.55	1.61	1.72	1.65	1.65

资料来源：根据 2011 ~ 2017 年《江苏统计年鉴》计算整理所得。

4.3　实证检验与结果分析

为了判定各变量之间是否存在多重共线性问题，需要计算各变量之间的相关系数，结果如表 3 所示。除了变量 IV 和变量 CAR 的相关系数达到

0.785，其余变量间的相关系数均低于0.66。尽管变量IND2和变量IND3之间的相关系数高达-0.772，但是二者不会在模型中同时出现，因此本文的模型中不存在严重的多重共线性问题。同时，本文将对所有的变量取自然对数以达到降低方差的目的，从根源上缓解异方差对模型的干扰，因此回归结果较为可靠。

表3 相关系数表

	IND2	IND3	IV	CAR	REAL	POP	GDP
IND2	1						
IND3	-0.772	1					
IV	-0.445	0.563	1				
CAR	-0.475	0.633	0.785	1			
REAL	-0.306	0.232	0.501	0.364	1		
POP	0.318	-0.003	-0.302	-0.207	-0.252	1	
GDP	0.492	-0.530	-0.565	-0.511	-0.221	0.200	1

本文数据类型为面板数据，通过Hausman检验均在5%的水平上拒绝采取随机效应模型的原假设。因此，本文建立固定效应模型进行回归分析。回归结果如表4所示。

在相关分析中，变量IND2与变量IND3高度相关，为了考察第二产业和第三产业分别对雾霾的影响，设置了一组对照模型（模型1和模型2）。通过观察模型2可知，第二产业（IND2）加剧了雾霾污染天气，尽管江苏省的主要工业行业为轻工业和高端制造业等污染低的行业，但非金属矿采选业、燃气生产及供应等高污染行业仍然对雾霾天气产生重要影响。由模型1可知，第三产业（IND3）对雾霾天气有着显著的缓解作用，因为第三产业耗能少，附加值高，并且江苏省第三产业比重逐步增加，且在2015年超过第二产业，因此对改善环境有着积极的促进作用。经济增长（GDP）在各模型中都是显著的正向作用，说明盲目地追求较高的GDP增速的粗放型的经济增长会对环境造成较大的压力。科技投入（IV）显著为负，科技投入有利于促进新技术的开发，实现绿色、高效生产，并且有利于提高对污染物的处理水平，从而促进环境质量的提高。人均汽车拥有量（CAR）显著为正，因为江苏省是一个经济较为发达的省份，人均汽车拥有量较大，尾气排放量也相应较大，因此对雾霾天气的形成有着较大的影响。扬尘（REAL）显著为正，说明了高密度的建筑投资会产生较多的可吸入颗粒物，由此对雾霾污染有着显著影响。人口密度（POP）在模型2中显著为负，在模型1中为负但不显著，一方面，说明了江苏省目前面临的人口压力较小；另一方面，说明了江苏省的城市规划相对合理，因此对雾霾天气影响较小。

表4　回归结果

	(1)	(2)
VARIABLES	lpm	lpm
lIND2		0.541*** (0.167)
lIND3	-0.294*** (0.110)	
lPOP	-0.0486 (0.0446)	-0.0727* (0.0407)
lGDP	0.194*** (0.0486)	0.160*** (0.0517)
lIV	-0.0253** (0.0128)	-0.0327** (0.0128)
lCAR	0.129*** (0.0218)	0.141*** (0.0227)
lREAL	0.124*** (0.0398)	0.0993** (0.0412)
Constant	3.362*** (0.441)	4.092*** (0.379)
Observations	221	221
R-squared	0.518	0.525
Number of city	13	13
Hausman-test	17.60**	16.32**

注：*** $p<0.01$，** $p<0.05$，* $p<0.1$，括号中的数值代表标准差。

五　结论与建议

本文通过对2000～2016年江苏省PM2.5指数和江苏省产业结构等相关变量的实证分析，得出以下结论。

第一，江苏省产业结构与雾霾污染具有高度相关关系，产业结构升级初见成效。本文分别以第二产业比重和第三产业比重作为解释变量与PM2.5进行回归，结果显示第二产业对雾霾天气有着显著的加剧作用，第三产业对雾霾天气有着明显的缓解作用。第二产业的高耗能产生大量的空气污染物，使得空气质量变差，从而造成雾霾污染，而第三产业的低耗能、高产值对环境影响较小。同时，江苏省在2015年首次实现“三、二、一”的产业结构类型，2015年也是雾霾污染出现转折的关键年，年均PM2.5显著下降，这说明产业结构升级初见成效，雾霾天气有所缓解。

第二，过度追求GDP增速会影响雾霾污染。结果表明，GDP增速与雾霾污染呈正相关关系，即增速越快，雾霾污染越严重。这是因为一些地级市为了实现高增长，不顾环境压力引进一些高耗能、高污染、高产值的工业企业。同时，也和我国改革开放后，以牺牲环境为代价换来的粗放式增长有关系。这说明在实现经济增长的同时，不仅要注重数量，更要注重质量。

第三，扬尘、人均汽车拥有量也是雾霾污染的帮凶，科技投入能够缓解雾霾污染。结果表明，高额的建筑投资会产生大量的可吸入颗粒物，影响空气质量；随着人均汽车拥有量的上升，尾气排放量也随之上升；科技投入有利于促进新技术的开发与使用，从而提高能源使用效率，改善空气环境。这说明要想缓解雾霾污染，限制过多的建筑投资，减少尾气排放量，加大科技投入也是不错的选择。

根据以上结论，针对江苏省雾霾天气问题，提出以下建议。

第一，积极推进产业结构升级与优化。深入实施“中国制造2025”江苏行动纲要，充分发挥江苏产业基础雄厚和科技创新能力较强的优势，大力发展先进制造业，改造传统产业，积极推进智能制造，打造一批世界级先进的制造业企业集群；同时凭借长江三角洲的优势区位，积极与周边地区进行经济合作，不断推进高端制造业和第三产业比重的增加，以产业结构升级带动雾霾治理。

第二，推动知识经济的发展，改善经济发展方式。以江苏省“十三五”战略性新兴产业发展规划为出发点，将发展动力从依靠要素投入向创新驱动转变，将发展方式由规模速度型向质量效益型转变，发展移动互联网、物联网、云计算、大数据等新一代信息技术，改变依托资源消耗的自杀型发展，以经济发展新常态带动雾霾治理。

第三，将建设“美丽江苏”放在更加突出的位置。以实施PM2.5和臭氧浓度“双控双减”、“263”专项行动、化工企业“四个一批”专项行动等政策为契机，大力发展风电、光伏发电等清洁能源，构建清洁低碳的能源体系，完善与污染物排放总量挂钩的财政政策，研究建立市场化、多样化的生态补偿机制，从而促进江苏省生态环境持续改善，增强人民群众的“蓝天幸福感”。

我国产业集聚对水污染的影响效应分析

一 背景介绍

众所周知，水资源是人类赖以生存的重要资源之一。无论是人类日常生活，还是工业、农业生产水资源都不可或缺。然而，目前我国整个水环境处于相当严峻的局面：水质污染严重，细菌超过卫生标准75%，约有1.6亿人口饮用水受有机物污染。根据2016年中国环境状况公报显示：我国几大流域的水质评价总体较差，良好及以上的测站仅仅占了不到25%，较差的测站占了一大半，极差的测站比例为19.8%。部分地区存在较严重的重金属和有毒有机物污染，大多由工业废水的大量排放造成。

对于污染治理问题，政府一直保持高度重视的态度，自20世纪70年代开始政府便不断出台众多水污染防治政策。政府在“九五”期间针对废水排放的8大指标实行了排放总量控制；“十五”规划削减10%的水污染物COD和氨氮排放；“十一五”以来，政府工业污染废水治理投资大幅增长；“十二五”环保规划高度重视饮用水安全保障技术的研发与应用，提出了要实施“从源头到龙头”全过程技术研发与示范的新要求。政府的每一个五年计划中，水污染治理都是很重要的一部分。尽管政府已经采取了很多措施防止水污染，但有些举措并没有发挥预期作用，如“十一五”提出的10%的目标仅达成了1/5。我国水污染形势依旧相当严峻，尤其是工业废水污染问题亟待解决。

关于如何治理水污染这个问题，必须提及与其息息相关的产业集聚问题。随着工业化、现代化的发展，产业集聚是目前工业化发展过程中呈现的一个主要现象。产业集聚有利于资源更合理且高效地配置，深化地区间、行业间专业化分工，对于地区经济增长，优化产业配置发挥正外部性作用。然而，产业集聚对环境污染影响效应则显得比较复杂。冯薇（2007）的研究发现产业集聚会导致企业规模增加，从而造成周边河流污染物排放增加。此外，其他更多人的研究（聂欣、陈健，2017；雷海等，2017）发现产业集聚对水污染呈现一个倒 U 形的影响效应，产业集聚初期会加剧水污染，随着集聚程度的增加，反而能减轻污染程度。

因此，本文将主要研究以下几个问题：我国的产业集聚对水污染主要起怎样的影响效应？针对该影响效应，应该采取哪些合理的政策与措施治理水污染？本文主要采用就业人口数量表示产业集聚程度，对工业废水中污染物排放指标和工业用水供水总量等一些指标进行回归分析以得到它们之间的影响关系，根据回归模型，针对每项影响变量提出合理的应对措施。由于现行的工业废水污染是水污染的重要部分之一，而产业集聚又对工业废水排放有很大影响，所以通过对它们之间关系的探究与分析，有助于实现水污染防治并为相关的防治措施的制定提供合理的理论依据。

二　文献综述

从 20 世纪 90 年代开始国内外经济学者便开始进行产业集聚对环境污染的影响效应的研究，他们采取的研究视角不尽相同：部分学者直接研究这两个变量之间的影响效应，其他学者则在研究中引入了外商投资、科技创新，经济发展等中间变量，最终得出的结论也众说纷纭，主要包括以下几个观点。

一些学者认为产业集聚给环境带来了负的外部性，这些学者主要认为产业集聚尤其是工业产业集聚会造成大量废水、废气排放，加剧污染。张健（2009）通过偏离 - 份额分析法研究滁州市、南通市的产业转移情况，发现随着产业集聚程度的加强，“三废”的排放量也日益增加，从而造成了这些集聚区的严重的环境污染。张可和汪东芳（2014）利用空间联立方程构建了一个成熟的理论框架，证明产业集聚与环境污染间存在一个双向引导机制，产业集聚加剧了环境污染，同时环境污染也制约了产业集聚的进一步发展。冯薇（2007）也提出产业集聚会产生大量废料，严重污染环境，她主张将一个产业形成的“废料”转移到另一个产业，这样才能实现循环经济。总之，这类学者的核心观点是产业集聚会带来规模效应进而加剧废物排放污染周边区域的环境。

还有一类学者的观点与上述学者截然相反，他们认为产业集聚可以缓解环境污染。闫逢柱等（2011）采用面板误差修正模型，对制造业2003～2008年的行业分类数据进行分析，得出结论：对于江苏省制造业来说，产业集聚促使资源得到合理配置，污染物排放量减少。龚健健和沈可挺（2011）主要分析了我国中东部地区的高耗能产业污染物排放程度，发现产业集聚有助于促使科技进步从而提高企业的资源利用率，减少污染物排放量。另外，张吉鹏和王崇锋（2009）利用收入、能耗等6项指标，采用主成分分析法建立了CR4指标，发现产业集聚程度加深有助于推动技术创新，缓解城市污染，促成生态城市的建设。

最后一种也是目前绝大多数学者所认同的观点，即产业集聚与环境污染并不是简单的线性关系，而是存在一个环境库兹涅茨曲线即产业集聚初期会加剧环境污染，但当集聚发展到一定程度时反过来会减缓环境污染状况。聂欣和陈健（2017）使用了2006～2014年的200多个地级市的数据，采取了面板门槛效应模型分析产业集聚和环境污染之间的影响关系。经过回归分析之后发现，产业集聚与环境污染之间呈现了一个倒U形的影响关系，环境污染随着产业集聚程度的加深呈现一个先加剧后逐渐缓解的状况，并且产业集聚对于环境污染还存在显著的门槛效应。杨仁发（2015）还引入了外商投资作为中间变量，采用Copeland-Taylor模型，得出在外商投资初期，产业集聚对环境产生负外部性，但是随着外商投资额的增加，产业集聚规模增加，对环境的负外部性会慢慢减弱。此外，很多学者研究发现，当前我国的集聚程度还处于倒U形曲线的前半段，但是随着科技进步，经济发展可以减少废弃物的排放，缓解环境污染（李勇刚、张鹏，2013；陈建军、胡晨光，2008）。

根据以上文献的研究结果可以看出，产业集聚对环境污染的影响关系并不能简单地直接定性为正相关或负相关。目前学者们已经对两者之间的影响建立了比较合理的理论模型，但其研究还存在一些缺陷，还需要持续进行更多更深入的研究。目前的研究缺陷主要包括：第一，研究数据的选取大多是一个省或一个经济区的废弃物排放量，时间跨度短，太过狭隘、片面，得出的结论可能并不适用于整个中国的大环境。第二，研究内容不够深入，大多数学者模糊地研究产业集聚和环境两个较宽泛变量之间的关系，提出的解决方案也不够深入，不够有针对性。因为，不同环境污染像水污染、大气污染的成因并不完全相同，也不能采取完全相同的应对方案。因此，本文将结合我国所有省的数据，主要从水污染角度出发，进行回归分析，深入研究水污染与产业集聚的关系，然后对症下药，提出较合适的建议和方针。

三 研究模型和数据说明

3.1 方法与模型设定

正如上述文献所述，目前大多学者都认为产业集聚与水污染之间并不是简单的线性关系，而是符合环境库兹涅茨曲线呈现一个倒 U 形曲线，即在产业集聚初期会加剧水污染，但随着集聚程度加深，反而能提高资源利用率，进而对水环境产生正外部性。因此，本文将采用面板门槛模型来分析两个变量之间的关系。门槛模型回归的形式是：

$$y = \beta_1 X(q \ll \gamma) + \beta_2 X(q > \gamma) + e$$

其中，q 代表门槛变量，这个门槛可能是解释变量 X，也有可能是其他一个独立的变量，γ 代表门槛值。基于上面的门槛模型，本文的模型设定如下：

$$lnpollution_{it} = \mu + \beta_1 LQ_{ij}(q_{it} \ll \gamma) + \beta_2 LQ_{ij}(q_{it} > \gamma) + X_{jt}\beta + e$$

其中，$lnpollution_{it}$代表地区水污染程度，LQ_{ij}代表产业集聚程度的同时也是本文的门槛值，X_{jt}代表其他影响水污染状况的控制变量。之所以采用门槛效应模型，是因为所研究的两个变量之间并不是简单的线性关系，而是在某一时间点后变量前的系数会发生变化，使用简单的 OLS 法并不能很好地反映这种变化。采用门槛效应模型，能更加灵活、精确地反映变量间的影响关系。这也是本文模型的创新之处，此前绝大多数学者都倾向于研究面板数据之间的固定效应，但是得出的模型与实际情况存在较大偏差，采用门槛效应模型，能有效减少这种误差。

3.2 变量选取和数据说明

（1）$lnpollution_{it}$代表水污染排放量。由于本文主要研究的是产业集聚对水污染的影响效应。所以，将选取主要城市的废水排放量作为衡量指标，排放物主要包括化学需氧量、氨氮、石油等生产活动中产生的废弃物。

（2）LQ_{ij}代表产业集聚程度。关于产业集聚程度的度量指标有很多，例如赫芬达尔指数、区位熵指数、空间基尼指数等。本文选取的度量指标是区位熵指数，因为该指标考虑到不同地域的差异性，能较好地消除地区规模差异，更好地展现整个产业的状况。现假设 LQ_{ij}为 j 地区 i 产业在全国的区位熵：

$$LQ_{ij} = \frac{q_{ij}/q_j}{q_i/q}$$

其中 q_{ij}代表 j 地区 i 产业的就业人数，q_j 表示该地区的就业人数，q_i 表示该产业的就业人数，q 代表整个国家的整体的就业人数。通过这些指标所得出的区位熵，代表该产业集聚的程度，这里为了保证数据的可获得性，主要衡量的也是制造业产业集聚程度。

（3）X_{jt}代表其他控制变量。第一，FDI。目前很多学者的研究都普遍认为外商投资会导致本国产业的产业规模、结构发生变化，外资的引入还会带来技术层面的变革，这些变化都会对本国的环境状况产生影响。所以，在很多相关研究中，都习惯把外商投资作为一个重要的控制变量。第二，所研究的各个城市的生产总值。区位熵指标虽然能较好地消除地区规模带来的差异性，但由于不同地区的经济状况和整体产业结构会影响最终变量关系，所以，又要对其加以控制，以便使模型更加精准。

从表 1 可以看出，废水排放量地区差别很大，最高达到 938261 万吨，而最少的仅仅 3335.56 万吨，但是排放量最大的城市并不是集聚程度最高的或最低的。还有外商投资和地区生产总值，这两个变量的最大值、最小值之间差距很大，这些差距会影响地区的经济规模和生产技术等，进而影响排放量。

表 1　各变量的描述性统计

	废水排放量（万吨）	区位熵指标	外商直接投资（万元）	地区生产总值（万元）
最大值	938261.00	1.885	1241.65	202061.30
最小值	3335.56	0.007	0.20	341.43
平均值	210898.50	0.846	130.39	21570.02
标准差	173867.00	0.377	211.76	27418.76

本文主要选取2007～2016年这10年间我国31个主要省份的数据作为研究样本，数据均来自《中国统计年鉴》，主要选取的数据变量包括：各地区废水排放总量、各地区生产总值、各地区就业人数、各地区制造业就业人数、全国总就业人数、各地区固定资产投资中的外资数量。

四　实证结果

表2呈现了产业集聚与水污染的影响效应的回归分析结果，模型（1）主要考虑产业集聚的影响作用，模型（2）引入了产业集聚的二次项以分析变量之间的非线性关系。本文通过Hausman检验，两个模型在1%的水平上都显著并拒绝随机效应模型的原假设，因此表2中只列举了固定效应模型。由表2可以看出集聚的一次项和二次项前系数都显著，说明产业集聚和水污染并不是简单的线性关系，而是呈现一个倒U形曲线。由此可见，产业集聚初期对水环境状况呈负外部性，集聚程度越深，城市污水排放量越多；但是，当集聚到一定程度时，反过来会降低水污染。此外，外商投资与地区生产总值前的系数为正且显著，说明随着外商投资的增加，城市经济水平的提高，城市污水的排放量也随之增加。

表2　产业集聚与水污染的计量分析结果

	模型（1）	模型（2）
集聚LQ	0.1109*** (5.07)	0.4793*** (5.79)
集聚二次项LQ×2		-0.1868*** (-4.57)
外商直接投资FDI	0.0002** (2.45)	0.0002*** (2.94)
地区生产总值GDP	5.43e-06*** (10.15)	5.65e-06*** (10.89)
样本数	309	309
Hausman检验结果	15.14	28.44

注：*代表 $p<0.010$，**代表 $p<0.05$，***代表 $p<0.010$。

除了基准回归模型外，本文还使用了门槛回归模型。本文的门槛变量是产业集聚指标LQ，所得出的结果见表3。

表 3　门槛回归效应结果

区位熵	F 统计值	P 值	BS 数
单一门槛	54.10***	0.000	300
二重门槛	23.72	0.103	300
三重门槛	16.50	0.56	300

注：* 代表 $p<0.010$，** 代表 $p<0.05$，*** 代表 $p<0.010$。

由表 3 可知，单一门槛的 P 值远小于 0.01，F 统计值高度显著，进一步体现了产业集聚与水污染不是线性关系，而二重和三重门槛的 F 统计值检验都不显著，说明产业集聚与水污染呈单一门槛效应。此外，根据上述结论，进一步研究门槛值可以得到表 4 中的结果。

表 4　门槛值结果

区位熵	门槛值	95% 置信区间
单一门槛	0.6002	[0.5957，0.6003]

对于本文的模型来说，门槛值为 0.6002，95% 的置信区间是 [0.5957，0.6003]。结合上面的基准回归模型可知，当产业集聚程度低于门槛值 0.6002 时，产业集聚加剧了水污染；当超过门槛值时，集聚会对水污染状况起到改善作用。

根据污染天堂假说所论述的，一般企业为了减少成本，在其他条件相似的情况下，会选择环境标准较低的城市扎堆。此外，这些城市为了提高本地经济发展水平，也会出台相关政策，鼓励企业进驻，给它们提供相应的政策优惠等，这更加剧了集聚现象的产生。所以，在产业集聚的初期，大量企业涌入一个地区，由于这些企业之间还没有产生很好的协作性，此时主要是规模效应发挥主导作用。大量企业在一个城市进行生产活动，且由于集聚地的环境标准较低，必然会导致大量的废水排放。此外，水资源对于每个企业来说都是不可或缺的，企业集聚导致集聚区水资源需求量增加，甚至超过了环境承载力，破坏整体水环境，加剧水污染。在一段时期内，水资源恶化状况与集聚程度呈正相关关系，集聚越深，进驻集聚区的企业数量越大，废水排放量就会越大，水资源需求量越大，自然水污染程度就会越深。

但是，这种情况并不会一直持续下去。当产业集聚达到一定水平后，集聚程度的加深反而会减缓和改善城市水污染状况，主要原因包括以下几点。

第一，政府政策因素。当环境被破坏到一定程度，破坏带来的危害超过集聚带来的经济利益时，政府必然不会视若无睹，一定会出台相关政策提高城市环境标准，这就迫使已进入或即将进入的企业减少污水排放，以及想法提高水资源利用率。

第二，产业集聚水平的提高促进资源利用率的提高。首先，产业集聚会造成一个主导产业及其配套产业的集聚，这些相关产业的集聚可以促使它们之间进行更好的合作，合理有效地资源配置。其次，产业的集聚会造成相关技术人才的集聚，大量技术人才涌入，必然会提高企业技术水平，提高资源利用率。最后，大量相同性质的企业扎堆必然会造成竞争，这些企业为了在残酷的竞争中获取优势，就必须进行技术创新，降低生产成本。这一现状也要求它们必须提高资源利用率。

总之，正如环境库兹涅茨曲线所示，当经济发展到一定程度时，必然会造成环境的改善。产业集聚推动企业合作，形成规模效应和集聚效应，减少生产成本，推进技术创新，提高资源利用率，必然会推动经济发展，进而改善环境状况。此外，外商投资与水污染排放呈正相关，说明随着外商投资的增加，水环境污染状况进一步加剧。这一现象也在一定程度反映了“污染天堂假说”在我国也成立。而地区 GDP 与水污染排放同样呈正相关关系，说明地区的经济规模状况，也同样影响企业的进驻情况，加剧城市水污染。

五　结论及建议

本文采用了我国 31 个省份 2007～2016 年的相关面板数据，以制造业的区位熵为集聚指标探讨了我国产业集聚对水污染状况的影响效应。另外，本文主要使用了基准回归和门槛回归两种回归方式相互佐证，进一步分析了两种研究变量的关系。通过回归分析发现，产业集聚与水污染之间不是简单的线性关系，而是符合环境库兹涅茨曲线，呈倒 U 形曲线。此外，两个变量之间具有单一门槛效应，当集聚程度低于门槛值时，产业集聚会恶化水环境；反之，当超过门槛值时则会改善水污染状况。另外，外商投资水平和地区经济水平越高，水污染程度越深。

针对上述结论，结合我国国情，本章主要提出了以下几点建议。

第一，严格把控进驻集聚区企业。首先，集聚区管理者应该对整个产区的各项资源和空间环境进行有效评估，明确了解产区的环境承载力和现阶段产区的主导产业及其他相关产业的数量和污染物排放量。其次，对于即将进入的新企业从企业规模、企业产品种类、企业污染物种类和过往污水排放水平等指标进行把控。严格控制高排放、高耗能产业进驻，多引进那些可以与产区现有企业形成有效合作、共同合理分配资源的优质企业。并且，对于引入外资也要慎重，杜绝单纯把中国当成“避难天堂”的外资企业进驻。最后，对于产区内原有的技术落后、高排放的企业加以淘汰。

第二，提高产区环境标准，完善关于污水排放相关罚款或补偿措施。为了提高企业的排污意识，政府应该采用罚款和补贴两种策略。首先，政府应该制定一个明确的污水排放标准，根据企业排污状况分为优质排污企业和低排污企业两种类型，并在此基础上针对两种类型设立不同等级。对于优质排污企业按不同等级水平给予相应程度的补贴，并在以后的一些类似竞标活动中给予适当特权；反之对于低排污企业按等级要求其缴纳罚款，对于特别恶劣的企业将其列入黑名单，直到其排污状况改善才可视情况撤销。

第三，在产业集聚内多投放相关排污设施。在每个产区内，政府都应该建立充足的污水排放管道、污水处理厂和污水回收利用设备等设施，减少企业的排污成本并增加其便利性，只有这样企业才会愿意去主动地清洁排污。

我国高耗能产业发展和以二氧化硫排放量为代表的环境污染水平的关系

一　背景介绍

世界经济进入18世纪工业化时代以来开始飞速发展，然而自然环境、生态系统也因为高速的发展被严重破坏，由于近代的经济发展主要以工业为基础，在工业生产中不可避免地会排放出大量废水、废气和废渣。然而，对经济高速发展的追求使人们忽视了对环境的保护，作为经济增长水平较快的国家之一，中国也成为世界受污染最严重的国家之一。

改革开放以来，中国经济已经保持近40年的高速增长，国内生产总值年均增长速度远远高于世界其他国家。在中国经济发展速度令人感叹的同时，我们也付出了巨大的能源和环境的代价。由于中国的经济发展方式是以工业为主导，其主要通过能源的高消费和温室气体的大量排放来实现经济的增长。环境污染中的一个重要指标是二氧化硫的排放量，早在2007年环保部就称中国二氧化硫排放量已达世界第一。据《全国环境统计年报(2015年)》，全国废气中二氧化硫的排放量为1859.1万吨。其中，工业二氧化硫排放量为1556.7万吨、城镇生活二氧化硫排放量为296.9万吨。二氧化硫的排放量更典型地代表着中国工业发展给环境带来的污染程度，因此表明中国工业发展带来的严重污染不容忽视。

在2009年的哥本哈根气候大会上，中国作为全球经济体中重要的一员，作为最大的发展中国家代表，在当前全球经济发展造成严重污染和严重碳排放的情况下，表现出积极主动的姿态，承担起相应的保护环境的责任。2009年8月，全国人大常委会表决通过了关于积极应对气候变化的决议。同年11月，中国正式对外宣布控制温室气体排放的行动目标，制定相应的国内统计、监测、考核办法，决定到2020年单位国内生产总值二氧化碳排放比2005年下降40% ~45%。

从现有的文献来看，许多研究探讨了经济发展与环境水平之间的关系，但是从行业角度进行研究分析的并不多，尤其是高耗能产业的发展与环境污染水平之间的关系。人们已经不断地意识到当前高耗能、高污染、高速度的发展模式不是发展的长久之计，已经开始有意识地转变经济增长方式。因此，对中国高耗能产业的发展和环境污染水平关系的研究是必要并且迫切的。本文将针对中国高耗能产业的具体特点进行相关探索，包括高耗能产业的发展情况和分布情况，中国六大高耗能行业的能源消费总量及占比等，并将通过构造影响环境污染水平的计量模型，结合所收集的相关数据，对高耗能行业中的二氧化硫排放量、能源效率、能源消费结构、技术研发和环境污染治理投资等因素进行探析与实证检验，讨论这些因素对于中国环境污染水平的影响机制，对高耗能产业的发展与中国环境污染水平间的关系从理论角度进行梳理，最后基于实证检验及结果分析，对中国高耗能产业今后的相关发展提出相应的政策建议。

二　文献综述

2.1　环境库兹涅茨曲线的研究

许多学者对于经济增长和能源消费之间的关系格外关注，以Stiglitz（1974）为代表，研究了一个国家在可用自然资源和人造资本受到约束时的经济增长方式，在此基础之上，其后的学者相继进行了改变约束条件和增加技术进步等因素。随着工业经济的不断发展，人们发现环境对于生存的重要性，因此更多的学者将研究角度转向能源相关的消费及其对环境污染的影响上。从实证研究的角度，美国经济学家Grossman和Kureger（1991）提出了经济增长和环境污染的关系呈倒U形，即环境库兹涅茨曲线（Enviormental Kuznets Curve，EKC），这也成为后期西方学者研究经济增长与环境污染关系的重要方向。从污染物存量的角度，大部分西方学者选择以二氧化碳排放量作为环境指标进行研究，Shafik和Bandyopadhyay（1994）、Wagner（2008）研究认为二氧化碳排放与人均收入关系不存在拐点，并且呈正相关关系。Holtz-Eakin和Selden（1995）、Panayotou和Peterson（1999）的研究证实了环境库兹涅茨曲线拐点的存在，但对于拐点的位置以及对应的人均收入的结论有较大差异。对于环境库兹涅茨曲线也存在许多反对的声音，原因在于大部分研究是建立在许多时间序列数据的实证分析基础上的。对于高耗能行业来说，二氧化硫排放相较于二氧化碳更具代表性，并且以 SO_2 为代表的研究数据较少且研究差异较大。

国内学者对于环境库兹涅茨曲线的研究相比于国外学者少，大多数采用了时间序列数据，部分面板数据基本上研究的都是省份地域划分的地区经济发展水平与环境污染的关系。在近期的研究中，多数学者更加关注环境库兹涅茨曲线模型是否在中国也能适用，研究其存在依据。崔日浩（2013）在选用面板数据建立计量模型的基础上，证明中国存在环境库兹涅茨曲线，采用了 LMDI 指数分解法对二氧化硫排放的影响因素进行了分析，结果证明环境污染与人均收入并不完全呈倒 U 形关系，而是一个 N 形相关的关系。丁焕峰和李佩仪（2010）通过收集多种污染指标，在对环境库兹涅茨曲线进行实证分析的同时，得出结论认为经济增长和贸易水平对于环境污染的影响显著，但是正负效应是不确定的。

2.2　高耗能产业的研究

一直以来，高耗能产业都是我国节能减排目标的重中之重，高耗能行业在能源消耗方面一直占据主导地位，在水、大气污染方面最为突出，部分行业和企业的污染问题层出不穷。对于高耗能产业的研究，大多数学者都是从产业结构内部升级、以技术手段改变高污染高排放的现状等角度进行研究的，只有很少部分学者关注到高耗能产业对环境污染具体的影响因素。陈诗一（2009）利用绿色增长核算来分析高耗能行业从环境污染方面对于中国工业完全可持续发展的重要性，能源消耗是政府现阶段应重视的问题，政府应通过提高生产率来改变现状。龚健健、沈可挺（2011）利用大量面板数据分析了高耗能产业的区域集聚及发展与环境污染排放之间的关系，其中，政府的政策对于不同的地域正负影响也是不同的。李莉、王建军（2015）通过构建我国二氧化碳排放量与人口因素、人均不变价格 GDP、高耗能行业结构、高耗能行业能效和第三产业结构之间的 STIRPAT 关系模型，得到加快降低我国高耗能行业的经济比重更有助于我国减少二氧化碳排放量的结论。

三 方法与数据

高耗能产业是通过消耗大量能源来进行生产的，尽管对我国经济增长做出了巨大贡献，但其对环境的影响因污染程度的加深一直以来也很受重视。到目前为止，还没有正式的理论研究高耗能产业排放对环境污染驱动的影响因素，因此本文的模型是在已有的定量分析模型基础上，结合研究的问题进行拓展的。

3.1 模型构建

IPAT模型能够定量描述各类经济社会因素和环境污染之间的影响关系，由西方学者在20世纪提出，主要用于分析人口、经济、技术对环境的影响，其数学表达式为：

$$I = P \cdot A \cdot T \tag{1}$$

其中，I代表环境负荷，具体指污染排放量，P代表人口数量，A代表人均GDP，T代表技术水平。使用IPAT模型的一个前提条件是，人口、经济和技术对于环境的影响程度是相同的，但是从实际情况来看，这个假设很难成立。因此，本文在IPAT模型的基础上进行拓展，根据本文研究的问题在模型中增加系数和随机误差项。

$$I = a \cdot S^b \cdot E^c \cdot Y^d \cdot T^e \cdot L^f \cdot g \tag{2}$$

其中，a为模型的参数，b、c、d、e、f分别为S、E、Y、T、L的系数，g是模型的随机误差项。在拓展式中，S代表我国的能源消费结构，采用一定时期的煤炭消费总量与能源消费总量的比值来进行衡量，比值越小，说明煤炭消费量占总消费量的数值越小，能源结构越优化；E代表能源效率，通过能源消费总量与同时期的工业总产值之比进行衡量，比值越小说明消耗一定的能源所得到的产出越多，能源效率越高；Y代表人均收入水平，是同一时期总收入与总人口的比值，为了反映经济水平，本文用人均收入水平反映经济因素；T代表技术研发，用同一时期六大高耗能产业的研发经费投入与工业增加值的比值作为变量，衡量高耗能行业的技术水平和创新能力；L是我国一定时期内对环境污染治理投入的资金支持。

在本文应用中，为了方便计算，对拓展式进行如下处理。

$$lnI = lna + blnS + clnE + dlnY + elnT + flnL + lng \quad (3)$$

其中，b、c、d、e、f 实际上也是 S、E、Y、T、L 对环境影响的弹性系数。

3.2 变量解释

本文主要研究高耗能产业的发展产生的排放对环境污染的影响水平，具体考虑将以下几项因素作为高耗能产业发展的代表因素。

S 为能源消费结构 = 煤炭消费总量/能源消费总量：采用一定时期的煤炭消费总量与能源消费总量的比值来进行衡量，比值越小，说明煤炭消费量占总消费量的数值越小，能源结构越优化。

E 为能源效率 = 工业总产值/能源消费总量：高耗能产业消费一定数量能源得到的产出越多，能源效率越高，产业发展程度越高。

Y 为人均收入 = 总收入/总人口：参考经济发展对产业发展的促进因素，选用人均收入来反映经济对高耗能产业发展的影响。

T 为技术研发 = 工业增加值/研发经费：研发经费包括六大高耗能行业在开发新产品和新技术方面投入的经费，工业增加值是指规模以上的企业在生产过程中新增加的价值，技术研发的水平在一定程度上影响高耗能产业的发展。

L 为环境污染治理投资：国家对环境污染治理投入资金的多少，很大程度上影响了高耗能产业发展对于环境污染的作用，治理投资越多，高耗能产业对于环境污染的影响可能会越小。

3.3 数据来源

本文收集了全国 30 个省份自 2005 ~ 2015 年的数据，样本数共计 330 个，因为西藏地区有部分的数据缺失，在本文中不做统计。以上数据中，工业总产值、总收入、总人口均来自《全国环境统计公报》（2005 ~ 2016 年），工业增加值来自国家统计局网站的《国民经济和社会发展统计公报》（2005 ~ 2016 年），研发经费来自国家统计局网站《中国统计年鉴》（2005 ~ 2016 年），环境污染治理投资数据来自中华人民共和国生态环境部网站的《全国环境统计公报》（2005 ~ 2016 年），煤炭消费总量、能源消费总量数据来自《中国能源统计年鉴》（2005 ~ 2016 年）。

四 实证分析

4.1 行业概况

根据2017年《国民经济和社会发展统计公报》，本文中的高耗能行业包括石油加工、炼焦和核燃料加工业，化学原料和化学制品制造业，非金属矿物制品业，黑色金属冶炼和压延加工业，有色金属冶炼和压延加工业，电力、热力生产和供应业这六大行业。通过查找2011～2017年的《中国统计年鉴》，得到了2009～2015年中国万吨标准煤的能源消费总量以及六大高耗能产业各自的能源消费总量。

由图1可以看出，中国的能源消费总量近几年来稳步增长，2009～2016年这7年间增长了29.44%。在高耗能行业，黑色金属冶炼和压延加工业在能源消费量方面，消费最大，有色金属冶炼和压延加工业消费能源量最小。从能源消费量的增长幅度来看，黑色金属冶炼和压延加工业在能源消费量增速放缓的同时，甚至有所下降，近7年的增幅为13.38%，增长幅度相对较小；相比之下，化学原料和化学制品制造业的能源消费量由

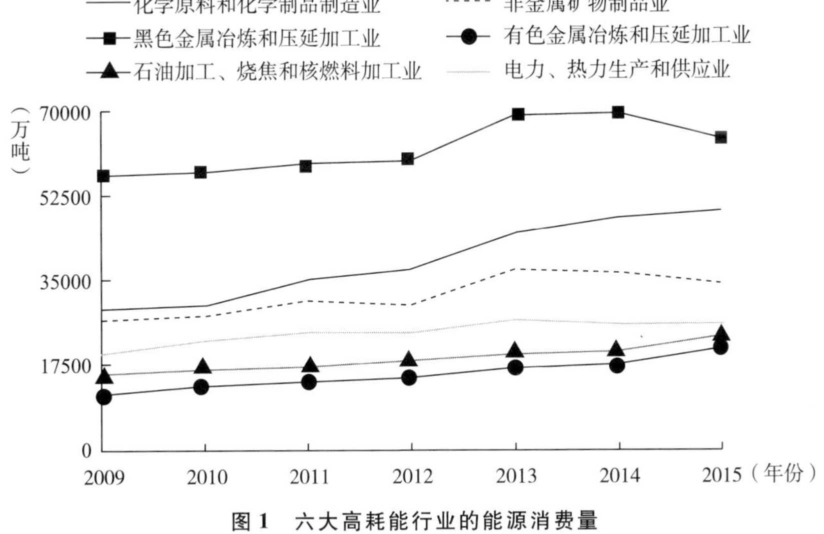

图1　六大高耗能行业的能源消费量

资料来源：《中国统计年鉴》2009～2016年。

28946.07 万吨标准煤增长到了 49009.38 万吨标准煤，7 年内能源消费量的增长速度为 69.31%；有色金属冶炼和压延加工业消费量由 11401.37 万吨标准煤增长到了 20707.01 万吨标准煤，增长幅度为 81.62%，能源消费量的增长速度最快；而石油加工、炼焦和核燃料加工业以及电力、热力生产和供应业的能源消费量的增长速度分别为 51.24% 和 33.46%。

总体来说，我国六大高耗能行业能源消费量平均增长远远高于能源消费总量的增长，从产业地位来看，我国在能源消费结构上，还是以高耗能行业为主导，偏向于以重工业消耗能源作为生产，仍需努力调整能源消费结构。

4.2 二氧化硫排放情况

中国一直以来都是二氧化硫排放量最大的国家，工业和生活二氧化硫排放量自 2000 年以来，增长了 25%，这其中工业二氧化硫排放占据了很大比例。二氧化硫也是一种主要的空气污染物，对环境和人体都会造成很大的伤害，二氧化硫污染一直以来都是全社会共同关注的一个问题。因此，本文将高耗能产业的二氧化硫排放作为影响环境的指标，研究高耗能产业的发展是否会对环境造成破坏和污染的程度是否会增大。图 2 展示了 1995 ~ 2013 年我国二氧化硫的排放情况。

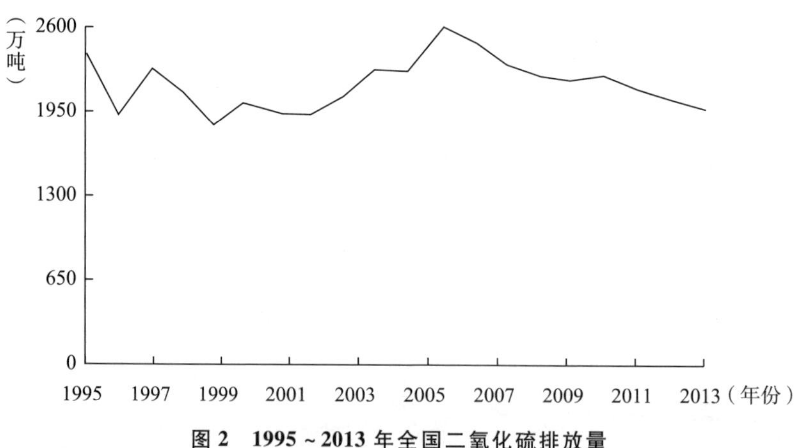

图 2　1995 ~ 2013 年全国二氧化硫排放量

资料来源：《全国环境统计公报》（1995 ~ 2013 年）。

4.3 回归结果分析

根据稳态标准差的回归模型，得到回归结果如表 1 所示。由于本文的数据类型为面板数据，而对于混合效应模型和随机效应模型，LM 检验在 1% 的显著性水平上拒绝了采用混合效应模型的原假设，而对于随机效应模型和固定效应模型，Hausman 检验在 1% 的水平上拒绝了采用随机效应模型的原假设。因此，本文建立固定效应模型进行回归分析。

表 1 高耗能产业的二氧化硫排放量影响因素的回归结果

解释变量	被解释变量（SO_2）
S：能源消费结构	0.169*** (0.0405)
E：能源效率	-0.227*** (0.0465)
Y：人均收入	-0.164** (0.0661)
T：技术研发	-0.015 (0.0150)
L：环境污染治理投资	0.084*** (0.0293)
g：常数	4.903*** (0.573)
样本数	330

注：*** 表示 $p<0.01$，** 表示 $p<0.05$，* 表示 $p<0.1$，括号内数值表示标准差

（1）能源消费结构

能源消费结构的系数为正，说明能源消费结构与二氧化硫的排放量呈正相关关系，能源消费结构采用的是一定时期的煤炭消费总量与能源消费总量的比值来进行衡量，因此可以说明，煤炭消费量占能源消费量的比重越大，环境污染情况越严重，准确来说是由高耗能产业造成的大气污染越严重。对于高耗能行业来说，能源消费结构优化能够大大降低对环境污染的影响，而就中国的现实情况来说，无论是工业还是人民生活，减少煤炭消费、优化能源消费结构都能起到对环境的保护作用。

（2）能源效率

能源效率的系数为负值，说明高耗能行业的能源效率与二氧化硫排放量之间呈明显的负相关关系，高耗能行业能源效率的提高对于环境质量的改善起到的作用极大。从表 1 中的数据可以看到，能源效率系数的绝对值相对较大，因此我们可以得出结论，在中国高耗能行业，提高能源效率对

环境改善作用较明显。作为政府或从业部门，应当从提高能源效率方面，解决高耗能行业对环境的污染问题。

(3) 人均收入

人均收入的系数为负值，证明人均收入与二氧化硫的排放量呈负相关关系，在中国，人均收入在一定程度上可以代表当前的经济发展状况。这就可以说明，中国目前经济发展程度越高，居民的生活水平越高，人们的环境保护意识也随之越强，但政府部门仍然要高度重视，在经济不断增长的情况下，既要保障高耗能行业的产出，也要保障对环境污染影响的限制。

(4) 技术研发

技术研发对于二氧化硫排放量的影响不显著，但系数为负，说明技术研发目前还不是高耗能行业中二氧化硫排放量大小的主要影响因素。但是技术的提高能够提升行业的发展水平，由于技术研发的代理变量是行业技术投入与工业增加值的比值，因此，在高耗能行业中，技术上的资金投入效率相对于产出来说，高于同等条件下对生产或其他方面的投入，可以达到改善环境质量的目的。因此，要求政府或技术部门，加大对技术研发进行投资的力度，注重投资效率，提高技术创新的能力。

(5) 环境污染治理投资

环境污染治理投资的系数为正，说明地区政府对污染的治理投资给予的重视程度不够，或者说，政府对于环境治理的具体执行力度和实施程度无法保障，有关部门的监管不到位，造成环境污染治理投资无法起到应有的作用，没有对环境质量改善起到积极的影响。也有可能在变量选择方面，关于污染治理投资在降低二氧化硫污染效果上有所影响的变量未被观测到。为了降低二氧化硫污染的排放量，政府对于治理的投资应更具有针对性，将资金投入到更加合理、高效的位置，从根源上减少污染的排放量，而不是暂时性地降低污染程度。

五 结语

5.1 结论

我国过去的经济发展主要以粗放型增长为主，因此，在这种增长方式所导致的环境污染问题上，政府给予了越来越高程度的重视。对于高耗能产业来说，能源消费结构的优化能够减少产业排放的污染物从而实现改善环境质量的目的。不仅是中国，世界范围内对于工业污染的排放在近几年都给予了高度的重视。但是，政府部门在具体的政策落实、监管实施上的保障力度还有待加强。本文研究了高耗能产业发展对于二氧化硫排放的影响，使用2005年至2015年间30个省份的统计数据，共计330个样本，在IPAT模型基础上进行拓展，通过对面板数据进行回归分析和检验，主要得到以下几个结论：在中国，高耗能行业的二氧化硫排放量的主要影响因素有能源消费结构、能源的使用效率和人均收入以及政府方面的污染治理投资，其中，影响程度最高的是能源的使用效率，而技术研发的发展状况并不是当前二氧化硫排放引起环境污染的主要影响因素。

5.2 建议

基于以上结论，本文对于高耗能产业在环境污染排放方面给出以下几点建议。

首先，增加科技研发强度。根据回归结果，技术研发并不是高耗能产业排放二氧化硫从而对环境造成污染的主要影响因素，因此，应当从企业内部出发，从根本上提升高耗能产业当前的技术水平，只有生产效率、技术水平得到提升，才能在同等的产出条件下减少对环境污染的有害气体排放，而不是盲目设定指标，要求企业完成。

其次，加快能源消费结构转型升级。由于能源消费对高耗能行业排放二氧化硫的影响比较显著，因此政府应当对能源消费结构给予更多的关注，大力推动能源消费结构优化，对清洁能源的使用提供有力的扶持，减少煤炭消费能够大幅度缓解当前高耗能产业的污染气体排放。

最后，落实节能减排政策。针对回归结果中，越投资越污染的情况，从政府的角度出发，根据不同地区的环境污染状况，制定不同的政策对当地的高耗能企业进行引导，例如可以通过考核的方式来落实和保障实施。

第三部分

人口

中国人口老龄化地区差异分析

一 背景介绍

自2000年以来，中国已进入老龄化社会。国家计生委（2012）数据显示，我国15岁至59岁的劳动人口数量将达到最大值，此后便呈下降趋势。截至2011年底，中国65岁以上老龄人口已达到1.23亿，人口老龄化率达到9.13%。在我国实现全面现代化的过程中，人口老龄化作为重点问题引起了专家和社会各方面的高度重视。

我国老龄化过程中呈现出如下特征：第一，城乡倒置，农村经济发展水平远低于城市，但乡村老龄化程度却高于城市，根据人口1%抽样数据，到2005年我国城乡人口老龄化差距进一步扩大。第二，老龄化速度较快，即一定时期内老龄人口增长的比例大。数据显示（郑伟等，2014），1980~2010年，65岁人口提升比例为平均每年0.12个百分点。据估算，这个比例将在2025年达到14%，即2010~2015年，65岁以上老龄人口比例提升将达到平均每年0.34个百分点。老龄人口比例的迅速提升给经济社会的发展带来了沉重的压力。第三，老龄化区域差异明显，这个差异表现在老龄化程度和老龄化的速度两方面。根据第六次人口普查数据（2010），重庆市的人口老龄化程度最高，老龄人口比例达到11.2%，老龄化程度最低的是西藏，老龄人口比例仅为5.09%；在老龄化速度的地区差异方面，由于劳动力的输出，重庆、四川、辽宁、安徽成为老龄化速度最快的省份。

人口老龄化在一定程度上对于宏观经济、经济企业发展等造成了严峻的挑战。杨利春（2017）指出人口老龄化带来的后果体现在以下四个方面。第一，社会养老负担加重，导致在职者压力过大，影响社会保障制度的发展，并且在一定意义上导致了通货膨胀。跨区域的人口迁移还带来了区域间养老负担分布的不平衡。第二，健康、医疗负担加剧，老龄人口用于健康医疗方面的花费增加，增加了社会养老开支，削弱了用于经济发展上的财政投入。第三，现有劳动力养老负担沉重，年轻劳动力压力较大，劳动生产率下降，给企业的发展带来一定阻力。第四，过重的养老负担挫伤了企业的生产积极性，使劳动力结构与经济规模出现不匹配的情况。

为应对人口老龄化对于经济社会的影响，现已出台一系列改革措施。改革社保政策以及医疗政策以减少养老负担，保证老龄人口的身心健康；改革经济及产业政策与人口老龄化相适应，保证劳动生产率的稳定；《中国共产党第十八届中央委员会第五次全体会议公报》指出我国将实行全面二孩政策，降低老龄人口比例。陆杰华、郭冉（2016）指出应对人口老龄化，首先要从顶层做起，从政策和制度层面改善人口老龄化情况，减缓老龄化速度，积极落实人口政策，加快推进应对人口老龄化的立法工作，赋予应对人口老龄化基本国策的地位，进一步完善法律法规和相应的配套政策。其次，应做到科学应对老龄化，分别制定短期、中期、长期的前瞻性规划，制定动态的、务实的健康老龄化战略。最后，要以积极的态度应对老龄化，做好全面部署，动员多方力量，从教育、保障、文化多领域、多维度探讨老龄化的应对之策。

人口老龄化作为当今热点话题，对于研究其他政治领域、经济领域、文化领域问题具有很大的参考价值。老龄化的地区差异较大也是中国人口老龄化的主要特征之一，研究地区差异，一方面，可以为制定我国区域老龄化应对战略及政策提供参考和依据；另一方面，可以为我国缓解劳动力压力、实现经济可持续发展提供新的视角。因此，本文首先将根据第六次人口普查数据及 2007～2016 年各年份的人口抽查数据，选取老龄化系数泰尔指数及老少比泰尔指数两个指标，分别对全国除港澳台以外的 31 个省（区、市）及东、中、西三个区域的总体、区域内、区域间人口老龄化差异程度进行计算和分析；其次，为了更好地反映各省（区、市）的老龄化差异程度，本文还将引用绝对老龄化程度的指标进行分析，并结合泰尔指数，综合评价地区老龄化情况；最后，基于对人口老龄化地区差异的分析，本文将针对不同地区提出个性化的解决方案及政策建议。

二 文献综述

自2000年中国老龄人口比例达到10.3%以来，人口老龄化这一论题就引起了社会各方的广泛关注，关于人口老龄化的研究也在近10年里较为集中。主要分为以下几个方面：第一，对于人口老龄化的地区差异的情况及影响因素研究；第二，研究人口老龄化对于经济的影响；第三，关于老龄化的政策及应对策略的辩证分析。

首先，我国人口众多，幅员辽阔，人口老龄化也呈现区域分布不平衡的特征，东部地区的老龄化程度要远远高于中西部地区，各省的老龄化程度差异也较大，对于不同区域及省份老龄化的不同情况需要进行定量的测算及分析。关于人口老龄化的地区差异研究，有许多不同的分解方法并且运用模型分析地区差异的影响因子。关爱萍（2012）运用聚类分析描述了我国农村人口老龄化的地区差异。陈明华、郝国彩（2014）利用泰尔指数分析法对1995~2011年的地区差异进行测算，并分三区域进行结构分解。王鹏（2016）运用因子分析地区差异研究方法，定量分析我国三区域的地区差异。现有文献中影响因子包括经济发展、人口特点、文化教育水平、医疗卫生等。对于区域分布差异的研究有助于更有针对性地提出政策，对症下药，也有利于从更深层次了解人口老龄化的基本状况。本文将参考陈明华、郝国彩（2014）利用泰尔指数的分解方法所进行的区域差异分析。

其次，人口老龄化对于经济的影响是不可避免的，并且这种影响涉及经济结构的多个方面。殷剑峰（2012）指出人口老龄化和刘易斯第二拐点是中国经济陷入低速增长甚至停滞的关键因素，目前我国已经面临人口拐点，人口拐点对于经济的影响主要集中在资本的变化，即老龄化将导致“资本深化”还是“资本浅化”的结论暂时还是不确定的。蔡昉、王美艳（2006）主要研究了人口老龄化对于人口结构的改变；“未富先老”以及“人口红利”的消失对于经济社会发展的影响，人口老龄化造成我国人口机会的窗口关闭，使我国逐渐失去了比较优势。程梓彧（2017）指出老龄人口的快速增加以及养老负担的加重，给经济发展带来了沉重的压力，而老龄化社会的对策无论从政策、空间、管理上都存在不足，加剧了老龄化的消极影响。

最后，目前积极应对人口老龄化已被赋予基本国策的地位，政府对于应对人口老龄化给予了充分的重视。姜春力（2016）的研究指出：党的十八大、十八届三中全会、五中全会都做出了“积极应对人口老龄化”的战略决策，强调将应对人口老龄化与经济社会发展相结合，从顶层政策层面积极应对人口老龄化。党的十八届五中全会报告指出：“建设以居家为基础，社区为依托、机构为补充的多层次养老服务体系，推动医疗卫生和养老服务相结合，探索建立长期护理保险制度。”但同时在实施过程中现有的政策存在一定的问题。杨晓奇（2017）指出政策存在不完善之处——大多是微观角度例如医疗保健、精神文化需求等方面的政策，而鲜少有针对经济社会可持续发展的政策，忽略了老年人的发展性需求；政策的效力不强，法律形式的政策较少，在具体实施时存在阻力；体制机制中政府、社会、市场的权责划分不清，老年机构的调动能力不强，地区机构发展分布不均衡，养老机构中专业人员缺乏。另外，养老保障资金缺口大（姜春力，2016），缺少中央专项资金的投入。

目前学界在研究老龄化地区差异时未能对区域间、区域内的地区差异进行分解，大多从整体上分析各地区间的差异及空间分布特征，制约着人口老龄化科学化、精准化政策的制定，导致政策在实施时面临“落地难”的问题。另外，在政策建议方面，大多从宏观的角度出发且具有一定的重复性，鲜有对老年人口的社会参与度提出政策建议，导致老龄人口的晚年生活较为单一、老年人的心理健康问题没有得到社会的广泛关注，关于提高老年人生活质量方面的政策建议相对来说不完善、不具体。本文将运用老龄化的相关泰尔指数及各地区现有的经济、政治条件，在现有政策的基础上提出更为精准、具体的政策建议以缓解各地区的老龄化情况。

三　方法与数据

3.1　指标选取及区域划分

测量老龄化水平的指标主要有老龄化系数、老少比、平均人口寿命、抚养比等，本文选取老龄化系数、老少比两个指标进行分析。老龄化系数是指 65 岁以上人口在总人口数中的比重，直观反映了人口绝对老龄化程度，对于刻画人口老龄化具有重要意义。老少比指 65 岁以上老年人口数与 15 岁以下少年儿童人口数之比，其能反映老年人口和年轻人口的相对变化，可以用来衡量老龄化的程度及趋势。

为了便于分析老龄化区域间差异及区域内差异，本文将全国划为东部、中部、西部三大区域，其中东部包括北京、天津、河北、辽宁、上海、江苏、浙江、福建、山东、广东、海南 11 个省（区、市）；中部包括山西、吉林、黑龙江、安徽、江西、河南、湖北、湖南 8 个省（区、市）；西部包括广西、云南、四川、重庆、贵州、西藏、陕西、甘肃、青海、内蒙古、宁夏、新疆 12 个省（区、市）。

3.2　研究方法及数据来源

本文选取泰尔指数来衡量人口老龄化的地区差异并分三区域进行结构分解，以考察区域间、区域内老龄化的变动情况。泰尔指数是广义熵指标体系的一种特殊形式，最早由泰尔提出，后来被广泛应用于地区差异测算领域。泰尔指数具备良好的可分解性质，即将样本分为多个群组时，泰尔指数可以分别衡量组内差距与组间差距对总差距的贡献。本文将主要研究老龄化系数及老少比的总体差异以及东、中、西三区域间的泰尔指数。指标数据截取 2007 ~2016 年中国统计局网站的人口数据及相应年份的《中国统计年鉴》。

本文在使用泰尔指数对老龄化地区差异进行分析时，借鉴陈明华等（2014）对泰尔指数的结构分解方法，具体公式如下：

$$R = \sum_i \frac{X_i}{X} \ln \frac{X_i/X}{P_i/P}$$

$$R_{ai} = \sum_i \frac{X_{ji}}{X_j} \ln \frac{X_{ji}/X_j}{P_{ji}/P_j}$$

$$R_a = \sum_j \frac{X_j}{X} R_{ai}$$

$$R_b = \sum_i \frac{X_j}{X} \ln \frac{X_j/X}{P_j/P}$$

$$R = R_a + R_b$$

$$Z_a = \frac{R_a}{R}$$

$$Z_b = \frac{R_b}{R}$$

其中 R 代表老龄化的总体泰尔指数，R_{ai} 表示区域内各省老龄化的泰尔指数，R_a 表示区域内泰尔指数，R_b 代表区域间泰尔指数；X 代表全国老龄人口数，X_i 代表各省老龄人口数，X_j 代表各区域老龄人口数；P 代表全国总人口数或15岁以下人口数，P_i 表示各省总人口数或15岁以下人口数，P_j 表示各区域总人口数或15岁以下人口数；P代表全国人口总数时，R表示老龄化系数泰尔指数；P表示15岁以下人口数时，R为老少比泰尔指数。Z_a 表示区域内贡献率，反映区域内差异对总体差异的影响；Z_b 表示区域间贡献率，反映区域间差异对总体差异的影响。

与陈明华、郝国彩（2014）不同的是，本文数据选取年份为2007～2016年，使用统计局最新调查数据，结果更具有时效性。在地域划分上，本文选取了除港澳台以外的31个省（区、市），数据来源于各省各年份的抽查数据，2010年进行了第六次人口普查，故抽查数据空缺，在进行数据分析时省略2010年的部分。

四 实证分析

4.1 总体差异测算

表1测算了2007～2016年全国各省份的总体老龄化系数泰尔指数（R1）及老少比泰尔指数（R2），根据测算可以得到如下结论。

首先，我国老龄化地区差异明显。从表1中的数据可以看出，我国老龄化系数泰尔指数及老少比泰尔指数的峰值分别出现在2011年及2016年，数值分别为1.76%及5.51%；最低值分别出现在2008年及2012年，数值分别为1.33%及4.24%。老龄化系数泰尔指数平均值为1.49%，老少比泰尔指数均值为5.03%，大于老龄化泰尔指数均值，说明老少比泰尔指数较老龄化系数能更清晰地反映各地区老龄化的差异。

其次，两种泰尔指数的发展趋势并不平缓，出现了反复的上升及下降，特别是老少比泰尔指数，起伏幅度较大。2012年以后两种泰尔指数变化趋势基本统一，但老少比泰尔指数变化情况更明显。从长期来看，我国老少比泰尔指数还将上升，意味着我国老龄化地区差异还将扩大。

表1 2007～2016年部分年份中国老龄化人口泰尔指数

单位：%

年份	R1	R2	年份	R1	R2
2007	1.360327	5.408272	2008	1.333913	5.503581

续表

年份	R1	R2	年份	R1	R2
2009	1.386368	5.294384	2014	1.582943	4.781731
2011	1.763398	4.675812	2015	1.460651	5.330715
2012	1.420514	4.241387	2016	1.604805	5.513629
2013	1.503516	4.522987	平均值	1.490715	5.030278

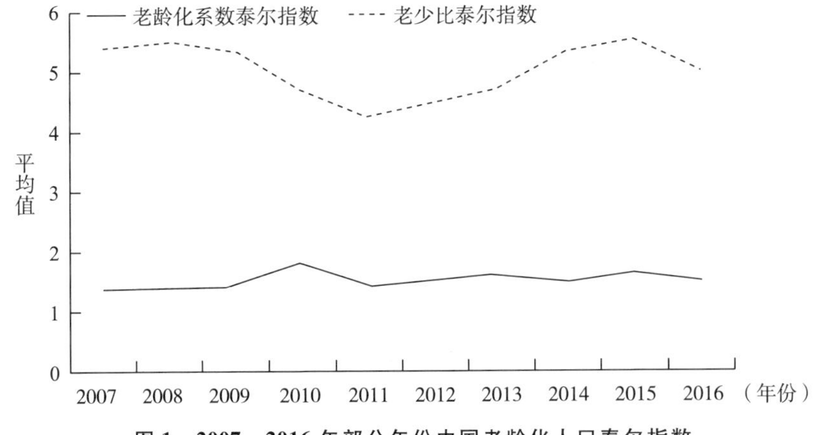

图 1　2007～2016 年部分年份中国老龄化人口泰尔指数

4.2　地区差异分解

按照前文对于区域的划分，分别对三大区域的老龄化系数泰尔指数及老少比泰尔指数进行分析，并计算出三大区域的区域间泰尔指数。

（1）老龄化系数泰尔指数三区域分解

从图 2 可以看出，在 2011 年以前东部老龄化系数泰尔指数起伏较大，从 2007 年至 2008 年迅速上升，并达到峰值，从 2009 至 2011 年直线下降，东部老龄化差异迅速减小，并在 2011 年达到最低值 0.4%，2011～2016 年小幅回升，东部老龄化差异程度又逐渐增大。中部地区老龄化差异程度变化较为平稳，长期来看属于总体下降趋势，说明中部地区省际人口老龄化差异较小。西部地区老龄化差异程度起伏较大，在 2011 年及 2014 年达到两次峰值，数值分别为 2.47% 和 2.75%。

从区域内和区域间泰尔指数来看，区域内泰尔指数变动情况与东部地区泰尔指数变动趋势相类似，波动幅度在 1.14%～2.68%，区域内泰尔指数在2012年后总体呈上升趋势，表明我国东、中、西三个区域内部的老龄化差异程度不断扩大。根据计算，我国区域间泰尔指数多为负数，由于泰尔指数反映的是差异化程度，所以负值越大表明地区的差异化程度越大，故在处理时对区域间泰尔指数取绝对值衡量其变动情况。如图2所示，区域内泰尔指数远大于区域间泰尔指数，这说明我国老龄化总体差异主要是由区域内的差异造成的。

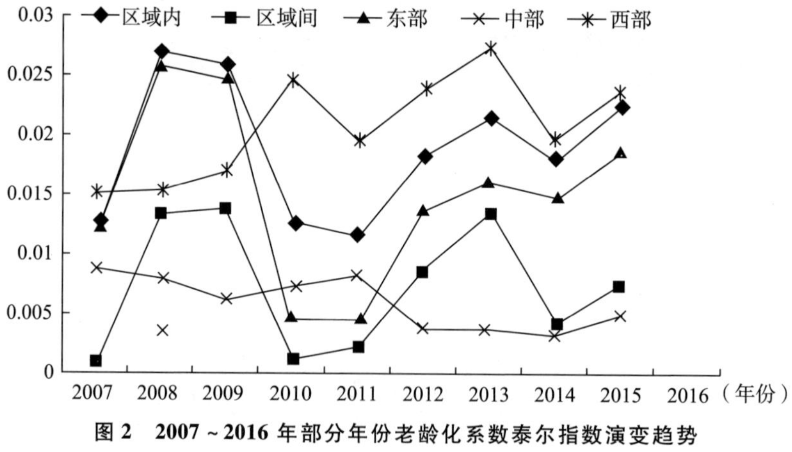

图2　2007~2016年部分年份老龄化系数泰尔指数演变趋势

（2）老少比泰尔指数三区域分解

图3显示我国中西部地区的老少比泰尔指数变动趋势情况相类似，都呈缓慢上升的状态，2013~2014年中西部地区差异逐渐增大，2015年后两者差异又呈收敛趋势，总体上西部地区高于中部地区，在2016年分别达到中部地区3.4%及西部地区6.04%的状态。东部地区的老少比泰尔指数比中西部地区都要高，在2007~2008年迅速增长后，呈缓慢下降趋势，但数值仍然依次高于西部及中部地区，在2016年达到7.6%。这一指标反映的老龄化差异情况与老龄化系数泰尔指数反映的情况不大相同。

区域内的泰尔指数变动趋势同东部地区相类似，如图3所示，区域内泰尔指数仍远高于区域间泰尔指数，说明区域内差异仍是造成区域总体差异的主要原因。区域间泰尔指数变动情况较为平稳，在2014年以前呈缓慢上升的状态，2014~2016年缓慢下降至2.38%，表明区域间老龄化差异正在逐步缩小。

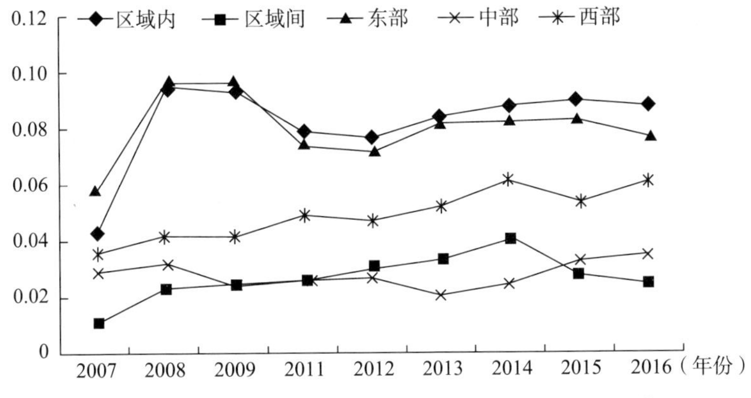

图 3　2007～2016 年部分年份老少比泰尔指数演变趋势

4.3　分省份差异分解

本文选取 2007 年及 2016 年各区域各省（区、市）老龄化系数泰尔指数及老少比泰尔指数进行对比，并在考虑各省人口基数的基础上进行分析。通过对数据的分析可以发现，各省（区、市）的老龄化系数泰尔指数与老少比泰尔指数分布情况相类似，故本文只列举各区域省（区、市）的老龄化系数泰尔指数的对比情况。

根据图 4 至图 6，2007 年东部区域内，广东省、江苏省、上海市、河北省的泰尔指数绝对值较为突出，对东部地区老龄化差异程度的贡献率较大；在 2016 年，上海市及河北省的老龄化差异程度贡献率大大减小，说明

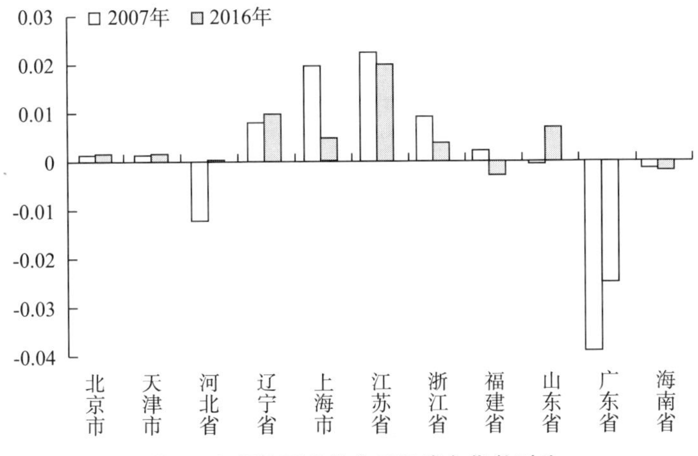

图 4　东部地区老龄化系数泰尔指数对比

在最近 10 年内，上海市及河北省在减少老龄化差异程度上采取了相应的措施，江苏省及广东省的贡献率依旧突出，缓解老龄化程度的工作还不到位。

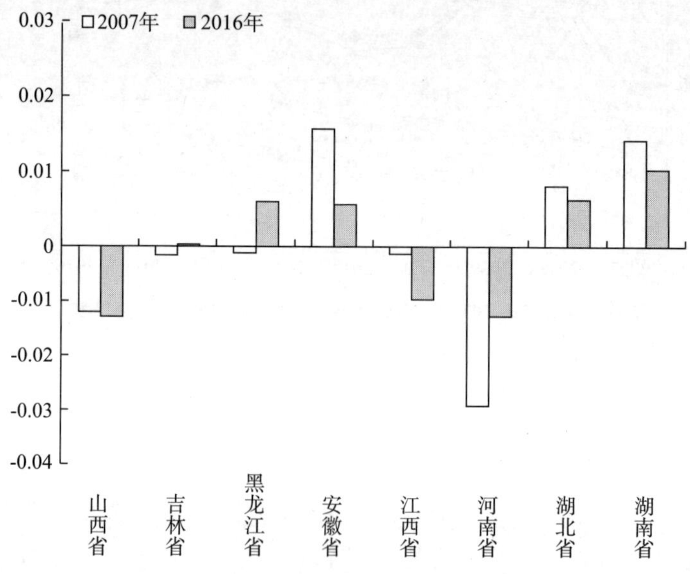

图 5　中部地区老龄化系数泰尔指数对比

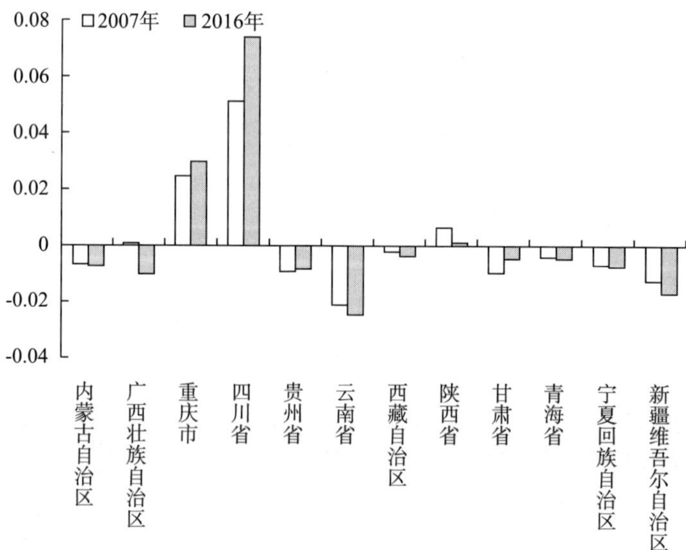

图 6　西部地区老龄化系数泰尔指数对比

中部地区 2007 年河南省、安徽省、湖南省的差异贡献率较大，但是在 2016 年都有一定程度的减少，说明缓解老龄化程度的政策取得了一定的成效。而山西省、黑龙江省、江西省在 2016 年的贡献率不降反升，但总体上中部地区老龄化系数泰尔指数呈稳定状态。

西部地区中，四川省由于其人口基数大，所以在老龄化区域差异贡献率上远大于其他省（区、市）。西部地区的老龄化差异情况不容乐观，大部分省（区、市）在 10 年后的 2016 年都有一定程度的上升，结合图 2 中各区域的老龄化系数泰尔指数来看，西部地区的老龄化差异程度总体呈扩大趋势，且远高于中东部地区的差异程度，这一点可能与西部地区的劳动力人口向中东部地区迁移有关，导致西部地区的老龄化系数上升以及东中部地区老龄化系数下降，同时我国城镇化进程加速，也加速了人们向人口稠密区的集聚性迁移，大量劳动力将脱离传统农业以不同形式进入中东部大城市，进一步导致西部地区的经济发展相对迟缓，加重老龄化负担。

为了更好地反映各省份老龄化的差异程度，本文列举了 2016 年各省份的绝对老龄化程度（老龄人口占该省、市总人口的比重），如表 2 所示，中、东部地区的绝对老龄化程度较高，西部地区的老龄人口占比相对较低。结合上文，东部地区的老龄化区域内差异及程度都比较突出，这与东部地区人口基数大有关，其对老龄化总体差异的影响最大；中部地区老龄人口占比及总体差异情况都较为平稳；西部地区老龄化程度较低，但区域内差异程度大。其中北京、天津、山东、辽宁、上海、江苏、浙江、黑龙江、安徽、湖北、湖南、重庆和四川 13 个省市绝对老龄化程度较高，绝对老龄化程度均在 10% 以上，其中重庆市最高，达到 13.97%。其次为四川和辽宁，分别为 13.70%、13.2%。西藏、新疆、青海、宁夏、和广东 5 个省份绝对老龄化程度较低，均在 7.5% 以下，其中最低的是西藏 4.98%，其次是青海和新疆，分别为 7.22%、7.23%。

表 2　2016 年全国各省份老龄化程度

地区	省（区、市）	绝对老龄化程度	地区	省（区、市）	绝对老龄化程度
东部地区	北京市	0.117417	西部地区	内蒙古	0.094389
	天津市	0.113598		广西	0.096934
	河北省	0.109084		重庆市	0.139671
	辽宁省	0.132241		四川省	0.136962

续表

地区	省（区、市）	绝对老龄化程度	地区	省（区、市）	绝对老龄化程度
东部地区	上海市	0.129631	西部地区	贵州省	0.096239
	江苏省	0.135049		云南省	0.083755
	浙江省	0.116355		西藏	0.049839
	福建省	0.099495		陕西省	0.107422
	山东省	0.116517		甘肃省	0.099545
	广东省	0.076932		青海省	0.072188
	海南省	0.082489		宁夏	0.077833
	山西省	0.086962		新疆	0.072303
	吉林省	0.10852			
	黑龙江省	0.119376			
中部地区	安徽省	0.114665			
	江西省	0.095966			
	河南省	0.100761			
	湖北省	0.115746			
	湖南省	0.1188972			

五　结论与建议

5.1　研究结论

本文利用老龄化系数泰尔指数及老少比泰尔指数两个指标对区域间、区域内老龄化差异进行分解。根据上文的实证分析，我国老龄化呈非均衡分布，各区域老龄化短期内的波动幅度较大，与其他两个地区相比，中部地区总体波动幅度较小，老龄化系数泰尔指数及老少比泰尔指数都处于较低水平。东部及西部地区的老龄化差异水平呈扩大趋势。从贡献率来看，东部地区的差异水平对总体老龄化差异的贡献率最大且东部地区的绝对老龄化程度总体上也高于其他两个地区，多个城市的绝对老龄化程度超过10%。在区域内及区域间老龄化差异方面，区域内差异远高于区域间差异，这是造成老龄化总体差异的主要原因，区域间差异水平近10年来呈收敛趋势，三个区域间的差异逐渐缩小。

世界上其他国家也同样存在人口老龄化的问题。从全球来看，欧洲属于老龄化起点较早但进程缓慢、目前老龄化程度最严重的地区；北美的老龄化问题较轻，老龄人口比例较低且进程缓慢。中国和东南亚地区都属于老龄化速度快但短期内不会到达较高水平的地区。在东亚地区，日本的老龄化问题较为严重，日本政府也一直采取积极的政策应对人口老龄化。日本实施的鼓励生育措施——1995～1999年的“天使计划”、2000～2004年的“新天使计划”、2005～2009年的“新新天使计划”等，这些政策措施的效果很不理想，日本人口出生率持续下降，总和生育率从1990年日本所谓的“1.57”冲击一直下降到2010年的1.32。从日本的鼓励生育政策的失败来看，短期内放开生育政策，虽然会降低老龄人口比例，但同时会增加少儿负担比，使得劳动力人口的负担加大，给经济、社会带来更沉重的压力。

延迟退休年龄也是各个国家应对人口老龄化普遍采取的措施。延迟退休年龄可以缓解劳动力短缺问题、推迟养老金的支付以达到减少支付的目的。但是没有国家采取针对特别领域劳动力短缺的有效措施，且提高所有人退休年龄这一做法缺乏弹性和针对性。我国在采取以上措施时，还需更加具有针对性，充分考虑行业现状及行业特点，制定个性化的延迟退休政策。

5.2 政策建议

在制定区域老龄化对策时，既要考虑区域间差异又要考虑区域内差异。目前全国范围内的各区域各省份都采取了不同级别的老龄化应对措施。从各地区老龄化分布来看，东部地区的老龄化问题较为严峻。东部地区人口密集且经济发展程度较高，劳动力人口的大量流入可能带来中西部地区老龄人口的空巢化、独居化以及东部地区绝对老龄化程度的增加。东部的随迁老人失去原本的熟人网络，进入到陌生的环境或社区，难以适应生活习惯及生活环境等，难以融入当地的社会服务与管理网络，存在被边缘化的倾向。所以在东部地区应更多建设养老产业，完善各项服务机制，加强老年人的社会参与度，使得老人在子女身边更加安心、自在。中西部地区的空巢老人、独居老人随着劳动力人口的流出而快速增加，生活水平等难以得到保证，中西部地区应积极发展老龄文化产业，丰富老人的日常生活，并且应该增加社区对于老龄人口的日常家访次数，缓解老人的孤独感、焦虑感。同时，老人由于获取信息的渠道较为单一，容易成为诈骗分子的“重点关照对象”，应定期开展老年人的教育宣传活动，尽量减少“营养品”“传销”等对老年人的毒害。

在国家政策层面对老龄化问题给予充分的重视。解决老龄化问题，首先根本上要促进经济的发展，壮大国家经济实力。其次，要把积极应对人口老龄化纳入我国中长期规划，做到老有所养、老有所医、老有所为、老有所学、老有所教、老有所乐，在生活起居、住宅设计等方面充分考虑老年人需求，提高老年人生活质量，大力发展养老产业，并且促进老龄人口再就业。自2016年以来国家实施“全面二孩”政策，以提高人口出生率，降低老龄人口比重从而缓解老龄化程度，但实施过程中也应结合各地区实际情况，提防永久生育率的提升，给社会带来更深刻的影响。同时，在提高老年人生活水平的过程中，应大力发展信息化，推进远程医疗、家政O2O等新型养老模式。2015年中国养老金投资管理改革正式启动，养老金市场化改革获得实质性推进，有效提升了养老基金的保值、增值能力，促进养老保险体系的进一步完善。

老龄化问题令人担忧之处主要在于人们对于未来劳动力短缺及老龄人口给社会经济带来的压力，所以解决人口老龄化的根本在于加大人力资本和物质资本的投资，减缓老龄化对社会各方面的冲击，保持经济平稳快速增长。

人口老龄化下的养老金缺口探析

一 背景介绍

随着时代推移，中国老年人口占比及老年抚养比正在逐年稳步增长。《中国统计年鉴》（2017）的数据表明，从1982年至2016年的34年间，中国老年人口占比由4.9%增至10.8%、老年抚养比由8.0%增至15.0%，并且两者增长速度也在明显提高，鲜有波动。再者，由于0~14岁人口占比整体呈下降趋势，近几年稍有回温但数据波动不大，生育率仍处于较低迷的状态，显而易见，中国人口结构将不可避免地迈入老龄化阶段，并且将在很长一段时间内处于这一状态。

在人口老龄化的背景下，我国人口红利日趋饱和并将逐渐消失，同时养老负担也在加重。表面上，全国整体城镇职工基本养老保险基金累计结余在增加，国家基本保证了参保人养老保险待遇按时足额发放，但根据历年年鉴中分地区城镇职工基本养老保险的情况来看，该项结余的增长数额呈降低趋势，且各地区情况差异极大，养老金储备参差不齐，有些地方已出现严重的养老金储备亏空。最严重的例如黑龙江省，《中国统计年鉴》（2017年）的数据表明，截至2016年累计结余为负196.1亿元。另外，为保证参保人养老保险待遇按时足额发放，国家财政不得不对养老金进行大量补贴。根据历年《人力资源和社会保障事业发展统计公报》，国家财政对各地养老金的补贴数额大，且其增加速率逐年稳定提高。历年《人力资源和社会保障事业发展统计公报》（2013~2017年）的数据表明，从2002~2016年的这15年间，各级财政对养老金补助已达3.2万亿元。因此综合各方面因素，我国养老金实际上存在一定缺口，且该缺口呈加大趋势。

学者们采取不同测算方式和依据，对于养老金缺口的精算已很充分，对养老金缺口问题的解决提供了良好的参考基础，但由于不同学者的模型预测得出的结果有较大差异，许多预测值差异达到几千亿元，很难达到统一。另外，由于多数学者致力于采用精算模型、划取具体小范围样本来精确测算未来养老金缺口，对于人口结构改变和养老金缺口变化的整体关系、影响养老金缺口相关要素占养老金缺口的比重、各地区养老金缺口对于全国层面的影响等问题，目前研究较少。

因此，本文将着重关注以下几个方面：首先，采用财政补贴和城镇职工养老金收支的直接数据计算出对应时间的养老金缺口，并与对应时段的人口结构进行对比，分析人口结构改变和养老金缺口变化的整体关系；其次，测算影响养老金缺口相关要素占养老金缺口的比重以及各省级地区的差异，分析形成原因；最后，根据以上数据，分析几个典型现行政策及试点政策的效用，得出结论。由于主要采取直接统计得出的宏观数据进行测算，数据结论较固定，本文的研究结论对于分析我国人口老龄化下的中国养老金缺口构成因素、变化趋势和推测政策效用具有一定的启示意义。

二　文献综述

近些年，我国作为发展中国家逐步迈入老龄化社会已成事实。相较于一些典型的发达国家，我国老龄化程度不深，但由于国情等多方面因素作用，我国养老问题的严重性相比一些发达国家犹过之，其中最关键的当属养老金缺口问题，已引起各界普遍关注。在养老金缺口的成因探究方面，骆正清等（2010）的研究指出，人口结构因素对于我国养老金缺口问题的影响深远，人口老龄化现象的深化必定导致养老金缺口的加大；其研究在前人对基本养老金偏静态单一的平衡测算基础上，增添了关于人口因素变量的动态测算，将未来人口结构特征与预期的差异考虑其中，提高了养老金缺口测算的精确度。在此基础上，吴永求、冉光和（2012）着重分析养老保险参保问题，指出养老保险制度中存在的漏洞，并从人口结构、贫富差距等各类社会因素方面说明养老金缺口出现的主要原因；李琳琳（2013）把人口老龄化、养老金及其他社会福利问题联系起来，分析了养老金缺口成因及其对社会保障的深远影响。刘佩（2017）对养老金的运行现状进行分析，结果显示除老龄化程度加深外，养老金“双轨制”及投资市场的单调性也是养老金出现缺口的重要成因。

依据近几十年人口老龄化水平、老年人口抚养比的数据、养老金缺口估测的变动分析以及我国养老金缺口构成要素的占比分析，本文赞同我国人口结构老龄化是养老金缺口的主要成因这一观点，同时也认为养老金缺口成因难以一概而论，我国特有国情下的养老金双轨制、养老保险个人账户缺漏及监管缺陷、养老金投资方向单一等因素也都占据重要部分，在这几个因素中，影响尤为显著的是个人账户空账现象，以及养老金投资问题导致的养老金储备贬值。

对于定量测算养老金缺口方面的研究，徐文全等（2006）用保险精算原理分析了退休年龄和退休给付额之间的对应关系，封铁英、李梦伊（2010）运用社会保障统计与精算技术方法，从长期和短期角度预测养老基金收支平衡状态，骆正清等（2010）利用精算技术制作了个人退休账户缺口的测算模型。吴永求和冉光和（2012）、李琳琳（2013）将人口结构与劳动就业联系起来，采取保险精算方法，建立了人口预测与对应养老金收支模型。姜英霞（2013）、马秋香和张彦周（2015）、张彦周（2016）均基于 Logistic 回归方法构建人口结构阻滞的增长模型，从而推导出工资预测模型及养老金替代率模型，再采用精算模型计算全国整体养老金缺口。与前人相比，钟诗韵等（2017）建立的数学模型中，将个人账户、政府补贴纳入考量因素，提高了养老金缺口测算的精确度。

在针对弥补养老金缺口提出对策时，徐文全等（2006）认为，基于新老职工劳动力资源平衡估测，应该采取弹性退休政策。姜英霞（2013）和曹冬梅等（2015）在支持延迟退休政策和弹性退休政策的基础上，指出应优化养老金的投资渠道，完善养老保险监管体系，着手解决个人账户空账问题。赫国胜、柳如眉（2015）综合了英国、美国、德国、日本、瑞典五国的养老保险补足政策，针对我国养老金缺口问题的解决提出建议，认为除进行退休政策改革、养老金入市外，还应对养老保险的结构进行调整，优化第二支柱比重。闵旋（2016）的研究表明，国家针对弥补养老金缺口的政策，目前可归纳为发挥国有资产服务民生的职能填补空账、循序渐进推行延迟退休政策、将养老金投入资本市场获取收益、加大职能部门监督管理的力度这四个主要方面。

综上所述，学者们采用不同的定量方法对我国养老金缺口进行了测算分析，并针对该问题的解决对策提出了多方面的见解，一些基于学术建议做出的政策调整对于弥补养老金缺口已取得一定成效。前人的研究为本文探析的展开奠定了坚实基础，但现有研究中仍存在一些不足，主要体现在以下两方面：一方面，由于学者们大多采用精算模型，而其间模型种类繁多、参数选择鲜有一致，因此不同学者根据模型精算得出的养老金缺口差异很大，精算得出的结果不便参考；另一方面，对于影响养老金缺口相关要素占养老金缺口的比重、地区养老金缺口间差异及各地区养老金缺口对于全国层面的影响这几方面，目前的研究中还存在许多空白。

本文将着重关注上述研究中存在的不足，在养老金缺口的测算上尽量采取宏观数据，提高测算结果的直接参考价值，对养老金缺口构成要素所占比重、全国各地区养老金缺口差异等方面进行探析，并以分析关于现有养老金问题的几个典型对策为基础，挖掘潜在可行的解决思路。

三　方法与数据

3.1　测算方法及公式

本文总共采用三种测算方法，对我国 2002~2016 年总体人口结构、养老保险收支、财政补贴、养老金缺口，以及各地区人口结构、养老保险累计结余情况进行统计和测算。

第一步：测算、描述总体及各地区人口结构。

本文采取衡量人口老龄化通用指标中的老年抚养比来体现我国老龄化水平及发展趋势。

$$R_o = P_{65+}/P_{15-64}$$

其中，R_o代表老年抚养比，P_{65+}代表 65 岁及以上人口总数，P_{15-64}代表 15~64 岁人口总数。本公式近似表示接受养老者与负担养老者的比率，相较于老年人口占总人口的比率，老年抚养比能更准确地表现某国或某地的养老负担，直观体现养老问题施加给居民的压力。

第二步：测算全国养老金缺口。

本文借鉴王宏杰、佟昕（2017）测算山西省养老金缺口的模型，简化提炼出全国养老金缺口测算公式：

$$G_N = E_N + S_N - R_N$$

其中 G_N代表全国养老金缺口，E_N代表城镇职工养老金支出，S_N代表财政对养老金的总补贴，R_N代表城镇职工养老金收入。计算结果为正值，则代表存在养老金缺口，为负值则代表不存在养老金缺口。原模型在对山西省养老金缺口进行预测精算时，对于人口的变化因素进行了着重测算。如本文文献综述中提到，许多学者在测算养老金缺口时采取了精算模型，并且由于对不定因素的偏重不同，各种测算结果间差距较大。因此，本文在计算全国总体养老金缺口时简化了对于不定因素、变化因素的测算，采取三个可以获得直接数据的宏观变量构成公式，便于总体观察我国养老金缺口及变化趋势。

第三步：测算全国及各地养老保险累计结余逐年增长比。

$$R_S = (S_0 - S_L)/S_L$$

其中R_S代表当年养老保险累计结余较上年增长比例，S_0代表当年养老保险累计结余，S_L代表上一年养老保险累计结余。养老保险累计结余指截至报告期，养老保险收支相抵后的累计余额，体现了养老金的储备情况以及对于未来养老金需求的支付能力。由于我国地方财政收支信息残缺、不同单位公示的数据偏差较大，利用上文中测算全国养老金缺口的方法计算各省的养老金缺口会使误差很大，因此本文采取相对准确、统一的全国养老保险累计结余，对各省间未来养老金储备、支付能力的趋势及差异进行描述，以观察我国地区间养老金储备差异。

3.2 数据来源及处理

本文测算所需的数据均来源于2003~2017年的《中国统计年鉴》、2002~2007年的《劳动和社会保障事业发展统计公报》和2008~2016年的《人力资源和社会保障事业发展统计公报》。《中国统计年鉴》由国家统计局编印，每年的年鉴反映截至该年份的上一年度中国社会、经济发展状况，统计门类全面细致，数据可信度高。《劳动和社会保障事业发展统计公报》由中国人力资源和社会保障部逐年发表，每年的公报反映该年份的人力资源与社会经济发展状况，数据可信度高。

上文公式用到的变量中，各年龄人口数、老年抚养比、城镇职工养老金支出与收入及各地养老保险累计结余来自2003~2017年的年鉴，财政对于养老金的补贴数据来源于2002~2016年的公报。由于2002年以前的数据残缺度高、2016年以后的数据暂无公示，为了测算结果的真实准确性，在统计和测算的时间选取上，采取2002～2016年15年的时间跨度。

本文将文中用到的各变量数据统计下来，按照上文公式计算出结果，并归纳整合为两张表格，即下文中“2002～2016年各地区及省份老年抚养比变化趋势”（以下称表1）、“2002～2016年各地区及省份养老保险累计结余增长比变化趋势”（以下称表2）。表1按年份呈现我国总体老年抚养比、养老保险收支及财政补贴、补贴占养老保险收入比和养老金缺口。表2按年份呈现全国及各省抚养比、养老金累计结余及结余增长比。

四　实证结果

图1及表1显示了2002～2016年我国总体及各地区老年抚养比的变化趋势。老年抚养比由上文公式 $R_o = P_{65+}/P_{15-64}$ 测算得出。从图1可以看出，15年间我国总体老年抚养比 R_o 一直呈上升趋势，并且提升幅度也在逐年加大。这表明我国老龄化程度正在以不断加快的速度加深，城乡居民养老压力快速加大。出现这种现象的原因在于，1982年计划生育被定为基本国策，受政策影响，20世纪80年代起我国新生人口数量骤降，导致在21世纪初15～65岁人口（青壮年人口数量）大幅下降，而老年人口增长速度较以往没有降低，因此老年抚养比 R_o 开始大幅上升，导致我国在数十年内快速迈入老龄化社会。2011年后，我国逐步开放二孩政策，但在经济、思想文化发展等方面，随着国家经济发展、生活条件改善，人们对生活质量的要求逐渐提高，再加上思想文化的进步，人们的育孩观念二十年间变化极大，抚养孩子的成本迅速升高，因此即便全面开放了二孩政策，人们的生育意愿和生育率仍然低迷。再加上人口政策反映到人口结构上存在滞后性，直到近几年我国人口结构仍改观甚微。

另从表1可以看出，15年间我国各省老年抚养比有比较明显的起伏，但总体呈上升趋势。多数省份近五年老年抚养比上升趋势显著，其中华东、东北地区及西南部分地区人口老龄化问题严重，西北地区、云贵地区人口老龄化程度较轻，近些年少数几个省份老年抚养比有轻微下降，如内蒙古和西藏地区。出现这种现象的原因，主要与各省之间经济、文化、风俗、思想等方面的差异以及国家政策有关。例如，在西北、云贵地区，少数民族集中分布，由于国家对于少数民族的特殊政策，计划生育阶段其人口出生率也普遍高于全国平均水平，因此较其他地区其老龄化程度较轻。

大多数据在2010年或2011年发生了骤降，产生这个现象的主要原因在于，2010年我国进行了第六次人口普查，对人口数据从2011年起进行了修正，相当于自2010年起的人口数据统计方法发生了改变，实际人口数量和人口结构的改变从2010年至2011年相较往年趋势变化不大，因此在以中国统计年鉴的人口数据为基础分析人口相关的实际问题时，需稍加注意。

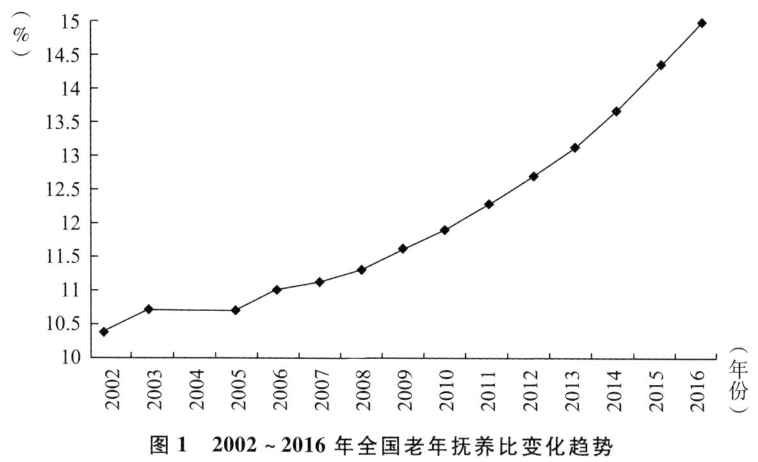

图1　2002～2016年全国老年抚养比变化趋势

图2显示了2002～2016年全国养老金缺口的变化趋势。养老金缺口采取上文中公式 $G_N = E_N + S_N - R_N$ 测算得出。从图2中可以看出，自2011年起，养老金净储备逐渐降低，养老金缺口逐渐呈现并迅速扩大。图3显示了财政补贴占养老保险收入比重的变化趋势。从图3中可以看出，近几年我国财政中对于养老金的补贴在养老保险收入中的占比呈上升趋势，且增长幅度较大。

结合图1及表1所显示的全国及各地区老年抚养比变化趋势，可以看出养老金缺口的大小、财政对于养老保险的补贴与老龄化程度呈现正相关。出现这种现象的原因在于，老年抚养比直接体现劳动年龄人口的养老负担，老龄化程度越深，社会对于养老金的需求越大，养老保险支出大大增加，使养老金呈现供不应求的市场状态，养老金缺口因此越来越大。除了人口因素，养老金制度如双轨制、“统账结合”存在漏洞，而体制转制成本较高，以及多年累积下来的养老金空账问题，都是造成养老金缺口迅速扩大的原因。

表 1　2002～2016 年各省份老年抚养比变化趋势

年份	2002	2003	2004	2005	2006	2007	2008	2009	2010	2011	2012	2013	2014	2015	2016	趋势
全国	10.4	10.7	10.7	10.7	11	11.1	11.3	11.6	11.9	12.27	12.68	13.1	13.7	14.33	14.96	
华北																
北京	13.86	14.32	14.1	13.7	14.25	12.72	12.86	12.62	10.53	10.7	10.84	10.53	10.52	13.45	15.17	
天津	14.83	14.55	14.18	12.48	13.63	13.95	15.96	13.99	10.43	12.27	13.44	14.81	15.06	12.94	14.62	
河北	10.72	10.32	10.71	11.02	11.33	11.91	11.62	11.87	11.00	11	12.6	12.55	12.94	14.21	15.44	
山西	9.98	10.16	9.83	10.86	9.58	9.98	10.66	10.83	10.06	10.21	10.44	10.45	11.12	12.13	11.45	
内蒙古	9.72	10.3	9.91	10.57	10.26	10.73	10.53	10.94	9.65	8.67	10.06	11	12.1	12.35	12.14	
东北																
辽宁	10.63	12.84	12.34	12.86	13.77	13.87	14.81	14.85	13.17	13.84	12.47	12.87	15.68	16.81	17.37	
吉林	8.68	9.07	9.48	9.85	10.5	11.28	11.61	11.26	10.52	11.07	9.67	12.29	13.1	14.16	14.19	
黑龙江	8.3	9.58	8.64	9.8	10.35	11.48	11.67	10.96	10.44	9.36	11.18	11.31	11.89	13.79	15.3	
华东																
上海	17.72	21.88	20.31	15.14	18.6	18.32	16.5	17.97	12.46	9.39	10.92	13.3	12.07	16.47	16.76	
江苏	13.86	15.84	14.7	14.77	14.95	14.95	15.57	16.2	14.31	14.2	15.26	16.47	16.26	17.21	18.56	
浙江	15.4	15.88	13.11	14.39	13.39	14.23	14.14	14.75	12.06	10.87	11.09	11.66	12.28	14.86	15.43	
安徽	12.19	11.7	12.21	15.1	14.91	15.31	15.54	14.38	14.17	14.65	14.42	14.83	14.53	15.74	16.15	
福建	10.66	11.25	11.78	12.03	12.87	13.94	13.83	13.76	10.29	10.02	11.5	10.89	10.14	12.27	13.87	
江西	10.28	9.97	11.4	12.69	12.68	13.08	12.17	11.55	10.78	10.75	11.49	12.63	13.2	13.04	13.87	
山东	11.7	12.49	12.51	13.42	12.71	13.02	13.06	13.06	13.22	14.59	14.33	14.93	15.77	16.2	16.32	

续表

年份	2002	2003	2004	2005	2006	2007	2008	2009	2010	2011	2012	2013	2014	2015	2016	趋势
华中、华南																
河南	10.74	11.6	11.51	11.66	11.35	10.51	10.82	12.35	11.83	12.49	12.49	12.7	12.46	14.24	14.57	
湖北	12.94	11.12	11.29	12.75	13.37	13.28	13.47	13.5	11.81	13.38	14.32	13.18	13.9	15.27	15.87	
湖南	12.07	12.53	12.08	14.23	14.78	14.17	14.43	15.61	13.47	14.63	15.81	14.85	15.35	15.95	17.01	
广东	11.54	12.37	11.82	10.39	9.78	10.01	10.22	9.95	8.84	8.6	9.11	9.52	10.99	9.62	10.18	
广西	12.46	13.13	11.94	14.32	13.07	13.33	13.6	13.41	13.38	13.93	13.7	13.42	13.91	14.44	14.06	
海南	11.37	11.49	10.96	12.6	12.51	12.7	12.88	12.39	10.80	9.4	9.89	11.15	10.45	11.77	11.45	
西南																
重庆	12.84	12.81	16.92	16.04	16.57	16.84	17.33	16.53	16.18	17.36	18.26	18.62	20	18.69	19.79	
四川	12.24	12.17	12.23	16.24	16.42	15.72	16.08	17.28	15.19	16.77	16.42	18.05	20.04	18.18	19.47	
贵州	10.39	11.4	11.25	12.93	12.47	12.87	12.37	12.36	12.94	13.64	13.49	13.52	13.43	13.91	14.13	
云南	10.27	10.29	11.07	11.01	10.78	10.64	11.25	12.3	10.65	10.56	10.67	11.13	12.06	11.6	11.62	
西北																
西藏	9.36	9.05	9.35	9.26	9.25	9.26	9.34	9.56	7.22	6.71	7.5	7.23	7.86	8.07	7.01	
陕西	11.51	10.86	10.55	12.01	12.3	13.2	12.97	13.32	11.11	11.1	12.1	13.09	14.25	13.87	14.43	
甘肃	9.06	9.49	9.27	10.41	10.44	10.94	11.47	11.46	11.18	12	12.45	11.98	11.96	12.73	13.62	
青海	7.94	8.46	8.32	8.64	9.89	9.19	9.59	9.71	8.66	8.06	9.69	9.81	9.52	9.74	9.89	
宁夏	6.95	8.39	8.28	8.85	8.51	8.88	9.16	9.47	8.89	7.44	9.2	9.72	9.22	10.15	10.65	
新疆	8.85	7.78	8.74	9.26	9.39	9.49	10	9.23	8.47	9	9.34	8.75	9.54	10.03	10.3	

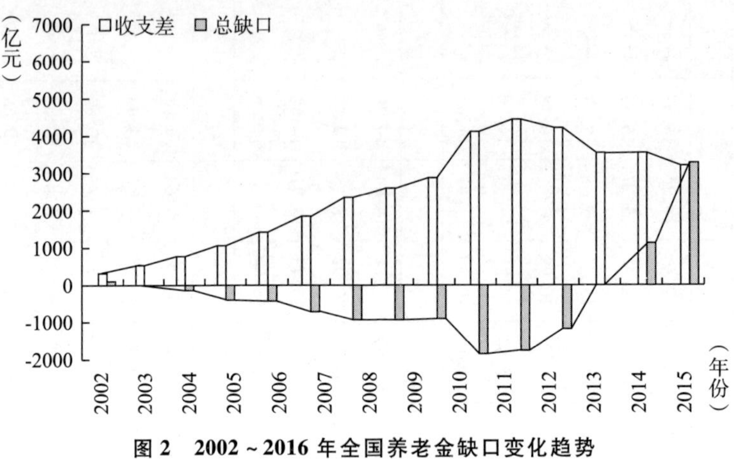

图 2　2002～2016 年全国养老金缺口变化趋势

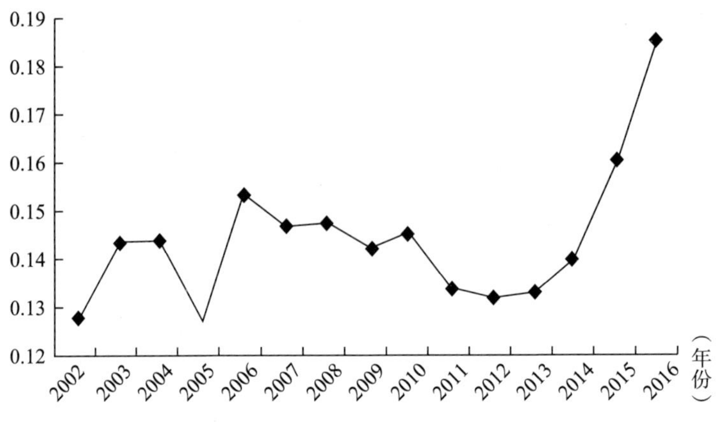

图 3　2002～2016 年财政补贴占养老保险收入比变化趋势

图 4 显示了 2002～2016 年全国养老保险累计结余变化趋势，表 2 列出了 2002～2016 年各省份的养老保险累计结余增长比。养老保险累计结余增长比由上文公式 $R_S = (S_O - S_L) / S_L$ 测算得出。从图 4 中可以看出，我国绝大多数省份养老保险累计结余仍在逐年增加，但根据累计结余增长比，我国绝大多数省份累计结余增长速度近些年逐渐下降，且下降速度较快。近几年东北地区养老保险累计结余已经呈下降趋势，其中最严重的如黑龙江省，截至 2016 年累计结余亏空高达 200 亿元，增长比已达 -2.5%。养老保险累计结余是未来养老金支付能力、养老保险储备量的衡量指标。图 4 中的信息表明我国多数地区对未来养老金的支付能力正在降低，最严重的地区已经呈现负增长。

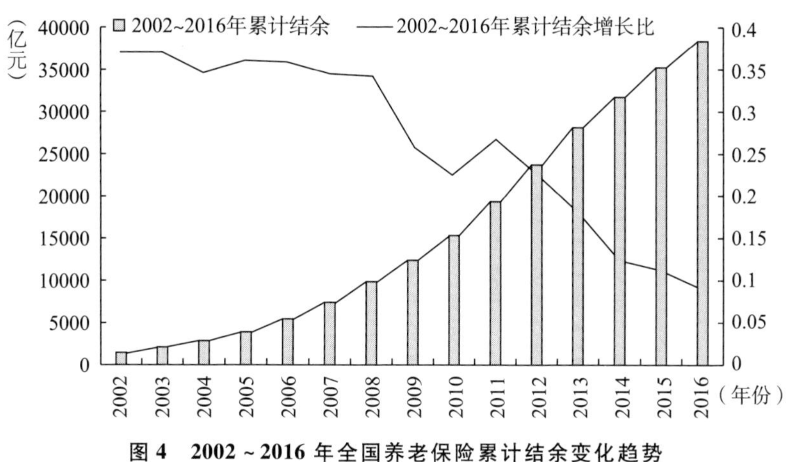

图 4　2002～2016 年全国养老保险累计结余变化趋势

结合图 1 及表 1 的老年抚养比变化趋势，可以发现我国总体养老金储备随老龄化加深逐渐变小，各地区对未来养老金的支付能力存在较大差异，并且大致与该省份老年抚养比呈负相关。这表明人口老龄化对于养老金的储备变化有明显影响。

除了各省份的人口结构差异外，经济发展水平、养老金空账问题的严重程度、养老制度改革进度这些因素在各地区的差异也是造成该现象的原因。例如，黑龙江与湖北老龄化水平相似，均高出全国平均水平，但黑龙江养老金累计结余及累计结余增长比相较湖北严峻得多，但由于黑龙江工业化起步早、工业化水平较高，而湖北第一产业比重较大，受我国养老金政策的影响，工业化人口养老金水平远高于农业人口养老金水平，黑龙江养老金支出收入比远高于湖北，国家财政不得不进行大量补贴，因此同样的老龄化水平下，黑龙江养老金亏空相较湖北更大。

五　结论与建议

养老金缺口与人口老龄化有着密不可分的关系，在人口老龄化的大背景下，定量描述我国人口老龄化水平及养老金储备现状对于解释养老金缺口成因与提出对策具有重要意义。本文采用《中国统计年鉴》和《人力资源和社会保障事业发展统计公报》中 2002 年至 2016 年的数据，通过测算老年抚养比来衡量我国人口老龄化水平及发展趋势，通过提炼并简化学术界测算养老金缺口已有模型来揭示我国养老金缺口变化趋势，通过测算养

表 2　2002～2016 年各省份养老保险累计结余增长比变化趋势

年份	2002	2003	2004	2005	2006	2007	2008	2009	2010	2011	2012	2013	2014	2015	2016	趋势
全国	0.37	0.37	0.35	0.36	0.36	0.35	0.34	0.26	0.23	0.27	0.23	0.18	0.12	0.11	0.09	
华北																
北京	1.06	1.06	0.45	0.83	0.60	0.51	0.35	0.34	0.40	0.41	0.41	0.36	0.29	0.29	0.28	
天津	0.19	0.19	0.46	0.86	0.46	0.51	0.33	0.11	0.04	0.10	0.25	0.14	0.13	0.10	0.00	
河北	0.42	0.42	0.44	0.35	0.22	0.30	0.25	0.28	0.31	0.22	0.10	0.08	0.01	-0.08	-0.06	
山西	0.49	0.49	0.47	0.42	0.46	0.36	0.34	0.29	0.27	0.24	0.22	0.17	0.10	0.03	0.03	
内蒙古	0.35	0.35	0.37	0.27	0.63	0.47	0.39	0.30	0.27	0.33	0.18	0.12	0.03	0.01	-0.03	
东北																
辽宁	0.42	0.42	0.30	0.37	0.26	0.24	0.31	0.16	0.12	0.21	0.18	0.16	0.05	-0.09	-0.22	
吉林	0.77	0.77	1.19	0.83	0.45	0.43	0.23	0.19	0.12	0.12	0.03	0.04	0.01	-0.10	-0.11	
黑龙江	0.35	0.35	0.33	0.43	0.54	0.37	0.23	0.25	0.05	-0.03	0.01	-0.09	-0.25	-0.60	-2.50	
华东																
上海	0.07	0.07	0.08	-0.03	0.53	0.18	1.62	0.14	0.10	0.21	0.47	0.31	0.17	0.15	0.29	
江苏	0.33	0.33	0.37	0.47	0.45	0.52	0.43	0.33	0.26	0.30	0.29	0.17	0.13	0.11	0.08	
浙江	0.51	0.51	0.36	0.36	0.35	0.30	0.27	0.19	0.18	0.31	0.29	0.17	0.17	0.14	0.07	
安徽	0.27	0.27	0.58	0.51	0.57	0.58	0.46	0.31	0.26	0.35	0.24	0.25	0.18	0.18	0.14	
福建	0.27	0.27	0.23	0.39	0.24	0.28	0.23	0.17	-0.22	0.26	0.27	0.84	0.18	0.18	0.22	
江西	0.20	0.20	0.32	0.35	0.34	0.40	0.31	0.25	0.23	0.22	0.35	0.16	0.12	0.16	0.06	
山东	0.24	0.24	0.31	0.28	0.30	0.37	0.30	0.30	0.22	0.28	0.19	0.13	0.06	0.13	0.07	

续表

年份	2002	2003	2004	2005	2006	2007	2008	2009	2010	2011	2012	2013	2014	2015	2016	趋势
华中、华南																
河南	0.77	0.77	0.39	0.30	0.26	0.30	0.21	0.15	0.25	0.20	0.19	0.17	0.11	0.07	0.05	
湖北	0.06	0.06	0.52	0.40	0.41	0.35	0.48	0.32	0.24	0.49	0.18	0.08	0.01	0.04	-0.03	
湖南	0.30	0.30	0.36	0.20	0.26	0.32	0.37	0.27	0.27	0.27	0.18	0.16	0.10	0.07	0.07	
广东	0.31	0.31	0.31	0.30	0.32	0.25	0.26	0.20	0.27	0.26	0.25	0.20	0.17	0.20	0.17	
广西	0.17	0.17	0.38	0.24	0.14	0.82	0.59	0.51	0.33	0.09	0.07	0.01	0.00	0.02	0.01	
海南	0.20	0.20	0.31	0.20	0.38	0.30	0.44	0.35	0.11	0.32	0.10	0.08	0.02	0.10	0.18	
西南																
重庆	0.34	0.34	0.30	0.58	0.62	0.63	0.56	0.58	0.22	0.31	0.37	0.22	0.19	0.14	0.11	
四川	0.63	0.63	0.28	0.38	0.33	0.38	0.40	0.46	0.27	0.36	0.16	0.19	0.15	0.08	0.03	
贵州	0.27	0.27	0.23	0.25	0.26	0.29	0.31	0.33	0.26	0.29	0.28	0.21	0.15	0.18	0.10	
云南	0.35	0.35	0.24	0.26	0.19	0.27	0.29	0.30	0.28	0.46	0.26	0.19	0.14	0.14	0.25	
西藏	2.61	2.61	-0.73	-2.23	91.27	-0.37	1.20	1.91	2.03	0.49	0.70	0.30	0.26	0.23	0.56	
西北																
陕西	0.38	0.38	0.53	0.68	0.52	0.27	0.27	0.27	0.30	0.19	0.32	0.22	0.07	0.02	0.05	
甘肃	0.68	0.68	0.37	0.38	0.52	0.46	0.29	0.29	0.28	0.39	0.16	0.12	0.12	0.01	0.03	
青海	-0.05	-0.05	4.49	1.98	0.59	0.43	0.34	0.28	0.20	0.42	0.09	0.04	0.03	-0.09	-0.18	
宁夏	0.48	0.48	0.40	0.25	0.25	0.33	0.31	0.21	0.50	0.42	0.03	0.05	-0.01	0.04	0.14	
新疆	0.81	0.81	0.36	0.27	0.39	0.41	0.36	0.24	0.24	0.21	0.17	0.18	0.15	0.16	0.14	

老金累积结余增长比来描绘各省养老金储备现状，并对比全国各地区间数据差异，得出以下三方面结论。

首先，总体上我国人口老龄化水平近 15 年间以不断加快的速度提高，近五年增长趋势最为明显，全国城乡居民养老压力正快速加大。主要成因为 1982 年始被定为基本国策的计划生育政策以及经济文化发展下生育观念的普遍改变所带来的不可避免的出生率下降。

其次，我国养老金缺口与人口老龄化水平大体呈正相关，国家财政补贴占养老金收入的比例加速提高。成因在于人口老龄化加速背景下，社会对于养老金的需求增速远高于供给增速，养老金储备贬值严重，养老金市场供不应求。数十年前形成的养老金制度漏洞并伴随着高成本的转制成本，再加上累积多年的养老金空账问题，使得我国养老金缺口加速增长，根据养老金市场状况做出政策调整、改善养老金供求问题已迫在眉睫。

最后，我国各地区间养老金储备现状及变化趋势差异较大，与各地区间人口结构、老龄化水平的差异紧密相关。各省间经济发展水平、工业化水平、养老金政策因素也有着重要影响。对比各省间差异、调整养老金收发的公平问题也需要被纳入养老金政策调整的考虑。

国际上针对人口老龄化及养老金缺口等问题已经采取了一些初具成效且被广泛认可的策略。英美等 OECD 五国达成共识的主要策略包括延迟退休、改善养老金缴费率结构、提高第二产业比重、完善养老金监管体系、降低养老金空账风险等，对于中国目前的养老金缺口问题解决有很强的参考价值，并已在中国养老金政策中体现出来。

第一，延迟退休政策。绝大多数步入或将要步入老龄化的国家都选择了延迟退休政策。延迟退休政策通过直接提高青壮年，即养老负担实际承担者的比重，增加养老金收入，并延缓养老金支出速度，对于减缓养老金缺口的增速具有显著作用。但刚性延迟退休政策势必引发较大社会问题，因此采取弹性退休政策、因地制宜地延迟退休具有重要意义。

第二，养老金入市。养老金入市近几年已取得较大进展，其根本意义在于优化养老金投资渠道，从供给端着手解决养老金缺口问题。由于历史遗留的养老金储备贬值问题，养老金储备需要通过实现自身再增长来弥补缺口。庞大的养老金储备用于投资不仅有利于改善自身困境，还可以反作用于国家经济发展、优化投资环境。在投资中要综合收益与风险，保证较稳定的收益率。

第三，完善养老金给付体系。在养老金收缴方面，要加大监管度、明确缴纳规则，减轻养老金空账问题。在养老金支出方面，除了用国家财政补贴养老金亏空，还要对支出结构、支出规则进行调整。我国对于养老金收支的监管力度已有很大提高，但还应注意提高养老金补贴在各个行业、各个地区的公平性，以此提高养老金对于全社会发展、改善人民生活水平的效用。

我国婚姻挤压现状及初婚年龄分析

一 背景介绍

众所周知，我国适婚人口的男女比例已经有所失调。从20世纪80年代开始，中国的出生性别比出现上升并持续偏高，截至2015年，官方公布的出生性别比为113.51，而男女比例失调的现象会使我国出现新的社会问题。

有研究表明，引起男女比例失调的原因有很多：落后的传统观念、重男轻女的思想是造成男女比例失调的内因；而发达的医疗技术是引起失调的直接外因（陈承贵、张凤文，2010）。在过去科学不发达的时候，人们重男轻女的思想更为严重，只是对婴儿的出生无法产生外力，而现代的发达医学，能够让家属预知胎儿的性别，然后选择存留。虽然我国已规定禁止出现这些行为，但仍有些机构为了盈利，违反管理，最后，造成男女比例失调。另外，我国对女性的就学、就业等方面的制度还存在较大的缺陷。并且我国在控制性别鉴定和堕胎方面的制度也有不足。这些原因造成了我国男女比例的失调以及持续发展，由此也引发了一系列的社会问题。

但是随着社会的发展、全民知识水平的提高和观念的改变，大家也都认可了“生男生女都一样”。并且我国在十八届五中全会中，决定全面实施一对夫妇可生育两个孩子的政策。这个政策的出现，能够一定程度上缓解男女比例失调的现象。

男女比例失调引发的社会问题，目前已经引起了部分人的注意。张鸣（2016）的研究提出，拐卖妇女的市场会持续增加，同时中小城市和农村的男子娶妻成本会直线上升，造成娶妻难现象。也有人提出，男女比例失调会造成婚姻挤压情况的加剧。但鲜少有人关心，在婚姻挤压的情况下，被迫单身的男性的生存状况，以及他们年老后的生活保障，而这种令人担心的现象多出现在婚姻市场上竞争能力相对较低的农村男性。

因此，本文重点探析不同年份和不同人群的婚姻挤压情况，通过查找、汇总并计算相关资料和数据，分析、找出分性别、分城乡、分年龄的初婚概率及其特点，总结婚姻挤压现状并尝试梳理其原因，旨在通过对现在广大农村大龄未婚男性的关注，引起社会的关心，并提高国家的重视程度，从而能够影响更多的人改进保障制度，向这些弱势群体提供帮助。

二 文献综述

2.1 性别比例失调原因

要避免问题的再次出现并且寻找解决办法，首要是发现引起问题的原因。现有很多研究都阐述了造成男女比例失调的原因主要包括经济因素、传统观念和医疗技术。首先，陈承贵和张凤文（2010）认为，经济因素是造成男女比例失调的直接动因。男孩的劳动能力和经济效益明显高于女孩，对于父母的养老期待值也是男孩较高，而男孩的社会竞争力和经济优势高于女孩，精神培养成本却低于女孩。此外，一些家庭的财产和家族企业传承更偏重男孩。其次，钟小华（2008）的研究表明，落后的传统观念也是造成男女比例失调的原因。在计生工作上，人的观念是决定因素，除了科技发展之外，中国还有几千年流传下来的各种生育手段和经验，只要育龄夫妇有生男孩的这种心理需要，那么他们总能找到实现它的手段。最后，几乎所有的研究学者都表明，发达的医疗技术是造成男女比例失调的直接外因。有些医院违反法律规定进行胎儿性别鉴定，如是女孩则终止妊娠，这样也造成女孩比例下降，再加上国家并没有制定完善的法律严格制止这一行为，造成失调现象不断加剧。

2.2 婚姻挤压模式

郭志刚、邓国胜（1995）根据国内外相关研究总结了关于婚姻挤压的三种情况及与其对应的婚姻市场变化。这三种情况是在婚龄期性别比偏高的前提下，人口的年龄结构持续年轻、年龄结构持续老化和年龄结构出现波动。其中，第一种和第三种情形分别可以对应20世纪60年代末美国出现的女性婚姻挤压现象和20世纪80年代初中国出现的男性婚姻挤压现象。在这两种情形下，婚姻市场中男女终身未婚比例均未发生大的变化，通过初婚模式（包括平均初婚年龄和夫妻年龄差等）的调节就可以缓解婚姻挤压现象（Schoen，1983）。

但对于第二种——当前中国出生性别比持续偏高和低年龄人口比例持续下降叠加，婚姻市场中男女数量失衡，国内外鲜有相关研究。而果臻和李树茁（2016）的研究则是填补了这一空白，通过对当前中国男性婚姻挤压模式的分析，考察第二种情形在持续并加剧了20年后（1990～2010年）婚姻市场的真实反映，揭示现阶段中国男性婚姻挤压的结构性变动特征，完善了现有的婚姻挤压理论。本文拟采用现有的理论来描述婚姻挤压状况。

2.3 社会保障制度

为了在婚姻市场增加自身的竞争力，同时工业化的推进也为提高农业生产效率提供了条件，越来越多的农村剩余劳动力从农村向城镇转移，这是自身谋求解决困境的现象（孙旦，2012）。但还是有一些留守农村的农村男性或者部分农民工没有寻找到配偶。这些人的经济状况或者身体条件往往很差，他们的生活质量也无法得到保障。

我国建立了农村保障体系，即农村社会养老保险、新型农村合作医疗制度、五保供养制度、最低生活保障制度、高龄老年津贴以及其他涉老的相关社会福利和社会救济。但一些研究表明现有的保障体系还存在不足，还极不完善，无法完全满足农村老年保障的需要。家庭仍是当前农村老年保障的供给主体。在生活尚能自理时，87.0%的老人愿跟配偶、子女同住；在生活不能自理时，愿意跟配偶及子女合住的比例高达90.0%（张仕平，1999）。而未婚男性在年轻力壮时还能依靠自己的劳动来保障生活，一旦没有家庭，他们年老后，生活质量将会直线下降。

从20世纪50年代开始，我国逐渐建立了五保供养制度。2006年重新修订的《农村五保供养工作条例》对农村五保供养的对象做了调整和详细的阐述："老年、残疾或者未满16周岁的村民，无劳动能力、无生活来源又无法定赡养、抚养、扶养义务人，或者其法定赡养、抚养、扶养义务人无赡养、抚养、扶养能力的，享受农村五保供养待遇。"从定义中可以看到一些符合条件的大龄未婚男性能够得到一些帮助，但更多的人在年老之前是得不到保障的。

而我国当前农村社会的老年人保障的商业化依然处于极低水平，无论是商业养老保险的推广，还是老年人生活服务等设施的建设和人员配备，因为农民收入的限制以及自身的局限还都无法满足目前农村老年人养老的现实需求（张艳，2012）。这就使得一些男性在经济收入勉强维持生活的情况下，根本不可能去购买商业养老保险来保障年老生活。因此，根据农村大龄未婚男性的特点，仅有最低生活保障制度适用。最低生活保障制度是中国政府对农业人口家庭人均收入低于当地农村居民最低社会保障标准的农村贫困人口按最低生活保障标准实行差额补助的一种社会救济制度。这项措施能够为最为贫困的那部分人提供帮助。

三 方法与数据

本文使用的初婚概率计算公式改进于黄荣清和魏进（1985）的女性多递减初婚表的方法和指标，笔者根据这一公式对中国男性婚姻挤压模式进行分析。年龄初婚概率的计算公式为：

$$q\frac{n}{x}=\frac{n\text{ 年底年龄为 }x\text{ 岁的初婚人数}}{n-1\text{ 年底年龄为}(x-1)\text{ 岁的未婚人数}}$$

其中，n 代表年份，x 代表年龄，$q\frac{n}{x}$代表在 n 年年龄为 x 的人的初婚概率，但此公式的计算同时需要 n 年和 n－1 年的数据信息，数据查找不便且汇总工作烦琐。本文在此基础上改进如下：

$$q\frac{n}{x}=\frac{n\text{ 年年龄为 }x\text{ 的初婚人数}}{n\text{ 年年龄为 }x\text{ 的初婚人数}+n\text{ 年年龄为 }x\text{ 的未婚人数}}$$

同年同年龄的初婚人数在同年同年龄未婚和初婚人总数中的占比，即在该年这个年龄的人的初婚概率。初婚概率能够反映婚姻挤压水平持续加重下的初婚模式的变动情况。

本文计算初婚概率所需的数据来源于 2000 年全国人口普查资料（国务院人口普查办公室、国家统计局人口和社会科技统计司，2002）中全国分初婚年龄及分性别的人口，2010 年全国人口普查资料（国务院人口普查办公室、国家统计局人口和就业统计司，2012）中全国分初婚年龄、分性别及初婚年份的人口，以及分城乡、分初婚年龄、分性别的人口。由于2000年普查资料缺少分城乡、分初婚年龄、分性别的数据，因此本文无法得出2000年城乡之间初婚概率的区别以及2000年到2010年分城乡、分性别、分年龄的初婚概率变化情况。

四 实证结果

4.1 农村男性平均初婚年龄的变动出现停滞

通过观察不同年份的初婚年龄变化趋势可以发现，1980～2010年，中国男性和女性的平均初婚年龄持续上升，但2000年以后，平均初婚年龄的上升幅度放缓。比较平均初婚年龄的城乡差异可以发现，城市男性和女性平均初婚年龄呈持续上升趋势且上升幅度较大，而农村地区在2000年以后则基本维持不变，农村男性平均初婚年龄出现了停滞（见图1）。

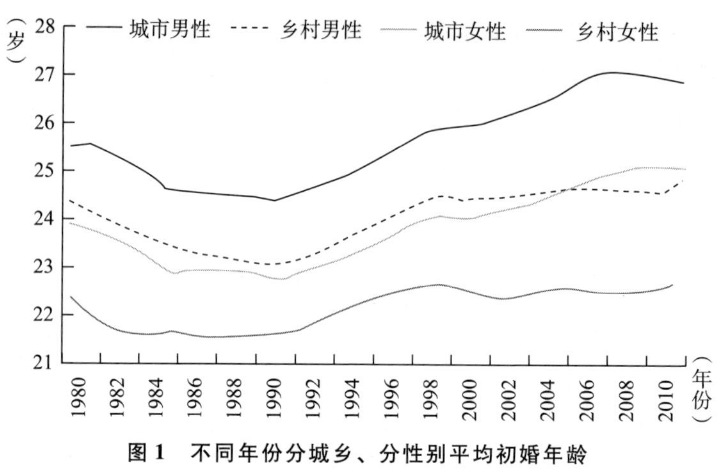

图1 不同年份分城乡、分性别平均初婚年龄

4.2 全国男性婚姻挤压状况明显

初婚概率能够反映婚姻挤压水平持续加重下的初婚模式的变动情况。分别对比2000年和2010年全国男性和女性分年龄初婚概率（见图2与图3），可以明显地看出，无论是男性还是女性，各个年龄段的初婚概率都有所下降，说明男性和女性都出现了婚姻推迟的现象，这也符合近年来越来越多的人不愿结婚和推迟结婚年龄的现实情况。而综合对比2000年和

2010年男性女性分年龄的初婚概率（见图4），可以发现明显的特点，即女性的初婚概率在各个年龄段均高于同时期的男性，说明女性的成婚水平高于男性，也表明在男性婚姻挤压下，即使是年龄偏大的女性，在婚姻市场中仍处于优势地位。这个结果符合在现有的男女比例下，婚姻市场所显示出的情况。与女性相比，男性的初婚概率偏低，其“选择性”推迟婚姻的空间（初婚概率的下降幅度）有限。从2000年到2010年，女性初婚概率的下降幅度远大于男性。这表明在当前男性过剩的婚姻市场中，女性更可能存在“选择性”婚姻推迟现象，而男性初婚概率的小幅下降则更可能是女性数量缺失而引起的“被迫性”婚姻推迟。

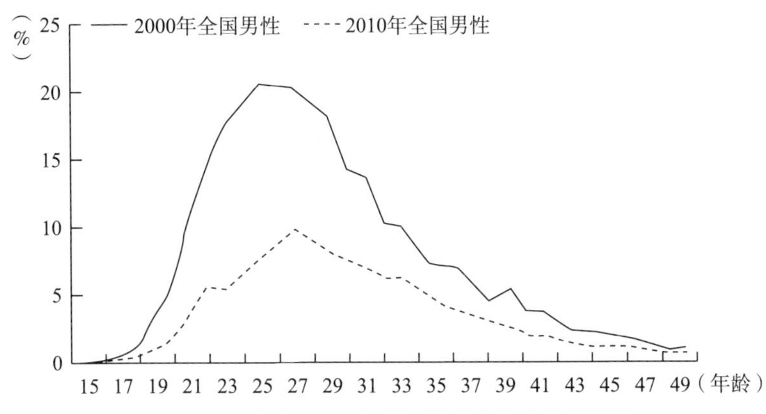

图2　2000年和2010年全国男性分年龄初婚概率

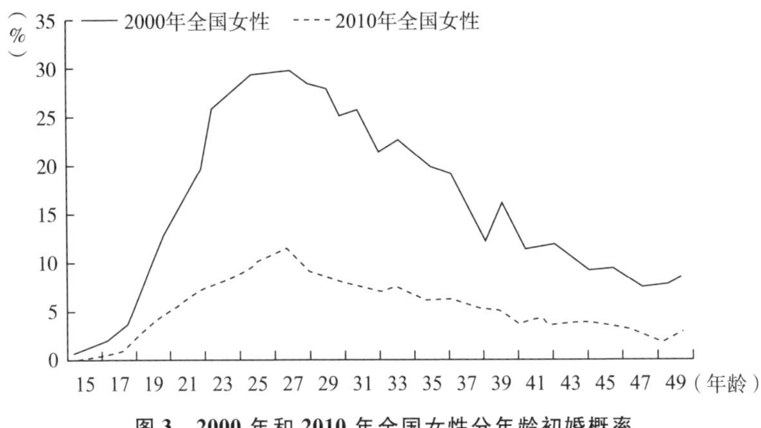

图3　2000年和2010年全国女性分年龄初婚概率

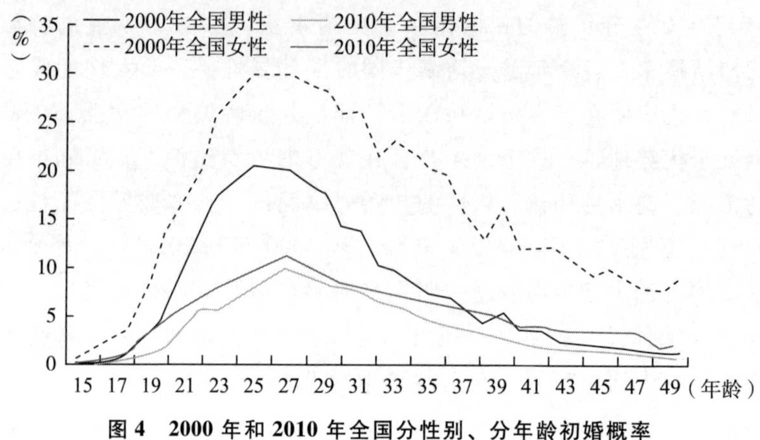

图 4　2000 年和 2010 年全国分性别、分年龄初婚概率

4.3　城市未婚人士更多的是"选择性"婚姻推迟

通过分析 2010 年城市男性女性的分年龄的初婚概率（见图 5），可以发现城市男性和女性各个年龄段的初婚概率相差不多，接近于重合，表明城市的男性和女性在婚姻市场上的竞争程度差不多，婚姻挤压情况不明显。相较于以往，之所以出现初婚概率下降的情况，更多的可能性是"选择性"婚姻推迟引起的。

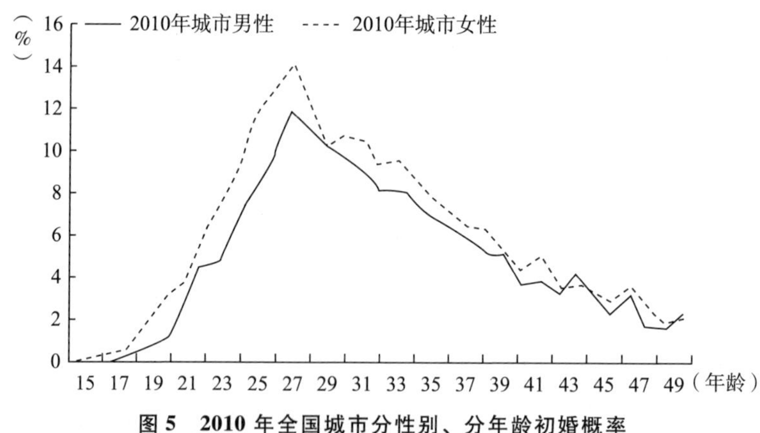

图 5　2010 年全国城市分性别、分年龄初婚概率

4.4　婚姻挤压情况集中在农村男性

比较 2010 年农村不同性别的各个年龄段的初婚概率（见图 6）可以发现，乡村女性的各个年龄段均高于同期的乡村男性，女性的成婚水平高于男性。因此，农村女性可能存在“选择性”婚姻推迟现象，而男性则是“被迫性”婚姻推迟。这个结论正好和全国的男性女性的情况相符合。

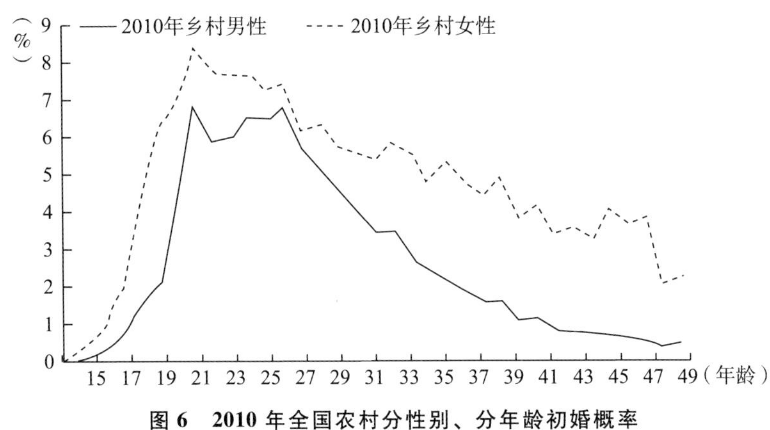

图 6　2010 年全国农村分性别、分年龄初婚概率

进一步分析 2010 年男性分城乡、分年龄初婚概率（见图 7）。与上述乡村的分性别类似，城市男性初婚概率在大部分阶段都是远高于农村男性的，农村男性比城市男性更倾向于尽早成婚，但农村男性的初婚概率又远低于城市男性。这个结果也就解释了为什么在全国男性出现婚姻挤压现象的情况下，城市男性的婚姻挤压情况不明显；相对于农村男性，城市男性存在一定的“选择性”婚姻推迟现象，而“被迫性”婚姻推迟则更多地集中于农村地区。

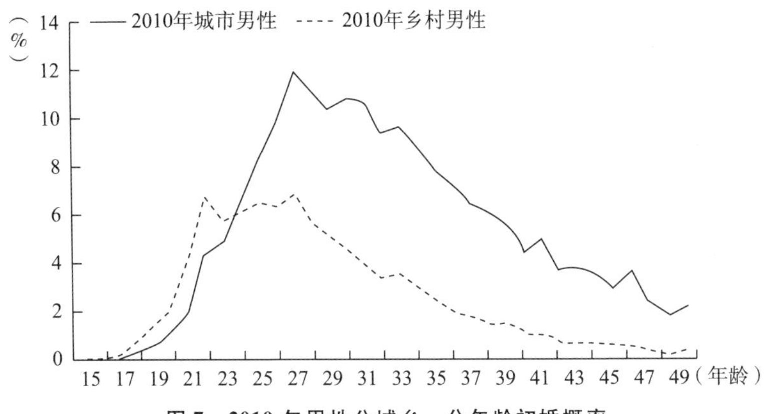

图 7　2010 年男性分城乡、分年龄初婚概率

五　结论与建议

本文通过查找汇总并计算2000年和2010年的相关数据，得出了1980～2010年分城乡、分性别的平均初婚年龄变化趋势，得到了2000年和2010年全国分性别、分年龄的初婚概率图，并且描绘出了2010年分城乡、分性别、分年龄的初婚概率图。相比2000年，2010年全国分性别、分年龄的初婚概率都有所下降。其中2010年城乡男女的初婚概率差别不大，几乎重合，而农村女性全年龄段的初婚概率均大于农村男性。城市男女和农村女性都属于“选择性”婚姻推迟，而农村男性属于“被迫性”婚姻推迟。婚姻挤压情况集中在农村男性，主要原因是男女比例的失调和农村男性在婚姻市场上处于弱势。

5.1　农村男性婚姻挤压现象明显

通过分析2000年和2010年分性别、分城乡、分年龄的初婚概率及其特点，本文发现近年来全国男性出现的婚姻挤压情况。其中，不论是城市还是乡村的女性都出现了“选择性”婚姻推迟，这个现象与近年来的实际情况相符合。伴随着社会的发展，高等教育的普及推广，人们受教育年限增加、就业延迟、社会经济发展使结婚成本不断提高等因素的影响，晚婚观念已深入人心。而在陕西就出现了青年初婚年龄越来越晚，女性主动结束婚姻比例上升的现象。《陕西社会发展报告（2018）》也指出，随着社会经济的发展，女性在工作中担任重要的角色，经济独立、思想自由，不再依附于家庭、男性生存。女性在家庭关系中拥有更多的话语权，婚姻地位较高，对幸福生活有较高要求。对于不愉悦的婚姻，她们有能力主动摆脱。这是一种好的现象，它显示了女性在社会中的地位和权力正在上升。

另外，城市男性出现“选择性”婚姻推迟，这符合上面提到的现象。但是农村男性则是出现了“被迫性”的婚姻挤压现象。这主要是男女比例失调和农村男性在婚姻市场上的竞争能力弱造成的。而农村男性的婚姻挤压情况已经达到了果臻和李树茁（2016）的研究中所定义的Ⅳ型，即在婚姻挤压现象不断加剧的情况下，初婚年龄不断推迟，然后在初婚年龄可能不变的情况下，分年龄的初婚概率下降，此时就到达Ⅳ型挤压状况。

5.2 社会制度的启示

上文提到的造成婚姻挤压情况出现的根本原因是男女比例的失调。本文拟提出一些解决方案。

首先，女性在劳动能力、经济效益和社会竞争力上的弱势是造成男女比例失调的经济因素。完善相关法律制度，增强女性在社会和职场中的地位和竞争优势等，能够有效降低男女比例失调方面经济因素的影响。例如减少职场招聘中性别歧视的相关制度和保障女性在职期间怀孕的相关权利。在保障女性平等接受教育的权利方面，我国已设立了相应的法律制度。教育促进人的发展，只有当人接受了良好的教育，才能有无限的发展可能。

其次，要与传统落后的思想做斗争，人的观念是决定因素。要解决男女比例失调问题，重要的还在于人们思想的转变以及社会经济的发展和文化的进步。新中国成立以来，我国的相关宣传教育工作颇有成效，例如“生男生女都一样”“妇女能顶半边天”等宣传标语。但社会上还是存在严重的重男轻女的糟粕思想，降低此类思想的影响，仍然需要有关部门进一步的努力。

最后，要加强和完善医疗检验相关制度，发达的医疗技术是造成性别失调的直接外因。在依法控制性别鉴定和选择堕胎方面，增加违反制度的成本，减少非法堕胎现象的产生；督促医院严格遵守规章制度，加强对小诊所的监察力度；对违反法律规定的相关机构和人员加大惩罚力度。

我国人口结构对居民储蓄率的影响研究

一　背景介绍

经济快速增长的一个显著特征就是较高的居民储蓄率。经济学家们普遍认为，中国经济高速增长最重要的原因在于较高的居民储蓄率，而一些研究发现我国的人口结构是中国高储蓄率的重要原因之一（王蒙等，2017）。2010 年我国第六次人口普查显示：我国 60 岁及以上人口数量约为 1.78 亿，占人口总数的 13.26%，其中 65 岁及以上人口约为 1.19 亿，占 8.87%。同我国上次人口普查的结果相比较，60 岁及以上人口的比重上升了 2.93%，65 岁及以上人口的比重上升了 1.91%。0～14 岁的人口占 16.60%，比 2000 年人口普查时下降 6.29 个百分点。同时“到 2016 年底，我国 60 岁以上人口已达 2.3 亿人，占总人口的 16.7%，65 岁以上人口达 1.5 亿人，占 10.8%，据专业人士预测判断，我国老年抚养比将从当前的 2.8∶1 达到 2050 年的 1.3∶1”。抚养比是指非劳动年龄人口与劳动年龄人口数之比。国际上判断一个国家地区是否为老龄化社会的标准为 60 岁以上人口数量占总人口数的 10%，或 65 岁以上人口数量占总人口数的 7%（联合国，1956）。从这个标准来看，我国已经明显进入老龄化社会，人口老龄化的进程也在逐步加快。并且我国人口老龄化还有独有的不同于别国的特点①，例如老年人口基数大且增长得很快、高龄化趋势明显、地区老龄化差异较大、老龄化速度超过了社会经济发展的速度，是典型的“未富先老”的国家。由此看出，我国老龄化人口问题非常严重。为了减缓人口老

① 《充分认识我国人口老龄化的规律》，《人民日报》，http://news.youth.cn/gn/201708/t20170820_10549393.htm，2018 年 5 月 19 日检索。

龄化对我国经济带来的影响，2015 年 10 月十八届五中全会决定：在坚持计划生育的基本国策基础上，全面实施一对夫妇可生育两个孩子的政策。但是令人担忧的是，中国社会科学院、中国人民大学等多家研究机构的调查显示，中国部分“80 后”“90 后”群体的生育意愿比较低下。

生命周期理论（Ando，Modigliani，1963）指出人们会在计划自己的消费开支时考虑到很久以后的未来情况，并尽量按照终身效用最大化来决定每个时期消费多少、储蓄多少。在年轻时，人们需要储蓄来满足老年时期消费的需要。所以，一个国家的人口年龄结构，即少儿人口、老年人口所占的比例，将会影响到国家的储蓄率。Leff（1969）的研究得出，老年人口抚养比的升高会带来国民储蓄率的降低，两者之间是负相关关系。Fry、Mason（1982）的研究得出，少儿人口抚养比与储蓄率之间也属于负相关关系。在国内研究方面，汪伟（2010）认为，少儿人口抚养比的下降和老年人口抚养比的上升导致了我国储蓄率的升高。

由此，本文试图对以下问题进行分析：中国的人口结构对居民储蓄率是否有显著的影响，具体表现为老年抚养比、少儿抚养比以及性别比与储蓄率之间的关系。储蓄率太高肯定会影响到消费，而经济增长的动力就是消费，同样消费也是拉动内需的“三驾马车”之一。过度储蓄和内需不足是中国经济持续健康发展的障碍。希望通过本文的研究可以更清晰地得出人口结构与储蓄率的关系，为我国经济的健康发展提供支持。本文的结构安排如下：首先，对已有的理论和文献进行回顾和评述；其次，对我国 25 个省份的数据进行实证分析研究，并建立模型；最后，提出本文的结论与一些政策建议。

二　文献综述

储蓄率与经济发展密切相关，自生命周期理论（Ando，Modigliani，1963）被提出以来，人口结构与储蓄率的关系就引起了众多学者和专家的关注与兴趣。现有的人口结构与储蓄率相关的学术研究主要集中在少儿、老年人口抚养比与储蓄率的关系上。根据生命周期理论，少儿抚养比与老年抚养比的提高都会降低储蓄率，即少儿抚养比和老年抚养比都与储蓄率呈负相关关系。这是因为人在少年时期和老年时期花销较多，收入较少甚至于没有收入继而导致消费高于收入，储蓄为负；但在成年时期内一般消费低于收入，储蓄为正。对于一个国家来说亦是如此，如果这个国家的少儿抚养比和老年抚养比都较高，则储蓄率会较低。有一些学者的文献论证支持了这个观点，例如，汪伟（2010）以生命周期理论为基础，利用我国 1989 ~ 2006 年的省际面板数据，分析得出了抚养比的下降致使我国储蓄率不断升高的结论；董丽霞和赵文哲（2011）通过面板向量自回归（PVAR）模型，最后计算得出少儿抚养比和老人抚养比与储蓄率都是负相关关系。

但是，之前文献的研究也并非完全支持少儿抚养比和老年抚养比都与储蓄率呈负相关关系这个结论。例如，史晓丹（2013）同样以生命周期理论为基础，运用三世代交叠模型分析少儿抚养比、老年抚养比与储蓄率的关系，并利用我国 2006 ~ 2011 年的省级面板数据，分析得出老年抚养比与储蓄率是负相关关系，而少儿抚养比与储蓄率之间是正相关关系，这与生命周期理论不符。曾探（2013）利用 1991 ~ 2011 年面板数据同样分析少儿抚养比、老年抚养比、性别比对居民储蓄的影响，实证分析得出老年抚养比与储蓄率的关系与生命周期理论不符，是正相关关系，而少儿抚养比与储蓄率的关系则符合生命周期理论，呈负相关关系。范叙春、朱保华（2012）针对储蓄率与人口结构间的关系提出研究变量是否考虑时间效应会影响到结论，他们利用中国的省际平衡面板数据，认为在不考虑时间效应时，少年人口抚养比的上升会降低国民储蓄率，而老年人口抚养比的上升会提高国民储蓄率；而在考虑时间效应时，少年人口抚养比的上升会提高国民储蓄率，而老年人口抚养比的上升会降低国民储蓄率。这些方法在一定程度上忽略了经济增长、人口年龄结构变化对储蓄率的影响，并且数据选取的年份不同、社会背景不同，一定程度上也忽视了政策方面的影响。如果同时考虑到经济、政策、文化和社会制度对人口结构的影响，得出的结果可能会更有说服力、更加稳健。

从以上大量的文献和不同的结论可以看出，人口结构与储蓄率的关系结论并不完全一致，有关两者间的关系研究在对数据处理、变量设计、样本组成和研究方法方面都比较敏感，并且以上研究方法有部分也没有表述清楚是否已控制好其他的潜在变量。上述文献的每个结论都建立在一定的条件、变量和环境上，有关它们之间的关系还并没有一个确定的结论，还有待进一步的研究。

大多数文献都是基于人口年龄结构来分析人口结构与储蓄率的关系

的，但是人口结构不仅仅包含人口年龄结构，还包括性别比，从这一角度来研究人口结构与储蓄率关系的文章却很少。男性与女性在生理与心理上都有很大的不同，所以也在消费与储蓄等经济行为方面存在差异，我国目前不断上升的性别比也就对储蓄率产生了影响。魏尚进（2012）表示中国目前男多女少的情况会加大婚恋市场中男性的竞争压力，引起结婚成本上升，继而影响到储蓄率。国际婚博会的调查显示，当前北京、上海等地的新人中约有 80% 得到了父母在经济上的支持。所以有儿子的家庭的人便会加大储蓄来准备儿子未来的结婚资金。除了婚恋方面，男女消费观的不同也会影响储蓄率，万事达卡国际组织预计，中国女性的消费能力合计将从 2005 年的 3300 亿美元增长到 2015 年的 5250 亿美元。曾探（2013）表示社会中同一期家庭用于女儿的消费支出与成年女性的消费支出的共同作用，决定当期性别比对储蓄率的影响。本文将研究重点放在了人口结构中的年龄结构、性别比与储蓄率的关系上，实证分析中国的人口结构到底是怎样影响储蓄率的。

三　方法与数据

本文采用省级面板数据来分析人口结构与居民储蓄率的关系，运用最小二乘法回归模型，具体如下。

$$S_{it} = \alpha + \beta_1 cdep_{it} + \beta_2 ydep_{it} + \beta_3 sex_{it} + \varepsilon_t$$

其中，S 代表第 i 省第 t 年的储蓄率；$cdep_{it}$代表第 i 省第 t 年的少儿抚养系数；$ydep_{it}$代表第 i 省第 t 年的老年抚养系数；sex_{it}代表第 i 省第 t 年的性别比，ε_t表示随机误差。为了提高结果的准确度与稳健性，本文增加了一个控制变量：每年各省份的人均 GDP。$pergdp_{it}$代表第 i 省第 t 年的人均 GDP。新模型如下。

$$S_{it} = \alpha + \beta_1 cdep_{it} + \beta_2 ydep_{it} + \beta_3 sex_{it} + \beta_4 pergdp_{it} + \varepsilon_t$$

社会制度、文化、政策等也都是影响储蓄率的因素，所以本文采用 25 个省份的数据，尽管在大部分人口结构与储蓄率的文献中都使用了类似的回归模型和计量方法，但是本文相较于其他文献多增加了一个性别比，不仅考虑了年龄结构方面还包括了性别结构，人口结构本就不应只有年龄结构还应包括性别结构。这样便全方位地分析了人口结构与储蓄率的关系。

本文多增加的控制变量，即每年各省份的人均 GDP，是为了控制不同经济发展水平所带来的养老和育儿影响效果的异质性，这就提高了结果的准确度和稳健性。

本文采用的是 2006～2016 年 11 年的省级面板数据，储蓄率等于（1－消费率），消费率的数据来自同一时期的《中国统计年鉴》。少儿抚养系数是指 0～14 岁少儿人口在 15～64 岁劳动年龄人口中所占的比重，而老年抚养系数是指 65 岁及以上的人口在15～64 岁劳动年龄人口中所占的比重，这些数据均来源于国家统计局每年的统计年鉴；性别比是指每 100 位女性所对应的男性数目，其数据来源于同一时期的《中国统计年鉴》，而各省份人均 GDP 也来自每年《中国统计年鉴》的地区人均生产总值。

四　实证结果

表 1 至表 3 分别是东、中、西部省份这 11 年的少儿抚养比。可以发现东部的绝大部分省份除了广东省以外的少儿抚养比是呈上升趋势的，这可以体现出东部的省市经济发达，生命力越来越旺盛。但是反观中西部省份的少儿抚养比，除了河南和湖南省 2016 年的少儿抚养比高于 2006 年，其他省份都是明显的下降趋势，这可能是由于这些省份的年轻人去往更发达地区发展、定居、建立家庭，中西部的生命力不如东部地区旺盛，这可能也是中西部地区相较于东部地区经济欠发达的一个因素。

表 1　东部省份近 11 年少儿抚养比

年份	北京	天津	河北	上海	江苏	浙江	福建	山东	广东
2006	12.66	15.62	22.19	10.45	20.24	20.00	24.68	20.32	27.84
2007	12.01	14.59	22.52	10.24	19.12	19.62	24.35	20.59	26.03
2008	12.13	13.96	11.36	10.00	18.46	18.61	24.55	20.88	24.98
2009	12.39	12.76	22.12	9.64	18.42	18.45	23.43	20.99	23.06
2010	10.41	11.99	22.46	10.62	17.09	17.05	20.18	21.15	22.12
2011	10.62	13.39	23.72	9.88	17.05	16.00	20.58	21.06	22.61
2012	11.43	15.08	24.60	10.26	17.48	15.63	22.39	22.00	21.36
2013	12.17	14.46	24.37	11.71	17.91	15.14	22.48	21.04	21.93
2014	12.50	13.91	25.84	12.61	18.55	15.35	23.52	21.7	21.88

续表

年份	北京	天津	河北	上海	江苏	浙江	福建	山东	广东
2015	12.78	12.73	25.46	12.00	18.39	17.03	23.93	22.72	20.91
2016	14.06	14.01	26.14	12.5	18.87	17.17	25.49	23.72	22.15
折线图									

表2　中部省份近11年少儿抚养比

年份	山西	黑龙江	安徽	江西	河南	吉林	湖北	湖南
2006	27.54	17.97	31.16	36.61	29.43	16.69	23.19	25.12
2007	26.69	16.89	30.41	33.11	28.27	16.79	21.10	23.02
2008	24.62	16.26	29.09	32.94	27.43	15.55	19.53	22.89
2009	23.11	15.61	27.28	31.47	26.63	15.42	19.19	24.05
2010	22.70	15.00	25.03	31.02	29.73	15.06	18.07	24.27
2011	21.24	14.62	25.20	30.28	29.43	16.19	18.93	24.99
2012	20.58	15.34	25.30	30.56	29.1	15.31	18.74	26.54
2013	20.61	15.15	26.00	27.63	29.54	14.96	19.89	25.67
2014	19.37	14.66	24.94	29.63	29.76	15.74	21.66	25.84
2015	19.86	13.46	25.01	30.90	30.34	15.54	20.63	26.16
2016	20.22	12.89	24.70	30.68	30.07	16.54	21.22	26.03
折线图								

表3　西部省份近11年少儿抚养比

年份	广西	重庆	四川	内蒙古
2006	32.32	28.16	28.91	21.35
2007	31.79	27.27	27.39	20.61
2008	31.77	27.55	24.37	19.36
2009	30.63	26.25	24.38	18.41
2010	31.44	23.76	23.54	17.99
2011	32.07	22.42	22.57	17.22
2012	33.17	23.24	22.56	17.7

续表

年份	广西	重庆	四川	内蒙古
2013	31.01	21.93	23.41	17.67
2014	31.93	21.61	23.23	17.58
2015	33.46	21.94	22.31	16.89
2016	30.97	21.89	22.69	16.46
折线图				

表4至表6则分别是东、中、西部省份这11年的老年抚养比。从表4可以看出东部的省份除了河北和山东省的老年抚养比一直都是明显的上升趋势外，其他东部省市的老年抚养比大都比较波动，基本上是先下降再上升的趋势，最后2016年的老年抚养比与2006年的数据差不太多。这体现出东部发达省份的老龄化还没有特别严重，但是随着时间推移，老龄化的趋势也会越来越明显。再看中西部的省份，虽然都有些小波动但是所有省份都呈现出明显的上升趋势。这也与现在我国的国情相符，我国的人口红利已经过去，老龄化越来越严重，随着时间推移，当年人口热潮中越来越多的青壮年劳动力也将逐步进入老年。

表4　东部省份近11年老年抚养比

年份	北京	天津	河北	上海	江苏	浙江	福建	山东	广东
2006	14.25	13.63	11.33	18.60	14.95	13.39	12.87	12.71	9.78
2007	12.72	13.95	11.91	18.32	14.95	14.23	13.94	13.02	10.01
2008	12.86	15.96	11.62	16.50	15.75	14.14	13.83	13.06	10.22
2009	12.62	13.99	11.87	17.97	16.20	14.75	13.76	13.06	9.95
2010	10.54	10.43	10.99	12.46	14.31	12.05	10.30	13.23	8.84
2011	10.70	12.27	11.00	9.39	14.20	10.87	10.02	14.59	8.60
2012	10.48	13.44	12.46	10.92	15.26	11.09	11.50	14.33	9.11
2013	10.53	14.81	12.55	13.3	16.47	11.66	10.89	14.93	9.52
2014	10.52	15.06	12.94	12.07	16.26	12.28	10.14	15.77	10.99
2015	13.45	12.94	14.21	16.47	17.21	14.86	12.27	16.20	9.62
2016	15.17	14.62	15.44	16.76	18.56	15.43	13.87	16.32	10.18

续表

年份	北京	天津	河北	上海	江苏	浙江	福建	山东	广东
折线图									

表 5　中部省份近 11 年老年抚养比

年份	山西	黑龙江	安徽	江西	河南	吉林	湖北	湖南
2006	9.58	10.35	14.91	10.50	12.68	11.35	13.37	14.78
2007	9.98	11.48	15.31	11.28	13.08	10.51	13.28	14.17
2008	10.66	11.67	15.54	11.61	12.17	10.82	13.47	14.43
2009	10.83	10.96	14.38	11.26	11.55	12.35	13.5	15.61
2010	10.06	10.44	14.17	10.53	10.77	11.83	11.81	13.47
2011	10.21	9.96	14.65	11.07	10.75	12.49	13.38	14.63
2012	10.44	11.18	14.42	9.67	11.49	12.49	14.32	15.81
2013	10.45	11.31	14.83	12.29	12.63	12.70	13.18	14.85
2014	11.12	11.89	14.53	13.10	13.20	12.46	13.9	15.35
2015	12.13	13.79	15.74	14.61	13.04	14.24	15.27	15.95
2016	11.45	15.30	16.15	14.19	13.87	14.57	15.87	17.01
折线图								

表 6　西部省份近 11 年老年抚养比

年份	广西	重庆	四川	内蒙古
2006	13.07	16.57	16.42	20.26
2007	13.33	16.84	15.72	10.73
2008	13.60	17.33	16.08	10.53
2009	13.41	16.53	17.28	10.94
2010	13.38	16.17	15.19	9.65
2011	13.93	17.36	16.77	8.67
2012	13.7	18.26	16.42	10.06
2013	13.42	18.62	18.05	11
2014	13.91	20	20.04	12.1
2015	14.44	18.69	18.18	12.35

续表

年份	广西	重庆	四川	内蒙古
2016	14.06	19.79	19.47	12.14
折线图				

从表7的回归系数结果可以看出，不论是模型1还是模型2，少儿抚养比的系数均不显著，即少儿抚养比对储蓄率的影响并不显著，所以本文可以得出少儿抚养比与储蓄率之间没有影响关系，这与前文提到的生命周期理论的假设是不相符的。而老年抚养系数在两个模型之中显著为负数，且比较稳健，由此可以得出老年抚养比与储蓄率是负相关关系，这与生命周期理论的假设相符，并且相较于少儿抚养比，老年抚养比对于储蓄率的影响更为显著。在模型2中性别比与储蓄率也呈现显著的负相关关系，这说明男性越多，储蓄率越低。还可以看出模型2在增加了控制变量人均GDP后，性别比对储蓄率的影响变得更为显著，这表明在不同经济状况的省份，性别的影响也不尽相同。

表7 少儿抚养比、老年抚养比、性别比对储蓄率的影响

	模型1	模型2
cdep	-0.007286 (0.062)	0.066468 (0.088037)
ydep	-0.558622*** (0.159309)	-0.613411*** (0.165827)
sex	-0.508944 (0.101019)	-0.562209*** (0.110587)
pergdp		0.0000259 (0.000022)
常数项	113.0647 (11.19816)	116.6748 (11.60070)

注：***、**、*分别表示在1%、5%、10%的水平上显著。

通常来说，少儿人口减少，就减少了需要抚养的人口数量，减少了劳动人口的经济负担，对少儿的消费少了，储蓄率理应相应增加。但是本文通过计算得出的结论却是，少儿抚养比对储蓄率的影响并不大。随着经济

文化的发展与人口素质的提高，人们花费更多的精力财力在少年儿童的抚养上，对教育越来越重视，对青少年和儿童的教育支出越来越多，同时衣食住行、医疗等各方面的投入都会增加。但是计划生育政策使得近年来少儿抚养比相较于过去降低很多，对质量的重视代替了对数量的重视，数量下降反而质量上升，两种效应相互抵消才使少儿抚养比对储蓄率的影响并不显著。老年抚养比与储蓄率呈现负相关关系也是有据可循的，如今医疗费用越来越高，人们甚至都要跨过半个中国去大城市或首都看病，虽说有医保，但是覆盖面和可以报销的比例却并不高。除了老年人的医疗方面，由于我国房价高昂，很多老年人都把自己多年的储蓄用来给自己的儿女买房。因此总的来说，老年时期的消费还是要大于收入的，老年抚养比与储蓄率成反比，与生命周期理论相符。

本文得出性别比与储蓄率也是负相关关系，即男性占比越多，储蓄率越低。这可能会与现实预期相左，因为在大众的观念中，女性似乎日常消费更多，例如服饰、鞋包、护肤品化妆品等，但是这就可能忽略了价格方面的因素等。男性占比越多，储蓄率越低，这或许也与我国国情相关，因为在中国传统中，房子、汽车这些高价的资产一般由男性或有男孩的家庭出资，并且在成家后，男性也会承担一大部分孩子与妻子的花销。

五　结论与建议

本文利用的是2006～2016年我国25个省份的数据，研究了人口年龄结构、性别结构对我国储蓄率的影响，结果表明少儿抚养比对储蓄率的影响不显著，老年抚养比与储蓄率具有负相关关系，性别比也对储蓄率有显著影响。通过研究人口结构与储蓄率之间的关系，可以帮助制定更为合理的人口政策来保持适当的储蓄率，从而使我国经济持续健康发展。

由于计划生育政策的影响，我国的少儿抚养比下降、劳动力人口减少、人口老龄化进程加快，我国成为典型的未富先老的国家，“人口红利”正在逐步减弱甚至消失。我国的经济发展不能完全依靠“人口红利”，应从实际出发，采取恰当的人口政策和经济政策积极应对，通过保持适当的储蓄率来促进经济发展。

为了减弱计划生育给未来人口结构带来的负面影响，2015年国家颁布了全面实施二孩政策。这在一定程度上可以改善人口结构，但是不足以解决人口结构的问题。随着社会的发展，人们接受教育的年限越来越长，水平越来越高，结婚年龄、生育年龄也都不断推迟，女性的生育意愿也大幅度下降，并且现在抚养一个孩子的教育成本、生活成本太高，普通家庭尽力培养一个孩子的代价都很高，所以尽管全面开放二孩政策，新出生人口肯定会有所增加，但是增长幅度并不会很大。况且“80后”“90后”基本受到计划生育的影响，都是独生子女，当他们进入社会、上一辈退休后，劳动人口会短缺，而此时二孩政策却不能提供适龄劳动力，这中间有一个时间的断层，所以二孩政策只可以一定程度缓解但不能彻底解决问题。

首先，应对我国的人口老龄化，可以推迟退休年龄，这样可以减弱人口老龄化给经济发展带来的负面影响，增加劳动人口数量。除了延缓退休，还要加强社会保障制度。老年人口越来越多，在医疗、社会保障领域，消费需求也会越来越多，要大力发展社会保障、医疗卫生事业。

其次，趁“人口红利”还在的有利时机，把握机会，推动产业升级和转型。加大对科技研发的投入以及教育的投入，培养高素质人才，使我国未来的人才有质又有量，提高我国的核心竞争力与综合国力。只有科技发展了，产业升级了，才可以提高劳动生产率，减少经济发展对劳动人口数量的依赖。人口老龄化在短期内无法逆转，只有转变经济增长方式，降低经济发展对劳动数量的依赖。

最重要的还是要提高居民收入。提高居民收入不仅可以更好地解决养老问题，还可以扩大内需、扩大消费，使我国的经济持续健康发展。

基于泰尔指数的江苏省城镇化水平区域差异及实证分析

一 背景介绍

城镇化（urbanization）又称作城市化，是在一个国家或地区生产力迅速提高的背景下，科技进步，产业结构优化，以农业为主的传统乡村型社会逐渐转向以工业和服务业等非农产业为主的现代城市型社会转型的现象（季姣姣、潘珺璇，2018）。城镇化是人口向城镇集中的过程，也是人类社会发展中不可回避的过程。此过程有两方面的表现，一是城镇数量的增加，二是城市人口规模的不断扩大。城镇化本身作为一种复杂的社会经济转化现象，是经济发展和社会发展中不以人的意志为转移的过程，同时也是产业结构优化与升级在地理空间上的客观反映。

江苏省位于我国东部沿海，地兼南北，紧邻国际大都市上海，具有良好的区位优势。根据《江苏省 2016 年国民经济和社会发展统计公报》（2016），2016 年江苏省的平均城镇化率达 67.7%，高于全国水平约 10 个百分点。江苏省作为中国城镇化进程较快的省，承担着吸引人口、促进人口流动和拉动经济增长的重要责任。但是由于区位差异和历史积累的原因，江苏省区域内城镇化水平具有差异性，且明显存在苏南、苏中、苏北三大区域平均城镇化率依次递减的空间格局。根据中国发展研究基金会与普华永道联合发布的《机遇之城 2018》报告，作为苏南地区代表城市的南京和苏州分别位列机遇之城排行榜的第三名和第九名，而苏北腹地城市的新型城市化水平相比则更低。

党的十九大报告从促进区域协调发展的国家战略层面出发，进一步明确了实施新型城镇化战略、推进形成城镇发展新格局的重点任务。以城市群为主体构建大中小城市和小城镇协调发展的城镇格局，强化大城市对中小城市的辐射和带动作用，促进形成大中小城市和小城镇协调发展的城镇格局。走新型城镇化道路是响应党和国家战略决策的正确选择。毫无疑问，新型城镇化不仅会整体拉动江苏全省的城镇化水平，而且在一定程度上会缩小江苏省三大区域间的城镇化水平差异。目前江苏省新型城镇化建设已经提上日程，理论上有所突破，取得了一定成果，但建设新型城镇要综合分析各方面因素。区域内城镇化水平差异作为新型城镇化建设的考量因素之一，对走新型城镇化道路具有深远意义。但江苏省新型城镇化道路仍处于探索阶段，新型城镇化建设指南基本上仍是从全省角度制定的。具体区域的新型城镇化模式还未成熟，走新型城镇化的道路任重而道远。

因此，本文将结合苏南、苏中和苏北的城镇人口数量，利用泰尔指数，对江苏省三大区域城镇化水平差异进行实证分析和测量；对实证结果和变化趋势进行阐述；分析影响三大区域城镇化率差异的原因；通过分析城镇化水平的差异得出一些结论和启示；并结合实证分析的数据，为政府制定有关新型城镇化道路的方针策略提供一些积极的建议和参考。

苏南、苏中、苏北三大区域的城镇化水平差异既对区域经济的协调发展有着深刻影响，也影响着区域间的稳定和团结。同时，科学客观地考量城镇化水平是制定新型城镇化发展战略的基础。为此，准确地衡量江苏省各区域间的城镇化发展水平差异，有助于推动区域全面协调发展和社会稳定，对江苏乃至全国其他地区未来新型城镇化建设也具有重要参考价值和借鉴意义。

二　文献综述

城镇化水平区域差异是当前经济学研究中的重要部分，很多学者采用不同的方法对这一问题进行了实证分析和理论阐述。

2.1　关于城镇化水平的测算方法及现状特点

曹玲玲、陈香（2014）采用主、客观赋权法相结合的改进熵值法，同时基于新型城镇化的内涵，从人口城镇化、经济发展水平、居民幸福指数、城市资源环境和城乡统筹五种视角构建江苏省新型城镇化综合评价指标体系，对江苏省 13 个地级市的新型城镇化水平进行实证分析。研究发现，江苏省13个地级市新型城镇化水平总体趋势处于稳步上升状态。其中苏州、无锡、常州、南京和镇江的新型城镇化综合测量水平位于全省平均水平之上。从区域层面看，苏南的常州和苏北的徐州、盐城、连云港、淮安和宿迁这6个地级市发展势头良好。伊金秀（2017）主要关注江苏省城镇化水平的区域差异，同样运用了因子分析法，采用综合指标体系，分别构建了人口城镇化、经济城镇化、空间城镇化以及社会城镇化子系统，运用主成分因子法对江苏省新型城镇化布局及空间特征进行了分析和研究。研究发现，随着近年来经济的发展，苏南、苏北地区的城镇化水平空间差异在缩小，江苏新型城镇化总体空间差异也在缩小，但是总体无较大变化，苏南地区水平高、苏北地区水平低的空间格局依然存在。赵永平（2016）则关注全国层面的城镇化水平测度，采用了改进的熵权法，对全国30个省份2000~2012年的城镇化水平进行了衡量。研究表明，2000~2012年的新型城镇化发展水平在空间上呈现东、中、西梯度递减的分布格局，且东部与中西部的差距较为突出。

2.2 关于推动江苏省城镇化水平的因素

孙沛瑄（2014）对推动江苏省新型城镇化的因素进行了定性分析，而后对1990~2012年江苏城镇化、工业化、服务业以及农业现代化四大方面的原始数据进行处理，在此基础上建立了VAR模型，运用脉冲响应函数与方差分解的计量分析方法对江苏城镇化动力机制进行分析。实证分析的结果表明，江苏省新型城镇化的变化受自身的扰动项的冲击影响，这种影响呈逐步递减的趋势。实证分析的结果与定性分析的结论相一致，即在江苏省新型城镇化的进程中，工业现代化是主要推力，农业现代化的拉力作用不足，现代服务业还需进一步的发展。在近期的研究中，罗霞和周燕（2016）则采用了不同的计量分析方法，运用多元统计分析中的因子统计法，通过因子的方差贡献率构建了综合评价函数。用统计软件对江苏省历年的统计数据进行标准化处理，以函数为基础，探讨了江苏省城镇化水平与人口、经济、外贸、科技、环境之间的关系。研究结果显示，江苏省城镇化发展在人口和经济方面极具优势，但是城市开放程度和科技发展水平则制约了江苏省城镇化的发展进程。李发志等（2017）认为，经济城镇化和社会城镇化的主导因素是影响城镇化发展水平提高的主要驱动因素。祁岚（2017）的研究则将影响江苏省区域经济差异的因素进行细分，认为历史因素、地理区位因素、文化因素、政策因素都会造成苏中、苏北地区的经济发展速度明显慢于苏南地区，经济实力与苏南地区差异明显的格局。吴进红、黄秀娟（2012）的研究表明，苏南地区的发达市场和高度开放的外向型经济同样会促进苏南地区的快速发展。而陈小勇（2010）则认为要把所有影响江苏省区域经济发展的因素都列举出来并进行定量分析比较困难，虽然已经发现了很多区域经济差异的成因，但这并不表示已经找出了所有的原因。

2.3 关于提高江苏省新型城镇化水平的措施

在如何提高江苏省新型城镇化水平的问题上，国内学者的观点较为一致。诸如差异化发展、产业结构优化升级、发展大城市的带动作用等都会提高江苏省城镇化水平。周明生（2015）的研究表明，应该走具有区域自身特色的新型城镇化的差异性路径。其他一些研究则发现，进行产业结构优化升级会极大地提高江苏省新型城镇化水平（陈洪全，2017）。王兴平、强子阳（2015）认为强化中心、培育中轴、统筹城乡发展将会优化江苏省新型城镇化格局。季姣姣、潘珺璇（2018）侧重于强调人口城镇化，提出了推动户籍制度改革和改善人居环境的建议。

2.4 总结

综上所述，不同学者运用了不同的方法来衡量城镇化水平的差异性，这些都为城镇化水平差异性的测量奠定了一定的基础。新型城镇化的研究目前主要集中在新型城镇化的内涵、新型城镇化的发展战略、新型城镇化与产业发展的关系方面，且以定性分析为主，定量分析较少。在测度城镇化水平的指标体系中，不同学者运用了不同的分析方法和指标，存在着表征意义不强、测度公式难以构建、数据难收集、数据更新慢、研究结果难以对比、分析结果不具有权威性的缺点。虽然学者们对江苏新型城镇化的内涵理解较为深刻，但是关于江苏省区域城镇化水平差异的定量分析极少。在已有的研究中，缺少一个既易于理解又极具可信度的主要测量指标。科学地评价新型城镇化的发展水平是制定新型城镇化发展战略的基础。如何测度新型城镇化水平、如何通过新型城镇化缩小江苏省区域城镇化水平差异已经成为亟须深究的问题。

三 方法与数据

3.1 方法

本文将运用泰尔指数（Theil Index）对江苏省城镇化水平区域差异进行测度以及实证分析。泰尔指数又被称为泰尔熵标准（Theil Entropy Measure），是以信息量与熵作为概念出发点，用来衡量个人之间或者地区之间收入差距（或称不平等度）的指标。泰尔指数最早由荷兰经济学家 Theil 于 1967 年提出，该指数作为测度和考察不平等性和差异性的统计量多年来被广泛使用。

由于泰尔指数具有良好的可分解性质，总体差异是区域间差异和区域内差异的和，因此泰尔指数在测度区域差异上具有一定的优势。例如在对人口组进行分解并分析时，可以将测度总体按照一定的分类标准（地域、行业等）划分成若干个互不交叉的组别，从而为测算人口差异提供了极大的便利。

泰尔指数早期用来进行个人间或者地区间收入差异的研究。随着时间的推移，众多的学者根据不同的研究需要对泰尔指数的使用范围进行了拓展，将原来公式中的收入指标替换为 GDP、资源、财政资金和能源消费等许多具有相同性质的指标，从而进行了不同主题的区域差异研究。

基于对泰尔指数内涵的理解和运用，本文将采取如下城镇化水平区域差异测算公式：

$$T = \sum_{i} \frac{U_i}{U} \times \ln \frac{U_i/U}{P_i/P}$$

$$T_j = \sum_{j} \frac{U_i}{U_j} \times \ln \frac{U_i/U_j}{P_i/P_j}$$

$$T_m = \sum_{j} \frac{U_j}{U} \times \ln \frac{U_j/U}{P_j/P}$$

$$T_n = \sum_{j} \frac{U_j}{U} \times T_j$$

$$T = T_m + T_n$$

其中，P 和 U 分别表示江苏省总人口和城镇人口数量，P_j 和 U_j 分别代表苏南、苏中、苏北三大区域各自的总人口和城镇人口数量，P_i 和 U_i 分别代表江苏省各市的总人口数和城镇人口数。本文将泰尔指数进行了详细的分解，T 代表江苏省的泰尔指数，T_j 代表三大区域内各自的泰尔指数，T_m 代表三大区域间的差异，T_n 代表三大区域内的差异。根据泰尔指数的特点，当差距加大时，相应的泰尔指数值增大。

本文借鉴了其他学者利用泰尔指数对区域差异的研究方法，以人口数作为泰尔指数的基础指标，在计算组内差异和组间差异时分别采用三大区域的总人口数、城镇人口数以及全省的总人口数、城镇人口数作为权重。因为城镇化水平的计算公式是城镇人口数量与总人口数量之比，因此采用人口数作为泰尔指数的基础指标具有直观明了的特点。本文不仅要利用泰尔指数对江苏省城镇化水平的区域差异进行测度，而且创新性地对江苏省城镇化水平的区域差异贡献率进行测算，从而可以清楚地分析组内差异和组间差异对整体差异的贡献率大小。

3.2 数据

本文根据历史传统，将江苏省划分为苏南、苏中、苏北三大区域。苏南包括南京、无锡、常州、苏州和镇江五个城市；苏中包括南通、扬州和泰州三个城市；苏北包括徐州、连云港、淮安、盐城和宿迁五个城市。

基于公式，本文需要江苏省 13 个地级市的城镇人口数和总人口数、三大区域的城镇人口数和总人口数以及全省的城镇人口数和总人口数。出于对数据的可获得性和研究的意义等方面的综合考虑，本文利用 2010 ~ 2016 年江苏省的有关数据。数据均来自由江苏省统计局和国家统计局江苏调查总队主编的《江苏统计年鉴》中的第三篇第六节《按地区分的常住人口》，以此来测量江苏省城镇化水平的区域差异和差异贡献率。

四　实证结果

基于泰尔指数的相关公式，本文对 2010 ~ 2016 年江苏省城镇化水平的区域差异进行了实测。具体测算结果如表 1、表 2 及与其对应的迷你折线图所示。

表 1　2010～2016 年江苏省城镇化水平区域差异泰尔指数

年份	T	T 苏南	T 苏中	T 苏北	T_m	T_n
2010	0.1396	0.0581	0.0045	0.0288	0.1013	0.0383
2011	0.1365	0.0554	0.0064	0.0294	0.0990	0.0375
2012	0.1306	0.0517	0.0055	0.0307	0.0946	0.0360
2013	0.1241	0.0478	0.0061	0.0295	0.0903	0.0338
2014	0.1181	0.0446	0.0068	0.0284	0.0861	0.0319
2015	0.1106	0.0413	0.0079	0.0268	0.0806	0.0300
2016	0.1021	0.0397	0.0075	0.0240	0.0740	0.0281
迷你图						

表 2　2010～2016 年江苏省城镇化区域差异贡献率

单位：%

年份	苏南贡献率	苏中贡献率	苏北贡献率	区域间差异贡献率	区域内差异贡献率
2010	41.66	3.20	20.64	72.55	27.45
2011	40.60	4.66	21.51	72.51	27.49
2012	39.61	4.22	23.52	72.45	27.55
2013	38.56	4.88	23.77	72.79	27.21
2014	37.74	5.74	24.10	72.95	27.05
2015	37.32	7.16	24.19	72.91	27.09
2016	38.88	7.32	23.50	72.46	27.54
迷你图					

第一，江苏省城镇化水平差异总体上呈缩小趋势，三大区域间的差异 T_m 和三大区域内部差异 T_n 在不断减小。泰尔指数的有关性质表明：泰尔指数越接近于0，表明差异越小。通过对江苏全省城镇化水平差异的泰尔指数 T 的测算，发现其值从 2010 年至 2016 年呈稳定下降的趋势。从 2010 年的 0.1396 一直下降至 2016 年的 0.1021。这说明江苏省的城镇化水平差异总体上在不断缩小。主要原因是近年来江苏省社会经济总体上稳定发展的良好态势极大地缩小了全省的城镇化水平差异。与此同时，代表三大区域间城镇化水平差异的泰尔指数 T_m 的总趋势是下降的，其值从 2010 年的 0.1013 稳定下降至 2016 年的 0.0740。这说明三大区域间的城镇化水平差

异会随着时间的推移而逐渐减弱。值得注意的是，由于其影响程度较大，短时间内依然会保持相对稳定，仍将占据主导地位。此外，江苏省区域内城镇化水平差异的泰尔指数 T_n 也呈稳定下降的趋势，从 2010 年的 0.0383 一直下降至 2016 年的 0.0281，如表 1 第 7 列的迷你图和表 1 所示。这表明三大区域内部的城镇化水平差异随着时间的推移在不断缩小，主要原因是三大区域内部城镇化建设不断发展。

结合图 1，可以看出苏南城镇化水平最高，苏北最低。2010 ~ 2016 年江苏全省的城镇化水平逐年稳步提高。三大区域间的城镇化水平差异不断缩小。这证实了上文中江苏省城镇化水平差异总体上呈减小态势的结论。

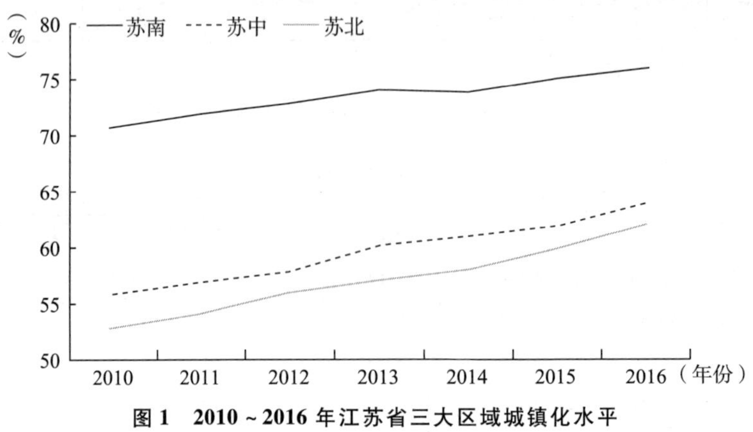

图 1　2010 ~ 2016 年江苏省三大区域城镇化水平

第二，从图 2 可以看出，苏南地区的泰尔指数明显高于苏中、苏北地区。虽然苏南地区整体发展水平比较高，城镇化水平明显高于苏中、苏北地区。但由于苏南地区的苏州、无锡、常州近年来发展较为迅速，人口相对于苏南其他地区更为集中，苏南的内部差异较大。苏中及苏北地区虽然城镇化水平不及苏南，但发展相对均衡。苏北地区的泰尔指数又高于苏中地区，说明苏北地区的城镇化水平差异高于苏中地区。

第三，如图 1 所示，苏南地区和苏北地区的城镇化水平差异总体上不断缩小，苏北、苏中地区的城镇化水平差异呈现波动趋势。虽然在三大区域中，苏南地区的泰尔指数最高，但是苏南地区的城镇化水平差异尤其呈现出稳定的缩减趋势，从 2010 年的 0.0581 逐渐减少到 2016 年的 0.0397。这表明苏南地区区域内部的城镇化建设十分稳定而均衡。曹玲玲、陈香（2014）的研究结果也证实了江苏省 13 个地级市新型城镇化水平总体上处

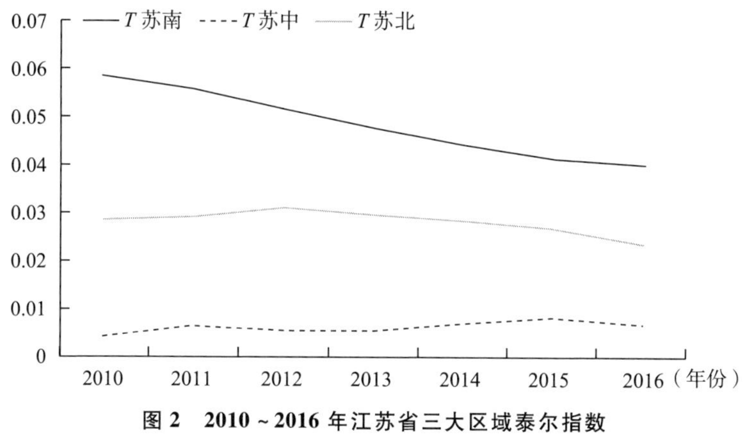

图2　2010～2016年江苏省三大区域泰尔指数

于稳步上升状态。其中苏州、无锡、常州、南京和镇江这5个苏南地区的代表城市的新型城镇化综合测度水平处于江苏省平均水平之上。

近年来，江苏省政府加大了对苏中、苏北地区的基础设施建设力度和资金投入，提出了“加快沿江开发，推动区域共同发展”“积极提高苏南，积极发展苏北”等口号和战略，一定程度上影响了苏中、苏北地区的城镇化水平，因而这两个区域的城镇化水平呈现出一定的波动趋势。

第四，三大区域间的城镇化水平差异对整体差异的贡献率较大。贡献率是用来衡量不同个体对整体的影响程度的概念。根据贡献率的计算结果，如表2所示，2010～2016年三大区域间城镇化水平的差异对整体差异的贡献率一直维持在72.5%左右的水平。虽然经历了先降后升再降的小幅波动，但总体上十分稳定。从表2的计算结果可以看出，三大区域间差异对整体差异的贡献率要远远高于区域内差异的贡献率。这说明三大区域间的城镇化水平差异对江苏省城镇化水平差异的贡献率较大，这是导致江苏省城镇化水平出现差异的主要原因。

三大区域间城镇化水平的差异主要是由三大区域间的经济发展不平衡所导致的。如表3、表4及表5所示，苏南人均地区生产总值明显高于苏中地区，而苏中地区人均生产总值又明显高于苏北地区。苏南、苏中和苏北三大区域间的产业结构存在明显差别。一方面，受到产业结构优化升级的影响，苏南地区第二、第三产业迅速发展，尤其是高新技术产业和服务业的发展创造了大量的就业岗位，吸引了大量的人口流入，推动了城镇化水平的提高；另一方面，由于政策条件、地理位置、历史积累和文化方面的优势，苏南地区更容易吸收大量的投资以及接受周边大城市的辐射带动作用。资本、技术、人才和信息源源不断的流入，造就了苏南地区极度发达的市场和高度开放的外向型经济。与之相反，苏中、苏北地区由于受到地理位置欠佳、基础设施落后、科技水平较低以及交通不便等因素的影响，社会经济发展较为缓慢，不利于吸引人口流入，因此城镇化水平较低。

表 3　2010～2016 年苏南地区经济情况

指标 年份	第一产业（亿元）	第二产业（亿元）	第三产业（亿元）	人均地区生产总值（元）
2010	584.33	13594.77	11006.28	79501
2011	677.56	15669.93	13287.61	90622
2012	759.5	17205.36	15416.8	101370
2013	834.79	18307.779	17243.29	110051
2014	816.27	18651.56	19473.43	117477
2015	865.26	19402.3	21251.2	125002
2016	899.99	20294.42	23601.42	134569

表 4　2010～2016 年苏中地区经济情况

指标 年份	第一产业（亿元）	第二产业（亿元）	第三产业（亿元）	人均地区生产总值（元）
2010	579.24	4263.75	2900.88	47422
2011	646.86	4957.56	3528.72	55788
2012	716.03	5403.1	4074.42	62208
2013	775.76	5891.26	4630.79	68897
2014	776.18	6395.54	5549.77	77532
2015	815.69	6800.67	6236.78	84368
2016	858.05	7301.82	7159.46	93228

表 5　2010～2016 年苏北地区经济情况

指标 年份	第一产业（亿元）	第二产业（亿元）	第三产业（亿元）	人均地区生产总值（元）
2010	1222.69	4258.78	3438.9	29774
2011	1388.65	5146.24	4209.43	36094

续表

指标 年份	第一产业 （亿元）	第二产业 （亿元）	第三产业 （亿元）	人均地区生产总值 （元）
2012	1545.77	5783.58	4853.59	40914
2013	1688.31	6360.48	5510.09	45444
2014	1758.38	6937.53	6455.58	50603
2015	1869.76	7445.52	7249.03	55127
2016	1978.19	8021.89	8160.82	60225

第五，苏南地区的城镇化水平差异对整体差异的贡献率不断降低，苏中、苏北地区的城镇化水平差异对整体差异的影响不断加强。虽然2016年苏南地区的城镇化水平差异贡献率相较于2015年的贡献率有所上升，从37.32%上升至38.88%，但整体上苏南地区的城镇化水平差异对整体差异的影响不断降低。不容忽视的是，苏中、苏北地区的城镇化水平差异对整体差异的贡献率呈现上升趋势，如图3所示。这说明相较于苏南，苏中、苏北地区的城镇化水平会更大程度地影响整体的城镇化水平。为了提高全省的城镇化水平，应重视苏中、苏北地区，努力提高苏中、苏北地区的城镇化水平，不断缩小三大区域间的城镇化水平差异。

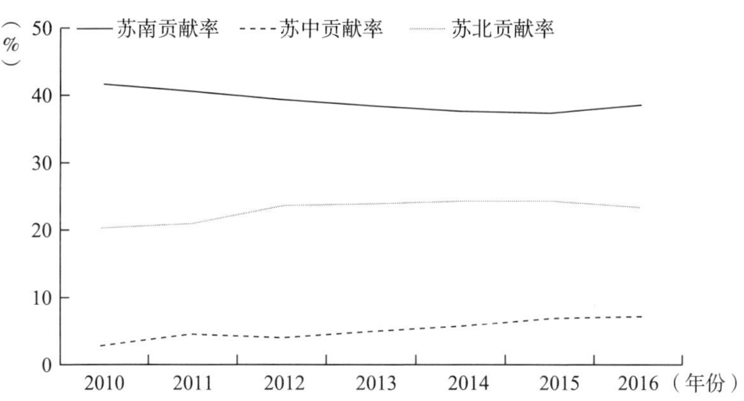

图3 2010～2016年江苏省三大区域城镇化水平差异贡献率

五 结论与建议

城镇化建设作为推动经济社会发展的动力之一，对地区的经济社会发展水平有着不可忽视的重要作用。而同一地区不同区域间的城镇化水平差异又会影响地区整体的长期均衡发展。本文利用泰尔指数，结合2010～2016年《江苏统计年鉴》中的相关数据，对2010～2016年江苏全省的城镇化水平差异、三大区域间的城镇化水平差异、三大区域内的城镇化水平差异以及各区域城镇化水平差异的整体差异的贡献率分别进行了测算，并分析了可能造成区域城镇化水平差异的原因。得出如下结论。

首先，江苏全省的城镇化水平差异近年来不断缩小，三大区域内部的城镇化水平差异（组内差异）和三大区域间的城镇化水平差异（组间差异）都在稳步缩小。其次，苏南、苏中、苏北三大区域间城镇化水平的差异对江苏全省的城镇化水平差异具有显著性影响。造成江苏省城镇化水平差异的主要原因不在于组内差异，而是组间差异。虽然在2010～2016年这七年的时间里，三大区域间城镇化水平的差异贡献率经历了小幅波动，但一直维持在72.5%左右的水平，可以说十分稳定。最后，苏南地区的泰尔指数远远高于苏中、苏北地区。苏南地区内部城镇化水平的差异对江苏省城镇化水平的差异的影响程度明显高于苏中、苏北地区。由于苏南内部的少数城市近年来发展异常迅猛，人口相对于同区域的其他城市更密集，可能会出现苏南地区的城镇化水平差异高于其他两大区域的情况。

结合实证分析的结果和上述结论可以发现：区域间城镇化水平的差异是不可避免和普遍存在的。同时我们也应该明确：对城镇化水平差异的准确衡量是研究城镇化水平差异、制定新型城镇化道路的基础。针对上述结论和存在的问题，特提出以下几点建议。

第一，政府在制定新型城镇化发展战略时应该充分考虑三大区域间的城镇化水平差异。针对苏南地区城镇化水平高，苏中、苏北城镇化水平相对较低的现状，依据互惠互利、优势互补的基本原则，充分发挥苏南地区对苏中、苏北地区的辐射带动作用，促进三大区域间的经济合作，资金、人才、技术和信息的互联互通。加大对苏中、苏北地区的基础设施建设投入，努力改善苏中、苏北地区的投资环境和营商环境，吸引更多的公司和企业，从而起到吸引人口流入的作用；努力促进苏中、苏北的发展以缩小和苏南地区的城镇化差异。

第二，在考虑三大区域间城镇化水平差异的同时，也不能忽视区域内城镇化水平的差异，应针对区域内城镇化水平差异的问题采取积极有效的措施。发挥城市对乡村的辐射带动作用，加大对乡村地区的政策支持。为了促进乡村地区的快速发展，统筹城乡协调发展，应继续加强对乡村地区的基础设施的建设力度，加大乡村地区的社会保障、医疗卫生以及教育支出。

第三，三大区域间的城镇化水平差异主要是由经济因素导致的，不应忽视区域产业结构对经济发展的作用。苏南、苏中、苏北三大区域应该结合自身城镇化的发展现状，推动产业结构调整，积极推进产业结构优化升级，在拉动经济发展的同时创造更多的就业岗位以吸引劳动力的流入，从而达到提高城镇化水平的目的。

轨道交通及沿线房价关系研究

——以南京地铁2号线为例

一　背景介绍

城市轨道交通是城市公共交通的骨干，因其自身运输量大、安全环保、节能占地少等优点，在城市经济建设和发展中起着举足轻重的作用。地铁作为一种公共轨道交通，减少了人们的道路交通成本，为沿线居民的出行、学习、娱乐等提供了便利，同时也带动了地铁沿线房产价值的上升。

南京是中国大陆第6个拥有地铁的城市。地铁2号线途经建邺区、鼓楼区、秦淮区、玄武区和栖霞区，包含油坊桥、雨润大街、元通等26个站点，作为一条连接主城中心和城市副中心的东西向骨干线，与先前建成的1号线构成十字形，减轻了汉中路至中山门在高峰时间段的拥堵现象，对于缓解市区内的交通压力、方便人们出行有极大的促进作用。

南京2号线周边的房价基本处于上涨趋势。根据房天下网站数据，2016年5月至今，南京二手房房价已从21994元/平方米上升到29840元/平方米。2017年11月以来，2号线周边二手房均价涨幅约2.9%，秦淮区涨幅约12.6%，玄武区涨幅约8.3%，建邺区与栖霞区房价略有下跌。

我国轨道交通与周边土地利用关系研究起步较晚，相较国外仍有许多不足之处，研究深度和广度不够。尽管有少数学者已经借鉴国外的理论、模型尝试对部分城市的轨道交通进行分析，但是针对地铁系统与附近房产价值的研究大多是定性多过定量，且鲜有针对南京这个地铁系统较为发达城市的专门研究，因此本文的研究能够一定程度上弥补这部分的不足，以便后来的学者进行更加深入细致的研究。

研究地铁2号线及周边住房价值意义深远。首先，交通与住房问题是与人们生活息息相关的重要问题，研究南京地铁2号线周边房价能够为人们购置房产提供参考，人们可依据自身的不同需求，选择距离地铁远近不同的住房；其次，地铁 2 号线西延线路在建，预计 2021 年 6 月建成，此次研究对于在建的西延线路沿线的土地开发利用有一定的预测与指导作用；最后，地铁的规划建设是政府对当地发展规划的整体考量，此次研究一定程度上为当地政府制定出台相关政策提供了可靠的参考指标。

本文重点主要为：①随着距离地铁 2 号线站点远近程度的变化，地铁 2 号线的存在是否确实会对周边的住房价值产生影响；②如果确实存在影响，那么这种影响是否可以归结为某种或某几种较为普遍的特征；③根据总结出的普遍特征，可以对西延在建线路的房产购置以及政策出台提供意见与建议。

本文主要研究南京 2 号线与周边住房价值的关系。受数据采集的限制，本文收集南京房管局以及安居客、链家等房产交易平台上公布的房产相关信息，利用百度地图的测距功能，借鉴特征价格模型（Hedonic Price Model，HPM），对相关变量进行描述性统计与回归分析，在定量统计的基础上对研究问题进行分析，进而提出相关建议。

二 文献综述

2.1 国外相关研究

由于城市化起步早且发展迅速，轨道交通与沿线土地开发利用关系问题一直是国外学者研究的热点。但由于选取的研究对象及依据的理论基础不同，对于该问题，不同学者得出的结论也不尽相同。

首先，部分学者认为轨道交通的设置与完善对周边房产价值产生了正向影响。Knaap 等（2001）以 MAX 系统为研究对象，对周边的土地价值进行测算，研究结果表明相较轻轨系统建成后，到车站的距离对土地价格产生积极影响，且随着与车站距离的增加，土地价格增幅出现下降。Bowes、Ihlanfeldt（2001）运用特征价格法对美国费城轨道交通进行了研究，指出到站点距离、到 CBD 距离、消费者需求等因素对住房价格均产生了正向影响。Bae 等（2003）以首尔地铁 5 号线为例，采用 hedonic 模型进行研究，得出距离站点远近对周边房产价格存在正向影响，但是这种影响不如住房的自身特征及周边环境因素带来的影响大。

与上述等人的研究结果不同，Debrezion 等（2006）的研究表明，轨道交通的设计与布局不合理，导致与站点距离过近的住宅受噪声等影响严重，这对沿线房价产生了负向影响。其他的研究如 Hess、Almeida（2007）对美国布法罗城市轻轨进行了研究，得出轨道交通对沿线房产价格没有显著影响。

2.2 国内相关研究

国内对于轨道交通与房产价值关系问题的研究起步稍晚，但一些学者借鉴国外研究方法对轨道交通与房价关系进行了研究。

大多数学者主要采用的是特征价格模型。唐宗鹏（2014）重点研究重庆市地铁 1 号线，采用特征价格模型，指出地铁通车前后对房价均产生正向影响；通车前相比通车后，增值效应更大；且与地铁站点距离越近，增值效应越明显，指出“轨道交通与沿线房地产联合开发是一种效益返还的有效机制”，并且在此基础上提出了合理制定地铁票价、形成轨道交通开发网络等政策建议。刘康等（2015）研究了南京轨道交通对住房价格的影响，表明南京轨道交通与沿线房价呈倒 U 形关系；相较交通发达的中心城区，南京轨道交通对郊区市场影响更大。满春帆（2016）以北京轨道交通 1 号线和八通线为研究对象，将距离划分为 500 米、1000 米、1500 米、2000 米四个层次。得出结论如下：随着距离的增加，轨道交通的影响力减小；同时轨道交通对较低档次住宅的影响大于较高档次的住宅。韩永超等（2017）以重庆市地铁轨道 3 号线为例进行分析，得出距 CBD 距离、距轨道站点距离与周围环境对房价有显著影响，指出政府有关部门需对轨道交通周边区域进行合理的开发与规划；房地产开发部门要提升服务与环境质量，提高消费者的居住感受；消费者在选房购房时要对周边环境、房屋质量等进行考察调研，理性消费。

也有不少学者采用地价函数对相关问题进行研究。许婷婷（2009）针对北京地铁大兴线沿线的土地开发利用，指出地铁对沿线房价有显著影响，提出了“结合轨道交通工程造价估算周边土地价格的方法”，极具现实意义。汶婵（2011）以西安地铁 2 号线沿线距站点 1500 米范围内的住宅区为研究对象进行分析，得出西安地铁 2 号线对沿线房价的影响范围为 800 米，随着与站点距离的增加，房价增幅呈倒 U 形，并提出了联合开发的建议。

随着国内研究的进一步深入，其他一些方法模型也被灵活应用。韩潇颖（2014）采用BP神经网络和马尔可夫链建立价格预测模型，收集北京地铁6号线沿线的10处房产进行实证研究，证明了该模型的有效性与科学性，该模型可以为房地产开发商预测房屋收益情况以及城市居民购房提供有力指导。王文君（2017）以南京为举办青奥会而完善轨道交通基础设施，从而引起周边的房价变化为研究对象，运用灰色预测模型，得出随着轨道交通基础设施的健全，奥体中心附近地铁周围的房价会逐渐上升，在轨道交通的发展下，房地产市场的变化会呈现规律性特征。

综上，国内外的研究处于不断发展成熟的阶段，取得了较为丰硕的成果，但是针对南京地铁2号线进行具体分析的文献很少，并且南京地铁仍在扩建完善，相关研究成果与当前境况可能存在差异，这就需要进行更加细致深入的研究。

三　方法与数据

国内外对于轨道交通与沿线房价关系的研究，主要采用交通成本模型、特征价格模型以及线性支出系统模型。考虑到数据的可得性和计量方法的可操作性，本文选用特征价格模型。该模型是由Lancaster和Rosen等学者于1960年代中后期提出的用于研究商品价值的一种方法。他们肯定不同商品存在不同的属性特征，而消费者会将这些不同的属性特征作为考虑的重点，按满足需求的特征对商品进行排序，再根据自身的消费能力选择实现效用最大化的商品。特征价格模型主要有线性、对数、半对数和对数线性四种，由于半对数模型拟合程度较好，本文将研究模型设定为：

$$\ln P = \alpha + \beta Dist + \sum_{i=1}^{n} \gamma_i X_i + \varepsilon$$

其中，P为2018年4月南京小区房屋均价，Dist为小区到周边地铁站的直线距离，X_i为小区的其他特征向量，α、β、γ_i为估计参数，ε为随机误差项。

借鉴已有文献，将地铁2号线周边的小区特征分成三大类特征向量：区位特征、邻里特征和结构特征，以2018年4月南京二手房价格为因变量，选取10个自变量进行研究。

区位特征主要涉及小区周边的交通通达情况。本文选取距地铁站、距新街口、距河西 CBD 的直线距离，小区周边公交站台的个数为自变量，其中又以地铁站直线距离为研究重点，将其按照0～500 米、500～1000 米、1000～1500 米划分为三个层次。距地铁站直线距离与公交站点个数直接反映交通通达程度。刘康等（2015）认为区位因素主要包括到商业中心的可及性，本文借鉴其做法，将距新街口与河西 CBD 的直线距离也纳入研究范围。

邻里特征主要考察小区周边的环境氛围，大部分邻里特征的指标在数据收集时比较困难，本文通过测算小区一公里内的服务设施的数量来衡量邻里特征，包括学校、医疗站点、银行。南京文化底蕴丰厚，能否获得充足的教育资源是影响房屋价格的重要变量。医疗站点与人们的健康生活紧密联系，能否及时就医也是消费者进行选择的指标之一。

结构特征指的是房屋自身的特征，包括面积、楼层等。本文选取房屋面积、绿化率、物业费、容积率四个易于收集的指标进行衡量。一般来说，面积影响房屋销售的难易程度；较高的绿化率带来的是更为舒适美观的环境；物业费越高的小区服务质量越好；容积率指居民的居住密度，通常与房价呈负向关系。

相较于新房，二手房的数据收集更加容易，并且二手房市场更为成熟，因此本文选取 2 号线周边的二手房作为研究对象，通过对样本数据的筛选剔除，最终有效数据为 774 组。距地铁站、新街口、河西 CBD 的直线距离通过百度地图的测距功能人工测算得出；小区周边的基础设施，如公交站台、学校、医院、银行的数量通过百度地图上的相关地理信息收集整理获得；而 2018 年 4 月房屋均价是在房天下网站上查询获得，小区相关的面积、绿化率、物业费、容积率也是通过房天下网站上公布的各小区详情介绍整理取得。

四　实证结果

4.1　描述性统计

表 1 列出了本文选取的变量，同时对变量的代号及内涵做出了解释，收集了南京地铁 2 号线沿线周边二手房楼盘共 774 个有效样本，对其进行描述性统计分析，分析包括最小值、最大值、均值和标准差，具体结果如

表 2 所示。

表 1 变量选取及含义说明

特征类型	变量名称	变量代号	数据说明
因变量	二手房价格（元/m^2）	Price	2018 年 5 月二手房均价
自变量			
区位特征	距地铁站距离（km）	Dist	小区距地铁站直线距离
		Dist1	距地铁站 0～0.5km（是为 1，否为 0）
		Dist2	距地铁站 0.5～1km（是为 1，否为 0）
		Dist3	距地铁站 1～1.5km（是为 1，否为 0）
	距新街口距离（km）	CBD1	距新街口直线距离
	距河西 CBD 距离（km）	CBD2	距河西中央商务区直线距离
	公交条件（个）	Bus	小区 1km 内公交站点的个数
邻里特征	学校（个）	School	小区 1km 内学校的个数
	医疗站点（个）	Hospital	小区 1km 内医疗站点的个数
	银行（个）	Bank	小区 1km 内银行、ATM 的个数
结构特征	房屋面积（m^2）	Area	二手房的面积
	绿化率（%）	Green	二手房小区绿化率
	物业费（元/月·m^2）	Fee	二手房小区物业费
	容积率（%）	Far	二手房小区容积率

表 2 描述统计分析结果

变量	最小值	最大值	均值	标准差
Price	9240	91509	37074.2	11967.33
Dist1（0～0.5）	0	1	0.25	0.43
Dist2（0.5～1）	0	1	0.65	0.48
Dist3（1～1.5）	0	1	0.1	0.3
Dist	0	2	0.74	0.28
CBD1	0.45	21.4	4.33	3.84
CBD2	0.09	27.8	7.12	5.08
School	0	28	15.45	5.82
Hospital	0	12	4.44	2.52
Bank	0	15	6.7	3.42

续表

变量	最小值	最大值	均值	标准差
Bus	0	13	5. 73	1. 96
Area	30	542. 5	93. 74	58. 08
Green	5	80	31. 98	10. 42
Fee	0. 1	12	1. 07	1. 22
Far	0. 3	11. 5	2. 67	1. 48
N = 774				

4.2 相关分析

相关分析用于描述经济变量之间的相互关系，在实际数据采集时，参数可能会存在线性相关，对模型的区位特征、邻里特征、结构特征进行相关性分析，揭示它们之间的密切程度，有助于删减或合并变量使模型优化。表 3 展示了经济变量间的 Pearson 相关性分析结果。

分析结果表明：二手房均价（Price）与诸多变量存在显著性相关关系，分别为：二手房到新街口的直线距离（CBD1）-0. 174、二手房到河西 CBD 的直线距离（CBD2）-0. 184、医疗站点数量（Hosp.）0. 238、周围公交站点数量（Bus）0. 144、住宅面积（Area）0. 076、绿化率（Green）0. 182、物业费（Fee）0. 198。

二手房到新街口直线距离与到河西 CBD 的直线距离具有较高的相关性，为 0. 649，这说明在南京商业经济的发展过程中，河西中央商务区发展势头迅猛，逐渐追赶作为城市商业中心的新街口，两者保持发展，日后均会成为南京商业中心的代表。并且随着时间的推移，两者之间的相关系数会逐渐变大。学校数量（Sch.）与二手房到新街口的直线距离高度相关，为 -0. 712，与河西中央商务区的直线距离存在弱相关性，为 -0. 357，可解释为商业中心附近，交通便利，基础设施条件完备，学校容易获得更多的资源，因而学校数量相对较多。

4.3 回归分析

特征价格模型通常有三种形式：线性模型、对数模型和半对数模型。相关实证研究（王文军、黄丽，2012；李玲等，2012）证明，相对于其他

表 3 变量皮尔逊相关分析

变量名称	price	Dist1	Dist2	Dist3	Dist	CBD1	CBD2	Sch.	Hosp.	Bank	Bus	Area	Green	Fee	Far
Price	1														
Dist1	0.071*	1													
Dist2	-0.044	0.996*	1												
Dist3	-0.023	0.99*	0.992*	1											
Dist	-0.052	-0.784*	0.394*	0.458*	1										
CBD1	-0.174*	0.118*	-0.123*	-0.032	-0.03	1									
CBD2	-0.184*	0.052	-0.08*	-0.000	0.025	0.649*	1								
Sch.	0.042	-0.167*	0.14*	0.055	0.122*	-0.712*	-0.357*	1							
Hosp.	0.238*	0.023	0.006	-0.02	-0.056	-0.5*	-0.247*	0.443*	1						
Bank	-0.05	0.098*	0.015	-0.15*	-0.187*	-0.011	-0.054	0.218*	-0.017	1					
Bus	0.144*	0.035	-0.015	0.005	-0.05	0.151*	0.068	0.103*	0.138*	0.102*	1				
Area	0.076*	0.033	-0.023	-0.015	-0.026	0.434*	0.318*	-0.358*	-0.263*	0.038	0.045	1			
Green	0.182*	0.034	-0.022	-0.024	-0.05	0.289*	0.133*	-0.336*	-0.227*	0.069	-0.028	0.358*	1		
Fee	0.198*	0.072*	-0.11*	0.061	-0.035	0.316*	0.081*	-0.273*	-0.203*	0.132*	0.159*	0.373*	0.3*	1	
Far	-0.000	0.093*	-0.11*	0.045	-0.045	-0.221*	-0.255*	0.186*	0.097*	0.116*	0.058	-0.157*	-0.051	0.186*	1

注：* 表示显著性水平超过 0.05。

函数形式，半对数模型具有较强的优越性，能够更好地对研究问题做出解释。刘康等（2015）在研究中将模型中的价格与距商业中心的距离取对数形式。因此，本文选用半对数模型对相关问题进行研究。

区位特征向量中，Dist1（距离站点500米以内）、Dist3（距离站点1000～1500米）、到新街口的直线距离lnCBD1、到河西CBD的直线距离lnCBD2以及周围公交站点的数量均通过显著性检验（$p<0.05$），Dist2（距离站点500～1000米）边缘显著（$p=0.052$），可能是由于样本数量不够导致，但是可认为其具有显著的倾向。Dist1、Dist2、Dist3系数分别为-0.091、-0.14、-0.149，这表示，从南京地铁2号线周边整体平均水平来看，在其他因素不变的情况下，到站点的距离与二手房均价存在显著的负向关系：到站点距离越近，二手房价格越高，反之，到站点距离越远，二手房价格越低。距离减少1%，房屋下降的百分比被称为溢价，标准化系数统一了量纲，非标准化系数能够较好地反映实际，图1绘制了回归分析后Dist1、Dist2、Dist3的非标准化系数变化趋势。可以看出，在1500米范围内，随着地铁站点圈层半径的扩大，地铁对周边二手房影响的效应逐渐增强，500米以内溢价13.4%，500米到1000米溢价14.5%，1000米到1500米溢价24.5%，在1500米内达到研究范围的最大溢价，因为靠近地铁站点，交通便利的同时也有巨大的人流量以及一定程度上的噪声污染，这可能对居住环境的舒适度造成了影响。到新街口、河西CBD的直线距离与二手房均价负显著相关，说明到商业中心的距离越远，二手房价格越低。系数表明到新街口的距离每增加1%，2号线周边二手房价格下降0.134%；到河西CBD的距离每增加1%，二手房均价下降0.073%，这说明作为新城规划发展中的河西CBD作为次中心，影响力还是不及市中心的新街口。周围公交站点的数量对房价有显著的正向作用，这说明一定程度上便利的交通状况抬升了房屋价格，但是现在私家车出行方便，公交站点充足并不能够给房屋价格带来非常大的影响。

邻里特征向量中，周边学校、医疗站点、银行网点的数量均通过了显著性检验。其中，医疗站点数量影响为正，说明及时就医成为人们选择住房时关注的重点，医疗条件越便利，二手房价格越高。但是，银行网点与学校的数量影响为负，且影响力度很小，可能是由于现在网络技术发达，手机银行支付大大降低了人们对银行的重视程度。

结构特征向量中，二手房绿化率、物业费、容积率均通过显著性检验。其中容积率对二手房价格存在负向影响，这是因为容积率越高，居民居住密度越大，舒适程度有所下降，所以房屋价格会降低。绿化率、物业费能够反映房屋居住的舒适程度，因此对二手房价格产生正向影响。房屋面积这个变量未能通过显著性检验（$p>0.05$），隋星桐（2016）认为虽然在新房市场中住宅面积会成为影响房屋价格的重要因素，但是受区域市场热度等因素的影响，原本具有显著影响的结构特征影响力会减弱甚至消失，这就可以对面积影响不显著做出解释。

表 4　不同函数形式的回归分析结果

	线性模型 因变量：Price	半对数模型 因变量：lnP	
			非标准化系数
C	45541.78 *** (11.87)	10.634 *** (129.9)	-0.134
Dist1	-13736.78 *** (-5.38)	-0.091 (-1.95)	-0.145
Dist2	-15902.05 *** (-6.06)	-0.140 * (-2.95)	-0.245
Dist3	-16865.91 *** (-5.88)	-0.149 * (-2.99)	-0.161
CBD1	-1114.622 *** (-5.19)	—	—
CBD2	-213.732 *** -2.38	—	—
lnCBD1	—	-0.134 *** (-7.94)	-0.421
lnCBD2	—	-0.073 *** (-7.61)	-0.215
School	-251.307 ** (-2.62)	-0.006 * (-2.35)	-0.125
Hospital	942.387 ** (3.48)	0.018 *** (3.58)	0.169
Bank	-292.516 * (-2.39)	-0.010 *** (-3.53)	-0.125
Bus	1094.855 *** (5.11)	0.018 *** (4.07)	0.132

续表

	线性模型 因变量：Price	半对数模型 因变量：lnP	
			非标准化系数
Area	16.767 (1.75)	0.0003 (1.67)	0.079
Green	229.723 *** (6.31)	0.006 *** (7.44)	0.243
Fee	2281.033 *** (3.63)	0.043 ** (3.22)	0.192
Far	-1011.154 ** (-3.29)	-0.025 *** (-3.77)	-0.134
调整 R^2	0.2422	0.2716	
F 值	20.29	23.80	

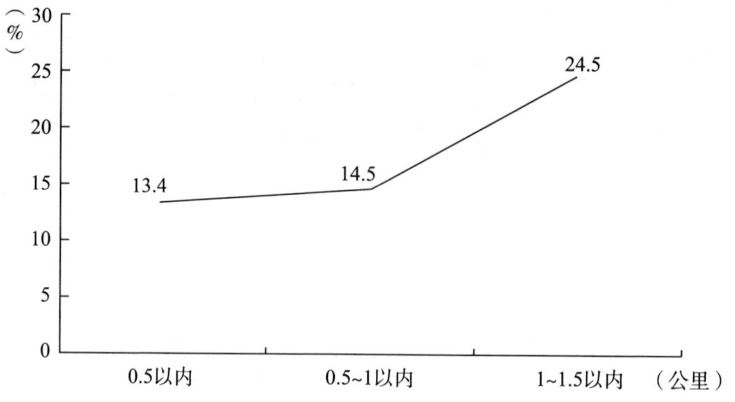

图 1　到轨道交通站点距离的影响比较

根据回归分析结果不难发现，虽然到轨道站点距离的远近对沿线二手房价格造成了影响，但其实影响力度是比较小的，究其原因大致可列为以下两点。

（1）随着经济发展，南京居民生活质量提高，汽车保有量逐步提升。有关数据资料显示，截至 2016 年底，南京机动车拥有量已达 239.87 万辆，其中汽车拥有量为 221.68 万辆，占比约为 92.4%。2011 年以来，私家车发展势头强劲，虽然 2015 年后有所放缓但是仍然呈现上涨趋势。私家车的普及使得人们的日常出行更加便利，降低了等地铁或公交之类交通工具的时间成本，一定程度上会减弱人们对于地铁等轨道交通的依赖程度，从而减弱轨道交通对于房价的影响。

（2）南京地铁 2 号线周围存在邻近的多条地铁线路，如 1 号线、3 号线、4 号线、10 号线，地铁 2 号线附近不同地铁线路相互交错，彼此之间的交互影响可能会削弱 2 号线对周边二手房价格影响的程度。

五 结论与建议

本文运用特征价格模型，设置区位特征、邻里特征、结构特征三个向量，对南京地铁 2 号线沿线的二手房 5 月均价进行了理论分析与实证研究，从而推论出南京地铁与二手房屋价格之间的一种普遍关系。本文得出如下结论。

（1）从南京地铁 2 号线周边平均水平来看，二手房与轨道交通站点的距离与房屋价格具有负向关系，即与轨道交通站点距离越近，房屋价格越高，反之，与轨道交通站点距离越远，房屋价格越低。

（2）将距离划分为 0.5 公里之内、0.5～1 公里、1～1.5 公里三个层次，发现不同的距离范围对轨道交通附近的二手房价格影响是不同的。在 0.5 公里以内，住房溢价为 13.4%；0.5 公里至 1 公里，住房溢价为 14.5%；1 公里至 1.5 公里，住房溢价为 24.5%，说明在 1～1.5 公里二手房房价存在最大的溢价。

2017 年 8 月，南京市政府公布了《南京市主体功能区实施规划》，针对不同行政区的不同特点，将其分为优化开发区域、重点发展区域、限制开发区域、禁止开发区域四大区域。南京地铁 2 号线途经的建邺区、鼓楼区、秦淮区、玄武区和栖霞区基本处于优化开发区域与重点发展区域，必将成为日后南京发展的重点。结合地铁 2 号线与周边二手房房屋价格的关系，在地铁 2 号线周边开发土地与房产时可以考虑将其联合开发的机制。轨道交通投入资金量大，风险较小，收益较慢；房地产投资所需资金相对较少，风险高，收益大，联合开发的机制有利于中和两者的优缺点，实现政府与开发商的互利共赢：轨道交通能够带来充足的人流量从而带动周边房地产的发展，房地产发展起来也为轨道交通提供了稳定的票务收入来源。同时，根据此次的研究，2 号线附近 1～1.5 公里存在较大的溢价效应，投资者可以以此为鉴，对地铁站点 1～1.5 公里范围内的土地利用价值做进一步的调查研究，考虑将此范围作为投资开发的重点，以获得经济效益的提升。

对于地铁沿线的消费者来说，南京市政府新出台的发展规划是有利的，对于优化开发区域与重点开发区域要求优化空间布局，持续改善人居环境，提升城市管理水平和宜居品质，这就为消费者的居住环境提供了相当大的保障。消费者若有购买欲望，可以在自己的能力范围内重点关注2号线附近的住房。

由于时间等因素的限制，本文的研究仍然存在一些不足。

（1）特征价格模型是建立在庞大的数据基础上的，但是受时间、人力等原因的限制此次研究只收集了774个有效数据，因此数据结果并不是十分完备。同时，房价受多种因素的影响，一直以来，我国出台了一系列针对房价调整的政策。特征价格模型是基于市场因素进行研究的，并未考虑政府出台相应政策造成的房价的波动，本文的研究在这一点上也是有缺陷的。

（2）本文收集的是截面数据，对轨道交通及沿线二手房价格的研究要想更加充实，需引入时间因素，构成面板数据来综合研究轨道交通与周边房价的时空效应，遗憾的是本文并未能做到这一点。

南京轨道交通仍然处在不断发展建设当中，其城市功能区也处于规划完善中，研究轨道交通与周边房价问题对于土地利用开发、城市规划建设是非常具有现实意义的，此次研究虽然取得了一些成果，但是仍存在不足，随着网络信息更加公开透明，研究方法不断深入，相信日后会有更多的学者对南京轨道交通做出更加卓越的研究。

基于教育基尼系数的中国区域教育水平差异性及变化趋势研究

一 背景介绍

随着十九大提出中国迈入中国特色社会主义新阶段，经济建设的方向也从过去更注重 GDP 的增长转变为追求经济的高质量发展。经济的可持续发展要求更多的人力资本积累，并且开始需求更多的高质量人力资本。鉴于教育是形成人力资本的重要途径，地区间的教育不平等已成为影响地区经济增长的重要因素。基于《中国统计年鉴（2017）》，对 2016 年人均生产总值最高的北京（118198 元）和最低的甘肃做比较（27643 元），北京 6 岁及以上人口人均受教育年数为 17.01 年，而甘肃为 8.41 年，差距明显，相比较 2006 年的北京 10.44 年和甘肃 6.82 年，可以看到在全国教育更加普及的同时，地区间的教育差距有扩大化的趋势。为了更好地促进地区经济协调发展，研究中国地区教育不平等状况有重要意义。

目前对我国地区教育不平等现状的考察，不少文献采用定量的分析方法进行测度。常用的测度分配差异和均衡程度的指数主要是基尼系数和标准差，前者是相对数值指标，后者是绝对数值指标。杨俊和李雪松（2007）的研究指出，标准差的无规律变化不因地域和经济的发展水平的不同而存在规律性，它未能反映出其应有的情况；基尼系数则能很好地显示出教育分布的改善，相比标准差，基尼系数具有更好的特性。相应地，我国对教育不平等的定量研究主要运用的是教育基尼系数。在目前有关教育基尼系数的研究中，主要着眼于以下几个方面：第一，关于教育均衡程度与经济现状的研究；第二，对教育基尼系数的影响因素的探索；第三，对教育基尼系数的地区、城乡及性别差异进行特征分析。

本文仍将从定量的角度，借助教育基尼系数对中国省际地区教育发展水平分布差距进行计算和研究。在统计数据充分的情况下，教育基尼系数是一个很好的衡量教育水平差异的工具。首先，本文将基于2006年到2016年的中国人口统计年鉴数据，对中国大陆31个省级区划2006～2016年十一年间的教育基尼系数进行估算，得到地区分布规律和时间发展趋势。其次，通过对平均受教育年限与教育基尼系数的相关性分析，验证推行中国教育扩展政策对地区教育平等的效果。最后，结合前面教育基尼系数分析的结果和中国近年来教育政策内容，尝试对中国教育平等的进一步推行提出建议。

二 文献综述

教育公平始终是国家宏观层面的重要研究课题，早期对教育公平的研究主要是政策性研究，讨论财政政策对教育公平的影响。例如李祥云（2000）的研究，就着眼于我国义务教育财政不公平的社会表现和相应对策。随着研究的逐步深入，对教育不平等的定量测度开始越来越多，其中尤以教育基尼系数的测度为众。基尼系数又称“洛伦茨系数”，最初是测量收入分配不平等程度的一种统计指标，由意大利经济学家基尼（Corrado Gini，1884～1965）根据洛伦兹曲线的基本研究方法提出。但学者们渐渐发现，基尼系数在各种涉及分配问题和测度均衡程度的研究中都有广泛的应用。计算教育基尼系数的数据早期主要用的是教育经费。Rosthal（1978）使用了包括基尼系数在内的四种方法计算美国50个州1970～1975年的教育经费分布变化。后来Thomas等（2003）在研究中指出，使用教育经费数据测算教育基尼系数进而判断教育不平等程度有失偏颇，因为更多的投入与更高质量的教育产出不是绝对的因果关系。之后的研究中，采用受教育年限作为数据来源是更主流的选择。

教育基尼系数作为一个描述性指标，更多的是基于它进行趋势分析、对比分析和相关性分析等。首先，研究的一大方面就是选取特定的年份区间，计算得出教育基尼系数的变化趋势。孙百才（2009）使用中国改革开放（1978年）以来30年间的人口的平均受教育年限数据测算中国的教育基尼系数，发现教育不平等程度无论在区域之间，还是在区域内部都得到了很好的改善。徐晓莉（2018）通过计算2004～2012年的教育基尼系数得到的结果却表明，我国教育公平情况每年改善幅度不大。结论的差异主要源于统计区间的不同。姚继军（2009）的研究就揭示了这一点，通过阶段性分析，发现中国的教育平等发展并非匀速过程。同类的研究中，吴振华和张学敏（2017）的研究则有针对性地选取农村人口统计数据得到教育基尼系数变化趋势。其次，对教育基尼系数的对比分析主要集中在性别间对比和城乡间对比。梅璐（2017）就使用了四个年份（1996 年、2002 年、2008 年以及 2014 年）的人口统计数据，计算分析中国性别间的教育基尼系数的变化程度，得出这一阶段中国性别间的教育程度差异较大且改善不足的结论。胡德鑫（2017）同时测度我国分区域的城市、乡镇、农村的教育发展水平以及教育公平程度情况，发现城乡间教育不公平程度整体呈下降态势。许长青、周丽萍（2017）运用拓展的生产函数和多变量 VAR 模型，印证了教育公平对经济增长的作用，但对双向因果关系持反对态度。而岳昌君（2003）则在分别研究了地区 GDP 差异、地区人均收入差异和地区教育基尼系数之后，得出教育发展水平取决于经济发展状况的结论，并建议促进地区间资本流动和劳动力流动以推进教育公平发展。温娇秀（2007）通过分析省际数据得出我国地区间教育不平等与收入差距扩大的动态关系，证明了收入差距扩大的一个重要原因就是地区间教育不平等，并且教育差距对收入差距的影响将随着市场化改革的深入越来越重要。王艳真、李秀敏（2015）的研究则更进一步，在建立了纳入分布滞后的联立方程组模型之后，使用三阶段最小二乘法，发现长期来看，教育不平等和收入分配差距的双向影响均为正，同时收入分配差距对教育不平等的影响更大。

在教育基尼系数的变化趋势研究中，得到的结论方向基本一致，即我国教育基尼系数在逐年降低，教育不平等的程度在逐渐得到改善，但各个研究中选取的数据有较大差异，在统计口径方面，有的研究选取的是 6 岁以上人口，有的计算的是 15 岁以上人口，还有选取全体人口而将 6 岁以下人口划为不识字人口。在数据年限方面，孙百才（2009）选取的年限达 30 年之久，而其他的研究大多是十年左右的区间，但起始年份也有较大差异，并且，包含近年来人口统计数据的研究很少，无法展现近十年来教育公平推进的效果。而现有文献对教育基尼系数的对比分析较为全面和深入，城乡教育公平差异无疑是研究的重点，而性别间的教育公平推进也是一直以来的热点。教育基尼系数和其他因素的相关性分析则因为其外延更大，研究众多而侧重点各有不同，甚至各个研究的结论也有所出入。教育基尼系数和经济增长以及收入水平的相关性已经得到较好的印证，不过在教育基尼系数和经济增长的双向影响上现有研究仍存在分歧。针对现有研究在近年数据上的空白，本文选取近十年的数据是一个有意义的补充，同时数据的准确性也更高。而教育基尼系数和经济增长的双向影响尚未定论，基于新的数据对此进行进一步验证是有必要的。

三 方法与数据

教育基尼系数脱胎于基尼系数，基尼系数是20世纪初意大利经济学家基尼于1922年提出的定量测定收入分配差异程度的指标。20世纪下半叶逐渐有学者开始使用教育基尼系数对教育不平等的程度进行度量，将研究对象进行分级量化，就可以对相应的基尼系数进行计算。而关于测度教育不平等的指标选取，经历过一段时间的发展和争论。早期的研究着眼于教育经费，而逐渐有学者（Thomas et al.，2003）提出将教育年限作为数据来源，现实是，有时更高的教育支出未必带来更高质量的教育产出。到现在，用受教育年限来计算教育基尼系数是大多数文献采用的方法。

教育基尼系数是在收入基尼系数的基础上发展而来的，收入基尼系数是根据收入洛伦兹曲线得出的，在收入洛伦兹曲线图中（见图1），横坐标是累计人口百分比（POP），纵坐标是累计收入百分比（IM）。实际收入分配曲线和绝对平均分配线之间的面积与绝对平均分配线之下的全部面积的比值即为收入基尼系数，$GINI = \frac{S_A}{S_A + A_a}$。同样我们可以推导出相应的教育基尼系数，这里本文借鉴孙百才（2009）的分组方法，将受教育程度分为文盲半文盲、小学、初中（中职）、高中、大专及以上的五组，相应的受教育年数为0年、6年、9年、12年和16年以上。

在教育洛伦兹曲线图中，横坐标仍是累计人口百分比 H，纵坐标为累计教育成就百分比 E。各级教育成就的百分比（以 e_i 表示）就是各级教育成就除以总的教育成就，用各级教育的年数（Y_i）乘以受过相应教育的人数（H_i）表示各级教育的成就，可以得到：

$$e_i = \frac{Y_i \cdot H_i}{\sum_{i=1}^{5}(Y_i \cdot H_i)}, i = 1,2,3,4,5\cdots \quad (1)$$

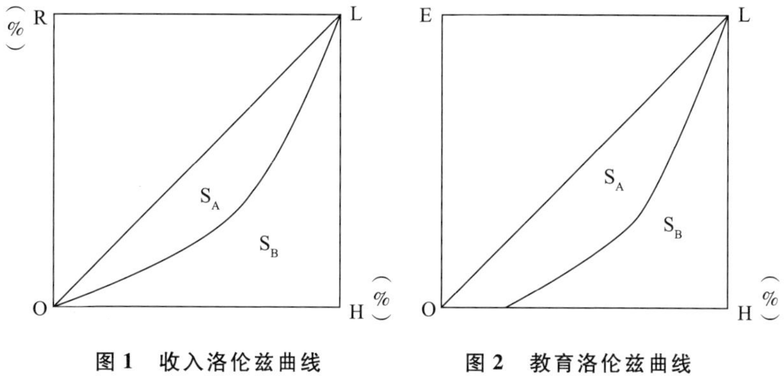

图 1　收入洛伦兹曲线　　　　**图 2　教育洛伦兹曲线**

而教育成就累计百分比：

$$E_i = \sum_{i=1}^{5} e_i, i = 1,2,3,4,5\cdots \tag{2}$$

值得注意的是，因为对于文盲半文盲的受教育程度数值我们定为 0，所以教育洛伦兹曲线不经过原点而与横坐标相交。

对教育基尼系数进行计算可以得到：

$$EGINI = \left| \sum_{i=1}^{4} (E_i \cdot H_{i+1} - E_{i+1} \cdot H_i) \right|, i = 1,2,3,4\cdots \tag{3}$$

根据公式，本文的数据来源于 2007 年至 2017 的《中国统计年鉴》，从统计年鉴中能获得的原始数据是全国及各省份样本中不同受教育年限的人口数，抽样比在公式（1）中可以上下约去，据此可以计算出各级教育成就的百分比，样本中各受教育年限人口数除以抽样比可估算整个地区受过相应教育的人数，基于各地区受教育程度人口分布状况来计算教育基尼系数，进而估计 2006 ~ 2016 这十一年间的教育不平等情况。本文的统计口径采用的是 6 岁及 6 岁以上人口。其中 2010 年进行的是人口普查，而其他 10 年的数据是抽样调查数据。

四　实证结果

4.1　在时间上的结果分析

利用已有数据计算 2006 ~ 2016 年的教育基尼系数及平均受教育年限如表 1 所示。

表 1　2006 ~ 2016 年部分年份的教育基尼系数及平均受教育年限

年份	2006	2007	2008	2009	2011	2012	2013	2014	2015	2016
教育基尼系数	0. 237	0. 230	0. 226	0. 223	0. 216	0. 215	0. 214	0. 218	0. 226	0. 224
平均受教育年限	8. 04	8. 19	8. 27	8. 38	8. 85	8. 94	9. 05	9. 04	9. 13	9. 13

由于 2010 年的数据是人口普查数据，且统计口径不同，教育基尼系数的值有明显不符合趋势的表现，这里在分析趋势时选择去除 2010 年的数据，得到的十年间教育基尼系数与平均受教育年限随年份变化的趋势如图 3、图 4 所示。

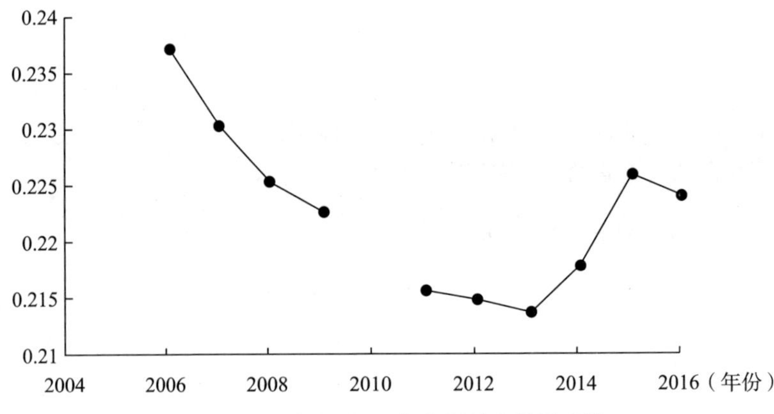

图 3　2006 年至 2016 年全国教育基尼系数

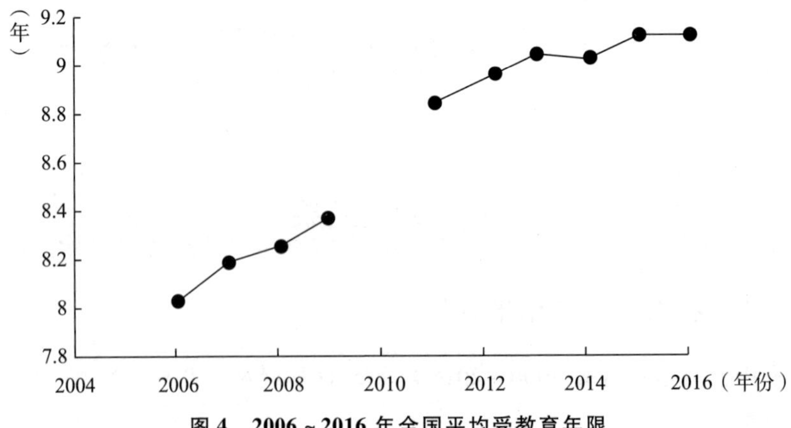

图 4　2006 ~ 2016 年全国平均受教育年限

从时序分析，我国的教育不平等状况得到持续改善，从 2006 年的 0.237 到 2013 年的 0.214，全国教育基尼系数在十年间总体呈下降的趋势，然而下降趋势渐缓，并且在 2014、2015 年出现了小幅的上升。同时，这十年我国的教育基尼系数基数较小，在 0.230 附近波动，反映了从改革开放后到 2006 年之前推进教育公平的成果。而十一年间全国平均受教育年限从 2006 年的 8.04 年增长到 2016 年的 9.13 年，是在稳步增长的。同样可以从曲线看出，平均受教育年限的增长速度在近两年稍有减缓。从我国的教育公平实践结果来看，可以认为在一定的教育发展水平上，平均受教育年限越长，教育不平等程度越低。需要引起注意的是，在 2006～2016 年十一年的后期，教育基尼系数未有显著下降，而平均受教育年限仍在延长，随着教育公平的推行和教育发展进入较高的水平，二者的关系未必再是负相关。根据《中国统计年鉴》数据，得到十年间教育性财政支出的趋势如图 5、图 6 所示。

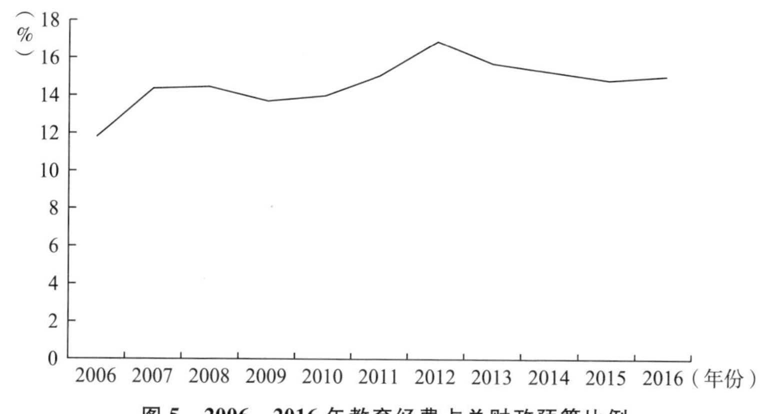

图 5　2006～2016 年教育经费占总财政预算比例

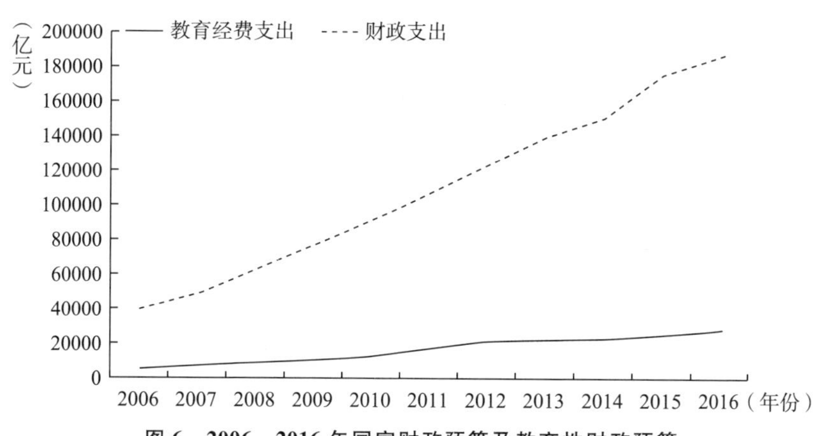

图 6　2006～2016 年国家财政预算及教育性财政预算

尽管教育财政预算始终在上升，但教育经费支出占总财政预算的比例却时有下降，这在一个方面解释了教育基尼系数降低的后继无力。

4.2 地区间的结果分析

为了尽可能明显地观测各地区教育基尼系数的变化，表2分别计算了2006年和2016年全国31个省份的教育基尼系数，在十年的维度上分析其变化结果。结果见表2。从地区内部来看，绝大多数地区教育基尼系数都有所下降，全国平均下降了0.017，说明大多数地区的教育公平推进都有所成效，其中北京下降0.063，安徽下降0.050，甘肃下降0.065，尤为明显。而河北、山西、黑龙江、广东和西藏的教育基尼系数相较十年前则有所上升，但上升幅度较小，分别为0.010、0.011、0.007、0.002和0.023。

表2 全国34个省份的教育基尼系数

地区	2006年教育基尼系数	2016年教育基尼系数	差值
北京	0.207	0.144	0.063
天津	0.209	0.196	0.013
河北	0.195	0.205	-0.010
山西	0.189	0.200	-0.011
内蒙古	0.238	0.223	0.015
辽宁	0.201	0.168	0.033
吉林	0.206	0.199	0.007
黑龙江	0.198	0.205	-0.007
上海	0.208	0.199	0.009
江苏	0.242	0.232	0.010
浙江	0.260	0.241	0.019
安徽	0.278	0.227	0.051
福建	0.256	0.238	0.018
江西	0.231	0.216	0.015
山东	0.232	0.229	0.003
河南	0.211	0.207	0.004
湖北	0.246	0.225	0.021
湖南	0.212	0.203	0.009
广东	0.201	0.203	-0.002

续表

地区	2006 年教育基尼系数	2016 年教育基尼系数	差值
广西	0.205	0.200	0.005
海南	0.224	0.199	0.025
重庆	0.238	0.223	0.015
四川	0.260	0.246	0.014
贵州	0.286	0.265	0.021
云南	0.280	0.252	0.028
西藏	0.478	0.501	-0.023
陕西	0.239	0.219	0.020
甘肃	0.324	0.259	0.065
青海	0.324	0.294	0.030
宁夏	0.288	0.242	0.046
新疆	0.228	0.221	0.007

将各地区教育基尼系数做柱形图（见图7），可以发现除了个别地区数值较高外，总体上全国各个地区教育基尼系数接近，从地区间反映教育不平等的程度较轻。

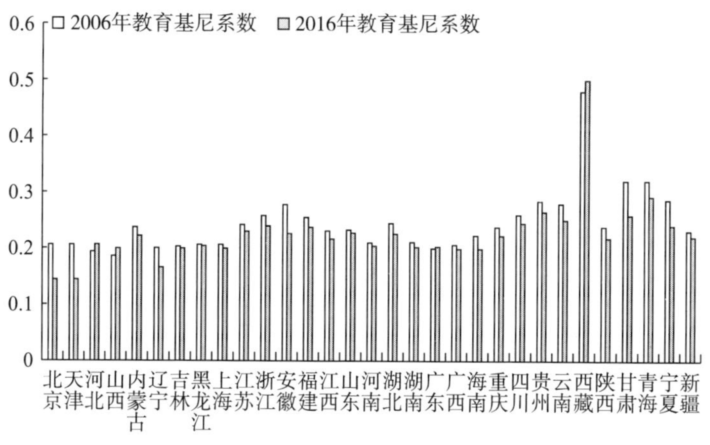

图7 2006年及2016年各地区教育基尼系数

沿用东、中、西三大地带的划分方式，北京、天津、辽宁、河北、山东、江苏、上海、浙江、福建、广东、海南为东部，重庆、云南、四川、贵州、西藏、广西、新疆、青海、宁夏、甘肃、陕西、内蒙古为西部，其他地区为中部。计算得到东部地区教育基尼系数平均降低 0.017，西部地区教育基尼系数平均降低 0.020，中部地区教育基尼系数平均降低 0.011。发现教育发展水平较高的东部地区和教育发展水平较低的西部地区数值降低都较为明显，而处在中间的中部地区则不太明显。相同的义务教育政策在教育公平程度递增的地区所获得的边际收益在其他因素相同的条件下是递减的，而东部地区仍能维持较明显的教育基尼系数降速，与其高经济发展水平是息息相关的，即充足的财政支出能对教育公平的推进起到有力的保障。

五 结论与建议

教育公平是社会公正的重要组成部分，也是国家政策一直在努力的一个着力点。从长期来看，教育公平对人力资源的质量优化乃至区域经济增长都有着重要的意义。通过对 2006～2016 年的教育基尼系数进行测度，得到的结论如下：第一，全国及各地的教育基尼系数基本上仍在以一个相对较低的速率下降。对比改革开放初期较快的教育基尼系数下降速率，可以做出我国推进教育公平进入新阶段的判断。新阶段中，全国大部分地区教育基尼系数较低，而近几年教育经费支出占比也略有降低，可能出现降速渐缓甚至小幅上升的情况，而进一步推进教育公平，需要财政上有一定程度的重视。第二，地区之间教育公平发展以东中西地域分界呈现差异。从数值上看，东中西部省份教育基尼系数依次递减，从减小的速率上看，西部地区最大，东部地区次之，中部地区最小。

基于以上结论及近十年国家及地区教育性财政政策趋势，提出如下建议。

第一，做好义务教育普及、完善工作。我国从 2006 年通过施行《中华人民共和国义务教育法》，施行到现在成果显著。1998 年我国文盲半文盲人口占全国 15 岁以上总人口的 15.78%，而 2016 年这个比例降低到了 5.28%。义务教育始终是推进教育公平的首要有力手段，也是最直接的提高劳动力平均素质的方法。而义务教育的最终目的也应该是让这个比例接近零。落实到具体地区上，首先对于偏远地区或者经济欠发达地区仍应该着力确保义务教育 100% 的覆盖；而对于财政有所余力的地区，就可以逐步考虑延长义务教育年限。至今已有广东等地展开十二年义务教育，而十二年义务教育也在近两年的两会中越来越频繁地被提及，这应当是义务教育下一步发展的必然趋势。

第二，合理分配财政预算。正如结果分析中所提到的，十年来全国及地方政府的教育性财政支出明显逐年增多，但占比却并非这种变化趋势。因此在后期的财政分配中，可以依据当地教育公平发展态势做出相应调整，从而能以更合理的财政预算来实现教育公平。正因为不同地区教育不平等的比例和形态不尽相同，教育资源的投入倾斜也因地区而异。而国家的教育性财政预算除了可以适当调高比例之外，也应当有所区别地投入不同地区，这样可以缩小省际教育公平差距，更有利于全国教育基尼系数的进一步减小。

第三，重视教育公平的城乡差距。胡德鑫（2017）对教育基尼系数的研究就放在了城乡差异上。城乡教育水平的差异不仅体现在水平差异上，同时，城市的教育公平程度也远高于农村。十年来，城市、乡镇和农村的教育基尼系数均在以不同程度的趋势下降，并且总体来看，乡镇、农村地区教育公平的改善幅度高于城市地区，这显然是国家对乡村等经济发展落后地区长期的财政倾斜与政策支持的结果。不过，我国城乡之间的受教育年限差距仍然很大，乡镇、农村地区较高的教育基尼系数反映出教育相对更不公平的现状，这要求在接下来的很长一段时间内，不能放松城乡教育二元结构的推进。

医疗保险制度的发展对我国居民消费的影响

一　背景介绍

医疗保险是一种为了补偿劳动者因疾病风险造成的经济损失而建立的一项社会保险制度。医疗保险是社会生产发展的必然结果，同时也将对社会的稳定运行与经济的健康发展有着不可忽视的推动作用。

早在计划经济时期，我国就已建立起覆盖城镇的公费医疗和劳保医疗及覆盖农村的传统合作医疗制度。这对我国国民健康起到积极作用。随着改革开放大幕的拉开，我国由计划经济走向市场经济，外部宏观经济环境发生巨大变化。另外，由于医院自主权的扩大，医疗机构的服务型功能提高，医疗环境也随之发生改变，新的医保制度应运而生。在这一时期，劳保医疗制度开始探索职工大病医疗费和离退休医疗费的社会统筹，而农村地区则恢复传统合作医疗的尝试（赵斌等，2018）。1992 年，伴随国有企业改革，我国再次调整和改革医保制度。改革具体分为三项，其一，城镇职工基本医疗保险制度的建立；其二，新型农村合作医疗制度的建立；其三，我国开始城镇居民基本医疗保险试点工作，覆盖城镇的非就业人口。2009 年 3 月 17 日中共中央、国务院向社会公布《中共中央国务院关于深化医药卫生体制改革的意见》，拉开新医改的大幕。至今，我国基本医疗保险制度在政策覆盖全人口的基础上，不断发展和完善，主要包括城镇职工基本医疗保险、城镇居民基本医疗保险和新型农村合作医疗制度三大板块，实现了全民医保这一目标。

合理的制度设计与补偿方案能够发挥基本医疗保险的健康风险分散作用，减少居民因健康问题造成的经济损失，降低未来支出的不确定性，提高当期消费。而消费是经济活动的起点，是拉动经济健康增长的发动机，不少学者提出，从20世纪80年代开始，我国相继推出一系列包括住房、教育、医疗保障、养老体系在内的改革，这给居民未来增添了极大的不确定性，而启动消费需求的一项关键措施是完善社会保障体系。基本医疗保险作为社会保障体系的核心板块之一，可以在很大程度上降低居民未来医疗保健支出的不确定性，从而提高消费水平。Zhang 和 Wan（2007）通过对中国1961~1998年宏观消费数据的分析，认为1984~1998年未来收入的不确定性对当期消费有显著的负向影响。由于保险可以降低未来不确定性事件给人们带来的经济上的冲击，因此在一定程度上会减轻预防性储蓄动机。Hubbard 等（1995）指出社会保障体系的健全，往往伴随着居民储蓄水平的显著降低。

本文旨在研究新医改后的医疗保险制度的推行是否切实保障了人民群众的基本利益，并对家庭消费产生了什么样的影响。本文将基于2007年到2017年的《中国统计年鉴》，首先，选取国家医保总支出和国家总医疗费用，算出医疗补偿比，探究医保政策的推行是否对居民起到了保障作用。其次，将农村人口和城镇人口划分开来进行研究，选取农村和城镇的医疗保险的参保人数作为研究指标，得到新医改后的十年间医保政策在农村和城市的发展状况及居民的医疗消费支出水平，进而研究新医疗保险制度的发展对我国农村和城镇家庭消费的影响。

医疗保险制度关系到广大人民群众的切身利益，关系到社会的和谐稳定，探求其对我国经济发展的影响，对未来医疗保险制度的完善、发展具有重要的指导意义。在现阶段，随着城镇居民基本医疗保险改革的不断深入，其对家庭消费的影响也越来越明显，进一步明确医疗保险对家庭消费的影响，为完善医疗保险制度、分析经济发展提供了科学的数据支撑。

二 文献综述

2.1 我国医疗保险现状

基本医疗保险是当居民生病或受到伤害后，由国家或社会给予的一种物质帮助，即提供医疗服务或经济补偿的一种社会保障制度，是社会保障的重要组成部分。目前我国已经基本做到医保全覆盖。但在此基础上，进一步需要探讨的就是医疗保险的实际保障水平。胡大洋（2014）在《基本医疗保险保障水平应关注实际补偿比》一文中就指出目前我国对于保障水平的调整规定过多地着墨于“政策范围内报销”，即“三大目录”和起付线、封顶线以及报销比例，通过拉开政策范围内的报销比例与反映保障水平的实际报销比例之间的距离来满足规定的要求。但是参保人员的真实保障水平，即实际补偿比（医保补偿金额总支出占全部医疗费用之比）与名义保障水平不相符合。由此，会导致如下两个结果：参保人员的实际保障水平极有可能因政策过多关注名义补偿比而被忽略；实际个人负担没有真正降下来，使参保人员对医疗保险政策产生不信任感。但目前，关于实际补偿比的测算还较少，因此这也是本文将关注的一个重点。

2.2　医疗保险对居民消费的作用

医疗保险对于消费的影响，学界普遍认为是具有促进作用的，其作用机理主要有两个方面。首先，从不同时间段来看，强有力的医疗保障制度将降低人们未来所面临风险的可能性，减少人们的预防性储蓄，提高人们的消费水平；其中预防性储蓄理论由 Zeldes（1989）提出，指风险厌恶型消费者为预防未来不确定性导致的消费水平下降而进行的储蓄。Hubbard 等（1995）指出社会保障体系的健全，往往伴随着居民储蓄水平的显著降低。Chou 等（2004）将未来医疗花费的不确定性引入居民消费预算，得出居民最优的消费路径受医疗花费的不确定性的影响。其次，从同一时间来看，医疗保险可以降低人们的医疗支出压力，也就是说可以提高家庭消费中其他方面的支出。

基于以上分析，近年来，国内也有不少关于医疗保险对于家庭消费具有正向影响的实证研究，此类研究多对城镇和农村居民分开进行研究。对于城镇居民，臧文斌等（2012）在《中国城镇居民基本医疗保险对家庭消费的影响》一文中，利用 2007 年和 2008 年中国城镇居民基本医疗保险入户调查九个城市的面板数据，实证分析了城镇居民基本医疗保险对城镇家庭消费的影响。计量模型显示，在其他条件相同的情况下，参保家庭的年非医疗消费比未参保家庭约高 13%。通过对不同收入家庭样本的分析，参保对低收入家庭的非医疗消费影响最大。马双等（2011）在《新型农村合作医疗保险对农村居民食物消费的影响分析》一文中通过对比 2004 年、2006 年参合家庭与未参合家庭各营养物质摄入量，得出新型农村合作医疗保险将显著增加居民热量、碳水化合物及蛋白质等营养物质的摄入量；以货币计算，2004 年新农合将使居民食品消费支出人均增加 81 元。

但目前，也有少量文献通过实证研究得出不同的结论。解垩（2010）在《城镇医疗保险改革对预防性储蓄有挤出效应吗?》一文中利用中国健康与营养调查（CHNS）数据和倍差法，分析 1998 年的城镇医疗保险改革对预防性储蓄的影响，实证发现：城镇医疗保险改革对预防性储蓄没有挤出效应；对贫困个体而言，医疗保险改革甚至使其增加了预防性储蓄，即医疗保险对消费并没有促进作用。

综上文献与研究可以看出，现在学术界普遍接受医疗保险的改革对居民消费有促进作用的观点。这对于我国目前内需不足，消费乏力的现状有着很强的指导性。我国在过去十几年推出各种政策来拉动内需，但居民消费依旧疲软，而完善医疗保险制度目前看来是启动消费需求的一个关键。也有少量研究提出了与经典理论相反的结论，即医疗保险改革对居民消费并没有显著的促进作用，这值得进一步探究。

三 方法与数据

3.1 医疗补偿比

医疗补偿比是指国家医保总支出和国家总医疗费用之比。有如下公式：

$$CN = TO/TE \tag{1}$$

其中，CN 指医疗补偿比，TO 为国家医保总支出，TE 为国家总医疗费用。

国家医保总支出是国家医疗保险基金的支出，指按照国家政策规定的开支范围和开支标准，从基本医疗保险基金中支付给参保人员的医疗保险待遇支出，以及其他支出。有如下公式：

$$TO = UO + CO \tag{2}$$

其中，UO 指城镇居民医疗保险基金支出，CO 指新型农村合作医疗基金支出。

按照医疗保险的运行规则，公众购买医疗服务的总支出，在总量上看可以分为报销部分和自费部分。其中报销部分由国家医疗保险基金承担，即国家医疗保险基金的支出部分，而自费部分则是个人现金卫生支出。个人现金卫生支出又可分为城镇居民、农村居民个人现金卫生支出，反映城乡居民医疗卫生费用的负担程度。有如下公式：

$$TE = TO + PO \tag{3}$$

其中，TO 指国家医保总支出，PO 指个人现金卫生支出。

计算医疗补偿比的数据全部来自国家统计局网站，为 2007 年到 2016 年之间的全国相关数据。其中，2015 年和 2016 年的新型农村合作医疗基金（CO）并未被统计出，该数据暂时空缺，所以本文只计算 2007 年至 2014 年相关数据。

计算医疗补偿比不同于以往的计算医疗保障水平的方法，剔除了对保障水平的调整规定过多的“政策范围内报销”，即“三大目录”和起付线、封顶线以及报销比例对补偿比的影响，过分地强调“政策范围内报销率”，缺乏对实际补偿比情况的考量，易导致参保患者规定范围外的医疗费用负担过重，实际个人负担没有真正降下来。而本章采用的实际医疗补偿比则是衡量基本医疗保险的真实保障水平的参考指标。

3.2 医疗消费比

医疗消费比是指家庭医疗保健消费支出占家庭总消费支出的比例。有如下公式：

$$CO = MO/EO \tag{4}$$

其中，CO 指医疗消费比，MO 指家庭医疗保健消费支出，EO 指家庭总消费支出。

首先，由于统计数据有限，本文选取了城镇居民人均消费支出和城镇居民人均医疗保健消费支出，将农村居民人均消费支出和农村居民人均医疗保健消费支出作为统计数据。

其次，由于国家统计局在 2013 年开始更换了调查范围、调查方法、指标口径，所以 2013 年以前的数据由城镇居民家庭人均现金消费支出和城镇居民家庭人均医疗保健消费支出、农村居民家庭平均每人消费支出和农村居民家庭平均每人医疗保健消费支出来表示。

本文将从城市和农村两个角度来分析。医疗消费比用来衡量居民消费在医疗领域的比例；同时选取参保人数和恩格尔系数作为辅助参考。参保人数用来衡量医疗保险的覆盖情况、在居民中的普及程度；恩格尔系数衡量居民生活水平的高低，希望以此看出居民生活水平是否提高，医保是否扩大其普及率，居民的医疗消费比是否有所改变及改变了多少。

四 实证研究

4.1 医保支出与居民消费的关系

由于部分数据缺失，本文选取 2007 年至 2014 年的城镇和农村医疗基金支出、城镇和农村人均消费支出相关数据，运用散点图对它们的相关性进行分析，以期得到医保与居民消费的关系。通过图 1 和图 2，我们不难看出，总的来说，城镇和农村的医疗基金与人均消费均有极强的正相关性。换言之，随着医保的普及，人们的消费水平会随之提高，反之亦然。具体而言，两者相比，城镇医疗基金与消费的相关性更高一些，说明医保

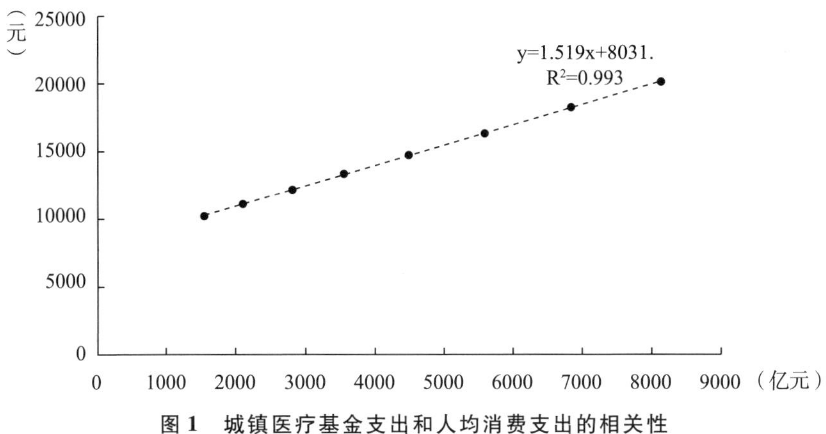

图 1　城镇医疗基金支出和人均消费支出的相关性

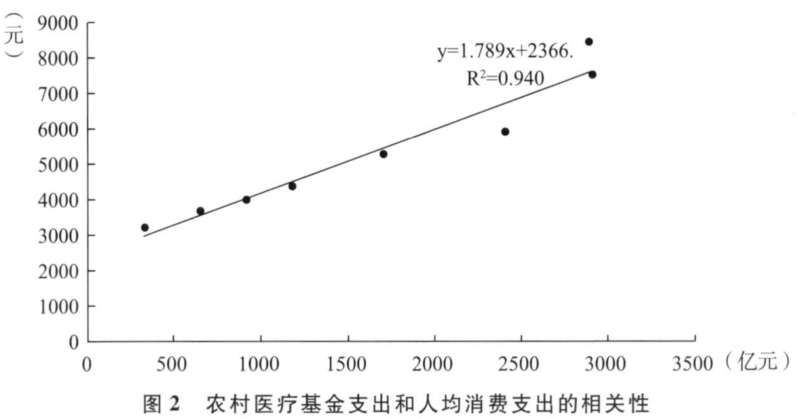

图 2　农村医疗基金支出和人均消费支出的相关性

的推广对城镇居民的消费水平影响更大。这可能是因为以下两点原因。首先，相较于农村，城镇医保更加普及，居民可选择就医的场所更加广泛，从社区医院到三甲医院均可实行医保报销制度，因而城镇医保在居民生活中有着更广泛的应用，对居民生活水平影响更大。其次，城镇和农村居民的医疗理念有所不同，相比较而言，城镇居民更敢于就医，而农村居民则可能因为“看病难，看病贵”等原因放弃一些就医机会。因而，间接导致两者的医保使用频率不同。

表 1　城镇和农村医疗基金支出和人均消费支出

年份	城镇基本医疗基金支出（亿元）	城镇人均消费支出（元）	新型农村合作医疗基金支出（亿元）	农村人均消费支出（元）
2007	1561. 8	9997. 5	346. 63	3223. 9
2008	2083. 6	11242. 9	662. 3	3660. 7
2009	2797. 4	12264. 6	922. 9	3993. 5
2010	3538. 1	13471. 5	1187. 8	4381. 8
2011	4431. 1	15160. 9	1710. 19	5221. 1
2012	5543. 6	16674. 3	2408	5908
2013	6801	18488	2908	7485
2014	8133. 6	19968	2890. 4	8383

资料来源：国家统计局网站。

4. 2　衡量医疗保障水平：医疗补偿比

结合表 2、图 3 和图 4，我们可以看出，我国医保总支出和总医疗费用都在不断增加。进一步，就医疗补偿比而言，可以从图 3 中看出，医疗补偿比的比例在不断上升，从 2007 年的 27. 24% 上升到 2016 年的 50. 20%，近乎上涨了 1 倍，这主要是由于医保总支出的增速一直高于总医疗费用的增速，说明我国目前医保报销补偿力度在不断加大，居民医疗自费支出比例在不断下降，医保切实起到了对居民的保障作用。

但同时也该注意到，就增长速率而言，医保总支出的增速一直要高于总医疗费用的增速并且呈现下降的趋势，同时二者保持一定的协同作用，但值得注意的是，医保总支出增速和总医疗费用增速在不断接近，差额不断减小。这可能是由于我国医疗报销目录外医疗服务支出增加。这从一个侧面说明目前我国医保的报销范围还有待进一步提高。

表 2　2007～2016 年城乡基本医疗基金支出及个人现金卫生支出

单位：亿元，%

年份	城镇基本医疗基金支出	新型农村合作医疗基金支出	医保总支出	个人现金卫生支出	总医疗费用	医疗补偿比
2007	1561.8	346.63	1908.43	5098.66	7007.09	27.24
2008	2083.6	662.3	2745.9	5875.86	8621.76	31.85
2009	2797.4	922.9	3720.3	6571.16	10291.46	36.15
2010	3538.1	1187.8	4725.9	7051.29	11777.19	40.13
2011	4431.1	1710.19	6141.59	8465.28	14606.87	42.05
2012	5543.6	2408	7951.6	9656.32	17607.92	45.16
2013	6801	2908	9709	10729.34	20438.34	47.50
2014	8133.6	2890.4	11024	11295.41	22319.41	50.20
2015	9312.1			11992.65		
2016	10767.1			13337.9		

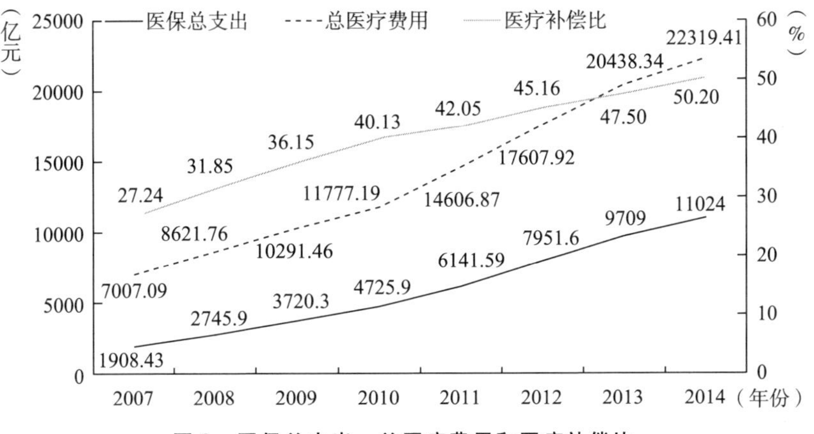

图 3　医保总支出、总医疗费用和医疗补偿比

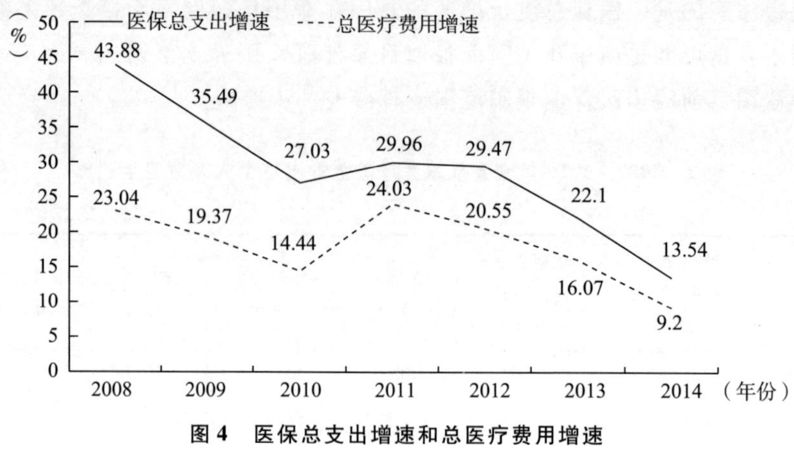

图 4　医保总支出增速和总医疗费用增速

4.3　衡量医保对消费的促进作用：医疗消费比

在已知医保对消费具有促进作用和医保对居民的生活具有保障性后，本文进一步定量探究医保对消费的作用机理。由于城镇居民与农村居民在享受的医保制度、消费水平与习惯上具有较大差异性，本文将分成城镇和农村两部分来探究。

（1）城镇居民

首先，通过图 5 和表 3 不难发现，从 2007 年到 2016 年这 10 年间，我国城镇家庭恩格尔系数在不断下降，按照历史经验，已经进入富裕水平，

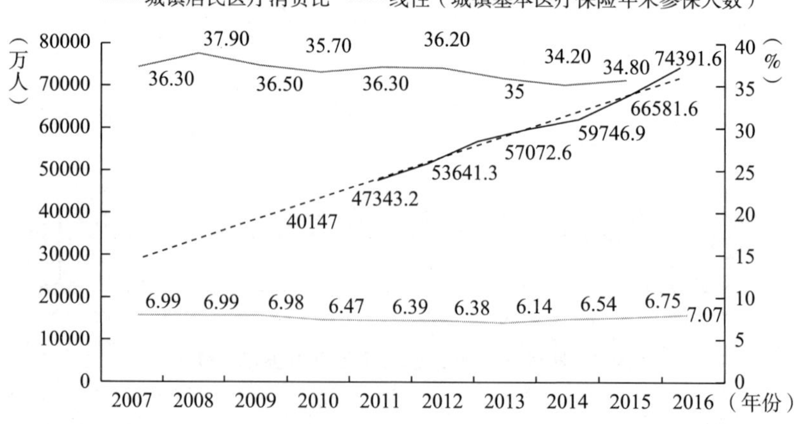

图 5　城镇基本医疗保险年末参保人数、城镇家庭恩格尔系数和城镇居民医疗消费比

说明我国城镇居民生活水平在不断提高。同时，我们可以发现，城镇居民参保人数在近五年间也在不断上升，据统计，截至2016年，我国城镇常住人口数量达到79298万人，而参保人数达到了66581.6万人，参保率达到84%，基本实现了医保全覆盖。

表3 城镇居民医疗消费比

年份	城镇居民人均消费支出（元）	城镇居民人均医疗保健消费支出（元）	城镇居民人均消费支出增长率（%）	城镇居民人均医疗保健消费支出增长率（%）	城镇居民医疗消费比（%）
2007	9997.5	699.1	—	—	6.99
2008	11242.9	786.2	12.46	12.46	6.99
2009	12264.6	856.4	9.09	8.93	6.98
2010	13471.5	871.8	9.84	1.80	6.47
2011	15160.9	969	12.54	11.15	6.39
2012	16674.3	1063.7	9.98	9.77	6.38
2013	18488	1136	10.88	6.80	6.14
2014	19968	1306	8.01	14.96	6.54
2015	21392	1443	7.13	10.49	6.75
2016	23079	1631	7.89	13.03	7.07

资料来源：国家统计局网站。

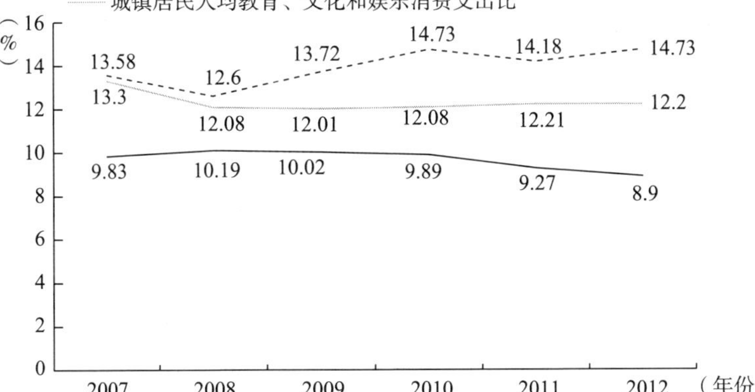

图6 城镇居民人均居住消费支出比，城镇居民人均交通和通信消费支出比，城镇居民人均教育、文化和娱乐消费支出比（2007～2012年）

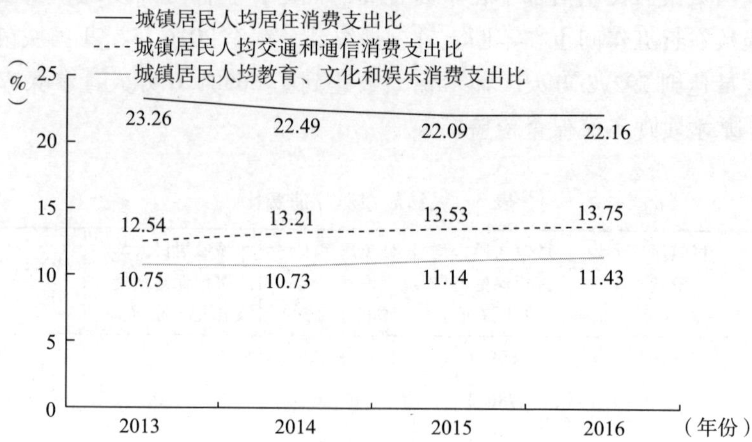

图 7　城镇居民人均居住消费支出比，城镇居民人均交通和通信消费支出比，城镇居民人均教育、文化和娱乐消费支出比（2013～2016 年）

注：由于 2013 年后，国家统计局采用新的统计方法对以上数据进行统计，2013 年以前和以后的数据有较大的差距，无法整合、合并，故分开绘图说明。

其次，通过观察医疗消费比，我们可以看出它总体呈现出平稳状态，没有较大波动。具体来看，从 2007 年到 2016 年有少许下降，随后便稍有上升的趋势，总的来说，十年间，增长了约为 0.1%。再观察图 6 和图 7 可以发现，城镇居民的住房消费支出比在这十年间有下降趋势，而交通和通信消费支出比与教育、文化和娱乐消费支出比都有上升的趋势。

医疗消费比没有明显波动意味着城镇居民的消费比例中医疗消费的占比并没有太大的变化，医疗消费支出相对固定。这可能主要是由城镇居民的就医习惯所致。具体而言，首先，由于医保的保障和生活水平较高，城镇居民敢于就医，舍得在医疗保健上消费投资。较少会因为价格等原因放弃治疗。其次，随着社区医疗医院的数量增加，城镇居民不需要因为医疗资源有限、大型三甲医院过于拥挤等放弃对“小病”的治疗，而是选择在家门口较为方便的社区医院就近就医，便捷的医疗条件和更加丰富的医疗资源，给城镇居民就医创造了良好的条件。综上，近十年来，城镇居民保持了一个相对平稳的就医频率与次数。

同时，我们也不难发现，在医保对人们健康有所保障的情况下，城镇居民的生存型消费比有所下降，发展享受型消费比上升，消费结构有所优化。更多的生活消费被用于教育、娱乐，生活质量得到提高。

（2）农村居民

从表4和图8、图9中可以看出，10年间，我国农村家庭恩格尔系数显著下降，具体来说，农村居民的恩格尔系数由43.1下降到37.1，说明我国农村居民的生活水平有了极大的提高。同时，值得注意的是，参加新型农村合作医疗人数的数量在2007年到2011年有了大幅度上升，覆盖率达到80%以上，但在之后就呈现下降趋势。这可能是由于在2012年以后我国农村人口数量大幅度下降。

表4　农村居民医疗消费比

年份	农村居民家庭平均每人消费支出（元）	农村居民家庭平均每人医疗保健消费支出（元）	农村居民医疗消费比（%）
2007	3223.9	210.2	6.52
2008	3660.7	246	6.72
2009	3993.5	287.5	7.20
2010	4381.8	326	7.44
2011	5221.1	436.8	8.37
2012	5908	513.8	8.70
2013	7485	668	8.92
2014	8383	754	8.99
2015	9223	846	9.17
2016	10130	929	9.17

资料来源：国家统计局网站。

从农村居民医疗消费比来看，我国农村居民医疗消费支出和我国农村居民消费总支出都有了不小的增加。因此，农村居民医疗消费比也有了相对城镇居民医疗消费比较大的提升，从2007年的6.52%上升到了2016年的9.17%。同时，农村居民人均居住消费支出比、农村居民人均交通和通信消费支出比均有小幅度波动，但总体都有小幅度增加。而农村居民人均教育、文化和娱乐消费支出比则小幅下降。

探究其背后原因，很大一部分得益于“新农合”的推广，“新农合”使得我国农村居民就医理念改变。相较于城镇居民，农村居民的收入更少，生活负担更重，因而很多农村居民并不愿去医院就医。但随着农村医

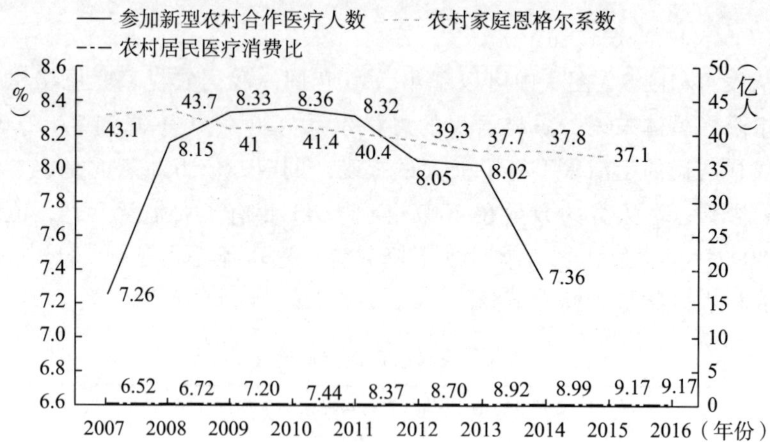

图 8　参加新型农村合作医疗人数、农村家庭恩格尔系数和农村居民医疗消费比

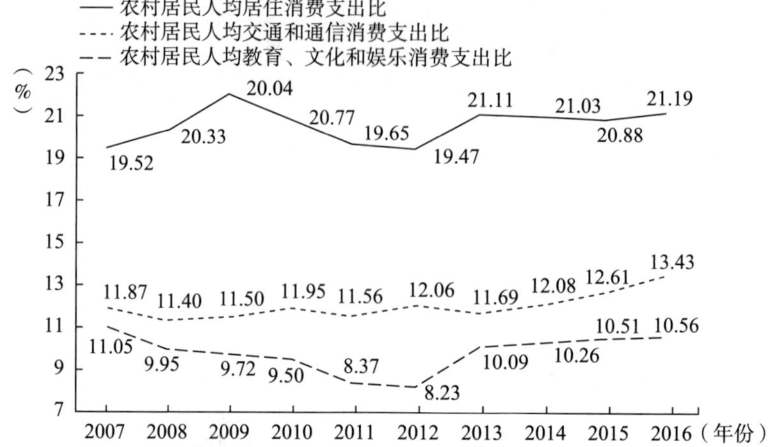

图 9　农村居民人均居住消费支出比，农村居民人均交通和通信消费支出比，农村居民人均教育、文化和娱乐消费支出比

保的普及，农村居民更加重视就医，改变了医疗观念，不再抱有“小病拖成大病”的不正确理念，敢于看病就医。这从图 10 中就可以看出。乡镇卫生院诊疗人次和乡镇卫生院病床使用率都大幅上升，农民的医疗需要更多的释放，进而，进行更加正确的医疗消费。

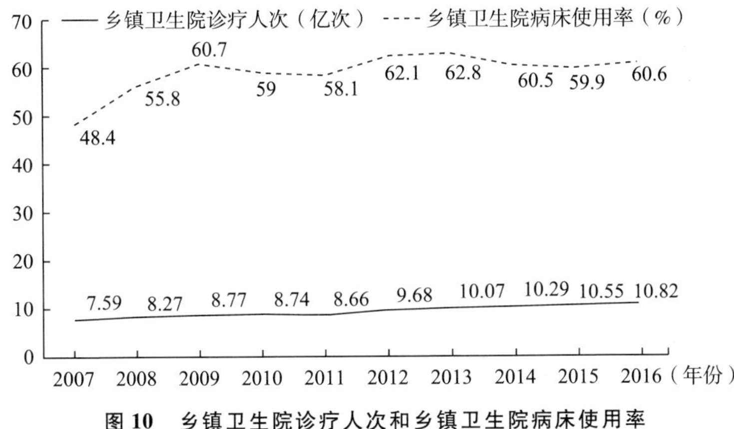

图 10　乡镇卫生院诊疗人次和乡镇卫生院病床使用率

五　结论与建议

本文研究了医疗保险政策的实施对家庭消费的影响，选取了来自中国统计局网站的2007年到2016年的数据，主要通过计算医疗补偿比和医疗消费比这两个指标数据来进行实证结果探究。

结果显示，以新型农村合作医疗保险 、城镇职工医疗保险以及城镇居民基本医疗保险为内容的医疗保险制度对居民消费有显著的正向效果，其中，相较于“新农合”，城镇医疗保险与城镇居民消费有着更加紧密的联系。进一步，通过计算医疗补偿比，可以看出医保报销补偿的比例在不断提高，我国居民切实享受着医保带来的保障福利。但同时我们不能忽略，我国医疗报销目录外医疗服务支出的增加所导致的医保总支出的增速和总医疗费用的增速在不断趋同。更进一步，就城镇而言，居民医疗消费比保持平稳状态，十年间仅仅上升 0.1%，这虽然与之前的预估稍有出入，但可以得到合理解释。同时，城镇居民的住房消费支出比在这十年间有下降趋势，而交通和通信消费支出比与教育、文化和娱乐消费支出比都有上升的趋势。居民可以将更多的钱用在发展和享受型消费上。就农村而言，随着恩格尔系数平稳下降，农村居民的医疗消费比有着相较于城镇居民更大幅度的上升。在其他方面，农村居民人均居住消费支出比、农村居民人均交通和通信消费支出比均有小幅度波动，但总体都有小幅度增加。而农村居民的人均教育、文化和娱乐消费支出比则小幅下降。可见农村居民在

“新农合”存在的前提下，随着自身生活水平的提升，逐渐改变了医疗消费观念，敢于看病就医，将医疗需求转换为实际的医疗消费。但是，农村居民的消费更多的还是集中于基础的生存性消费上，发展和享受型消费占比还较低。但是，总体而言，医疗保险的实施对促进我国居民消费、改善消费结构有积极的作用。这与预防性储蓄理论是一致的。

这些结果有很强的政策含义。首先，正如前文所提到的，我国医保费用和总医疗费用都在不断增加，且增速有趋同的趋势，这从一个侧面说明我国医疗报销目录外的医疗服务支出在增加。这也说明政府需要进一步扩大医疗报销目录，扩展医疗报销范围，减少居民在医疗报销目录外的消费支出，进而进一步减轻居民尤其是农村居民在医疗方面的支出，让百姓将更多的钱花在文化、教育等发展和享受型消费方面。其次，要想让该项医保政策对消费的刺激作用发挥到最大，有关部门应该加强对居民尤其是农村居民的医保知识教育，让居民更好地了解医保政策的保障范围、保障规则等，增强居民对医保政策的信任感，更加积极主动地运用这一政策，将医疗需求转化成实际的医疗消费。除此之外，我国政府应该做到对医保政策实施情况的及时跟踪监察与反馈，保证医保政策的实施切实保障了居民的健康与生活。

江苏省城乡居民食品消费结构差异原因分析及其影响

一　绪论

改革开放以来，随着中国国民经济不断发展，农产品已实现从长期短缺到供需总量平衡的巨大历史性转变。人民生活水平的逐步提高促进了粮食需求的不断增长，促进了居民食物消费和营养状况的全面改善。目前，江苏省城乡居民在经济水平、居民收入等方面仍有差异，在食品消费结构上也存在差距，阻碍了全面小康社会的建设步伐。在提高食品消费总体水平的同时，减少城乡之间食品消费结构差异，实现食品消费和营养地区健康、均衡、协调发展，这不仅有利于江苏省食品生产结构的调整，也是实现全面建成小康社会的重要任务。

《江苏统计年鉴》（1990～2016年）的相关数据显示，江苏省城镇居民家庭的人均粮食消费量在1990年是119公斤，到2005年已下降至72.61公斤，2016年又回升至107.4公斤。城镇居民家庭人均油脂类与蔬菜的消费量稳中有升，其中油脂类食物的消费量先上升后下降，但变动幅度较小。江苏省农村居民粮食消费量也明显减少，在1995年人均粮食消费量为264公斤，到2016年已降至133.9公斤，不过2005年之后下降的幅度明显减缓。蔬菜及其制品逐年下降，由1995年的120.2公斤降至2016年的92公斤，肉类及其制品消费量逐年上升，近年有减缓趋势。油脂类消费量呈先下降后上升趋势，在2014年达到最大17.72公斤，2016年又降至11.8公斤。江苏省城镇居民人均粮食消费量长期以来一直低于农村居民，并且这一差距有逐年扩大的趋势，但人均蔬菜和肉类消费量却超过农村居民。

2000年，中国国民经济和居民生活水平进入全面小康社会阶段，《中国食物与营养发展纲要（2001～2010）》强调："今后10年，将是我国居民食物结构迅速变化和营养水平不断提高的重要时期"，而"调整农业产业结构，提高食物质量"是纲要提出的首要政策措施。在经济发展的时期，我国居民的收入保持继续增加，人民生活水平持续提高。在食物供给充足的条件下，食物消费结构得到进一步调整和优化，从"粗放型"转向"集约型"，人们开始关注营养、卫生、品种等，最终形成有中国特色的、更合理的居民食品消费结构模式。

城乡居民消费，不仅是城乡居民生活的一部分，也是社会生产运行中一个十分重要的环节。江苏省作为全国经济大省之一，改革开放以来经济快速增长，居民收入稳定提升，消费观念不断更新，消费水平越来越高，消费方式和消费结构也发生了根本性的变化。消费结构是指人们各类消费支出在总费用支出中所占的比重，是反映居民生活水平的重要指标。正确地把握居民的消费结构，掌握居民的消费需求变动规律，对研究居民消费有着重要作用。许多学者分析了中国及地区居民饮食消费现状，贺晓丽（2001）在《我国城乡居民食品消费差异现状分析》中发现，城乡居民副食品消费量同步增长，城乡居民副食品消费差异状况依旧严峻。另外，农村居民的食品消费更易受当地生产和消费环境的影响。张蕾（2010）在《城乡居民食品消费差异现状分析》中提出，我国城乡居民食品消费结构存在一定差异，城镇居民的食品消费趋于多元化。

本文从江苏省城乡居民食品消费结构产生差异的原因入手，并结合近年数据，阐述各类食品的消费状况，比较江苏省城镇和农村居民食品消费支出构成，结合近年来城乡不同收入组的恩格尔系数及居民各类食品的消费量，研究如何缩小江苏省城乡食品消费结构，以及如何缩小江苏省城乡之间的恩格尔系数差距，从而对江苏省食品消费结构进行升级，最后从政府和消费者角度讨论如何改善消费结构差异，并预测城镇和农村食品消费结构的未来趋势。江苏省城镇居民的食品消费结构及其变动对江苏省食品生产结构的调整和市场经营管理的决策都有着重大影响。为及时了解城乡居民食品消费结构及其变化规律，揭示社会经济发展对其的影响，为我省制定相关政策、引导农业及食品产业发展、指导居民采纳健康生活方式提供科学依据，有必要对当前及未来我省城乡居民食品消费结构进行深入的研究与探索。

二 文献综述

关于江苏省城乡居民食品消费结构差异，不少学者进行了相关研究，研究的内容与方法也在不断丰富完善。

在江苏省城乡居民食品消费结构差异的现状方面，马恒运（2000）运用需求理论，围绕收入增长、市场发展与在外饮食的关系，对在外饮食需求增长的必然性进行了实证研究，研究表明，城乡居民在外饮食水平和结构存在较大差异。贺晓丽（2001）通过对比 1978～1998 年城乡居民人均收入与恩格尔系数变化情况，研究发现我国城乡居民恩格尔系数差距逐渐拉大。邓俊遒（2011）根据江苏省 1999～2009 年统计年鉴的相关数据，比较分析了城镇及农村居民家庭粮食、蔬菜、食用油、猪牛羊肉等食品的消费状况。研究发现，农村居民的人均粮食消费量一直高于城镇居民，而蔬菜消费量占食品总消费的比重却低于城镇居民。郭晗、任保平（2011）采用 2004～2010 年我国的省际面板数据，通过建立 AIDS 模型对城乡居民消费结构进行比较，认为城乡居民关于多类消费品的消费差异明显，具体表现为城镇居民倾向“享受型”消费，而农村居民更喜欢“安全型”消费。曹晏君等（2014）在居民食品消费结构的经济学理论分析的基础上，以大量的统计数据资料为基础，对江苏省城乡居民食品消费结构的变化规律进行了研究。其研究表明江苏城乡居民已达到相对富裕的生活水平，但城乡居民生活水平差距较为显著，城镇居民对于粮食等主食的消费呈下降趋势，对副食品的消费量有所增加，食品消费趋于多样化，更注重饮食搭配、营养均衡。余晓龙（2016）运用 AIDS 模型分别对城乡居民的消费结构状况进行分析，城乡居民的食品消费支出比例呈现下降的趋势，并且城乡差距也在不断缩小，表明城乡居民均开始注重饮食结构的改善，食品消费向营养型转变。

为研究江苏省城乡居民食品消费结构产生差异的原因，学者们首先从不同角度着手，分析影响消费结构变动的因素，再对比城乡间各因素差异，得出了相应结论。李爱萍（2007）应用面板数据模型分析了江苏省农民收入差距对消费结构产生的影响，得出居民的消费能力与其收入的增加成正比的结论，另外，消费习惯和观念、食品产业的发展水平、市场化程度也会对消费结构产生影响。郭娟（2009）运用典型相关分析计量经济模型，分析了各影响因素对食品消费结构的作用大小，结果显示，影响食品消费结构的主要变量是人均收入，其次是食品工业水平、城市化率和人口增长率。麦小聪、王昌业（2011）认为经济因素是影响消费结构变动的最主要因素，具体表现为收入、产业结构、价格等。此外，社会、文化、环境等因素也会对消费结构产生影响。周双燕、郑循刚（2010）的研究表明，不同的因素对居民消费结构有着不同的影响作用及方式，同时也要考虑各个因素的综合影响。丁瑶（2016）则分析了江苏人口老龄化对消费结构的影响。

提高人均收入、缩小城乡居民食品消费结构差异、促进消费结构升级，是解决当前问题的主要方向。王兆锋和俞红（2007）提出应当加强食品安全，促进绿色食品消费。王德章和王甲樑（2010）围绕食品消费结构升级构建了分析模型，并在收入增长的基础上，对食品支出增加、食品消费升级做了相关的定量分析。曹晏君等（2014）认为对于消费者而言，应养成良好的饮食消费习惯，注重均衡膳食营养，做到绿色消费、理性消费，共同打造一个“多样化，营养化，理性化”的食品消费结构。

综上所述，我国关于城乡居民食品消费差异的实证研究主要集中在对居民食品消费总量的趋势性分析、影响消费结构的主要因素分析、消费结构变动趋势以及城乡居民消费结构对比等方面；运用的方法主要有定性研究方法和定量研究方法，定量研究方法主要有扩展线性支出系统（ELES）模型、AIDS 模型、面板数据模型等。大多数研究都只侧重于定性研究或者定量研究，而很少有研究运用定性研究与定量研究相结合的方法。

三　方法与数据

本文采用统计指标对我国城乡居民食品消费水平、食品消费结构与收入水平、消费支出、恩格尔系数等进行分析和对比。同时，本文采用比较分析方法，在对城乡居民食品消费结构比较的基础上，还对不同收入组城乡居民在消费上的差异进行多角度的比较分析，以求全面地描述江苏省城乡居民食品消费结构的真实状况。

1857 年德国的统计学家恩格尔对英国、法国、德国、比利时等国家一些居民家庭的消费支出构成进行分析之后，得出一个结论：随着家庭收入的增加，其支出中用于食品上的开支比例越来越低。恩格尔系数被国内外学者广泛应用于研究和解决消费结构的相关问题上，并经常被国际上用来说明一个国家或地区的居民生活水平的总体状况。国际上根据恩格尔系数的大小划分各国贫富的标准为：60%以上为贫困，50%～60%为温饱，40%～50%为小康，30%～40%为富裕，低于30%为最富裕。恩格尔法则的基本概念表明恩格尔系数越低，则居民的生活水平就越高。

为了使恩格尔系数更精确地反映人们的消费水平，学者们提出了不少合理的改进办法。最简便的即是本文提到的消除价格因素影响。

江苏省城乡居民的恩格尔系数差异及变动趋势，可以反映出城乡居民的消费结构和生活水平差异。从动态的发展水平看，居民收入是逐年上升的，但恩格尔系数并不是简单地逐年递减，还有个别年份呈高低起伏，该现象说明恩格尔系数在一定程度上并不能完全反映我国人民生活水平的实际状况。因此我们并不能照搬将食品支出与消费总支出的比值作为恩格尔系数的标准，本文中关于恩格尔系数的计算，剔除了价格变动因素的影响。因为恩格尔系数受价格变动的影响较大，剔除后能更正确地反映恩格尔系数的变化。

除了参考恩格尔系数外，还需要结合其他指标，例如城镇或农村居民人均收入、主要食品消费量等，不能仅依靠恩格尔系数的高低就对江苏省城乡居民的消费水平进行判断，而是应该根据多个指标的加权来进行科学的综合评价。基于公式指标，本文需要江苏省历年的食品消费额、居民总消费额、生活消费价格指数、食品价格指数等。考虑到数据的完整性，本文主要选取了2000年到2016年间江苏省的数据，数据均来自2001～2017年《江苏统计年鉴》。

《江苏统计年鉴》是全面、系统反映江苏省历年及历史重要年份国民经济和社会发展情况的资料性年刊，收录了江苏省及各地区大量的经济社会发展统计信息。年鉴分为国民经济核算、价格指数、人民生活、对外经济贸易、固定资产投资等21个部分。年鉴资料大部分来自年度统计报表，一部分来自抽样调查等。年鉴中所使用的度量衡单位均为国际统一标准计量单位。

四　实证结果

4.1　江苏省城乡居民收入与恩格尔系数的关系

江苏省城乡居民2000～2016年家庭人均收入趋势图显示（见图1），

自2000年以来，城乡居民的家庭人均收入呈现稳步上升的趋势，并且城镇居民家庭人均收入上升幅度远大于农村居民，城乡居民的人均收入差距也在逐年扩大，城乡居民收入比由2000年的1.89上升至2016年的2.28，在2009年收入比达到顶峰2.57，近年来有回落趋势。通过计算，城镇居民收入与恩格尔系数的相关系数为－0.91，农村居民收入与恩格尔系数的相关系数为－0.94，由此，恩格尔系数与居民的收入呈很强的负相关性，即收入越高，恩格尔系数越低。

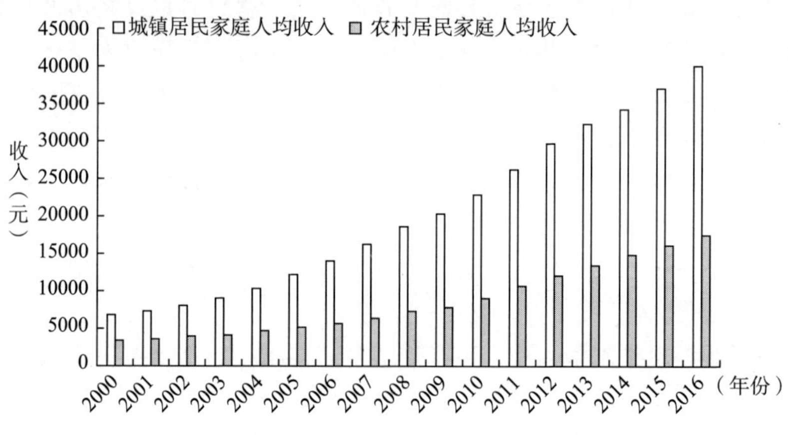

图1　江苏省城乡居民2000～2016年家庭人均收入趋势

自1997年以来，政府进行了扩张性的宏观调控，经济从2000年长期呈增长趋势，城镇居民收入也因此在这几年稳步增长；而同一时期的农村地区由于谷贱伤农，农业收入增幅较小，乡镇企业的发展遇到阻碍，农村外出务工人员人力资本长期缺乏提升，农村居民收入只有小幅度的提高，而这小幅度的增长还是因为2003年以来我国政府在“三农”问题上采取了一系列积极主动的措施，如全面取消农业税、对部分地区农民实行农业补贴政策，如良种补贴和大型农机具购置补贴等。

4.2　城乡不同收入组居民家庭恩格尔系数变化趋势

不同收入组的居民在食品方面的消费也各不相同。国家统计局利用收入五等分法，将全部居民（家庭）按其收入水平由低到高顺次排序，然后依次按相同人数分组。总体而言，不论是农村还是城镇，收入越高者在食品方面的消费也越多，但食品支出占总支出的比重随收入的增加呈下降趋势，符合恩格尔系数定律。从图2、图3、图4可以看出，尽管收入组别不

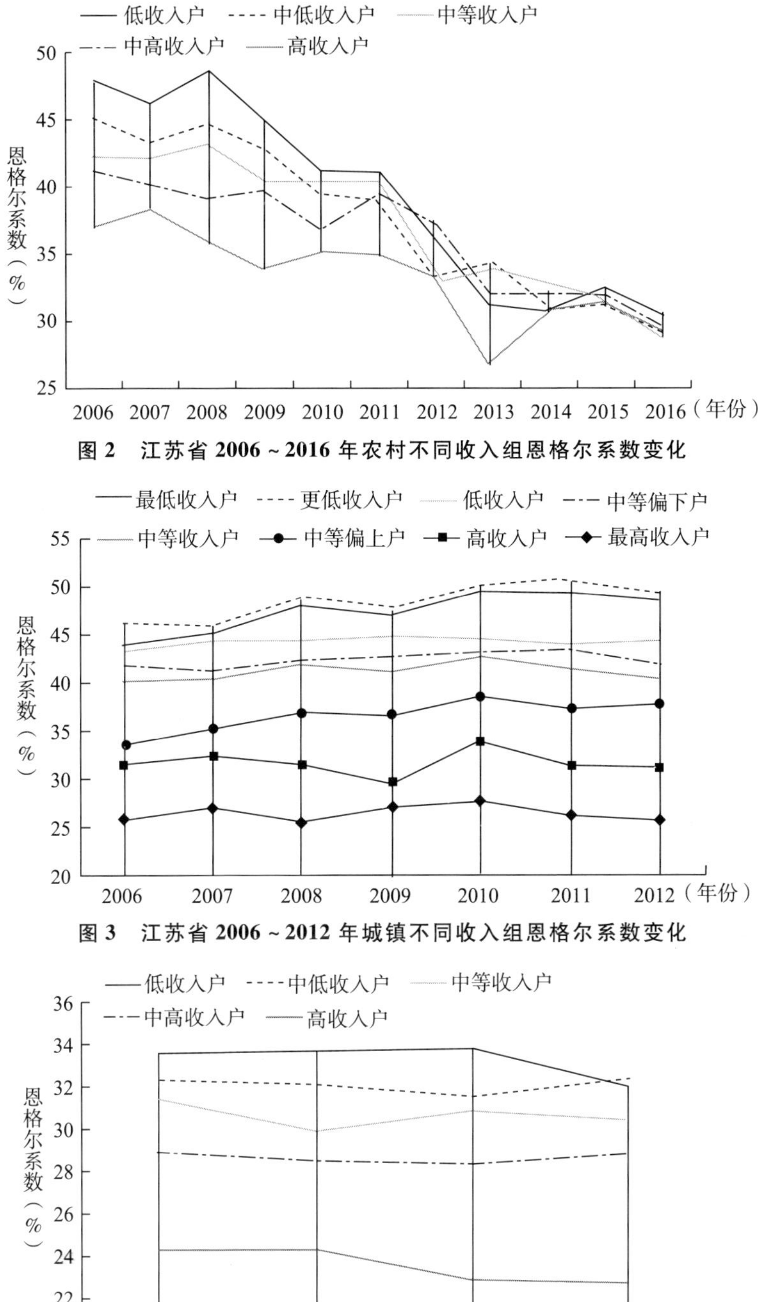

图 2　江苏省 2006～2016 年农村不同收入组恩格尔系数变化

图 3　江苏省 2006～2012 年城镇不同收入组恩格尔系数变化

图 4　江苏省 2013～2016 年城镇不同收入组恩格尔系数变化

同，但农村居民的恩格尔系数总体趋势都是下降的，各收入组别的差距也在逐年减小。但城镇居民不同收入组别的恩格尔系数差距较大，最低收入户的恩格尔系数在 50% 左右，而最高收入户的恩格尔系数已降至 20% ~ 30%，这一现象表明不仅城乡间存在巨大差异，城镇内部也出现了分化。

4.3 江苏省城乡居民的恩格尔系数及变化趋势

从恩格尔系数的变化情况来看，江苏省城乡居民的恩格尔系数在逐年下降，2002 年城镇居民的恩格尔系数降到 40% 以下，农村居民则在 2007 年降至 38.8%（见图 5）。城乡间恩格尔系数的差距在 2000 ~ 2005 年逐年扩大，自 2006 年起逐年减小，从 2006 年的 5.8% 降至 2013 年的 1.7%。从数据来看，对照国际标准，江苏省城乡居民的生活水平已进入富裕型，但现实似乎与此不符。简单而言，城市化率低的地区农副产品价格比较低廉，如粮食、肉类、蔬菜等，也就造成当地的食品类消费支出比较低，这也是出现恩格尔系数已经达到 40% 以下，而实际生活水平并未达到富裕的现象的原因之一。

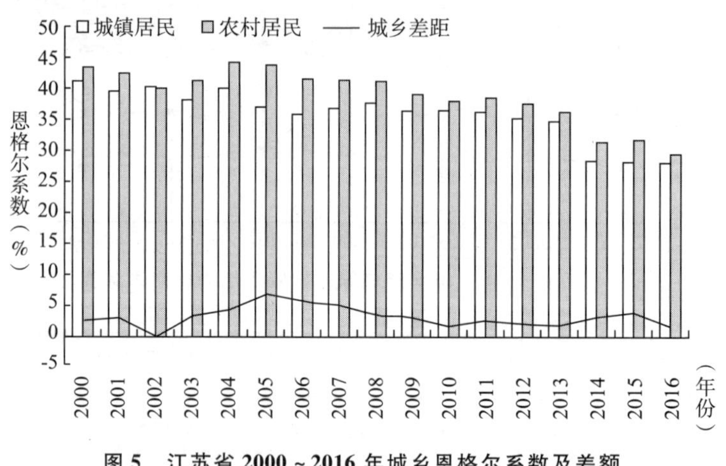

图 5　江苏省 2000 ~ 2016 年城乡恩格尔系数及差额

4.4 居民主要食品消费量的研究

如图 6、图 7 所示，从居民的主要食品消费量来看，饮食结构不断改善，食品消费质量提高，更加追求安全、健康、绿色。从消费结构看，粮食、油脂摄入量在减少，肉类、家禽、水产品和蛋奶等食品消费量增加。2016 年，江苏居民人均食品烟酒消费支出 6626 元，相较于 2012 年增长

28.4%，年均增长6.5%。

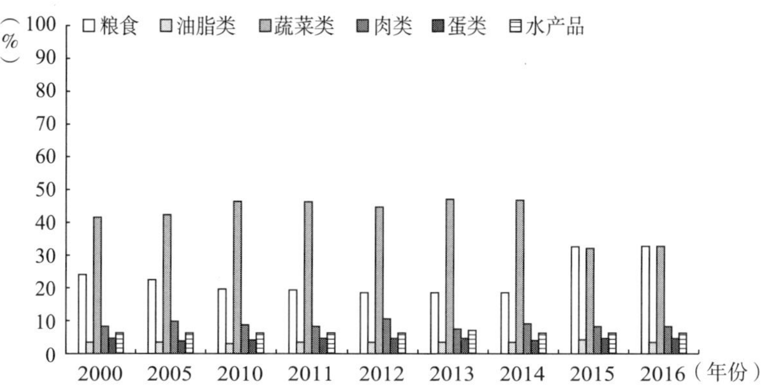

图6　江苏省2000～2016年城市居民主要食品消费量

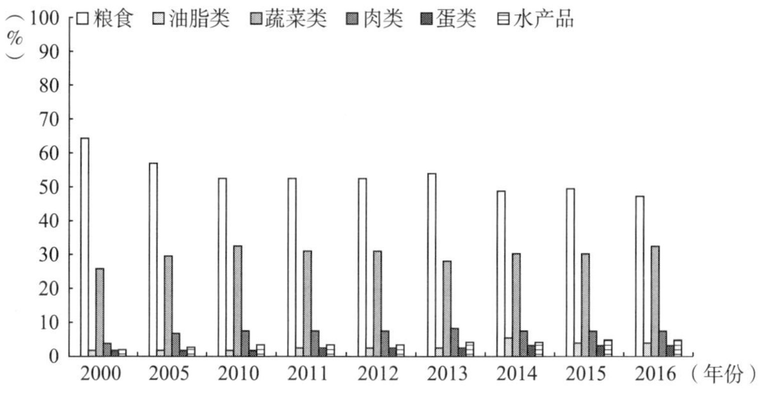

图7　江苏省2000～2016年农村居民主要食品消费量

其中，城镇居民人均食品烟酒消费支出7389元，相较2012年增长23.8%，年均增长5.5%；农村居民人均食品烟酒消费支出4255元，相较2012年增长36.4%，年均增长8.1%。全体居民人均消费粮食116.9公斤，比2013年下降11.9公斤；人均消费肉类25.9公斤，比2013年提高4.3公斤，值得注意的是，猪肉的消费量占肉类总消费量的比重仍然很高，说明江苏省城乡居民对肉类食品的消费有向猪肉集中的倾向。

表1　江苏省城乡居民关于肉类、粮食、蔬菜消费量比值

年份	城镇（肉类：粮食：蔬菜）	农村（肉类：粮食：蔬菜）
2000	1：2.88：4.89	1：16.19：6.5

续表

年份	城镇（肉类：粮食：蔬菜）	农村（肉类：粮食：蔬菜）
2005	1：2.42：4.48	1：9.07：4.73
2010	1：2.17：5.01	1：7.36：4.46
2011	1：2.07：4.83	1：6.72：3.97
2012	1：1.91：4.61	1：6.83：3.94
2013	1：2.06：5.09	1：6.27：3.22
2014	1：3.90：4.01	1：6.65：4.27
2015	1：3.84：3.93	1：6.49：4.12
2016	1：3.84：4.00	1：6.00：4.13

农村居民在粮食和蔬菜类的消费近年来逐年减少，肉类等消费量较为平稳，略有提升。而城镇居民在粮食上的消费量不减反增，从 2000 年的 61.9 公斤增至 2016 年的 107.4 公斤，但一直低于农村居民消费量，而蔬菜的消费量却高于农村居民，变化较平稳，这是由于农村居民对于蔬菜可以自给自足，购买量较少。在一定程度上也可以反映出城镇居民更注重调整膳食营养结构。通过计算城乡居民在肉类、粮食、蔬菜上的消费量比值，我们可以更直观地看出，相较于肉类，居民在蔬菜上的消费量更多，城镇居民在蔬菜上的消费量甚至已反超粮食消费量，而农村居民在粮食上的消费量一直居高不下，亟待改善。

4.5 实证结论

总体而言，江苏省城乡居民已形成“粮食 + 蔬菜 + 动物性食品”的消费格局，消费方式及居民各类食品平均消费量，同质化现象较为严重，需要进一步改善。随着社会的发展和收入的不断增加，江苏省城乡居民的生活方式在不断发生改变。生活水平较高的城镇居民对食品质量的要求高于农村居民，更加注重食品的营养和口感。因此他们对蔬菜、肉蛋奶等营养较丰富的副食消费需求量增加。农村居民粮食的消费占食品总消费的比重依然较高但已经在降低。目前农村居民刚刚跨越以粮为主的高谷物膳食阶段，正转向低层次的副食消费，未来蔬菜、食用油、猪牛羊肉等副食的消费量有一定的增长空间。城市居民对蔬菜、食用油等副食品的消费需求趋于稳定甚至下降，开始转向猪肉、牛羊肉、鸡蛋等。未来对于肉禽类、蛋奶类和水产品的需求将会增加。

五 研究结论与建议

5.1 研究结论

本文首先结合近年数据，分析并比较了城乡居民2000～2016年收入变化情况以及城乡不同收入组居民的恩格尔系数变化趋势，接着分别计算了城乡居民收入与恩格尔系数的相关系数，得出恩格尔系数与居民的收入呈强负相关性的结论，并发现城镇内部也存在差异。通过比较江苏省城镇和农村居民食品消费支出构成及各类食品的消费量，大致阐述了各类食品的消费状况，分析江苏省城乡居民食品消费结构现状，接着分析产生差异的原因，并预测城镇和农村食品消费结构的未来趋势，最后从政府和消费者的角度讨论如何改善消费结构差异。

5.2 建议

首先，从江苏省政府角度有以下几点建议。

（1）增加农村居民可支配收入，缩小城乡居民的收入差距，完善最低生活保障制度。江苏省农村居民消费中食品消费占比较高，农村居民食品消费水平偏低，消费品种缺乏多样性，存在食品营养的低效性等问题，只有提高农村居民的收入，才能从根本上提高农村居民的消费水平，从而改善农村居民的食品消费结构。此外江苏省政府也应该鼓励农民自主创业，大力扶持农产品的生产，在种植、养殖等知识方面给农民进行一定的培训指导，加大对农民创业的信贷支持力度，使农民实际收入稳步提升，缩小城乡居民的收入差距。

（2）合理调整农业产业结构，提高畜牧业、渔业、乳制品加工业在农业产业中的比重。随着市场经济的进一步发展及江苏省城乡居民食品消费结构的变化，江苏省应及时进行农业产业结构的调整，坚持以市场为导向，在保证粮食生产的同时，结合江苏省农业产业结构的现状，进一步调整农业结构、提高产量、改进质量、增加品种，充分利用全省的资源优势、地理优势等，因地制宜，加大对畜牧业、渔业、乳制品加工业的投入与技术创新，加快发展林、牧、水产业，提高它们在农业生产结构中的比重，促进食品生产多样化。

（3）健全食品安全监管体系，注重农产品质量的提高。城乡居民生活水平日益提高，人们对于食品质量的要求也不断提高。近年来食品安全问题频频出现，江苏省有关部门应从食品生产源头入手，严格建立健全食品生产的全面监管体系，在食品的加工、制造、包装、流通等环节严格把关，注重提高食品质量，而不是一味追求数量。还需要加大力度整治餐饮服务行业，切实保障居民在外饮食的安全。与此同时，政府还应普及宣传食品安全知识，引导城乡居民健康、安全、合理地消费。

另外，从消费者角度，要主动学习饮食相关的科学知识，养成健康食物消费观念和良好的饮食习惯，这既有利于充分发挥食物的最大效用和营养价值，也有利于促进食物消费结构合理化。换句话说，食物消费结构的形成和变化一定程度上取决于人们的消费习惯和消费心理。消费者要努力做到绿色消费、理性消费，共同打造一个“多样化，营养化，理性化”的食品消费结构。

5.3 研究展望

本文主要从城乡居民收入的角度，研究了收入与恩格尔系数的相关性，以及江苏省城乡居民食品消费结构等问题。进一步研究可以从供给角度来深化。众所周知，食品生产与消费紧密相关，相辅相成，生产决定消费的质量和水平，消费对生产有重要的反作用，也能引导生产发展。本文虽然略微涉及了食品生产结构，但对这一问题的研究远远不够。应该根据未来城乡居民食品消费结构的变化趋势来研究如何在稳定价格和确保生产多样性的基础上生产更安全、有营养的食品，以引导食品消费，并改善食品消费结构，从而提高社会消费水平，促进经济发展。

参考文献

白洁，2015，《网络购物和实体店购物方式的物流碳足迹对比分析》，博士学位论文，北京交通大学。

柏立森、刘伟，2016，《解析工业废气的危害及防治措施》，《污染防治技术》第29卷第5期。

包群、彭水军，2006，《经济增长与环境污染：基于面板数据的联立方程估计》，《世界经济》第11期。

鲍超、贺东梅，2017，《京津冀城市群水资源开发利用的时空特征与政策启示》，《地理科学进展》第1期。

北京市环境保护局，2018，《2017年北京市环境状况公报》，http://www.bjepb.gov.cn/bjhrb/resource/cms/2018/05/2018051610182676273.pdf，最后访问日期：2018年6月11日。

伯特尼，2004，《环境保护的公共政策》，穆贤清、方志伟译，上海人民出版社。

BP，2018，《BP世界能源统计年鉴》，https://www.bp.com/zh_cn/china/reports-and-publications/_bp_2017-_.html，最后访问日期：2018年5月21日。

蔡昉、王美艳，2006，《“未富先老”与劳动力短缺》，《开放导报》第1期。

操信春、束锐、郭相平、邵光成、王振昌，2017，《基于BWSI与GWSI的江苏省农业生产水资源压力评价》，《长江流域资源与环境》第6期。

曹冬梅、辜胜阻、方浪，2015，《老龄化背景下我国养老金缺口的对策研究》，《统计与决策》第10期。

曹剑秋、郭品文，2016，《江苏省雾霾天气特征分析》，《气象科学》第36卷第4期。

曹杰、武翠，2015，《基于响应面优化法的制造业集聚与工业污染关系研究》，《经济问题探索》第7期。
曹玲玲、陈香，2014，《基于改进熵值法的发达地区新型城镇化综合水平测度——以江苏省为例》，《商业时代》第30期。
曹晏君、章家清、林峰、范智超，2014，《江苏省城乡居民食品消费结构变化的影响因素研究》，《全国流通经济》第8期。
柴彦威，2002，《上海居民购物行为的时空特征及其影响因素》，《经济地理》第28期。
常建军、陈威、艾婵，2017，《基于LMDI的武汉城市圈产业用水驱动因素分析》，《长江科学院院报》第12期。
陈成立，2010，《低碳经济与电子商务刍议》，《财经界（学术）》第12期。
陈承贵、张凤文，2010，《男女比例失调原因探析》，《黑龙江教育学院学报》第29卷第5期。
陈国发，2015，《环境规制对产业结构升级的影响研究》，博士学位论文，华侨大学。
陈洪全，2017，《江苏推进新型城镇化面临的问题及对策研究》，《盐城师范学院学报》（人文社会科学版）第37卷第1期。
陈建军、胡晨光，2008，《产业集聚的集聚效应——以长江三角洲次区域为例的理论和实证分析》，《管理世界》第6期。
陈侃，2013，《城市化进程与水环境质量关系及突发水污染事件规律的研究》，硕士学位论文，哈尔滨工业大学。
陈莉，2012，《我国新能源上市公司绩效评价研究》，硕士学位论文，安徽大学。
陈联刚，2010，《低碳经济造就电子商务服务发展的最佳模式》，《电子商务》第4期。
陈明华、郝国彩，2014，《中国人口老龄化地区差异分解及影响因素研究》，《中国人口·资源与环境》第24卷第4期。
陈荣，1995，《城市土地利用效率论》，《城市规划汇刊》第4期。
陈珊，2017，《基于DEA及Malmquist指数的我国新能源发电效率评价研究》，博士学位论文，成都理工大学。
陈诗一，2009，《能源消耗、二氧化碳排放与中国工业的可持续发展》，《经济研究》第4期。

陈伟、吴群，2014，《长三角地区建设用地经济效率及其影响因素》，《经济地理》第34卷第9期。

陈午、许新宜、王红瑞、崔胜玉，2015，《梯度发展模式下我国水资源利用效率评价》，《水力发电学报》第9期。

陈小勇，2010，《江苏省区域经济发展差异及其成因分析》，硕士学位论文，南京财经大学。

陈晓红，2011，《我国环境规制对产业结构调整的作用机制研究》，博士学位论文，重庆大学。

陈艳，2012，《淮河流域水污染治理政策研究》，硕士学位论文，安徽大学。

程郁泰、张纳军，2017，《碳排放IDA模型的算法比较及应用研究》，《统计与信息论坛》第32卷第5期。

程梓彧，2017，《我国老龄化空间分布与规划应对》，载《2017城市发展与规划论文集》，北京邦蒂会务有限公司。

崔日浩，2013，《中国高耗能行业的发展与环境污染水平的关系研究》，博士学位论文，天津大学。

代迪尔，2013，《产业转移、环境规制与碳排放》，博士学位论文，湖南大学。

戴佳静，2017，《江苏省财税补贴政策对大气雾霾治理的影响研究》，博士学位论文，南京理工大学。

邓光耀、韩君、张忠杰，2017，《中国各省水资源利用效率的测算及回弹效应研究》，《软科学》第1期。

邓俊遒，2011，《江苏省城乡居民食品消费差异及原因分析》，《经济研究导刊》第7期。

邓琳，2017，《产业集聚的文献综述》，《福建质量管理》第20期。

邓晓兰、车明好、陈宝东，2017，《我国城镇化的环境污染效应与影响因素分析》，《经济问题探索》第1期。

电子商务研究中心，2018，《2017年（上）中国电子商务市场数据监测报告》，http://www.100ec.cn/zt/17jcbg1/，最后访问日期：2018年3月25日。

刁鹏斐，2016，《雾霾污染与产业结构的空间相关性研究》，博士学位论文，山东财经大学。

丁翠翠，2014，《中国城镇化、居民消费对环境污染的影响效应——基于省际面板数据的实证研究》，《河北经贸大学学报》第35卷第3期。

丁焕峰、李佩仪，2010，《中国区域污染影响因素：基于EKC曲线的面板数据分析》，《中国人口·资源与环境》第10期。

丁瑶，2016，《新形势下江苏省人口老龄化对消费结构影响研究》，《改革与开放》第11期。

董丽霞、赵文哲，2011，《人口结构与储蓄率：基于内生人口结构的研究》，《金融研究》第3期。

杜吉国、侯建明，2012，《我国人口老龄化城乡倒置的影响及解决对策》，《理论探讨》第3期。

杜江、刘渝，2008，《城市化与环境污染：中国省际面板数据的实证研究》，《长江流域资源与环境》第6期。

杜鹏、王武林，2010，《论人口老龄化程度城乡差异的转变》，《人口研究》第34卷第2期。

杜雯翠、冯科，2013，《城市化会恶化空气质量吗？——来自新兴经济体国家的经验证据》，《经济社会体制比较》第5期。

段博川、孙祥栋，2016，《城镇化进程与环境污染关系的门槛面板分析》，《统计与决策》第22期。

樊长科、林国彬，2014，《集聚外部性、技术进步与区域产业增长——来自广东省制造业的证据》，《华东理工大学学报》（社会科学版）第5期。

范叙春、朱保华，2012，《预期寿命增长、年龄结构改变与我国国民储蓄率》，《人口研究》第36卷第4期。

方时姣、周倩玲，2017，《产业结构、能源消费与我国雾霾的时空分布》，《学习与实践》第11期。

封铁英、李梦伊，2010，《新型农村社会养老保险基金收支平衡模拟与预测——基于制度风险参数优化的视角》，《公共管理学报》第7卷第4期。

冯健、陈秀欣、兰宗敏，2007，《北京市居民购物行为空间结构演变》，《地理学报》第62卷第10期。

冯薇，2007，《产业集聚、循环经济以及二者关系的理论综述》，《生态经济》第3期。

冯亚娜，2009，《LCA对风电产业发展的启示》，《科技资讯》第24期。

傅京燕、李丽莎，2010，《环境规制、要素禀赋与产业国际竞争力的实证研究——基于中国制造业的面板数据》，《管理世界》第 10 期。

高玉冰、毛显强、杨舒茜、吴烈、董刚，2013，《基于 LCA 的新能源轿车节能减排效果分析与评价》，《环境科学学报》第 5 期。

龚健健、沈可挺，2011，《中国高耗能产业及其环境污染的区域分布——基于省际动态面板数据的分析》，《数量经济技术经济研究》第 28 卷第 2 期。

谷学明、王远、赵卉卉、王芳、朱晓东、陆根法，2012，《江苏省水资源利用与经济增长关系研究》，《中国环境科学》第 2 期。

顾海兵、张帅，2017，《十三五时期我国能源消费组合模型预测——兼及对经济安全条件影响的量化研究》，《江苏社会科学》第 4 期。

顾元媛、沈坤荣，2012，《地方政府行为与企业研发投入——基于中国省际面板数据的实证分析》，《中国工业经济》第 10 期。

关爱萍，2012，《我国农村人口老龄化的区域差异及其影响因素》，《兰州商学院学报》第 28 卷第 6 期。

关思齐，2017，《从发行人的角度谈我国绿色债券的发展困境》，《长春金融高等专科学校学报》第 4 期。

郭朝先，2010，《中国碳排放因素分解：基于 LMDI 分解技术》，《中国人口·资源与环境》第 20 卷第 12 期。

郭晗、任保平，2011，《从排斥性增长到包容性增长——分权体制下利益和谐的视角》，《当代经济研究》第 11 期。

郭娟，2009，《我国居民食品消费结构及影响因素研究》，硕士学位论文，江南大学。

郭俊华、刘奕玮，2014，《我国城市雾霾天气治理的产业结构调整》，《西北大学学报》（哲学社会科学版）第 44 卷第 2 期。

郭庆，2014，《环境规制政策工具相对作用评价》，《理论经济研究》第 5 期。

郭实、周林，2016，《浅析国外绿色债券发展经验及其启示》，《债券》第 5 期。

郭妍芳，2016，《环境规制对产业结构调整的影响路径和效应分析》，博士学位论文，南开大学。

郭志刚、邓国胜，1995，《婚姻市场理论研究——兼论中国生育率下降过程中的婚姻市场》，《中国人口科学》第3期。
郭志仪、姚慧玲，2011，《中国工业水污染的理论研究与实证检验》，《审计与经济研究》第26卷第5期。
国家能源局，2014，《国务院办公厅关于印发能源发展战略行动计划（2014－2020年）的通知》，www. nea. gov. cn/2014－12/03/c_133830458. htm，最后访问日期：2018年5月21日。
国家统计局人口和就业统计司，2010，《中国人口和就业统计年鉴》，中国统计出版社。
国务院人口普查办公室、国家统计局人口和社会科技统计司，2002，《中国2000年全国人口普查资料》，中国统计出版社。
国务院人口普查办公室、国家统计局人口和社会科技统计司，2012，《中国2010年全国人口普查资料》，中国统计出版社。
果臻、李树茁，2016，《中国男性婚姻挤压模式研究》，《中国人口科学》第3期。
韩潇颖，2014，《城市轨道交通沿线住宅房产价格预测模型研究》，硕士学位论文，北京交通大学。
韩永超、陈春、沈昊婧，2017，《基于特征价格模型的重庆轨道交通对沿线房价的影响研究》，《价格月刊》第1期。
郝宇、张宗勇、廖华，2016，《中国能源"新常态"："十三五"及2030年能源经济展望》，《北京理工大学学报》（社会科学版）第18卷第2期。
何枫、马栋栋，2015，《雾霾与工业化发展的关联研究——中国74个城市的实证研究》，《软科学》第29卷第6期。
何鸣、柯善咨、文嫣，2009，《城市环境特征品质与中国房地产价格的区域差异》，《财经理论与实践》（双月刊）第30卷第158期。
和讯网，2018，《中国绿色债券市场2017年度总结》，http://bond. hexun. com/2018－01－04/192159343. html，最后访问日期：2018年4月6日。
河北省环境保护厅，2017，《河北省经济发展与环境污染研究》，http://www. hebhb. gov. cn/hjzw/hjjcyyj/hjzlzkyb/201601/P020160119582357037973. doc，最后访问日期：2018年6月11日。
河北省政府信息公开专栏，2017，《2016年河北省环境状况公报》，http://

info. hebei. gov. cn//eportal/ui? pageId = 6778557&artic leKey = 6741257 &columnId = 330110，最后访问日期：2018 年 6 月 11 日。

贺明梅，2013，《中国新能源产业发展问题研究》，硕士学位论文，吉林大学。

贺晓丽，2001，《我国城乡居民食品消费差异现状分析》，《农业经济问题》第 22 卷第 5 期。

赫国胜、柳如眉，2015，《人口老龄化、养老金均衡与参量改革——OECD 五国的经验与启示》，《贵州社会科学》第 10 期。

洪姗姗，2006，《我国环境保护法“按日计罚”制度的适用研究》，硕士学位论文，安徽财经大学。

洪艳蓉，2016，《中国绿色公司债券的制度挑战与改进》，《证券市场导报》第 9 期。

胡晨光、程惠芳、俞斌，2011，《“有为政府”与集聚经济圈的演进——一个基于长三角集聚经济圈的分析框架》，《管理世界》第 2 期。

胡大洋，2014，《基本医疗保险保障水平应关注实际补偿比》，《中国医疗保险》第 2 期。

胡德鑫，2017，《我国城乡教育公平程度的区域比较研究》，《当代教育科学》第 3 期。

胡渊、峻峰、胡伟、张震，2016，《中国碳排放强度的区域差异、趋势演进与影响因素分析——基于 30 个省（市、区）1997—2012 年面板数据》，《资源与产业》第 18 卷第 5 期。

胡志锋、马晓茜、李双双、廖艳芬，2013，《水力发电技术的生命周期评价》，《环境污染与防治》第 6 期。

华敏，2015，《长江中游城市群城市土地利用效率与经济发展水平时空耦合研究》，硕士学位论文，武汉大学。

华强电子网，2016，《何谓能源效率》，http://tech. hqew. com/fangan_1502942，最后访问日期：2018 年 4 月 10 日。

环球金融网，2018，《财政部、工信部、科技部、发改委发布〈关于调整完善新能源汽车推广应用财政补贴政策的通知〉》，http://www. caijingtt. com/tv/20180224073533. html，最后访问日期：2018 年 4 月 4 日。

黄河东，2017，《中国城镇化与环境污染的关系研究——基于 31 个省级面板数据的实证分析》，《管理现代化》第 37 卷第 6 期。

黄荣清、魏进，1985，《1981 年全国女性初婚表的制作与分析》，《人口研究》第 5 期。

黄施、冷建飞，2017，《水污染变动的时空特征及其经济驱动因素——以江苏省为例》，《资源与产业》第 19 卷第 1 期。

回莹、戴宏伟，2017，《河北省产业结构对雾霾天气影响的实证研究》，《经济与管理》第 31 卷第 3 期。

纪玉俊、李志婷，2018，《中国制造业集聚与城镇化的交互影响——基于 30 个省份面板数据的分析》，《城市问题》第 2 期。

纪玉俊、刘金梦，2016，《环境规制促进了产业升级吗？——人力资本视角下的门限回归检验》，《经济与管理》第 30 卷第 6 期。

季姣姣、潘珺璇，2018，《江苏省新型城镇化发展路径研究》，《合作经济与科技》第 1 期。

贾广印，2013，《水污染与经济发展耦合分析及对策研究》，硕士学位论文，安徽工业大学。

江静、郭伟，2016，《京津冀工业污染治理现状比较及对策研究》，《价值工程》第 1 期。

江苏省统计局、国家统计局江苏调查总队，2000 - 2017，《江苏统计年鉴》，中国统计出版社，

江苏省统计局国家统计局江苏调查总队，2017，《江苏省 2016 年国民经济和社会发展统计公报》，http://www.tjcn.org/tjgb/10js/34836.html，最后访问日期：2018 年 5 月 18 日。

江炎骏、杨青龙，2015，《地方政府干预、环境规制与技术创新——基于我国省际面板数据的研究》，《安徽行政学院学报》第 6 卷第 3 期。

姜春力，2016，《我国人口老龄化现状分析与“十三五”时期应对战略与措施》，《全球化》第 8 期。

姜英霞，2013，《中国城镇职工社会养老保险基金未来收支缺口的精算预测》，博士学位论文，山东财经大学。

姜子英，2008，《我国核电与煤电的外部成本研究》，博士学位论文，清华大学。

颉耀文、汪桂生，2014，《黑河流域历史时期水资源利用空间格局重建》，《地理研究》第 10 期。

解垩，2010，《城镇医疗保险改革对预防性储蓄有挤出效应吗?》，《南方经

济》第9期。

金华，2017，《长三角地区雾霾府际协作治理路径研究》，博士学位论文，江苏师范大学。

金双华，2003，《财政教育支出政策与收入分配》，《财贸经济》第1期。

金煜、陈钊、陆铭，2006，《中国的地区工业集聚：经济地理、新经济地理与经济政策》，《经济研究》第4期。

雷海、王皓、朱明侠，2017，《产业集聚、能源消耗与环境污染》，《工业技术经济》第36卷第9期。

冷艳丽、杜思正，2015，《产业结构、城市化与雾霾污染》，《中国科技论坛》第9期。

李爱萍，2007，《江苏省农村居民食物消费研究》，硕士学位论文，南京农业大学。

李春米，2010，《经济增长、环境规制与产业结构——基于陕西省环境库兹涅茨曲线的分析》，《兰州大学学报》（社会科学版）第38卷第5期。

李发志、朱高立、候大伟、余季佳、朱超、孙华，2017，《江苏城镇化发展质量时空差异分析及新型城镇化发展分类导引》，《长江流域资源与环境》第26卷第11期。

李光峰，2016，《我国环境规制对产业结构调整的影响及其空间异质性分析》，博士学位论文，江西财经大学。

李国志、李宗植，2010，《中国二氧化碳排放的区域差异和影响因素研究》，《中国人口·资源与环境》第20卷第5期。

李辉、王瑛洁，2012，《中国人口老龄化城乡倒置现象研究》，《吉林大学社会科学学报》第52卷第1期。

李莉、王建军，2015，《高耗能行业结构调整和能效提高对我国 CO_2 排放峰值的影响——基于STIRPAT模型的实证分析》，《生态经济》第8期。

李琳琳，2013，《人口老龄化对社会保障的影响研究》，博士学位论文，上海工程技术大学。

李玲、朱道林、胡克林，2012，《基于PSR模型的房地产调控政策对房价影响的研究——以北京市为例》，《资源科学》第34卷第4期。

李龙君、马晓茜、谢明超、廖艳芬，2015，《风力发电系统的全生命周期分析》，《风机技术》第 2 期。

李淼，2018，《新能源战略研究》，《中国战略新兴产业》第 4 期。

李鹏涛，2017，《中国环境库兹涅茨曲线的实证分析》，《中国人口·资源与环境》第 s1 期。

李倩，2016，《中国新能源产业集聚度测度及其影响因素分析》，硕士学位论文，东北财经大学。

李强，2013，《环境规制与产业结构调整——基于 Baumol 模型的理论分析与实证研究》，《经济评论》第 5 期。

李日强、王峰娟，2017，《绿色债券的发行要点与发展建议》，《财务与会计》第 9 期。

李珊珊，2017，《绿色债券波动性、到期收益率及价格的实证研究》，博士学位论文，对外经济贸易大学。

李胜，2010，《跨行政区流域水污染府际博弈研究》，博士学位论文，湖南大学。

李眺，2013，《环境规制、服务业发展与我国的产业结构调整》，《经济管理》第 35 卷第 8 期。

李伟娜、杨永福、王珍珍，2010，《制造业集聚、大气污染与节能减排》，《经济管理》第 32 卷第 9 期。

李祥云，2000，《关于我国义务教育财政公平问题的探讨》，《教育科学》第 3 期。

李筱乐，2014，《市场化、工业集聚和环境污染的实证分析》，《统计研究》第 31 卷第 8 期。

李亚亚，2013，《我国沿海地区水污染排放及其影响因素区域差异分析》，硕士学位论文，天津大学。

李勇刚、张鹏，2013，《产业集聚加剧了中国的环境污染吗——来自中国省级层面的经验证据》，《华中科技大学学报》（社会科学版）第 27 卷第 5 期。

理论中国网，2018，《补齐政策短板，应对人口老龄化所带来的挑战》，http://www.china.com.cn/opinion/theory/2018－05/11/content_512196 49.htm，最后访问日期：2018 年 5 月 19 日。

联合国，1956，《人口老龄化及其社会经济后果》。

梁琦，2004，《产业集聚论》，商务印书馆。

梁伟、杨明、李新刚，2017，《集聚与城市雾霾污染的交互影响》，《城市问题》第9期。

刘畅，2012，《城市景观对房地产价值的影响初探——以苏州为例的享乐价格模型分析》，《学术探索》第9期。

刘德智、蔡海标，2008，《河北省工业废气排放与治理实证分析》，《价格月刊》第373期。

刘海飞、贺晓宇，2017，《金融集聚、政府干预与企业创新行为——基于中国制造业企业的微观证据》，《财经论丛》第8期。

刘恒慧、曾忠平，2013，《武汉东湖风景区对周边住宅价格影响的研究》，《资源开发与市场》第29卷第6期。

刘康、吴群、王佩，2015，《城市轨道交通对住房价格影响的计量分析》，《资源科学》第37卷第1期。

刘立娟，2014，《辽宁省水污染治理经济学手段探讨》，《水利发展研究》第11期。

刘明辉、刘灿，2017，《长江流域城镇化外溢与环境库兹涅茨曲线》，《现代经济探讨》第6期。

刘佩，2017，《人口老龄化背景下我国企业职工养老金缺口问题研究》，《保险职业学院学报》第31卷第2期。

刘强、王红，2012，《电子商务与传统商务的能耗比较研究》，《中国信息界》第3期。

刘若霞、李宇飞，2015，《我国新能源产业创新驱动发展路径研究》，《科技进步与对策》第17期。

刘胜、顾乃华，2015，《行政垄断、生产性服务业集聚与城市工业污染——来自260个地级及以上城市的经验证据》，《财经研究》第41卷第11期。

刘盛和，2002，《城市土地利用扩展的空间模式与动力机制》，《地理科学进展》第24卷第1期。

刘夙伟、成宇，2011，《电子商务与低碳经济》，《山东经济》第1期。

刘卫东、仲伟周、石清，2016，《2020年中国能源消费总量预测——基于定基能源消费弹性系数法》，《资源科学》第38卷第4期。

刘伟明，2012，《中国的环境规制与地区经济增长研究》，博士学位论文，复旦大学。

刘习平、盛三化，2016，《产业集聚对城市生态环境的影响和演变规律——基于2003—2013年数据的实证研究》，《贵州财经大学学报》第5期。

刘晓红、江可申，2016，《我国城镇化、产业结构与雾霾动态关系研究——基于省际面板数据的实证检验》，《生态经济》第32卷第6期。

刘欣，2017，《产业结构对京津冀地区雾霾影响研究》，硕士学位论文，西北大学。

刘修岩，2009，《产业集聚与经济增长：一个文献综述》，《产业经济研究》第3期。

刘洋、张瑞、高艳红，2014，《中国环境规制绩效评价指标体系构建与测度》，《商业时代》第4期。

卢曦、许长新，2017，《基于三阶段DEA与Malmquist指数分解的长江经济带水资源利用效率研究》，《长江流域资源与环境》第1期。

卢晓彤，2011，《中国低碳产业发展路径研究》，博士学位论文，华中科技大学。

陆根尧、符翔云、朱省娥，2011，《基于典型相关分析的产业集群与城市化互动发展研究：以浙江省为例》，《中国软科学》第12期。

陆杰华、郭冉，2016，《从新国情到新国策：积极应对人口老龄化的战略思考》，《国家行政学院学报》第5期。

路宁、刘玉龙，2008，《中国水环境污染与经济增长的关系研究》，《环境与可持续发展》第1期。

路正南、朱新朗，2018，《政府干预视角下产业集聚对碳排放强度的影响分析》，《工业技术经济》第37卷第2期。

罗霞、周燕，2016，《江苏新型城镇化发展现状及综合评价》，《唐山师范学院学报》第38卷第6期。

罗勇，2007，《产业集聚、经济增长与区域差距：基于中国的实证》，中国社会科学出版社。

骆正清、陈周燕、陆安，2010，《人口因素对我国基本养老保险基金收支平衡的影响研究》，《预测》第29卷第2期。

马海良、丁元卿、王蕾，2017，《绿色水资源利用效率的测度和收敛性分析》，《自然资源学报》第3期。

马恒运，2000，《在外饮食、畜产品需求和食品消费方式变化研究》，博士学位论文，中国农业科学院。

马静、汪党献、来海亮、王茵，2005，《中国区域水足迹的估算》，《资源科学》第5期。

马秋香、张彦周，2015，《基本养老金替代率模型及变化因素分析》，《金融理论与实践》第5期。

马双、臧文斌、甘犁，2011，《新型农村合作医疗保险对农村居民食物消费的影响分析》，《经济学（季刊）》第10卷第1期。

马贤磊、唐亮、孙萌丽，2018，《城镇土地生态环境效应的影响因素研究：基于LMDI分解模型》，《南京农业大学学报》（社会科学版）第2期。

马旭东，2016，《能源经济：历史、理论与发展》，《经济研究参考》第51期。

马远，2016，《干旱区城镇化进程对水资源利用效率影响的实证研究——基于DEA模型与IPAT模型》，《技术经济》第4期。

买亚宗、孙福丽、石磊、马中，2014，《基于DEA的中国工业水资源利用效率评价研究》，《干旱区资源与环境》第11期。

麦小聪、王昌业，2011，《影响居民消费结构变动的因素分析》，《商业经济》第1期。

满春帆，2016，《城市轨道交通与沿线土地开发价值的关系研究》，硕士学位论文，西华大学。

梅璐，2017，《中国性别间的教育不平等测度》，《时代教育》第23期。

孟雪靖，2007，《农村水污染经济问题研究》，博士学位论文，东北林业大学。

闵旋，2016，《浅谈我国应对养老金缺口的对策》，《人间》第223卷第28期。

穆怀中、范洪敏，2016，《城市化对环境质量的影响——基于27个国家面板数据的分析》，《城市问题》第9期。

那柏珠，1997，《环境污染与住房价格的计量经济分析模式》，《环境保护科学》第23卷第4期。

聂巧平、王梦颖，2015，《经济增长与环境发展相互关系的实证研究》，《天津商业大学学报》第6期。

聂欣、陈健，2017，《基于产业集聚视角下中国城市水污染治理研究》，《城市观察》第6期。

宁俊飞，2012，《基于新能源视角的碳锁定困境与政策研究》，博士学位论文，南开大学。
潘济民，2012，《水污染补偿的居民支付意愿研究》，硕士学位论文，四川农业大学。
潘莉，2016，《南水北调北京受水区供水调适与管理》，博士学位论文，中国矿业大学（北京）。
彭熠、周涛、徐业傲，2013，《环境规制下环保投资对工业废气减排影响分析——基于中国省级工业面板数据的GMM方法》，《工业技术经济》第8期。
普华永道、中国发展研究基金会，2018，《机遇之城2018》，https://www.pwccn.com/zh/research-and-insights/chinese-cities-of-opportunities-2018-report.html，最后访问日期：2018年5月18日。
戚瑞、耿涌、朱庆华，2011，《基于水足迹理论的区域水资源利用评价》，《自然资源学报》第3期。
齐明珠，2014，《全球应对人口老龄化的政策比较及启示》，《国家行政学院学报》第2期。
祁岚，2017，《江苏区域经济差异及其对策研究》，《时代金融》第3期。
秦勤，2014，《我国跨界水污染治理的对策研究》，硕士学位论文，四川省社会科学院。
全国城市黑臭水体整治监管平台，2018，http://gz.hcstzz.com/，最后访问日期：2018年3月20日。
人民日报，2017，《充分认识我国人口老龄化的规律》，http://news.youth.cn/gn/201708/t20170820_10549393.htm，最后访问日期：2018年5月19日。
邵帅、李欣、曹建华、杨莉莉，2016，《中国雾霾污染治理的经济政策选择——基于空间溢出效应的视角》，《经济研究》第51卷第9期。
沈大军、张萌，2016，《水资源利用发展路径构建及应用》，《自然资源学报》第12期。
师博、沈坤荣，2013，《政府干预、经济集聚与能源效率》，《管理世界》第10期。
施平，2010，《基于空间面板数据的中国环境库兹涅茨曲线分析》，《世界经济与政治论坛》第6期。
石成球，2000，《关于我国城市土地利用问题的思考》，《城市规划》第24

卷第 2 期。

时乐乐，2017，《环境规制对中国产业结构升级的影响研究》，博士学位论文，新疆大学。

史晓丹，2013，《我国人口老龄化趋势对储蓄率的影响研究》，《南方经济》第 31 卷第 7 期。

宋嘉嘉，2017，《绿色债券市场研究》，博士学位论文，对外经济贸易大学。

宋娟、程婷、谢志清、苗茜，2012，《江苏省快速城市化进程对雾霾日时空变化的影响》，《气象科学》第 32 卷第 3 期。

苏璟、谭忠富、严菲，2008，《能源消费弹性系数计算方法及其实例分析》，《中国能源》第 8 期。

隋星桐，2016，《轨道交通项目对沿线住宅价格影响研究》，硕士学位论文，首都经济贸易大学。

孙百才，2009，《测度中国改革开放 30 年来的教育平等——基于教育基尼系数的实证分析》，《教育研究》第 1 期。

孙百才、刘云鹏，2014，《中国地区间与性别间的教育公平测度：2002－2012 年——基于人口受教育年限的基尼系数分析》，《清华大学教育研究》第 35 卷第 3 期。

孙才志、姜坤、赵良仕，2017，《中国水资源绿色效率测度及空间格局研究》，《自然资源学报》第 12 期。

孙大岩，2017，《中国经济增长与能源消费的关系分析》，《内蒙古民族大学学报》（社会科学版）第 43 卷第 1 期。

孙旦，2012，《农村男女比例失衡对农民进城务工意愿的影响》，《人口研究》第 36 卷第 6 期。

孙克、徐中民、宋晓谕、程怀文、聂坚，2017，《人文因素对省域环境污染影响的空间异质性估计》，《生态学报》第 37 卷第 8 期。

孙沛瑄，2014，《基于 VAR 模型的新型城镇化动力机制研究》，硕士学位论文，重庆工商大学。

谭丹、黄贤金，2008，《我国东、中、西部地区经济发展与碳排放的关联分析及比较》，《中国人口·资源与环境》第 3 期。

唐钊，2012，《污染转移法律规制研究》，博士学位论文，西南政法大学。

唐宗鹏，2014，《城市轨道交通对沿线住宅价格影响的增值规律研究》，硕士学位论文，重庆大学。

陶志红，2000，《城市土地集约利用几个基本问题的探讨》，《中国土地科学》第9期。

滕磊，2016，《绿色债券的国际创新和中国路径》，《生产力研究》第5期。

天津市环境保护局，2017，《2016年天津市环境状况公报》，http://www.tjhb.gov.cn/root16/mechanism/standard_monitoring_of_the_Department_of_science_and_technology/201706/t20170605_27611.html，最后访问日期：2018年6月11日。

田立新、张蓓蓓，2011，《中国碳排放变动的因素分解分析》，《中国人口·资源与环境》第21卷第11期。

佟贺丰，2015，《中国绿色经济发展展望——基于系统动力学模型的情景分析》，《中国软科学》第6期。

万远程，2016，《光伏产业的生命周期分析及污染庇护所假说检验》，硕士学位论文，云南大学。

汪伟，2010，《经济增长、人口结构变化与中国高储蓄》，《经济学季刊》第1期。

王兵，2015，《节能减排与中国绿色经济增长——基于全要素生产率视角》，《中国工业经济》第5期。

王兵、聂欣，2016，《产业集聚与环境治理：助力还是阻力——来自开发区设立准自然实验的证据》，《中国工业经济》第12期。

王德章、王甲樑，2010，《新形势下我国食品消费结构升级研究》，《农业经济问题》第6期。

王海芹，2016，《我国绿色发展萌芽、起步与政策演进：若干阶段性特征观察》，《纪念改革开放40周年特别策划》第3期。

王宏杰、佟昕，2017，《人口老龄化背景下山西省养老金缺口测算》，《西部经济管理论坛》第28卷第1期。

王欢，2017，《河北省环保投资对工业废气排放影响的实证研究》，硕士学位论文，河北经贸大学。

王会、王奇，2011，《中国城镇化与环境污染排放：基于投入产出的分析》，《中国人口科学》第5期。

王健康、王慧青，2007，《欧美国家产业结构调整及经验启示——以英、美为例》，《金融经济》第2期。

王兰，2014，《我国环境法中按日计罚制度构建》，硕士学位论文，苏州大学。
王立新、刘松柏，2017，《经济增长、城镇化与环境污染——基于空间联立方程的经验分析》，《南方经济》第10期。
王蒙、李亚楠、许江山，2017，《中国人口结构与居民储蓄率》，《征信》第12期。
王鹏，2016，《中国人口老龄化地区差异及影响因素分析》，《当代经济》第24期。
王祺，2017，《环境质量与房价的关系研究》，《吉首大学学报》（社会科学版）第38期。
王素凤、Pascale Champagne、潘和平、冯南平、王洪波，2017，《工业集聚、城镇化与环境污染——基于非线性门槛效应的实证研究》，《科技管理研究》第37卷第11期。
王文军、黄丽，2012，《公共投资对商品住宅价格的影响效应研究——基于中国35个大中城市截面数据的分析》，《当代财经》第10期。
王文君，2017，《灰色模型在南京奥体中心轨道交通周边房地产市场的应用》，《价值工程》第36卷第3期。
王晓川，2003，《运用规划手段不断提高城市土地利用效率》，《中国土地科学》第17卷第4期。
王兴平、强子阳，2015，《新型城镇化背景下江苏区域发展格局优化策略研究》，《江苏社会科学》第2期。
王学兵，2015，《按日计罚的适用问题研究》，硕士学位论文，西南政法大学。
王艳聪，2017，《环境污染与城市房价》，《现代管理科学》第12期。
王艳真、李秀敏，2015，《中国教育扩展、教育不平等与收入分配差距间的相互影响》，《税务与经济》第6期。
王遥、曹畅，2016，《中国绿色债券第三方认证的现状与前景》，《环境保护》第19期。
王莹，2014，《基于DEA的江苏省工业水资源利用效率研究》，《水利经济》第5期。
王永哲、马立平、徐宪红，2015，《中国能源消费的碳排放因素分解分析》，《价格理论与实践》第12期。
王云，2018，《我国可再生能源政策的发展历程及对策选择》，载《可再生能源开发利用研讨会论文集》，山西省社会科学院。
王战营，2013，《产业集群发展中的政府行为及其评价研究》，博士学位论文，武汉理工大学。
王兆锋、俞红，2007，《消费者绿色食品消费行为的实证研究》，《安徽农业科学》第35卷第10期。
王梓慕、高明，2017，《环境政策、环保投资与公众参与对工业废气减排影响的实证研究》，《生态经济》第33卷第6期。
魏尚进，2012，《房价飙升：30%的原因是男女比例失调》，《发展·周末观察》6月30日第B01版。
温娇秀，2007，《地区间教育不平等与收入差距扩大的动态研究》，《山西财经大学学报》第8期。
汶婵，2011，《城市轨道交通对沿线房地产影响研究》，硕士学位论文，陕西师范大学人文地理学院。
吴海瑾，2006，《经济增长方式转变与能源消费弹性系数变动研究》，《学海》第6期。
吴进红、黄秀娟，2012，《江苏省区域经济发展差异问题研究》，《扬州大学学报》（人文社会科学版）第16卷第5期。
吴婷婷，2018，《供给侧结构性改革视角下中国绿色金融体系的构建研究》，《西南金融》第1期。
吴文洁、王晓娟、何艳桃，2017，《工业集聚与污染排放强度——基于固定效应门限回归模型的再检验》，《工业技术经济》第36卷第12期。
吴杨、卓琳、谢鑫，2014，《商品房中环境经济价值的评估研究及其应用》，《北京交通大学学报》（社会科学版）第6卷第4期。
吴永求、冉光和，2012，《基本养老保险参保行为分析：精算模型与政策模拟》，《数量经济技术经济研究》第1期。
吴振华、张学敏，2017，《中国农村居民教育公平的实证研究——基于1988—2012年教育基尼系数的测算与分解》，《教育经济评论》第2卷第2期。
吴振信、石佳、王书平，2014，《基于LMDI分解方法的北京地区碳排放驱动因素分析》，《中国科技论坛》第2期。
郗伟东、张喜荣、李伟、王欣，2012，《基于LMDI的吉林省节能减排研究》，《东北电力大学学报》第32卷第5期。

夏少辉，2010，《环境因素对商品房价格影响研究——以西安市为研究对象》，硕士学位论文，长安大学。

夏永祥、段进军，2005，《西部大开发战略对长江三角洲地区经济发展影响与对策》，中国商业出版社。

向书坚、吴淑丽，2012，《中国工业废气治理技术效率及其影响因素分析》，《数量经济技术经济研究》第8期。

谢婷婷、郭艳芳，2016，《环境规制、技术创新与产业结构升级》，《工业技术经济》第35卷第9期。

谢文宝、陈彤、刘国勇，2018，《新疆农业面源污染与农业经济增长的关系——基于脱钩模型和LMDI模型的实证分析》，《资源与产业》第8期。

谢梓翰，2017，《我国能源消费结构变化与经济增长关系研究》，博士学位论文，广东财经大学。

新华网，2018，《美报告称中国空气污染治理卓有成效》，http://www.xinhuanet.com/2018-03/17/c_1122550329.htm，最后访问日期：2018年5月22日。

徐德云，2008，《产业结构升级形态决定、测度的一个理论解释及验证》，《财政研究》第1期。

徐国泉、刘则渊、姜照华，2006，《中国碳排放的因素分解模型及实证分析：1995-2004》，《中国人口·资源与环境》第6期。

徐庆嫦，2012，《工业废气污染治理技术综述》，《广州化工》第15期。

徐文全、梁冬、岳浩永，2006，《弹性退休年龄改革和养老金缺口的弥补：基于人力资本理论》，《人口与发展》第12卷第2期。

徐晓莉，2018，《我国教育公平程度实证研究：2004—2012年——基于教育基尼系数的计算与分析》，《教育教学论坛》第10期。

徐盈之、刘琦，2018，《产业集聚对雾霾污染的影响机制——基于空间计量模型的实证研究》，《大连理工大学学报》（社会科学版）第39卷第3期。

徐盈之、杨英超、郭进，2015，《环境规制对碳减排的作用路径及效应——基于中国省级数据的实证分析》，《科学学与科学技术管理》第36卷第10期。

许长青、周丽萍，2017，《教育公平与经济增长的关系研究——基于中国

1978~2014年数据的经验分析》，《经济问题探索》第10期。
许婷婷，2009，《城市轨道交通与沿线土地开发价值的关系研究基于土地价值分析的城市轨道交通车站综合开发研究》，硕士学位论文，北京交通大学。
许学强、周一星、宁越敏，1997，《城市地理学》，高等教育出版社。
闫逢柱、苏李、乔娟，2011，《产业集聚发展与环境污染关系的考察——来自中国制造业的证据》，《科学学研究》第29卷第1期。
严令健，2017，《南京汽车保有量超221万，首入全国“200万俱乐部”》，http://js.news.163.com/17/0327/15/CGHUGT7Q042 48E9B.html，最后访问日期：2018年5月18日。
严文莲、刘端阳、孙燕、魏建苏、濮梅娟，2014，《秸秆焚烧导致的江苏持续雾霾天气过程分析》，《气候与环境研究》第19卷第2期。
杨凡、张玲玲，2017，《基于水足迹强度的江苏省水资源利用效率分析》，《环境保护科学》第2期。
杨海泉、胡毅、王秋香，2015，《2001-2010年中国三大城市群土地利用效率评价研究》，《地理科学》第35卷第9期。
杨君伟、胡燕京，2007，《我国典型城市房价上涨和自然环境级差因素的相关性分析》，《华东经济管理》第21卷第11期。
杨俊、李雪松，2007，《教育不平等、人力资本积累与经济增长：基于中国的实证研究》，《数量经济技术经济研究》第2期。
杨利春，2017，《人口老龄化的影响及应对措施》，《中国人口报》2017年4月27日第3版。
杨敏，2018，《产业集聚对工业污染排放影响的实证研究——基于制造业集聚和服务业集聚对比的研究》，《求实》第2期。
杨骞、刘华军，2012，《中国二氧化碳排放的区域差异分解及影响因素——基于1995~2009年省域面板数据的研究》，《数量经济技术经济研究》第29卷第5期。
杨清可、段学军、叶磊、张伟，2014，《基于SBM-Undesirable模型的城市土地利用效率评价——以长三角地区16城市为例》，《资源科学》第36卷第4期。
杨仁发，2015，《产业集聚、外商直接投资与环境污染》，《经济管理》第37卷第2期。

杨晓奇，2017，《运用战略思维应对我国人口老龄化》，《老龄科学研究》第5卷第10期。

杨宜勇，2017，《绿色发展的国际先进经验及其对中国的启示》，《新疆师范大学学报》第2期。

姚继军，2009，《中国教育平等状况的演变——基于教育基尼系数的估算(1949－2006)》，《教育科学》第25卷第1期。

叶仁道，2017，《中国绿色经济效率的测算及影响因素——基于偏正态面板数据模型》，《技术经济》第11期。

伊金秀，2017，《江苏省新型城镇化发展水平评价及其空间特征分析》，《中国农业资源与区划》第38卷第8期。

殷剑锋，2012，《人口拐点、刘易斯拐点和储蓄投资拐点——关于中国经济前景的讨论》，《金融评论》第4期。

殷小丽，2008，《排污权交易在水污染治理中的应用研究》，硕士学位论文，南京林业大学。

尹庆民、邓益斌、郑慧祥子，2016，《要素市场扭曲下我国水资源利用效率提升空间测度》，《干旱区资源与环境》第11期。

尹上岗、马志飞、黄萍、吴启焰，2017，《中国水资源利用的时空分布格局探究》，《华中师范大学学报》(自然科学版) 第6期。

由沙丘，2017，《我国工业绿色全要素水资源效率研究》，博士学位论文，哈尔滨工业大学。

游海霞、岳金桂，2015，《江苏省水资源利用与经济发展脱钩分析》，《水利经济》第6期。

于文超、高楠、查建平，2015，《政绩诉求、政府干预与地区环境污染——基于中国城市数据的实证分析》，《中国经济问题》第5期。

余晓龙，2016，《中国城乡居民消费结构实证研究——基于AIDS模型》，硕士学位论文，西南大学。

虞淑媛，2016，《环境规制对江苏省产业结构升级的影响研究》，博士学位论文，扬州大学。

袁见，2013，《中国新能源发展之路——基于产业发展现状的讨论》，《人民论坛》第11期。

原毅军、谢荣辉，2014，《环境规制的产业结构调整效应研究——基于中国省际面板数据的实证检验》，《中国工业经济》第8期。

原毅军、谢荣辉，2015，《产业集聚、技术创新与环境污染的内在联系》，《科学学研究》第33卷第9期。

岳昌君，2003，《经济发展水平的地区差异对教育资源配置的影响》，《教育与经济》第1期。

臧文斌、刘国恩、徐菲、熊先军，2012，《中国城镇居民基本医疗保险对家庭消费的影响》，《经济研究》第47卷第7期。

曾探，2013，《人口结构对居民储蓄率的影响》，《特区经济》第12期。

张灿，2017，《工业废气污染治理技术的有效应用分析》，《环境与发展》第10期。

张成、于同申、郭路，2010，《环境规制影响了中国工业的生产率吗——基于DEA与协整分析的实证检验》，《经济理论与经济管理》第3期。

张峰、薛惠锋、王海宁，2017，《基于幅度随机前沿的工业水资源利用效率测度》，《华东经济管理》第1期。

张浩良、安然，2016，《中外绿色债券发展比较》，《开放导报》第5期。

张吉鹏、王崇锋，2009，《制造业产业集聚对生态城市建设影响的定量研究——基于CR~4指数的实证研究》，《中国人口·资源与环境》第19卷第4期。

张健，2009，《不同经济发展阶段区域经济发展差异比较》，《中国人口·资源与环境》第19卷第6期。

张俊翔、朱庚富，2014，《光伏发电和燃煤发电的生命周期评价比较研究》，《环境科学与管理》第10期。

张可、豆建民，2013，《集聚对环境污染的作用机制研究》，《中国人口科学》第5期。

张可、汪东芳，2014，《经济集聚与环境污染的交互影响及空间溢出》，《中国工业经济》第6期。

张蕾，2010，《城乡居民食品消费差异现状分析》，《农村经济》第6期。

张蕾、陈雯、陈晓、薛俊菲，2011，《长江三角洲地区环境污染与经济增长的脱钩时空分析》，《中国人口·资源与环境》第S1期。

张鸣，2016，《正视男女比例失调带来的社会问题》，《深圳特区报》B11。

张仕平，1999，《中国农村家庭养老研究》，《人口学刊》第5期。

张腾飞、杨俊、盛鹏飞，2016，《城镇化对中国碳排放的影响及作用渠道》，《中国人口·资源与环境》第26卷第2期。

张卫东、汪海，2007，《我国环境政策对经济增长与环境污染关系的影响研究》，《中国软科学》第12期。

张伟，2016，《区域水资源水量水质统筹优化配置及其对策研究》，博士学位论文，中国矿业大学。

张晓华，2014，《新能源产业发展如何摆脱“污染”困境》，《东方企业文化》第7期。

张晓青、毛克贞，2014，《我国城市化对环境影响的关联度分析》，《江西社会科学》第34卷第9期。

张晓燕，2012，《金融产业集聚的衡量体系和实证分析——以环渤海经济圈为例》，《东岳论丛》第2期。

张彦周，2016，《人口年龄结构变化模型与郑州市基础养老金发展趋势分析》，《数学的实践与认识》第46卷第8期。

张艳，2012，《我国农村保障制度变迁研究》，硕士学位论文，西北农林科技大学。

张燕、高峰，2015，《城镇化发展阶段的空间差异及其环境影响研究——基于2005－2013年中国省级面板数据》，《华东经济管理》第29卷第12期。

张翼飞、刘均晔、张蕾、覃琼霞，2017，《太湖流域水污染权交易制度比较分析》，《中国环境管理》第1期。

张悦、赵晓丹，2014，《中国经济增长与环境污染关系的研究——基于环境库兹涅茨曲线的实证分析》，《经济研究导刊》第26期。

张振龙、孙慧、苏洋、何昭丽，2017，《中国西北干旱地区水资源利用效率及其影响因素》，《生态与农村环境学报》第11期。

赵爱文、李东，2012，《中国碳排放的EKC检验及影响因素分析》，《科学学与科学技术管理》第33卷第10期。

赵斌、尹纪成、刘璐，2018，《我国基本医疗保险制度发展历程》，《中国人力资源社会保障》第1期。

赵晨、王远、谷学明、赵卉卉、吴尧萍、朱晓东、陆根法，2013，《基于数据包络分析的江苏省水资源利用效率》，《生态学报》第5期。

赵川，2014，《环境法中的激励制度探究》，硕士学位论文，中国海洋大学。

赵联宁、李彩虹，2010，《〈水污染防治法〉之行政责任的经济分析》，载

《生态文明与林业法治，全国环境资源法学研讨会（会议）论文集》，中国法学会环境资源法学研究会。

赵良仕、孙才志、郑德凤，2014，《中国省际水资源利用效率与空间溢出效应测度》，《地理学报》第1期。

赵培培，2017，《节能降耗成效显著 产业结构仍需调整——三经普沙河市能耗情况分析》，《统计与管理》第6期。

赵爽、李萍，2016，《环境规制、政府行为与产业结构演进——基于省级面板数据的经验分析》，《生态经济》第32卷第10期。

赵昕，2007，《产业集聚与城市化关系的实证分析——基于面板数据模型》，《经济与管理》第11期。

赵永平，2016，《新型城镇化发展水平测度及其时空差异分析》，《西安电子科技大学学报》（社会科学版）第26卷第5期。

赵玉民、朱方明、贺立龙，2009，《环境规制的界定、分类与演进研究》，《中国人口·资源与环境》第6期。

赵增耀、夏斌，2012，《市场潜能、地理溢出与工业集聚——基于非线性空间门槛效应的经验分析》，《中国工业经济》第11期。

浙江省统计局，2009~2016，《浙江自然资源与环境统计年鉴》，中国统计出版社。

郑伟、林山君、陈凯，2014，《中国人口老龄化的特征趋势及对经济增长的潜在影响》，《数量经济技术经济研究》第8期。

郑颖昊，2016，《经济转型背景下我国绿色债券发展的现状与展望》，《技术经济与管理研究》第5期。

中华人民共和国国家统计局，2018，http://data. stats. gov. cn/，最后访问日期：2018年5月2日。

中华人民共和国国家统计局，2018b，http://data. stats. gov. cn/easyquery. htm? cn = C01&zb = A0301&sj = 2016，最后访问日期：2018年5月19日。

中华人民共和国国家统计局，2018c，http://data. stats. gov. cn/easyquery. htm? cn = C01，最后访问日期：2018年5月21日。

中华人民共和国国家卫生健康委员会，2018，http://www. nhfpc. gov. cn/zwgk/nianb/ejlist_3. shtml，最后访问日期：2018年5月19日。

中华人民共和国生态环境部，2015，《国务院关于印发水污染防治行动计划的通知》，http://zfs. mep. gov. cn/fg/gwyw/201504/t20150416_29914

6. htm，最后访问日期：2018 年 3 月 20 日。

中华人民共和国生态环境部，2017，《中国环境状况公报》，http://www.zhb.gov.cn/gkml/hbb/qt/201706/t20170605_415442.htm，最后访问日期：2018 年 6 月 11 日。

钟诗韵、李勇、唐杰，2017，《中国城乡居民养老保险体系的数学模型研究》，《江西科技师范大学学报》第 5 期。

钟小华，2008，《我国男女比例失调的现状及原因》，《基层医学论坛》第 12 期。

周明生，2015，《新型城镇化：区域差异，特色彰显与路径选择——基于苏南、苏北的比较分析》，《中国名城》第 1 期。

周锐波、石思文，2018，《中国产业集聚与环境污染互动机制研究》，《软科学》第 32 卷第 2 期。

周双燕、郑循刚，2010，《中国居民消费结构影响因素研究》，《消费导刊》第 3 期。

朱勤、彭希哲、陆志明、吴开亚，2009，《中国能源消费碳排放变化的因素分解及实证分析》，《资源科学》第 31 卷第 12 期。

朱兆珍、梁中，2015，《我国省域水资源利用效率评价研究》，《河海大学学报》（哲学社会科学版）第 3 期。

诸大建，2012，《从“里约 +20”看绿色经济新理念和新趋势》，《中国人口·资源与环境》第 22 卷第 9 期。

诸大建，2012，《绿色经济新理念及中国开展绿色经济研究的思考》，《中国人口·资源与环境》第 22 卷第 5 期。

ZBGB 国家标准行业标准信息服务网，2018，《快递业温室气体排放测量办法》，http://www.zbgb.org/67/StandardDetail2510124.htm，最后访问日期：2018 年 5 月 6 日。

Anderson, S. T., West, S. E. 2006. “OpenSpace, Residential Property Values, and Spa-tial Context.” *Regional Science and Urban Economics*, 36 (6): 773 – 789.

Ando, A., Modigliani, F. 1963. “The ‘Life Cycle’ Hypothesis of Saving: Aggregate Implications and Tests.” *The American Economic Review*, 53: 55 – 84.

Ang, B. W., Zhang, F. Q., Choi, K. H. 1998. “Factorizing Changes in Energy and Environmental Indicators Through Decomposition." *Energy*, 23 (6): 489 - 495.

Ang, B. W. 2005. "The LMDI Approach to Decomposition Analysis: A Practical Guide." *Energy Policy*, 33: 867 - 871.

Bae, C., Jun, M., Park, H. 2003. "The Impact of Seoul's Subway Line 5 on Residential Property Values." *Transport Policy*, 10: 85 - 94.

Benson, E. D., Hansen, J. L., Schwartz, A. L, Smersh, G. T. 1998. "Pricing Residential Amenities: The Value of a View." *The Journal of Real Estate Finance and Economics*, 16 (1): 55 - 73.

Bhaskara, B. R., Tamazian, A., Singh, R. 2010. "What is the Long Run Growth Rate of the East Asian Tigers?" *Applied Economics Letters*, 17 (12): 1205 - 1208.

Bowes, D. R., Ihlanfeldt, K. R. 2001. "Identifying the Impacts of Rail Transit Stations on Residential Property Values." *Journal of Urban Economics*, 50 (1): 73 - 82.

Brajer, V., Mead, R. W., Xiao, F. 2011. "Searching for an Environmental Kuznets Curve in China's Air Pollution." *China Economic Review*, 22: 383 - 397.

Chapin, F. S., Kaiser, E. J. 1967. *Urban Land Use Planning*. 3rd ed. Illinois: University of Illinois Press.

Chou, S. Y., Liu, J. T., Huang, C. 2004. "Health Insurance and Savings over the Life Cycle: A Semiparametric Smooth." *Journal of Applied Econometrics*, 19 (3): 295 - 322.

Copeland, B. R., Taylor, M. S. 1994. "North South Trade and Environment." *Quarterly Journal of Economics*, 109 (3): 755 - 787.

Debrezion, G., Pels, E., Rietveld, P. 2006. "The Impact of Rail Transport on Real Estate Prices: An Empirical Analysis of the Dutch Housing Market." *Urban Studies*, 48 (5): 997 - 1015.

Fry, M., Mason, A. 1982. "The Variable Rate of Growth Effect in the Life Cycle Savings Model." *Economic Enquiry*, 20 (3), 426 - 442.

Gergel, S. E., Bennett E. M., Greenfield B. K., King S., Overdevest, C. A., Stumborg, B. 2004. "A Test of the Environmental Kuznets Curve Using

Long Term Watershed Inputs." *Ecological Applications*, 14 (2): 555 - 570.

Gray, W. B., Shabegian, R. J. 1995. "Pollution a Batement Cost, Regulation and Plant-Level Productivity." *National Bureau of Economic Research Working Paper*.

Grossman, G., Krueger, A. 1995. "Economic Growth and the Environment." *The Quarterly Journal of Economics*, 110 (2): 353 - 377.

Grossman, G. M., Krueger, A. B. 1991. "Environmental Impacts of a North American Free Trade Agreement." *National Bureau of Economic Research Working Paper*.

Helfand, Gloria E. 1991. "Standard versus Standards: The Effect of Different Pollution Restrictions." *American Economic Review*, 81 (3): 622 - 634.

Hess, D. B., Almeida, T. M. 2007. "Impact of Proximity to Light Rail Rapid Transit on Station Area Property Values in Buffalo." *Urban Studies*, 44 (5): 1041 - 1068.

Holtz-Eakin, D., Selden, T. 1995. "Stokingthe Fires? CO2 Emissions and Economic Growth." *Journal of Public Economics*, 57: 85 - 101.

Hubbard, R. G., Skinner, J., Zeldes, S. P. 1995. "Precautionary Saving and Social Insurance." *Journal and Political Economy*, 103: 360 - 399.

ISO (International Organization for Standardization). 2006. ISO 14040: 2006 Environmental Management Life Cycle Assessment Principles and Framework. Geneva: ISO.

Knaap, G. J., Ding, C., Hopkins, L. D. 2001. "Do Plans Matter? The Effect of Light Rail Plans on Lans Values in Station Area." *Journal of Planning Education Research*, 21 (1): 32 - 39.

Kneller, R., Manderson, E. 2012. "Environmental Regulations and Innovation Activity in UK Manufacturing Industries." *Resource and Energy Economics*, 34 (2): 211 - 235.

Krugman, P. 1991. "Increasing Returns and Economic Geography." *Journal of Political Economy*, 99: 483 - 499.

Leff, H. 1969. "Dependency Rates and Savings Rates." *The American Economic Review*, 5: 8 - 896.

Matthews, H. S. , Hendrickson, C. T. , Soh, D. 2001. "The Net Effect: Environmental Implications of E-Commerce and Logistics." *Electronics and the Environment*, 2001: 191 – 195.

Matthews, H. S. , Williams, E. , Tagami, T. , Hendricksond, C. T. 2002. "Energy Implications of Online Book Retailing in the United States and Japan." *Environmental Impact Assessment Review*, 22: 493 – 507.

Owen, A. D. 2006. "Renewable Energy: Externality Costs as Market Barriers." *Energy Policy*, 34 (5): 632 – 642.

Panavotou, T. 1997. "Conservation of Biodiversity and Economic Development: The Concept of Transferable Development Right." *Biodiversity Conservation: Policy Issues and Optionsin Perrings, Cetal.*

Panayotou, T. 1994. "Conservation of Biodiversity and Economic Development: The Concept of Transferable Development Rights." *Environmental and Resource Economics*, 4: 91 – 110.

Panayotou, T. , Sachs, J. , Peterson, A. 1999. "Developing Countries and the Control of Climate Change: A Theoretical Perspective and Policy Implications." *CAER Ⅱ Discussion Paper*, No. 44.

Porter, M. , Van der Linde, C. 1995. "Toward a New Conception of the Environment Competitiveness Relationship." *The Journal of Economic Perspectives*, 9 (4): 97 – 118.

Ramanathan, R. , Black, A. , Nath, P. 2010. "Impact of Environmental Regulations on Innovation and Performance in the UK Industrial Sector." *Management Decision*, 48 (10): 1493 – 1513.

Reijnders, L. , Hoogeveen, M. J. 2001. "Energy Effects Associated With Ecommerce: A Case Study Concerning Inline Sales of Personal Computers in the Netherlands." *Journal of Environmental Management*, 62 (3): 271 – 282.

Romm, J. 2002. "The Internet and the New Energy Economy." *Resources, Conservation and Recycling*, 36 (3): 197 – 210.

Rosthal, R. A. 1978. "Measures of Disparity, A Note." Research report published by Killalea Associates, Inc. Available at EDRS Price, ED149482, ERIC database.

Schoen, R. 1983. "Measuring the Tightness of a Marriage Squeeze." *Demography*, 20 (1): 61 -78.

Selden, T. M. , Song, D. Q. 1995. "Neoclassical Growth the J Curve for Abatement and the Inverted U Curve for Pollution." *Journal of Environmental Economics and Management*, 29: 162 - 168.

Shafik, N. , Bandyopadhyay, S. 1992. "Economic Growthand Environmental Quality: Time Series and Cross-country Evidence." *World Bank Policy Research Working Paper*, No. 904.

Stern, D. 1998. "Progress on the Environmental Kuznets Curve?" *Environment and Development Economics*, 3 (2): 173 - 196.

Stiglitz, J. 1974. "Growth with Exhaustible Natural Resources, Efficient and Optimal Growth Paths." *Review of Economic Studies*, 47: 123 - 137.

Su, D. Z. 1998. "GIS-based Urban Modeling: Practices, Problems and Prospects." *International Journal of Geographical Information Science*, 12 (7): 651 -671.

Thomas, V. , Wang, Y. , Fan, X. 2003. "Measuring Education Inequality: Gini Coefficients of Education for 140 Countries, 1960 -2000." *Journal of Education Planning and Administration*, 17: 5 -33.

Thomas, H. R. , Lan, Y. 2007. "A Review of Research on the Environmental Impact of E-business and ICT." *Environment International*, 33: 841 -849.

Wager, M. 2007. "On the Relationship between Environmental Management, Environmental Innovation and Patenting: Evidence from German Manufacturing Firms." *Research Policy*, 36 (10): 1587 -1602.

Wagner, M. 2008. "The Carbon Kuznets Curve: A Cloudy Picture Emitted by Bad Econometrics?" *Resource and Energy Economics*, 30: 388 -408.

Walter, I. , Ugelow, J. L. 1979. "Environmental Policies in Developing Countries." *Ambio*, 8: 102 - 109.

Wang, M. , Wu, Y. , Elgowainy, A. 2005. Operating Manual for GREET: Version 1.7. Chicago: Center for Transportation Research, Energy Systems Division, Argonne National Laboratory.

Wang, Y. , Shen, N. 2016. "Environmental Regulation and Environmental Productivity: the Case of China." *Renewable and Sustainable Energy Reviews*,

62 (9): 758 - 766.

Weele, Alexander H. 1975. "Equity in Financing Education in East Africa: The Cases of Ethiopia, Kenya, and Tanzania." Cambridge, MA: Harvard University.

Williams, E., Tagami, T. 2003. "Energy Use in Sales and Distribution via E-Commerce and Conventional Retail. A Case Study of the Japanese Book Sector." *Journal of IndustrialEcology*, 6 (2): 99 - 114.

Yeh, A. G. O, Wu, F. 1996. "The New Land Development Process and Urban Development in Chinese Cities." *International Journal of Urban and Regional Research*, 20 (2): 330 - 353.

Zeldes, S. 1989. "Optimal Consumption with Stochastic Income: Deviations from Certainty Equivalence." *The Quarterly Journal of Economics*, 104 (2): 275 - 298.

Zeng, D., Zhao, L. 2008. "Pollution havens and Industrial Agglomeration." *Journal of Environmental Economics and Management*, 58 (2): 141 - 153.

Zhang, Y., Wan, G. 2007. "Liquidity Constraint, Uncertainty and Household Consumption in China." *Applied Economics*, 34 (19): 2221 - 2229.

Zheng, D., Shi, M. 2017. "Multiple Environmental Policies and Pollution haven Hypothesis: Evidence from China's Polluting Industries." *Journal of Cleaner Production*, 141 (1): 295 - 304.

Zhu, S., He, C., Liu, Y. 2014. "Going Green or Going Away: Environment Regulation, Economic Geography and Firms' Strategies in China's Pollution Intensive Industries." *Geoforum*, 55: 53 - 65.

图书在版编目（CIP）数据

中国经济可持续发展：环境、产业与人口 / 吴一超著. -- 北京：社会科学文献出版社，2018.9
ISBN 978-7-5201-3054-7

Ⅰ.①中… Ⅱ.①吴… Ⅲ.①中国经济-经济可持续发展-研究 Ⅳ.①F124

中国版本图书馆 CIP 数据核字（2018）第 155111 号

中国经济可持续发展：环境、产业与人口

著　　者 / 吴一超

出 版 人 / 谢寿光
项目统筹 / 胡　亮
责任编辑 / 胡　亮

出　　版 / 社会科学文献出版社 · 社会学出版中心（010）59367159
地址：北京市北三环中路甲 29 号院华龙大厦　邮编：100029
网址：www.ssap.com.cn
发　　行 / 市场营销中心（010）59367081　59367018
印　　装 / 三河市龙林印务有限公司

规　　格 / 开　本：787mm × 1092mm　1/16
印　张：24.25　字　数：404 千字
版　　次 / 2018 年 9 月第 1 版　2018 年 9 月第 1 次印刷
书　　号 / ISBN 978-7-5201-3054-7
定　　价 / 108.00 元